AF622765

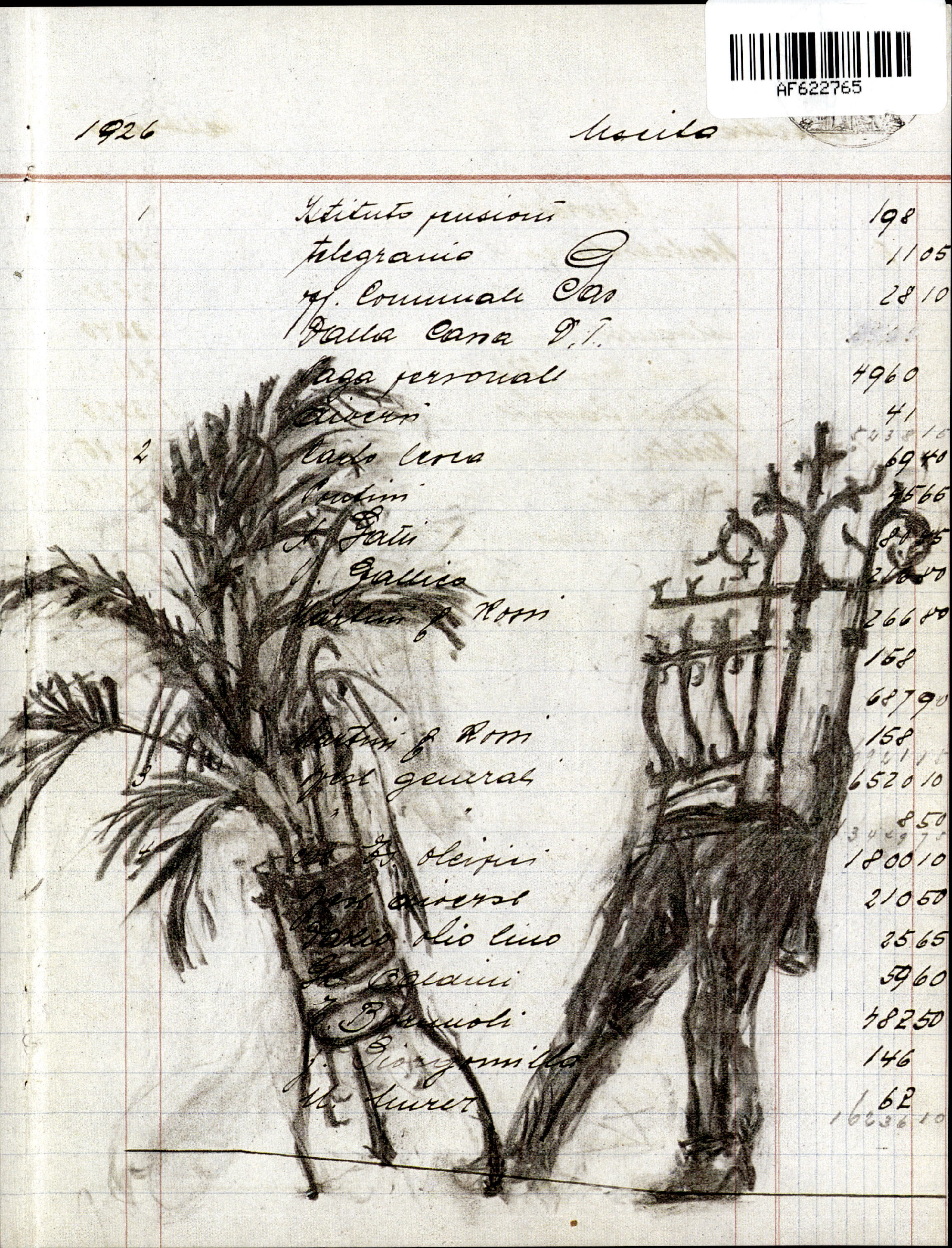
1926
Istituto pensioni
198
telegramma
11 05
28 10
Paga personale
4960
41
69 40
266 80
168
687 90
158
652 0 10
8 50
1800 10
210 50
olio lino
25 65
59 60
482 50
146
62

DIE PARKETT-REIHE MIT GEGENWARTSKÜNSTLERN / THE PARKETT SERIES WITH CONTEMPORARY ARTISTS

Book Series with contemporary artists in English and German, published three times a year. Each volume is created in collaboration with artists, who contribute an original work specially made for the readers of Parkett. The works are reproduced in the regular edition and available in a limited and signed Special Edition.

Buchreihe mit Gegenwartskünstlern in deutscher und englischer Sprache, erscheint dreimal im Jahr. Jeder Band entsteht mit Künstlern oder Künstlerinnen, die eigens für die Leser von Parkett einen Originalbeitrag gestalten. Diese Werke sind in der gesamten Auflage abgebildet und zusätzlich in einer limitierten und signierten Vorzugsausgabe erhältlich.

PARKETT NR. 64 ENTSTEHT IN COLLABORATION MIT • **OLAFUR ELIASSON, TOM FRIEDMAN, RODNEY GRAHAM** • WILL BE COLLABORATING ON PARKETT NO. 64

JAHRESABONNEMENT (DREI NUMMERN) / ANNUAL SUBSCRIPTION (THREE ISSUES) SFR. 116.– (SCHWEIZ), € 78 (BRD), € 82 (ÜBRIGES EUROPA), US$ 80 (USA AND CANADA ONLY)

ZWEI- UND DREIJAHRESABONNEMENTPREISE SIEHE GELBE BESTELLKARTE IM HEFT / FOR TWO & THREE YEAR RATES, PLEASE CONSULT YELLOW ORDER FORM.

Zürichsee Druckereien AG (Stäfa) Satz, Litho, Druck/Copy, Printing, Color Separations

No parts of this magazine may be reproduced without publisher's permission. We appreciate seeing any mention of Parkett in critical reviews.
Nachdrucke jeder Art sind nur mit Genehmigung des Verlags erlaubt, bei Besprechungen bitten wir um Belege.

Parkett does not assume any responsibility for unsolicited texts and pictures.
Für unaufgefordert eingesandte Texte und Bilder übernimmt der Verlag keine Verantwortung.

Copyright Parkett & Pro Litteris

PARKETT-VERLAG AG, ZÜRICH, DECEMBER 2001 **PRINTED IN SWITZERLAND** **ISBN 3-907582-13-6** **ISSN 0256-0917**

Cover / Umschlag: GREGOR SCHNEIDER, TOTES HAUS UR, Venedig 2001 / DEAD HOUSE UR, Venice. (PHOTO: GREGOR SCHNEIDER)

Cover flap: WILLIAM KENTRIDGE, MEDICINE CHEST, 2001, charcoal on paper / Kohle auf Papier.

Inside cover & page 1 / Innere Umschlagseite & Seite 1: WILLIAM KENTRIDGE, CONFESSIONS, 2001, charcoal on found paper, puppet design drawing for puppet theater / Kohle auf gefundenen Heftseiten, Puppenskizzen für das Puppentheater.

Inside cover flap: TRACEY EMIN, THE PERFECT PLACE TO GROW, 2001, detail. (PHOTO: STEPHEN WHITE)

Back cover / Rückseite: TRACEY EMIN, THE LAST THING I SAID TO YOU IS DON'T LEAVE ME HERE II, 2000.

Alle Bilder leicht beschnitten / All images slightly cropped.

PARKETT Zürich New York Frankfurt

Bice Curiger Chefredaktorin/Editor-in-Chief; **Jacqueline Burckhardt** Redaktorin/Senior Editor; **Cay Sophie Rabinowitz** Redaktorin USA/Senior Editor US; **Susanne Schmidt** Textredaktion und Produktion/Editing and Production; **Hanna Koller · Simone Eggstein · Trix Wetter** (beurlaubt/on temporary leave) Graphik/Design; **Catherine Schelbert** Englisches Lektorat/Editorial Assistant for English; **Claudia Meneghini Nevzadi** Korrektorat/Proof Reading

Beatrice Fässler Vorzugsausgaben, Inserate/Special Editions, Advertising; **Brigitte Grüninger** Buchvertrieb, Administration/Distribution, Administration; **Mathias Arnold** Abonnemente/Subscriptions; **Ali Subotnick** Redaktionsassistenz, Vorzugsausgaben und Marketing USA/Assistant Editor, Editions and Marketing US; **Monika Condrea** Abonnemente USA/Subscriptions US; **Mirja Rosenau** Praktikantin USA/Intern US; **Adrian Koerfer** Deutsche Verlagsvertretung/German Representative

Jacqueline Burckhardt – Bice Curiger – Dieter von Graffenried Herausgeber/Parkett Board; **Jacqueline Burckhardt – Bice Curiger – Dieter von Graffenried – Walter Keller – Peter Blum** Gründer/Founders

Dieter von Graffenried Verleger/Publisher

www.parkettart.com

PARKETT-VERLAG AG, QUELLENSTRASSE 27, CH-8031 ZURICH, TEL. 41-1-271 81 40, FAX 41-1-272 43 01
PARKETT, NEW YORK, 155 AV. OF THE AMERICAS, N.Y. 10013, PHONE (212) 673-2660, FAX (212) 271-0704
PARKETT-VERLAG AG, TANNENWALDALLEE 17, D-61348 BAD HOMBURG, FAX 06172-937 444

EDITORIAL

Das Titelblatt dieser Parkett-Ausgabe spielt mit der Sogkraft einer Innenschau. Metaphorisch weist es auf die Kunst von Tracey Emin, William Kentridge und Gregor Schneider. Obwohl ihre Werke im Ansatz, in der Herkunft, der Prägung und in der visuellen Sprache grundverschieden sind, fallen bei näherer Beschäftigung schnell die verbindenden Momente auf. Es ist ein Einkreisen von Elementarem: der isolierte Mensch, umschlossen von Wänden, oft nackt, das Bad, das Bett, die Behausung.

Eine «durchdringende Alltäglichkeit» (wie Ulrich Loock zu Gregor Schneider schreibt) breitet sich aus in den Manifestationen eines unheroischen, aufgeriebenen, vielfältigen Kräften ausgesetzten Menschen.

Man könnte den Zug ins Autobiographische hervorheben und zugleich diesen Hang zur Düsternis, zur Aporie. Etwas Traumatisches verbindet sich mit der Innen- und Rückschau, während das Betrachten dieser Werke Ahnungen nährt und Unausgesprochenes greifbar im Raum erscheint. Die Geschichten künden von Erbärmlichkeit, Unterdrückung, von Vergewaltigung und Machtmissbrauch. Ihre Konturen zeichnen ein Gegenbild zur Geschichte, zur Historie als einem Haus der unbehausten Seelen.

Südafrika bildet den Hintergrund zu William Kentridges komplexer Arbeit, seinen Zeichnungen, die zu den animierten Filmen, Videos, Installationen und seinen Theaterproduktionen führen. Dabei nimmt dieser Künstler, wie Susan Stewart so eindrücklich darstellt (Seite 90), die Rolle eines «Boten des Obszönen (ob-scenus)» auf sich, desjenigen, der das Versteckte ans Licht holt.

Wie hingegen Gregor Schneider das Unbekannte sozusagen produziert, indem er ständig weiterbaut an seinem Haus, Schichten aufträgt, um stets etwas in den Hintergrund zu rücken und als verdecktes Unbekanntes in der Vergangenheit zurückzulassen, beschreibt Ulrich Loock auf eindrückliche Weise und folgert: «Das Unheimliche ist nicht das Andere, sondern das unzugänglich oder unidentifizierbar gemachte Eigene» (Seite 135).

Diese Spannung zwischen sogenannt fixer Idee und dem nie endgültig Fixierbaren treffen wir auch in Tracey Emins Werken an. Auch wenn Emin sich gerne mitzuteilen scheint, macht sie in ihrer Arbeit die Unzulänglichkeit, das Prekäre der Mitteilungsorgane bewusst. Ihre Arbeit berührt gerade durch die genau abgewogene Form. Stimmigkeit entsteht im Distanznehmen, wenn die Federzeichnungen nur als Abklatsch, als Monotypien aufs Papier geraten, während umgekehrt die in Neon übertragene handschriftliche Notiz zugleich die laute Veröffentlichung erfährt.

Alle drei Künstler betonen mit der Handarbeit etwas Persönliches und setzen es in Spannung mit Motiven des Vorgefundenen, Übernommenen. Alte, schwarze Telefone, veraltete Büromaschinen und Bohrtürme symbolisieren bei William Kentridge das, was vor der Geburt schon da war, ebenso das HAUS UR bei Gregor Schneider. Wie ein unausrottbarer, gnadenlos verzerrender Spiegel wirkt die anonyme Macht der Massenmedien für Tracey Emin. Und wenn sie Signale in der Art von Edward Munchs SCHREI dort via Talkshow-Skandal einspeist, kann sie dessen monströse Verstärkung aus der Distanz beobachten. Ein Spiegel schliesslich spielt auch in der Parkett-Edition von William Kentridge eine Rolle: Ein anamorphotisch verzogenes Medusenhaupt wird erst in der Entzerrung durch einen spiegelnden Zylinder richtig erkennbar.

Bice Curiger

EDITORIAL

The cover of this edition of Parkett plays with the pull of introspection. Metaphorically it refers to the art of Tracey Emin, William Kentridge, and Gregor Schneider. Substantial points of convergence are revealed on closer study despite oeuvres that are profoundly dissimilar in approach, provenance, character, and visual idiom. These works direct their attention to elementary concerns: human beings in isolation, surrounded by walls, often naked; the bathroom, the bed, habitation.

An "unremittingly ordinary" atmosphere (to use Ulrich Loock's description of Gregor Schneider's rooms) prevails in these artists' manifestations of unheroic, battered lives, exposed to a diversity of forces.

One might mention the autobiographical tendencies, the propensity for gloominess, the aporia. A sense of trauma seems to be associated with their introspection and retrospection. The more time one spends with these works, the more they feed premonitions and lend the unspoken a palpable presence in space. Their stories bear witness to wretchedness and oppression, to rape and abuse. Their contours trace the flip side of history, stories of habitation for souls without rest.

South Africa is the background against which William Kentridge creates his complex works and drawings that lead to animated films, videos, and theater productions. As Susan Stewart so impressively puts it (page 82), this artist brings to light "truths ... that have remained in every sense obscene, hidden form view."

From Ulrich Loock's discerning essay we learn how Gregor Schneider manages to produce the unknown by ceaselessly building onto, or rather into his house, adding layers, while pushing others into the background and abandoning them to the past as hidden unknowns. Loock (page 148) comes to the conclusion that "the uncanny is not the straightforward Other, it is anything of one's own, rendered inaccessible and unidentifiable."

This tension between a so-called fixed idea and the impossibility of fixation also marks Tracey Emin's works. Emin may seem communicative to the extreme, yet her oeuvre makes us acutely aware of the inadequacy and precariousness of channels of communication. One is moved by her works precisely because of their painstakingly balanced form. They are compelling due to a detached stand in which pen and ink drawings end up as mere monotypes on paper, while conversely, the handwritten note converted into neon becomes vociferous proclamation.

All three artists emphasize the personal through handcrafted work, which is set off against found, existing objects. Old black telephones, outdated office equipment, and drilling derricks in Kentridge's work and HAUS UR in Gregor Schneider's stand for life before birth. The anonymous might of the mass media operates for Tracey Emin like an ineradicable, relentlessly distorting mirror, and when she sends signals resembling Edward Munch's SCREAM via talkshow scandals, she can observe its monstrous amplification from afar. In William Kentridge's edition for Parkett the role of the mirror is reversed, for the head of Medusa, made unrecognizable by anamorphosis, can only be seen properly in a reflecting cylinder.

Bice Curiger

Berichte aus der Kampfzone

CLAUDIA SPINELLI

Polizeihelme und Schutzschilder aus dickem Plexiglas hängen griffbereit im Gestell, Barrikaden stehen dicht an dicht. Die Wasserwerfer sind installiert. Nur, wo bleibt der Feind? Aus welcher Richtung stürmt er an? Die musealen Inszenierungen von Fabrice Gygi nehmen den Vorbereitungen auf den Ernstfall nichts von ihrer Aggressivität. Im stillen und zivilisierten White Cube entwickelt die Gewaltbereitschaft des paramilitärischen Settings eine Unberechenbarkeit, die irritiert. Der Schweizer Künstler Fabrice Gygi macht das Museum zur Kampfzone und uns zu Mitspielern in einem undurchsichtigen Spiel, in dem Schutz und Bedrohung nicht voneinander zu unterscheiden sind.

Seit den Terroranschlägen auf Washington und New York sind aus Filmen bekannte Schreckensszenarien mit einem Mal bedrohliche Wirklichkeit, Terror und Gewalt zu realen, unser Denken bestimmenden Faktoren geworden. Die grauenvollen Ereignisse haben uns vor Augen geführt, auf welch dünnem Eis wir uns bewegen, wie trügerisch die Sicherheit ist, in der wir uns wiegen. Wir vermuteten Gewalt anderswo und müssen uns nun mit Schrecken der Frage stellen, ob der Dissens nicht schon lange in unserer Mitte schwelte. Tatsächlich gibt es verschiedene Formen der Gewalt, verschiedene Formen des Ungleichgewichts und der Unterdrückung; und wenn wir uns jetzt fragen, welche Werte, welche Errungenschaften wir eigentlich zu verteidigen haben, dann gilt es, ein Sensorium gerade auch für diejenigen Mechanismen zu entwickeln, die das Zusammenleben in unserer eigenen demokratischen Gesellschaft prägen.

Fabrice Gygi ist ein Künstler, der schon früh eine besondere Sensibilität für die Mechanismen des Autoritären, für das Zusammenspiel von Freiheit und Kontrolle, Schutz und Bedrohung entwickelte. Fabrice Gygi ist ein Anarchist, der nach Jahren der Auflehnung und Revolte seinen Kampf von der Strasse in den Kontext der Kunst verlegte, um ihn dort mit der subtilen Präzision eines nunmehr Beteiligten fortzuführen. Seine Interventionen formulieren ein grundlegendes Misstrauen gegenüber jeglicher Form der Endgültigkeit und entwickeln ihre Inhaltlichkeit im Austausch mit den spezifischen örtlichen und gedanklichen Kontexten, in die sie gesetzt sind.

Zweckmässig aus Metall, Sperrholz und Plastikplanen konstruierte Tribünen, Zelte, Schutzpolster aus Schaumgummi und luftgefüllte, überdimensioniert grosse Airbags, Signalfarben und Blinklichter: Die

CLAUDIA SPINELLI ist Kunstkritikerin und freie Kuratorin. Sie lebt in Berlin und Zürich.

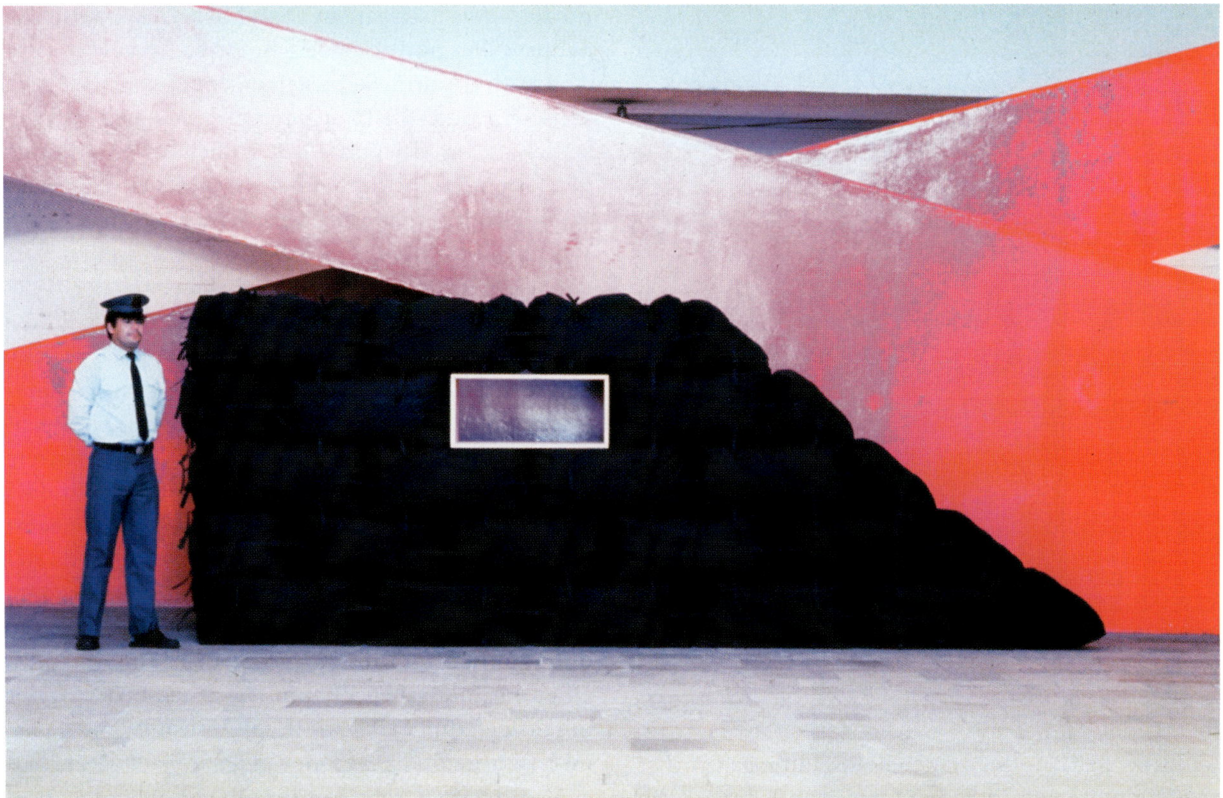

FABRICE GYGI, BARRIKADE MIT GUCKLOCH, 1994, Nylon, Befestigungsriemen, Holz, Grösse variabel, Installation Museu de Arte São Paulo / FORTIFICATION WITH LOOPHOLE, nylon, straps, wood, dimensions variable. (PHOTO: MORAES ANA)

aus industriell gefertigten Materialien hergestellten Elemente vermitteln eine Funktionalität, wie man sie aus Trekkingshops oder Zivilschutzkellern kennt. Das klare, an minimalistische Setzungen erinnernde Design erzählt von Ordnung und diskreter Autorität. Das Aussehen der Teile ist typisch schweizerisch. Im Werk Fabrice Gygis kommt dem Schweizerischen eine exemplarische Bedeutung zu, die weit über lokale Eigenheiten hinausweist. Mit dem Begriff der Schweiz verbindet sich das Selbstverständnis einer Gesellschaft, die sich für aufgeklärt und gerecht hält. So gesehen funktioniert die Schweiz als Synonym für den aufgeklärten Staat, als Synonym für eine zivilisierte, am demokratischen Konsens orientierte Gesellschaft, die das ihr inhärente Gewaltmoment im Verborgenen abhandelt. Statt über konkrete physische Züchtigung reguliert sie im Subtext.

Vor dem Hintergrund des Paradigmenwechsels, der unsere Wahrnehmung seit dem 11. September erfasste, hat der Umgang mit der strukturierten Ordnung und der diskreten Autorität, die den Arbeiten Gygis anhaftet, eine drastische Zuspitzung erfahren. Sie dringt als Bild für eine eigentliche Diktatur des Konsenses ins Bewusstsein, als Metapher für ein ebenso sanftes wie nachdrückliches Regime, das seine grösste Wirksamkeit gerade da entfaltet, wo es die Möglichkeit des Konfliktes ausblendet und den Dissens verdrängt. Unter den neuen Vorzeichen verstärkt sich die latente Gewalttätigkeit, die allen Arbeiten Gygis innewohnt, zur Gewissheit, dass sich Gewalt und Bedrohung vorzugsweise da am stärksten entfalten, wo man sie am wenigsten vermutet.

Fabrice Gygis Settings erinnern an paramilitärische Übungscamps und hoch technisierte Nomaden-

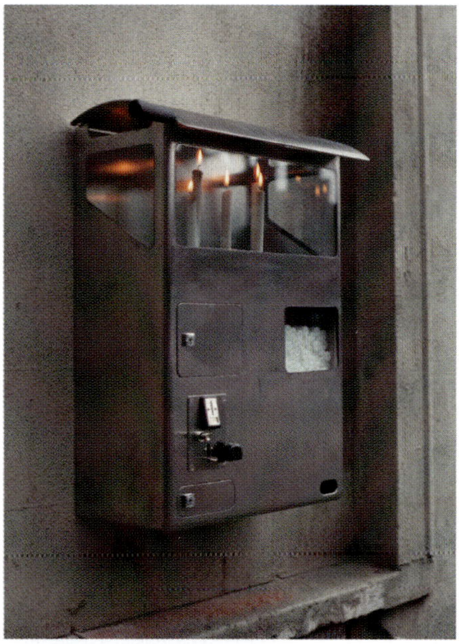

FABRICE GYGI, DISTRIBUTEUR DE BOUGIES / KERZENAUTO-MAT, 2000, rostfreier Stahl, Glas, Kerzen, 80 x 60 x 35 cm / CANDLE DISTRIBUTOR, stainless steel, glass, candles, construction by Francesco Scarpa & Fabrice Gygi, 31 1/2 x 23 5/8 x 13 3/4".

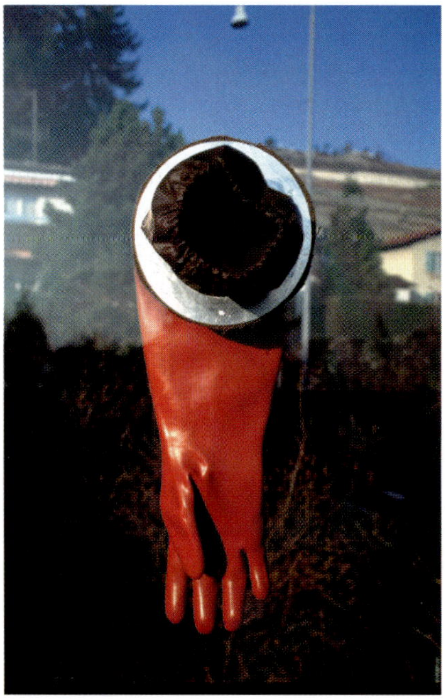

FABRICE GYGI, OHNE TITEL, 1993, Chemieschutzhandschuh, Metall, Glas / UNTITLED, chemical protection glove, metal, glass.

dörfer. Aus schwarzen Sandsäcken aufgetürmte Schutzwälle und militärische Zelte erzählen von Abschottung und Selbstbehauptung, während sich Tribünen und mit Lautsprechern versehene Unterstände an Infrastrukturen öffentlicher Veranstaltungen orientieren, wie man sie von Raves, Open-Air-Festivals oder Dorffesten kennt. Im menschenleeren White Cube wird ihr zweckmässiges Aussehen zum gedanklichen Stolperstein und lässt statt Feststimmung Unbehagen aufkommen. Zu deutlich sind die Podeste abgesetzt, die Bereiche hierarchisch voneinander separiert. Wer möchte sich schon in einer solchen Situation exponieren? Wer möchte dabei ertappt werden, wie er seine Hände an dem glänzenden Chromstahltrog sauber wäscht? So unschuldig und diskret Fabrice Gygis skulpturale Teile zunächst wirken, sie sind eigentliche Infrastrukturen des Autoritären, die – gerade weil von konkreten politischen Inhalten abgesehen wird, gerade wegen ihrem unterkühlten und distanzierten Erscheinungsbild – einen Ordnungsbegriff zum Ausdruck bringen, der inhaltsleer zum Selbstzweck mutiert und eine kafkaeske Dimension entwickelt.

Die Anfänge Fabrice Gygis liegen in der Performance. Die Orientierung am menschlichen Körper ist auch für seine Skulpturen und Installationen, die für einen institutionellen Kontext entstehen, massgebend geblieben. Die Zelte, die er ab 1993 in Museumsräume stellte, vermitteln die Vorstellung einer nomadischen Identität. Man könnte sie durchaus mit der Person des Künstlers in Verbindung bringen, der aus einem persönlichen Erfahrungshorizont schöpfend ein geschärftes Bewusstsein und eine ausgeklügelte Strategie im Umgang mit Mechanismen der Macht und Autorität entwickelt hat. Gygis Erlebnisse in der Hausbesetzerszene liegen schon einige Zeit zurück. Geblieben ist eine Haltung, die bewusst das Abseits sucht und es gleichzeitig versteht, die eigene Ohnmacht strategisch einzusetzen, vorübergehend in Macht zu verkehren. Schmucklos, zweckmässig und mit verschliessbaren Luken versehen, assoziiert man die Zelte mit Guerillakampf, schnellen, beweglichen Einheiten und militärischen Blitzaktionen. Die provisorischen Behausungen erzählen nicht nur von einem Schutzbedürfnis, sondern auch vom Ansinnen, Raum einzunehmen und sich gleichzeitig,

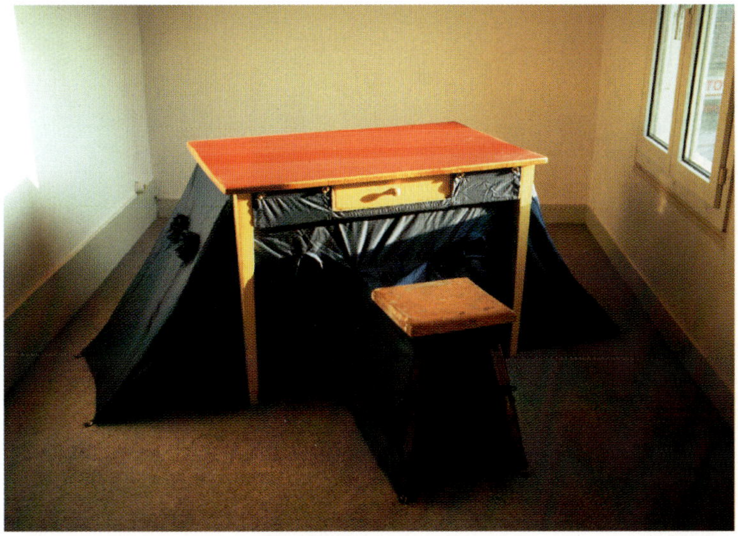

FABRICE GYGI, TABLE TENTE / ZELTTISCH, 1993, Baumwolle, Holz, Linoleum / TENT TABLE, cotton, wood, linoleum.

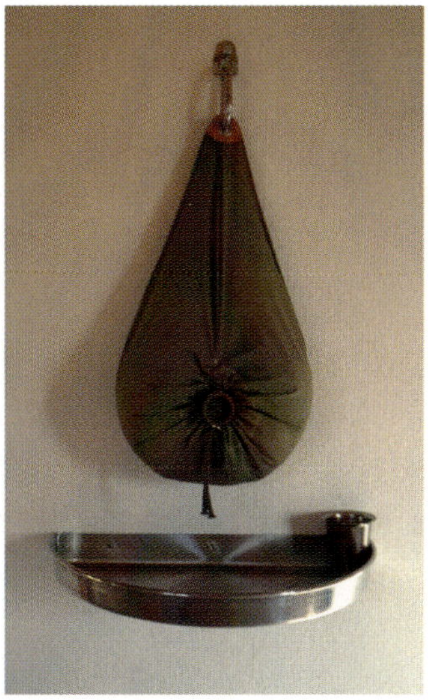

FABRICE GYGI, OHNE TITEL, 1991, Baumwolle, Wasser, Kautschuk; zerstörtes Werk / UNTITLED, cotton, water, india rubber; destroyed work.

nicht ohne Hinterlist, jeglicher Vereinnahmung zu entziehen. Von den Zelten geht eine latente Bedrohung aus.

Die ambivalente, doppelbödige Haltung, die Art, wie sich die Unterscheidbarkeit zwischen Unterdrückung und Subversion, Schutz und Aggression in der Anonymität verwischt, bringt eine ebenfalls 1993 entstandene Photographie, die den Künstler in einem afghanischen Tschador zeigt, pointiert zum Ausdruck: «Der Tschador ist eine Maske und provoziert eine gewisse Ratlosigkeit. Was am meisten irritiert, ist die absolute Anonymität. Interessanterweise impliziert das Motiv des Tschadors neben der Vorstellung von Unterordnung auch einen subversiven Aspekt; in Afghanistan benutzt man dieses traditionelle Kleidungsstück auch, um Waffen zu transportieren.» Die Bilder, die Fabrice Gygi mit scharfen Strichen skizziert, verweisen auf eine Gesellschaft, die – nicht anders als er selber – ihre Unschuld verloren hat. Sie entsprechen einer Situation, in der die Unterscheidbarkeit zwischen Opfern und Tätern diffus geworden, die Kluft, die Freunde und Feinde voneinander trennt, nicht mehr identifizierbar ist. Fabrice Gygi umkreist eine hochaktuelle Problematik, die tatsächlich bereits seit langem schwelt.

Ein grundsätzlicher Dualismus zwischen Zeigen und Verbergen, zwischen Auslieferung und Schutz zieht sich wie ein roter Faden durch Fabrice Gygis gesamtes Schaffen. Die Ambivalenz seiner Arbeiten erzeugt eine unauflösbare Spannung. Sie wirkt überall, im Öffentlichen ebenso wie im Privaten. Die sauberen Riemen, die immer wieder in Gygis Arbeiten auftauchen, erinnern an Skiausrüstungen und die orangen Matten an kollektive Ertüchtigung, wie sie in Fitnesszentren und Sportclubs gepflegt wird. Umso mehr irritiert, wenn man diese Elemente rund um eine erhöhte Kanzel ausgelegt und von arabischer Musik begleitet findet. In seiner Installation MINN ËÏNAYA (1998) schob Gygi das Eigene und das Fremde übereinander, ersetzte die protoindustrielle Archaik traditioneller islamischer Kultur durch industrielle Perfektion westlicher Provenienz. Die Situation beinhaltet eine Vielzahl von Assoziationen und rückt diffus schwelende Ängste ins Zentrum. «Für dich könnte ich mir die Augen ausreissen», so die Übersetzung des Titels dieser ebenso hybriden und in ihrer Undurchsichtigkeit irritierenden Situation.

In ihrer Entleertheit beunruhigend sind auch Fabrice Gygis an rechtsstaatlichen Funktionen orien-

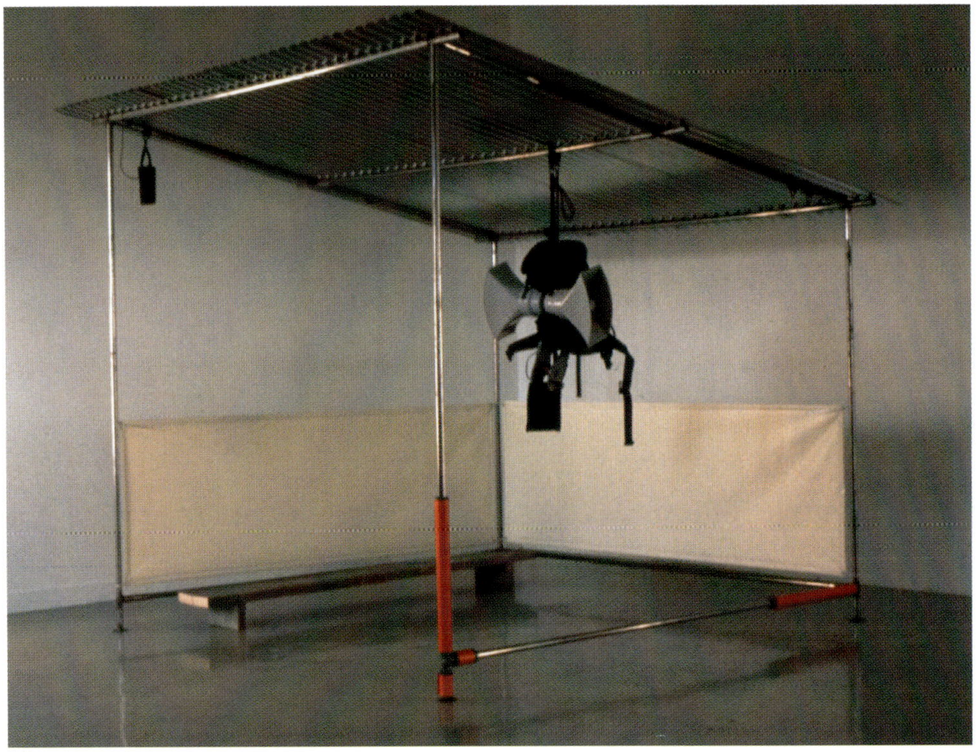

FABRICE GYGI, OHNE TITEL, 1995, Metall, Holz, Zeltbahn, Schaumgummi, Riemen, Lautsprecheranlage, 260 x 260 x 260 cm / UNTITLED, metal, wood, canvas, foam rubber, straps, sound system, 102 x 102 x 102".

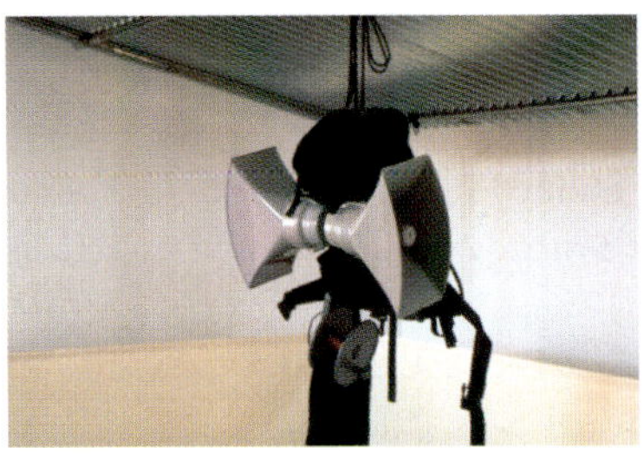

UNTITLED, 1995, detail: sound system / Lautsprecher.

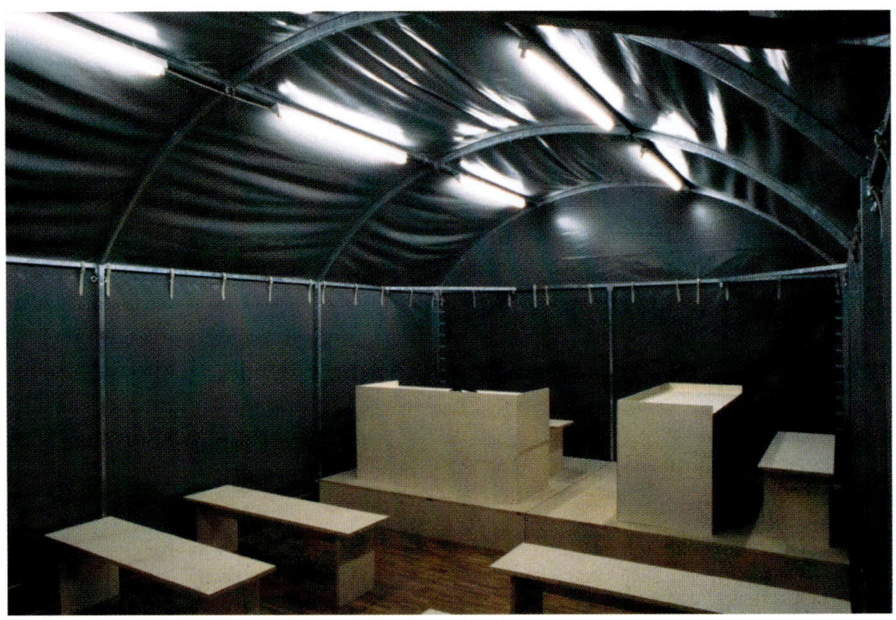

FABRICE GYGI, MEHRZWECKZELT (TRIBUNAL), 1999, Metall, Zeltbahn, Holz, Neonröhren, 300 x 400 x 600 cm / MULTI-PURPOSE TENT (TRIBUNAL), metal, canvas, wood, fluorescent tubes, $118\frac{1}{8}$ x $157\frac{1}{2}$ x $236\frac{1}{4}$".

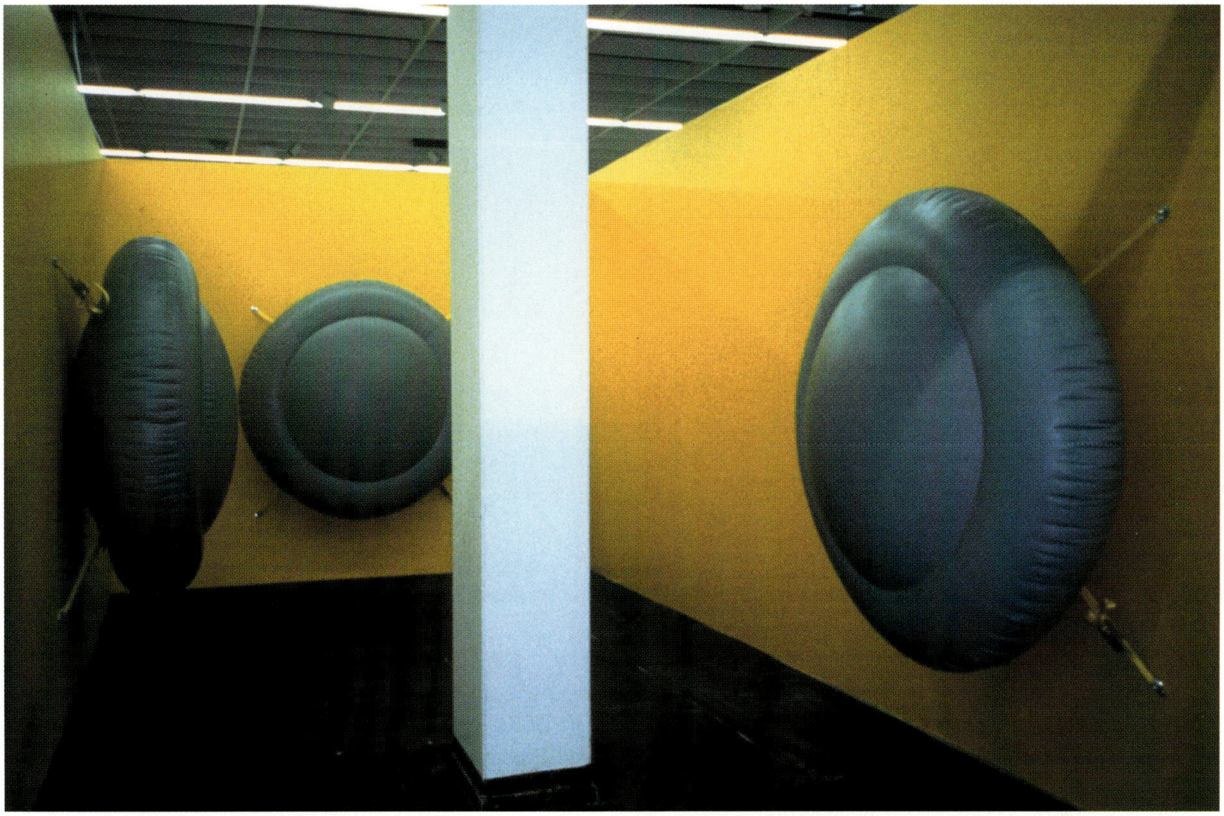

FABRICE GYGI, AIRBAGS DER ZWEITEN GENERATION, 1998, PVC, Riemen, Durchmesser je 160 cm, Tiefe 70 cm / SECOND GENERATION AIRBAGS, PVC, straps, diameter 63", depth 27½".

tierte Infrastrukturen, wie das in einem grauen Militärzelt aufgebaute Gericht (TRIBUNAL, 1999) und das transportable Wahlbüro (BUREAU DE VOTE, 2001). Mit Wahlurne, Wahlkabine und Tafeln für Propagandaplakate umfasst es alles, was dazugehört. Nur macht die Infrastruktur demokratischer Gerechtigkeit ohne inhaltlichen Diskurs, ohne politische Auseinandersetzung wenig Sinn. Sie wird zum Zeichen einer hohlen, im Selbstzweck erstarrten Bürokratie, deren einzige Funktion darin liegt, die besorgte Weltöffentlichkeit mit einem mediengerechten Bild zu beruhigen. Ein Bild, das in der tatsächlichen Wirklichkeit gar nicht greift – Kulissen, schnell hingestellt und ebenso schnell wieder entfernt. Der Verdacht, dass die Konflikte in Realität woanders und mit weit brachialeren Mitteln ausgetragen werden, liegt auf der Hand. Gerichtssaal und Wahlbüro machen sich als leeres Inventar einer Gesellschaft verständlich, die sich der Täuschung nur allzu gerne hingibt. Da helfen auch die «Airbags» – Gygi hat davon eine ganze Serie produziert – nichts. In der Werbung als Synonym für Sicherheit instrumentalisiert, sind sie, da erst nach dem Aufprall in Aktion, in Wahrheit ein Indiz dafür, dass der Unfall bereits stattgefunden hat. Die «Airbags» stehen paradigmatisch für eine Gesellschaft, die sich in Sicherheit wiegt und sich, ob ihrem Bedürfnis nach Konsens, nur allzu gern den Suggestionen hingibt, die man ihr vorsetzt.

Das Bild, das Fabrice Gygi von unserer Kultur entwirft, ist illusionslos, aber ohne Pessimismus. Er ortet die Kampfzone in unserer Mitte und macht die subtilen Zusammenhänge zwischen Ordnung und Kontrolle, zwischen Autorität und Unterdrückung fassbar. Das Nachdenken über die Arbeiten Fabrice Gygis entspricht einer Möglichkeit, von Selbsttäuschung und falschen Illusionen wegzukommen. Es ist ein Angebot, sich von der lähmenden Ratlosigkeit, die unsere von Gewalt und Terror geprägte Gegenwart erzeugt, zu befreien.

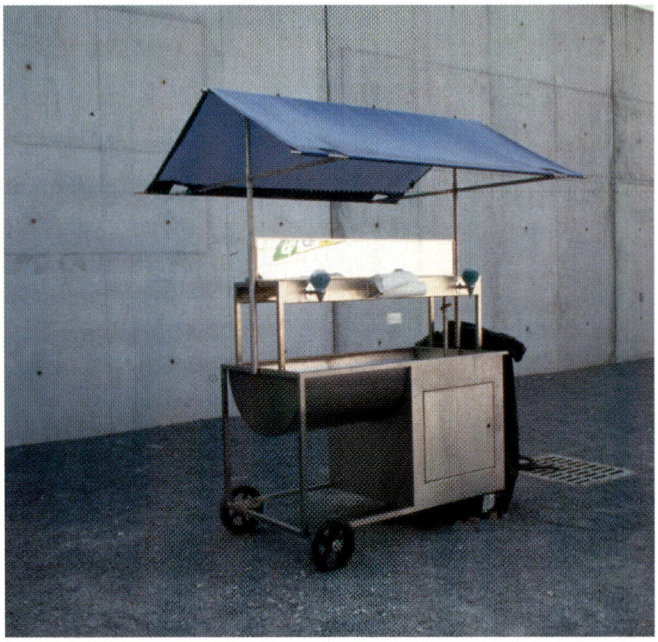

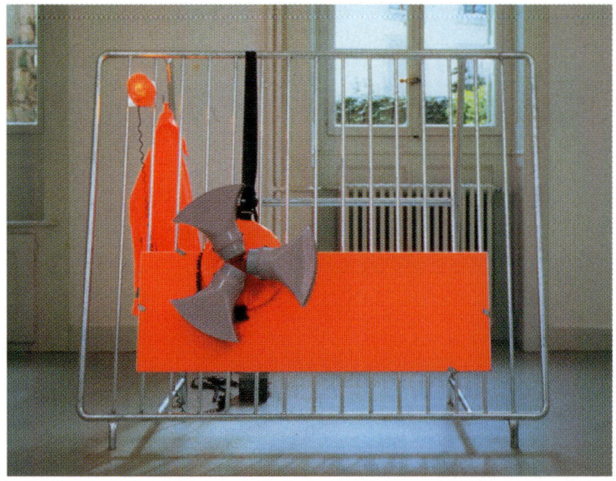

Oben links / Top left: FABRICE GYGI, FONTÄNE, 1997, Metall und Fahrzeug «Turbo-Pony Boschung», 250 x 200 x 400 cm / FOUNTAIN, metal and vehicle "Turbo-Pony Boschung," exhibition view, Fribourg, Switzerland, 98½ x 78¾ x 157½".
Oben rechts / Top right: FABRICE GYGI, STRASSENBLOCKADE, 1997, Metall, Lautsprecheranlage, Warnblinklicht, Stoff, Galerie Skopia, Genf, 160 x 160 x 90 cm / ROADBLOCK, metal, sound system, gyrobeam, fabric, 63 x 63 x 35½". (PHOTO: GEORG REHSTEINER)

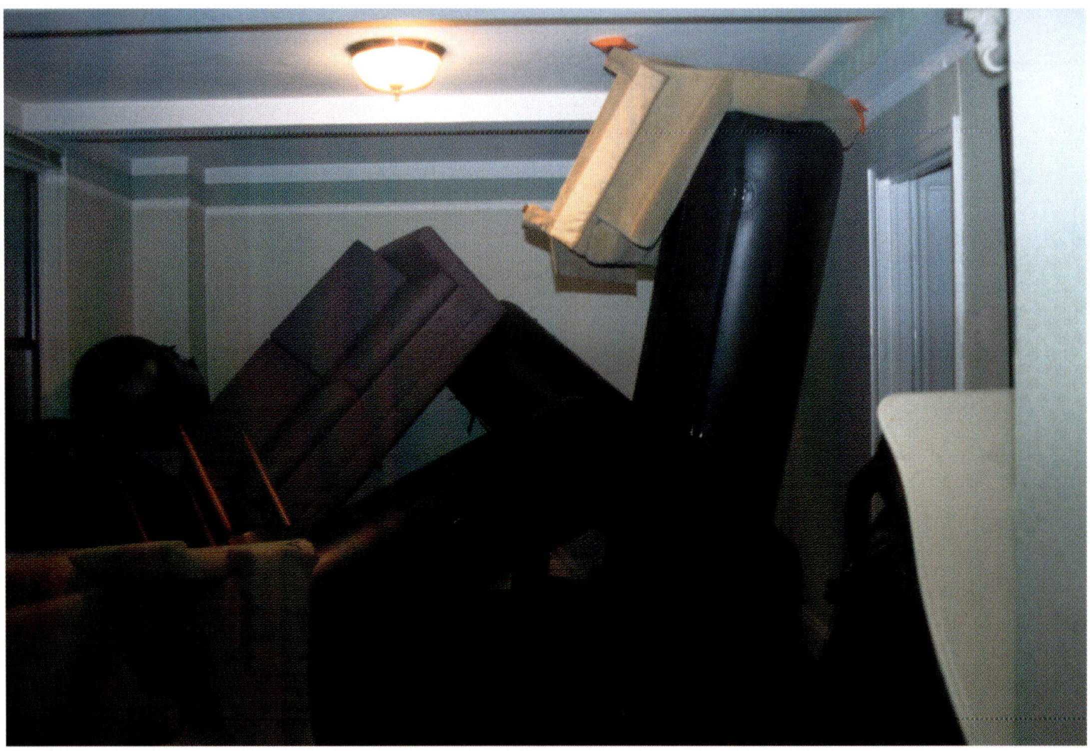

FABRICE GYGI, AIRBAGS, 1997, PVC, Riemen, verschiedene Grössen / PVC, straps, several sizes.

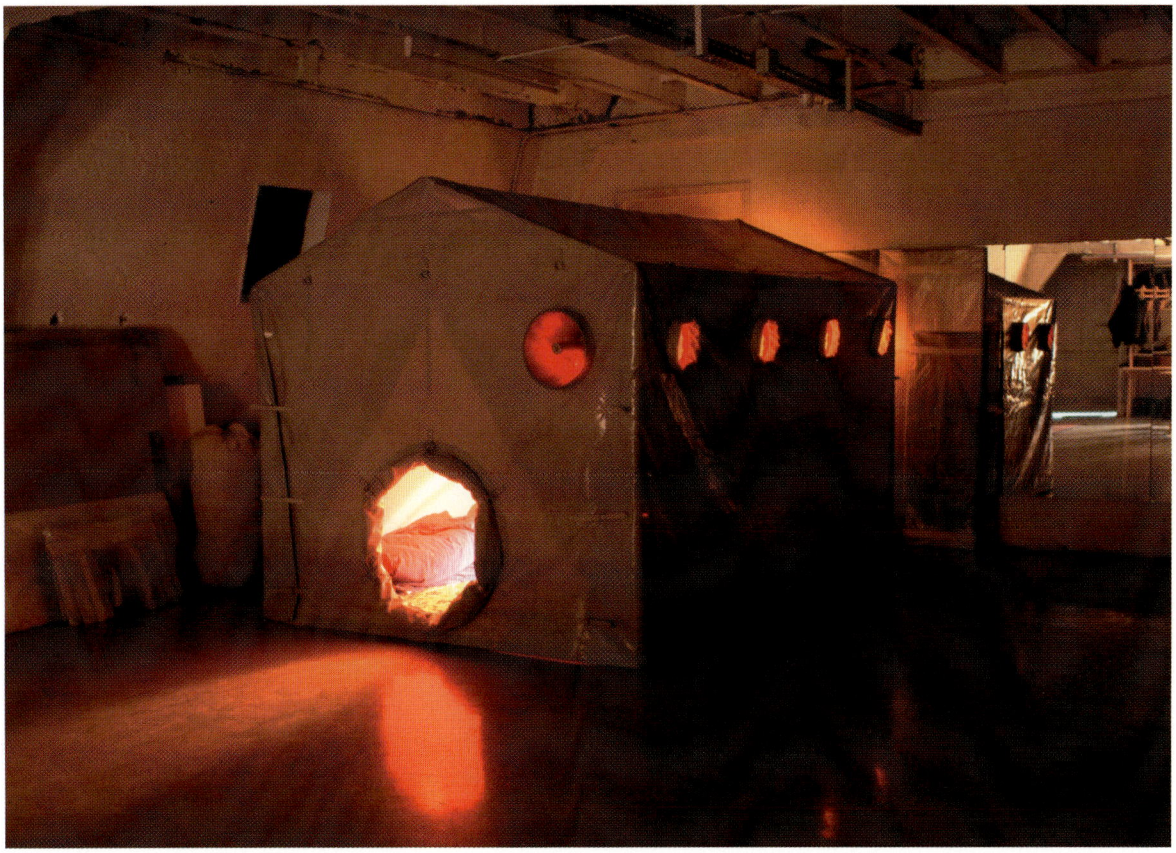

FABRICE GYGI, GROSSES ZELT, 1994, Zeltplane, Baumwolle, Metall, Holz, 250 x 200 x 300 cm / BIG TENT, canvas, cotton, metal, wood, 98 1/2 x 78 3/4 x 118".

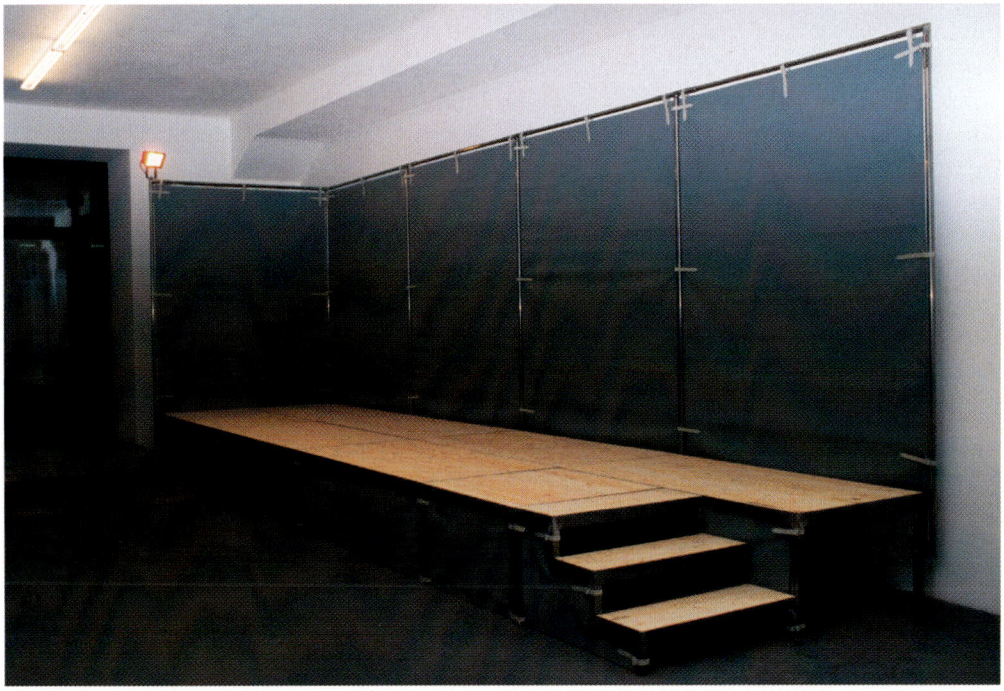

FABRICE GYGI, TRIBÜNE, 1996, Metall, Holz, Zeltbahn, Beleuchtung, 189 x 720 x 270 cm / PLATFORM, metal, wood, canvas, light, 74 x 284 x 284".
(PHOTO: BRUNO WEBER)

Reports from the Battle Zone

CLAUDIA SPINELLI

Helmets and riot shields of thick Plexiglas are hanging on the shelves ready for instant use; police barriers are crowded side by side. The hoses are hooked up. But where is the enemy? From which direction will the attack come? Fabrice Gygi's museum installations do not diminish any of the aggression inherent in preparations for the worst-case scenario. In the quiet and civilized White Cube, the ready violence of the paramilitary setting acquires a disturbing fortuity. The Swiss artist has turned the museum into a battle zone and us into co-players in an abstruse game that no longer distinguishes between protection and menace.

Since the terrorist attacks in Washington and New York, the horror scenarios so well rehearsed in films have suddenly become gruesome reality; terror and violence, real factors that have seized hold of our every thought. The hideous events have made us painfully aware of how thin the ice is underfoot, how deceptive the security of which we once felt so assured. Violence was always supposed to be elsewhere and now, shocked, we begin wondering whether dissension has not long been smoldering in our midst. There are, of course, different kinds of violence, different kinds of imbalance and oppression; and in order to determine which values, which achievements we actually have to defend, we must acquire a sensitivity towards those mechanisms that define how we live together in our own democratic society.

Fabrice Gygi is an artist who has acquired a keen awareness of the workings of authoritarian power, the ways in which freedom and control, security and threat interact. Fabrice Gygi is an anarchist who spent years on the streets in rebellion and revolt before transferring his struggle to the arena of art, where he continues to pursue his aims with subtle precision. His interventions communicate a deep-seated mistrust of any form of finality and the message they convey emerges through their exchange with the physical and mental context in which they are placed.

Platforms, utilitarian constructions of metal and plywood, and tarpaulins, tents, foam rubber padding and inflated, oversized airbags, signage colors, and flashing lights—the single elements made out of industrially produced materials possess a functionality, familiar from trekking stores or bomb shelters. The clear, minimalist design bespeaks order and discreet authority. The parts all look typically Swiss. But the "Swissness" of Fabrice Gygi's works is invested with an exemplary impact that goes far beyond their on-site significance in a local context. The term Switzerland is associated with a society that considers itself en-

CLAUDIA SPINELLI is a critic and freelance curator who lives in Berlin and Zurich.

FABRICE GYGI, AIRBAGS, 1997, & TRIBÜNE, 1996, Ausstellung «Des Histoires en Formes», Le Magasin, Grenoble 1997 / AIRBAGS & PLATFORM, exhibition view.

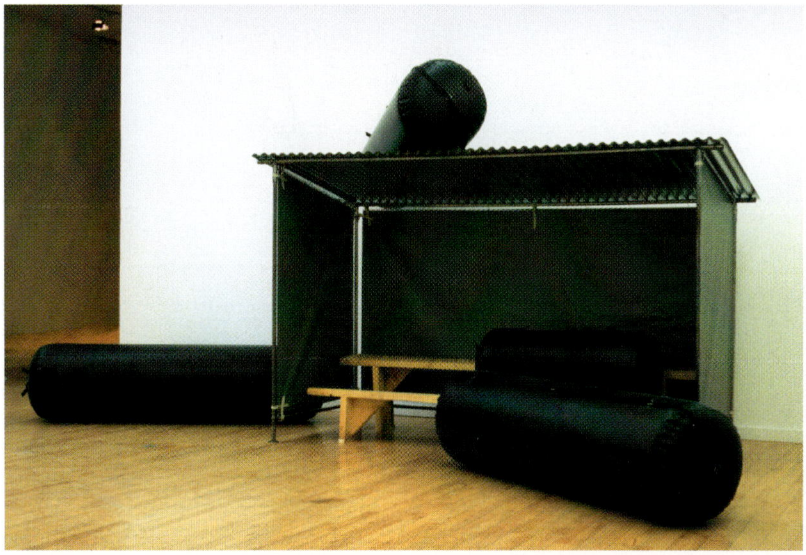

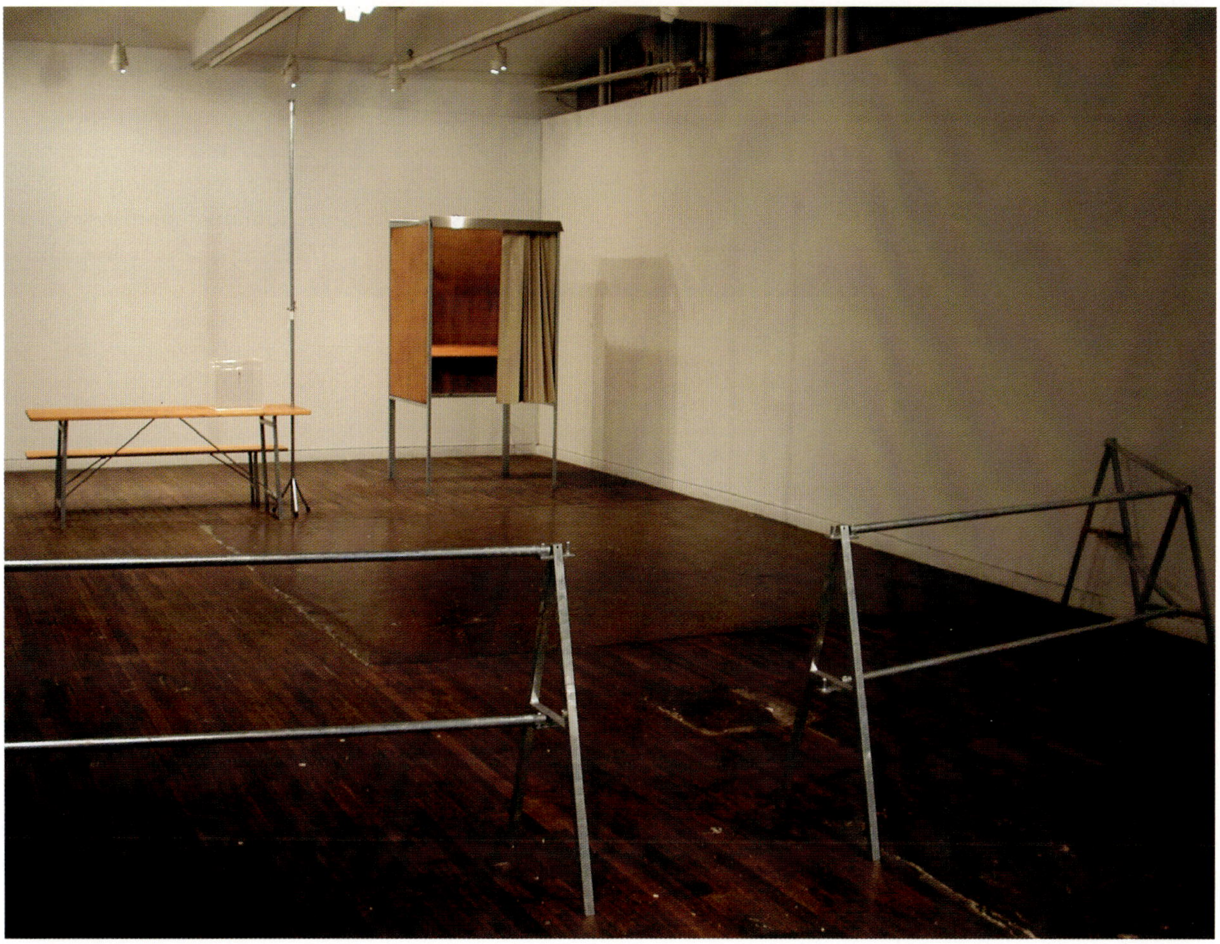

FABRICE GYGI, BUREAU DE VOTE / WAHLBÜRO, 2001, Metall, Holz, Stoff, Plexiglas, Grösse variabel (Ausschnitt) / POLLING STATION, metal, wood, fabric, Plexiglas, dimensions variable (detail).

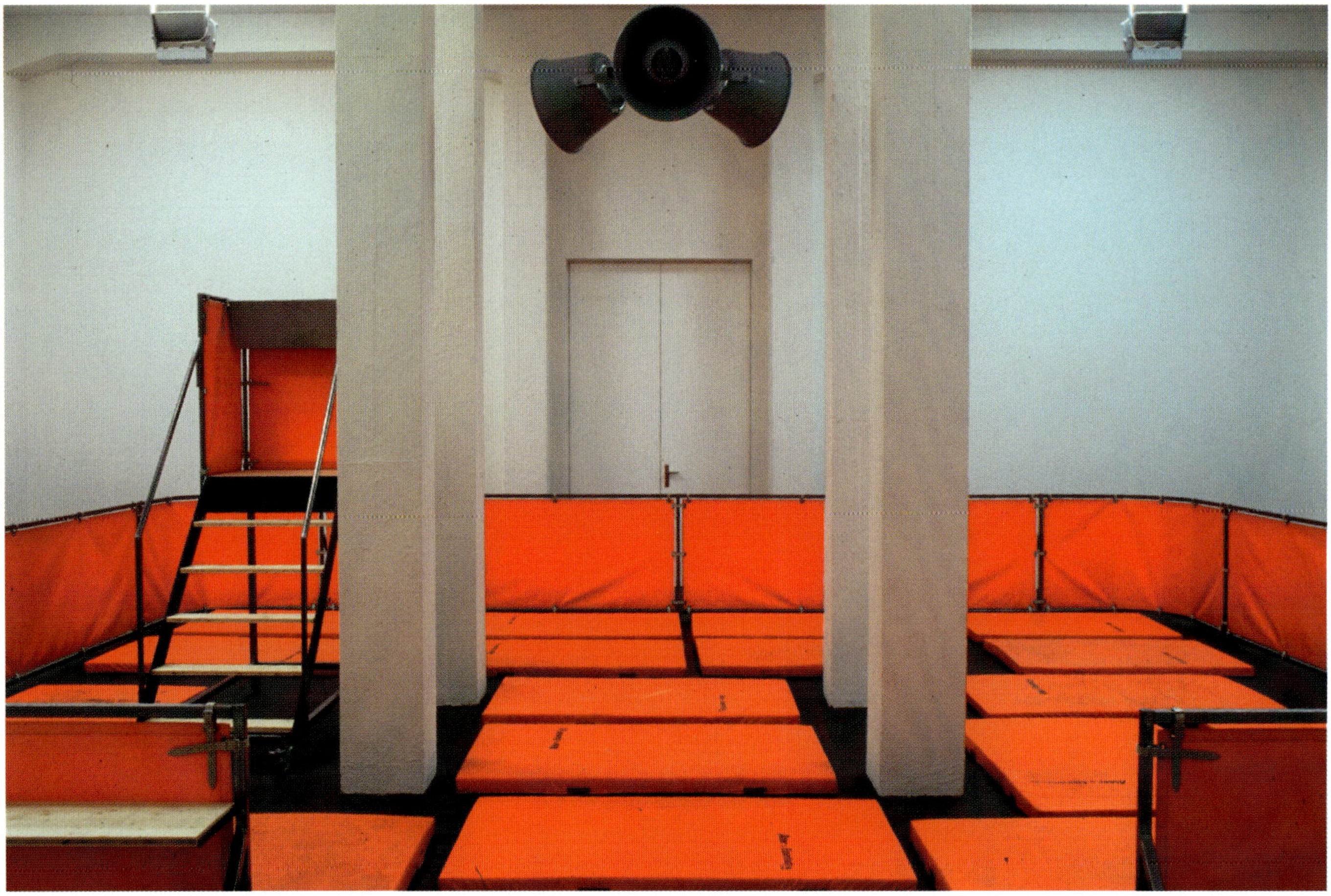

FABRICE GYGI, MINN ËÏNAYA, 1998, Zeltbahn, Metall, Holz, Schaumstoff, Lautsprecheranlage, variable Grösse, Musik: Sidney Stucki, Galerie Bob van Oursow, Zürich / canvas, metal, wood, foam, sound system, dimensions variable, music by Sidney Stucki.

lightened and just. In this respect Switzerland might be seen as being a synonym for an enlightened state, as a synonym for a civilized society based on democratic consensus, which comes to terms with inherent violence behind the scenes where regulatory control is exerted by subtexts instead of concrete, physical punishment.

Given the change of paradigm that has taken command of our perception since September 11, Gygi's treatment of structured order and discreet authority has acquired a drastically topical import. His works impact our consciousness as images of the despotism of consensus, as a metaphor for a gentle yet forceful regime which is at its most effective when successfully excluding the possibility of conflict and suppressing dissent. Under the new circumstances, the latent violence implicit in all of Gygi's works is heightened, demonstrating with devastating certainty that violence and threat are most likely to emerge with maximum force where they are least expected.

The artist's settings are reminiscent of paramilitary training camps and highly technological nomadic villages. Black bags of sand piled up as barricades and army tents speak of segregation and self-assertion while grandstands and shelters equipped with loudspeakers recall the infrastructure of mass events such as raves, open-air festivals, or local festivities. Their functional appearance in the deserted White Cube

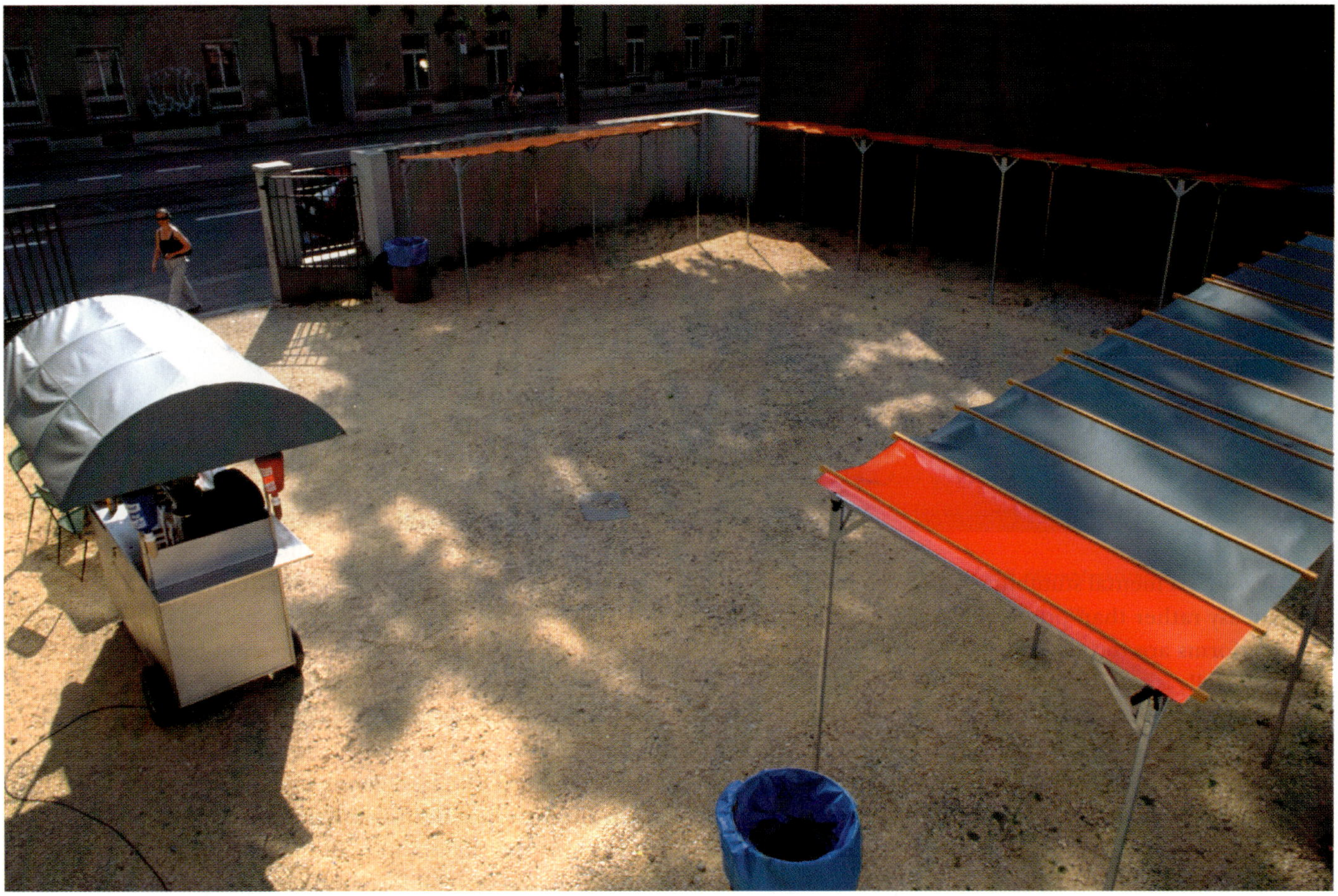

FABRICE GYGI, FREIER MARKT, 1999, Metall, Zeltbahn, Holz, Kunsthof Zürich / FREE MARKET, metal, canvas, wood.

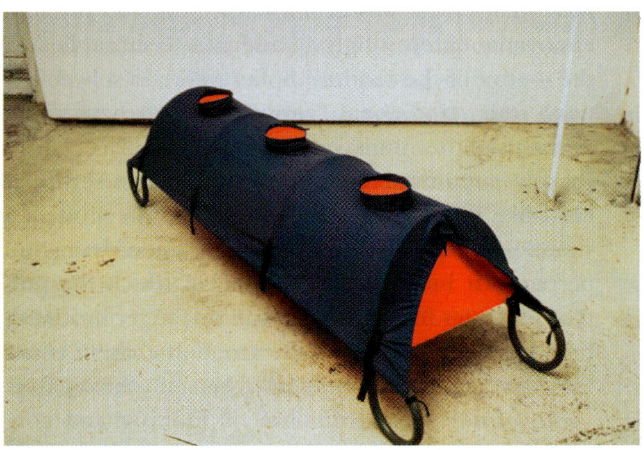

FABRICE GYGI, ZELT AUF TRAGBAHRE, 1993, Baumwolle, Riemen, Metall, 220 x 75 x 60 cm / TENT ON STRETCHER, cotton, straps, metal, $86^{5}/_{8}$ x $29^{1}/_{2}$ x $23^{5}/_{8}$".

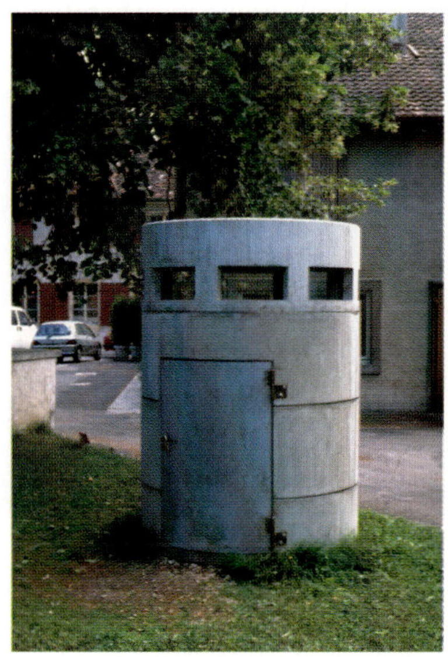

FABRICE GYGI, GUARIDA / UNTERSCHLUPF, 1995, Beton, Glas und Metall, Môtiers, 200 x 110 cm / HIDEOUT, concrete, glass, metal, $78^{3}/_{4}$ x $43^{1}/_{4}$".

William KENTRIDGE

BORN 1955 IN JOHANNESBURG, LIVES AND WORKS IN JOHANNESBURG / GEBOREN 1955 IN JOHANNESBURG, LEBT UND ARBEITET IN JOHANNESBURG.

SCHN

Tracey EMIN

BORN 1963 IN LONDON, LIVES AND WORKS IN LONDON / GEBOREN 1963 IN LONDON, LEBT UND ARBEITET IN LONDON.

RIDGE

Gregor EIDER

GEBOREN 1969 IN RHEYDT, DEUTSCHLAND, LEBT UND ARBEITET IN RHEYDT / BORN 1969 IN RHEYDT, GERMANY, LIVES AND WORKS IN RHEYDT.

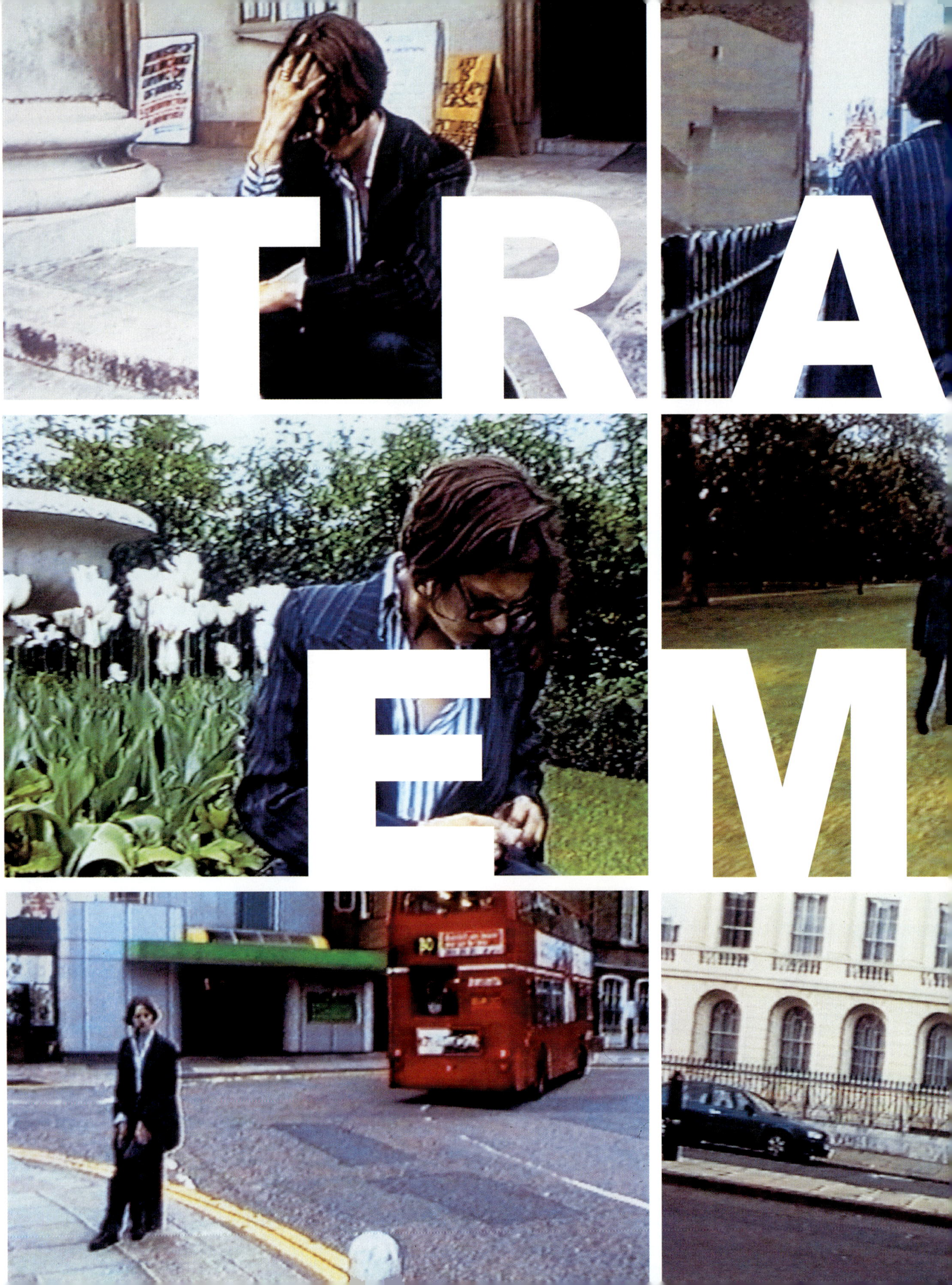
TRA
EM

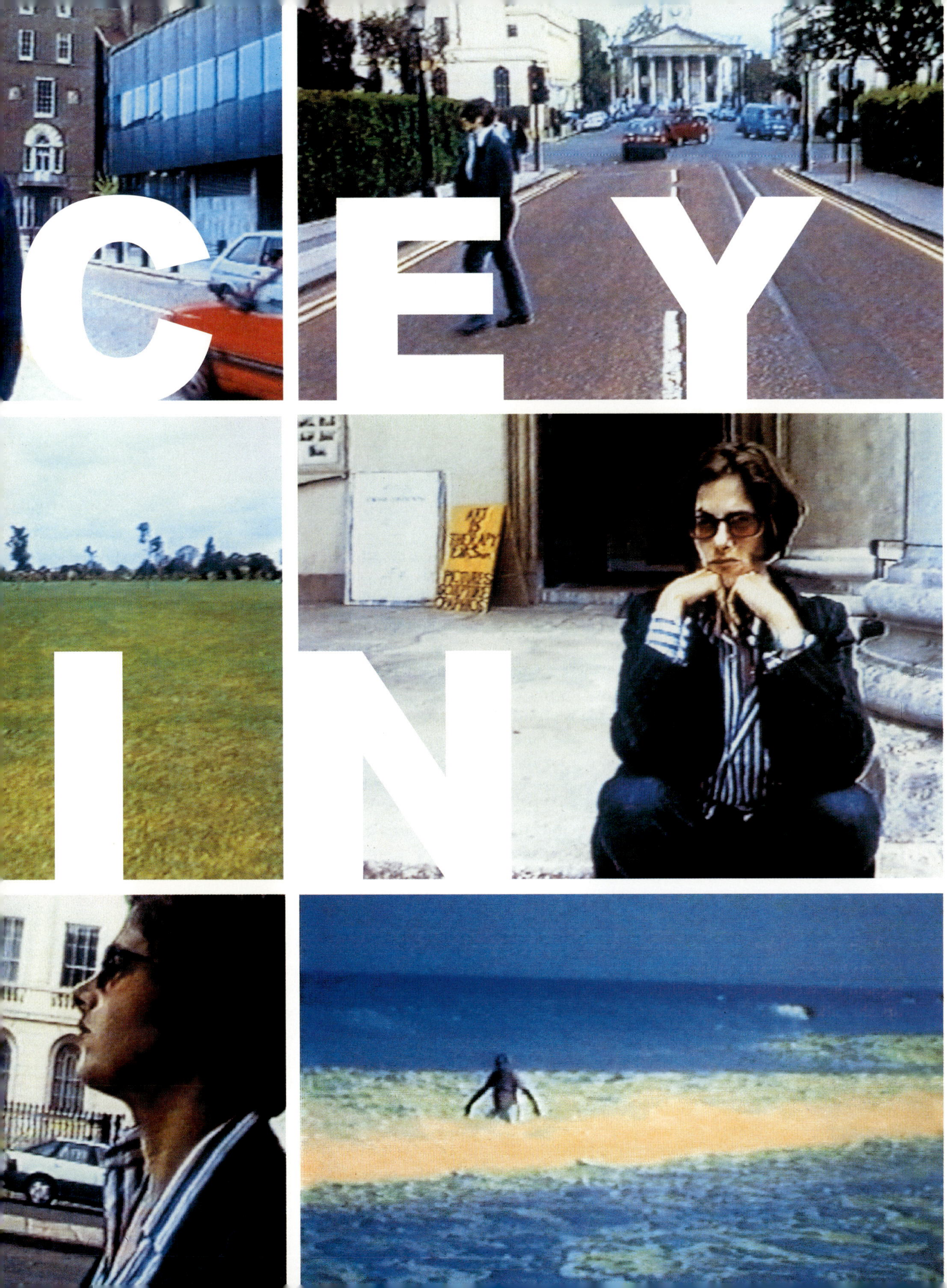
C E Y
I N

"Just Be Yourself—and Wear a Low Top"

LYNN BARBER

First impressions (physical). She is immensely exotic, erotic, unEnglish. Dark-skinned, dark-eyed, dark-haired, with a long face and long fingers, she looks Turkish-Cypriot like her father rather than English like her mother. (In fact her father is almost black—he thinks one of his ancestors was Sudanese.) She has the sort of hourglass figure—big bust, tiny waist, big hips—that is quite rare in England: she is proud of her body, and rightly so. But there is something wrong with her mouth—she keeps chewing on the side of it and I finally ask, "Is there something wrong with your mouth?" "Only what comes out of it!" she guffaws, before explaining she lost all her top teeth as a child. Then she opens her mouth and shows me the great scaffold of ironmongery holding her teeth in place. "Ugh! Put it away, Tracey!" After that we are friends.

First impressions (psychological). She makes my job as an interviewer easy because she is desperate to explain herself. The only problem for me is keeping up, she talks so fast. There is no question she refuses to answer, no area of her life that is taboo. Moreover, she is keen to offer proof of everything she says—she has the archives all around her, in her studio. When I ask what degree she got at art school, she tells me "a first" and then hurries to her filing cabinet to show me the certificate. When I ask whether her twin brother looks like her, she says not at all, and shows me a photograph. It is as if too often in the past she has been accused of lying, so now she keeps all the documentary evidence to hand.

Subsequent impressions. With most people there is a gap—perhaps even a chasm—between the self they present to the public, and the private self at home. With Tracey Emin, there is no such gap, not even a sliver. When I first met her I was interviewing her for *The Observer*—later I got to know her properly, as a friend. But all our subsequent meetings have only confirmed that she was "being herself" from the first moment I met her. That is the uniqueness of Tracey Emin, both as a person and as an artist—she has no secrets, she exposes herself utterly, you can see there are no skeletons in her closet because the closet door is open and you are welcome to look inside. This nakedness—which looks like vulnerability—is also her power.

Why is she so keen on self-exposure? Her enemies accuse her of exhibitionism, but I'm sure they're wrong. Exhibitionism is a form of vanity—"Look at me! Aren't I wonderful?"—Tracey is proud, but she isn't vain. Nor, I think, is she appealing for pity, though much of her life story is intensely pitiable—

LYNN BARBER is a writer and critic who lives in London.

Preceding double page / Vorangehende Doppelseite : TRACEY EMIN, video stills from / Videostills aus: HOMAGE TO EDVARD MUNCH AND ALL MY DEAD CHILDREN, 1998; HOW IT FEELS, 1996; EMIN & EMIN, 1996.

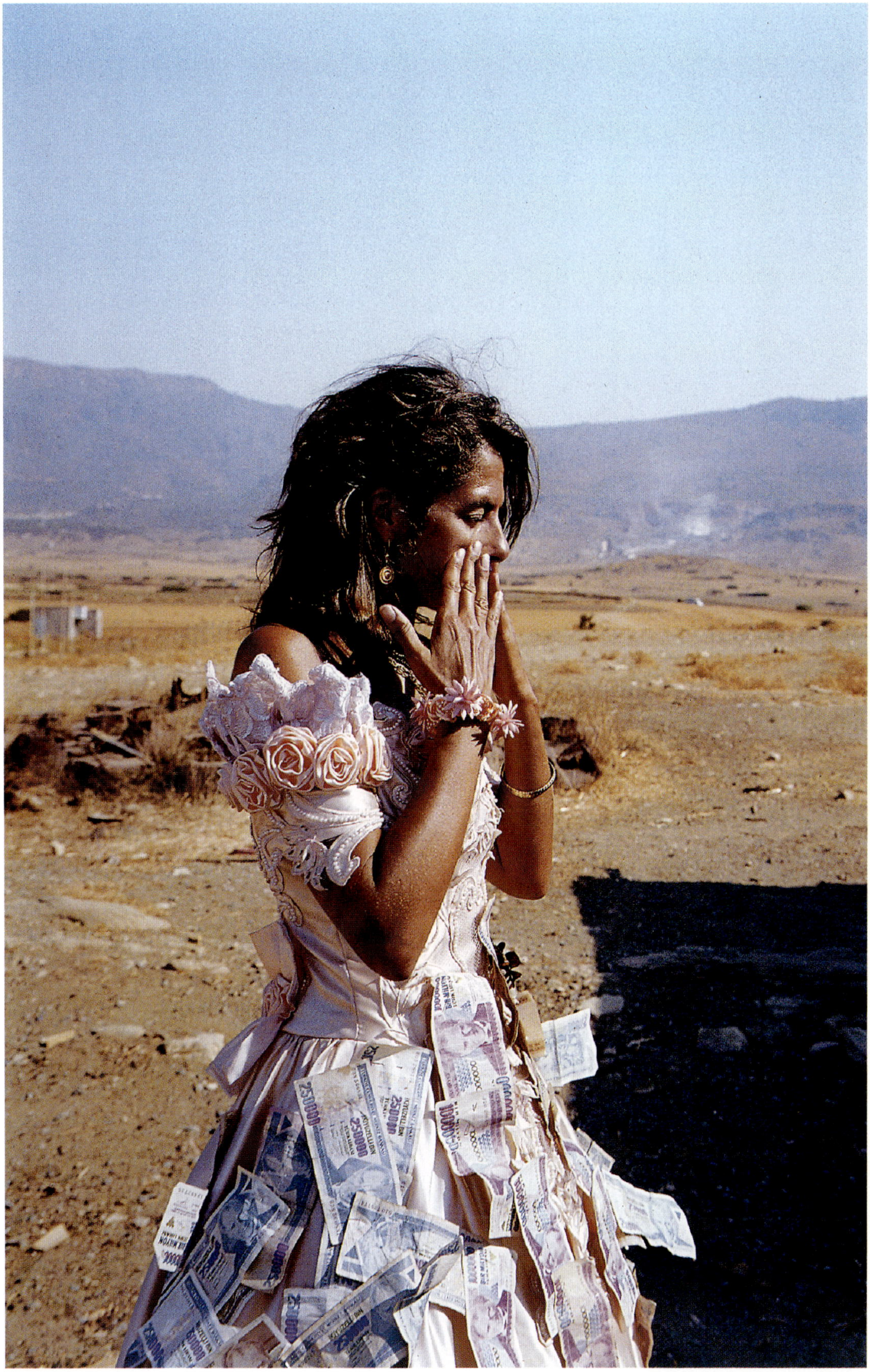

TRACEY EMIN, ME OWE, 1997, unique cibachrome print, 22 13/16 x 31 7/8" / Cibachrome-Print, Unikat, 58 x 81 cm. (PHOTO: STEPHEN WHITE)

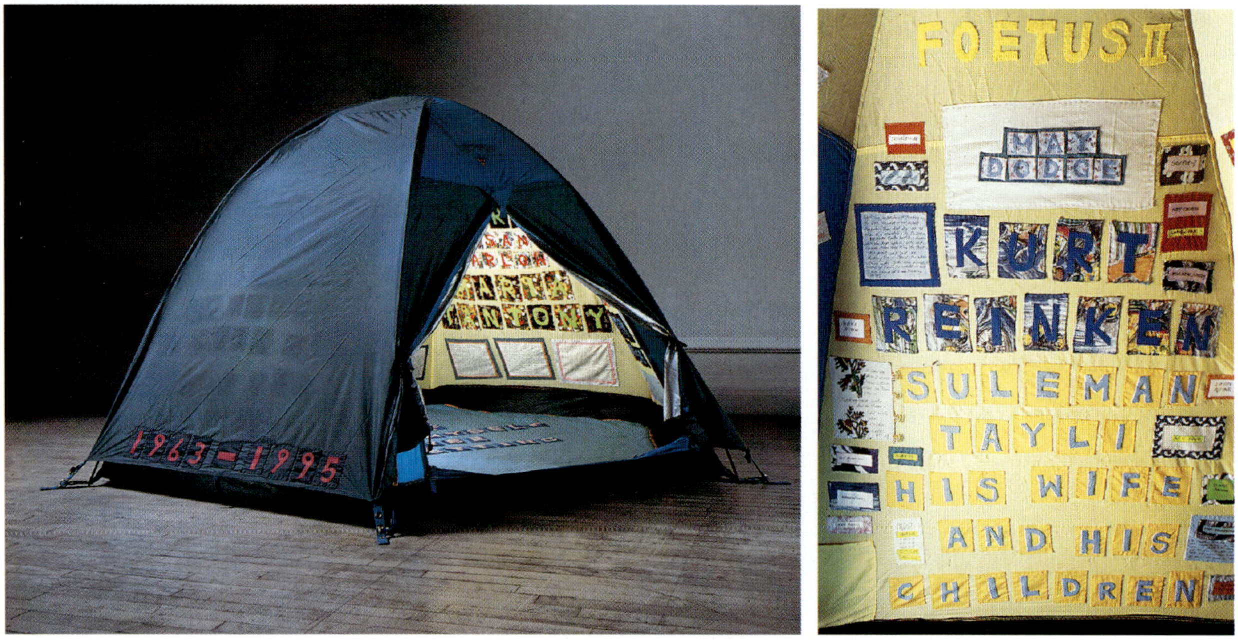

TRACEY EMIN, EVERYONE I HAVE EVER SLEPT WITH 1963–1995, 1995, appliqued tent, mattress, and light, 48 x 96 1/2 x 84 1/2" / ALLE, MIT DENEN ICH JE GESCHLAFEN HABE 1963–1995, Zelt mit Applikationen, Matratze und Licht, 122 x 245 x 215 cm.

her father leaving home when she was seven, the rape when she was thirteen, the teenage promiscuity, the dance in Margate where the boys all shouted "slag," the two abortions, the love affairs that ended in desertion. But the anger with which she recounts such episodes (and uses them in her art) is designed to discourage pity. She does not want to be seen as a victim; she would rather rage than weep.

Her art is not a *record* of emotion, but the hot stew of emotion as it comes fresh from the heart—anger, pain, confusion, desolation, occasionally happiness—always with the implicit question "What is going on here?" That is how she draws you in, makes you complicit in the eternal search to make sense of her life. She is like a detective surrounded by mountains of evidence but still unable to solve the mystery, asking, "Well what do *you* think happened? Can *you* make sense of this?" And rather than forgive and forget, she picks at the scabs of her sorrows, reopens old wounds, nurses old grudges, because until justice is done (whatever justice is) the case can never be closed.

Of course she is self-obsessed—what artist isn't? But as she says, "Most of my work starts off with me, or an experience with me, or something I've witnessed, but then it transcends from me so other people relate to it." Quite—the mystery is how she achieves this transcendence, how she transmutes what seems like "artless" self-exposure into art. Well, first, I think, she lures you in by the sheer feminine prettiness of much of her work—the delicate line, the chocolate box colors, the painstaking embroidery. But then she socks it to you with her words—as she says herself, "It's my *words* that actually make my art quite unique."

She uses words to undercut the prettiness of her imagery—you see one of her neon pieces at a distance and think "Oh that's chic" until you are close enough to read the words "My cunt is wet with fear." The same with her blankets—they beckon prettily across a room, looking all "twinkly" (her word), and then you approach and read "Fuck off Back to your Week World that You came from." Often her spelling mistakes are so evocative you wonder if she made

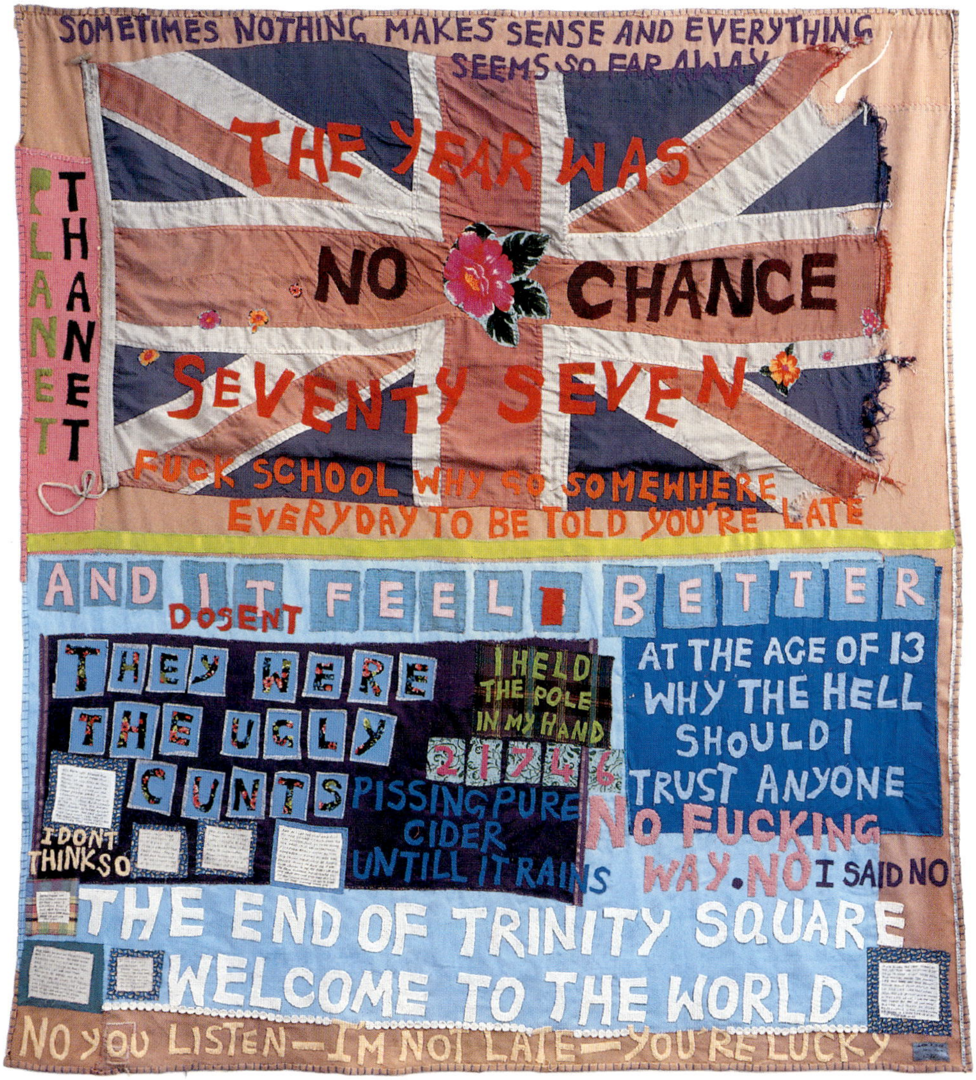

TRACEY EMIN, NO CHANCE, 1999, appliqued blanket, 85 x 89¾" /
KEINE CHANCE, Applikationsdecke, 216 x 228 cm.

them deliberately—whitch for which, or beleave for believe. But she is annoyed by this suggestion: "It's not cute affectation. If I could spell, then I would spell correctly, but I never bothered to learn. So, rather than be inhibited and say I can't write because I can't spell, I just write and get on with it."

She also uses words to good effect in talking to the media—and she has been fearless in playing the media at their own game. She seldom refuses an interview, even with an obviously hostile interviewer. She believes it's part of the modern artist's job to "spread the word—otherwise you end up in a garret, don't you?" The British tabloids—not exactly friends to art at the best of times—love to make jokes about her BED (1998) and EVERYONE I HAVE EVER SLEPT WITH 1963–95 (1995). They are like the boys shouting "slag" at the dance in Margate. But patiently, seriously, she answers their questions and disarms them with the honesty of her answers. Her motto for interviews is "Just be yourself—and wear a low top." It seems to work.

But the British public still seem to find it hard to accept the idea of an artist who turns up at parties in Vivienne Westwood frocks, who poses for fashion magazines and gossip columns, who writes hotel reviews for *GQ Magazine*, who flaunts her money, who

«Sei ganz du selbst – und zeige etwas nackte Haut»

LYNN BARBER

Erste Eindrücke (physisch). Sie wirkt äusserst exotisch, erotisch, unenglisch. Mit ihrer dunklen Haut, den dunklen Augen und Haaren, dem langen schmalen Gesicht und ebensolchen Händen hat sie mehr vom türkisch-zypriotischen Äusseren ihres Vaters als vom englischen der Mutter. (Tatsächlich ist ihr Vater beinah schwarz; er vermutet, dass einer seiner Vorfahren aus dem Sudan stammte.) Sie hat auch die Figur einer Sanduhr – grosse Brüste, schmale Taille, breite Hüften –, etwas, was man in England eher selten antrifft: Und sie ist mit Recht stolz auf ihren Körper. Aber mit dem Mund scheint etwas nicht in Ordnung zu sein – ständig kaut sie auf den Mundwinkeln herum, bis ich schliesslich frage: «Stimmt etwas nicht mit Ihrem Mund?» «Nur was herauskommt!», lacht sie schallend und erklärt dann, dass sie als Kind alle oberen Zähne verloren habe. Sie öffnet den Mund und zeigt mir ein Furcht erregendes Metallgerüst, an dem ihre Zähne befestigt sind. «Auweia! Pack das wieder weg, Tracey!» Von diesem Moment an sind wir Freundinnen.

Erste Eindrücke (psychologisch). Sie macht mir die Arbeit leicht, denn sie ist darum bemüht, sich klar auszudrücken. Meine einzige Schwierigkeit besteht darin, ihr Tempo mitzuhalten, weil sie so schnell spricht. Es gibt keine Frage, auf die sie nicht antworten würde, keinen Bereich ihres Lebens, der tabu wäre. Ja, sie will sogar alles, was sie sagt, auch belegen; sie hat ihr Archiv jederzeit zur Hand in ihrem Atelier. Wenn ich sie nach ihrem Abschluss an der Kunstschule frage, sagt sie, sie habe ein «first degree» und eilt sofort zum Aktenschrank, um mir das Abschlusszeugnis zu zeigen. Wenn ich sie frage, ob ihr Zwillingsbruder ihr ähnlich sehe, sagt sie: «Überhaupt nicht», und zeigt mir seine Photographie. Es ist, als sei sie in der Vergangenheit so oft der Lüge bezichtigt worden, dass sie nun lieber gleich sämtliche Belege bereithält.

Spätere Eindrücke. Bei den meisten Leuten gibt es eine Kluft, manchmal sogar einen richtigen Bruch, zwischen dem Bild, das sie der Öffentlichkeit zeigen, und ihrem privaten Selbst zuhause. Bei Tracey Emin gibt es diese Kluft nicht, nicht einmal eine kleine Ritze. Zum ersten Mal traf ich sie wegen eines Interviews für den *Observer*; später lernte ich sie dann richtig freundschaftlich kennen. Aber alle späteren Begegnungen haben den ersten Eindruck nur bestätigt, dass sie vom ersten Treffen an immer «sie selbst» war. Das ist das Einmalige an Tracey Emin: Als Mensch wie als Künstlerin hat sie keine Geheimnisse, gibt sich ganz preis, und man sieht sofort, dass sie keine Skelette im Schrank hat, weil die Schranktür offen steht und man ohne weiteres hineinschauen kann. Dieses Nackte, Ungeschützte, das so verletzlich wirkt, ist zugleich ihre Stärke.

Warum stellt sie sich so bereitwillig zur Schau? Ihre Gegner werfen ihr Exhibitionismus vor, aber ich bin mir sicher, dass sie damit falsch liegen. Exhibitionismus ist eine Art Eitelkeit: «Schau mich an! Bin ich nicht toll?» Tracey mag zwar stolz sein, aber eitel ist sie nicht. Und ich glaube, sie ist auch nicht auf Mitleid aus, obwohl ihre Lebensgeschichte durchaus

LYNN BARBER ist Kulturjournalistin und lebt in London.

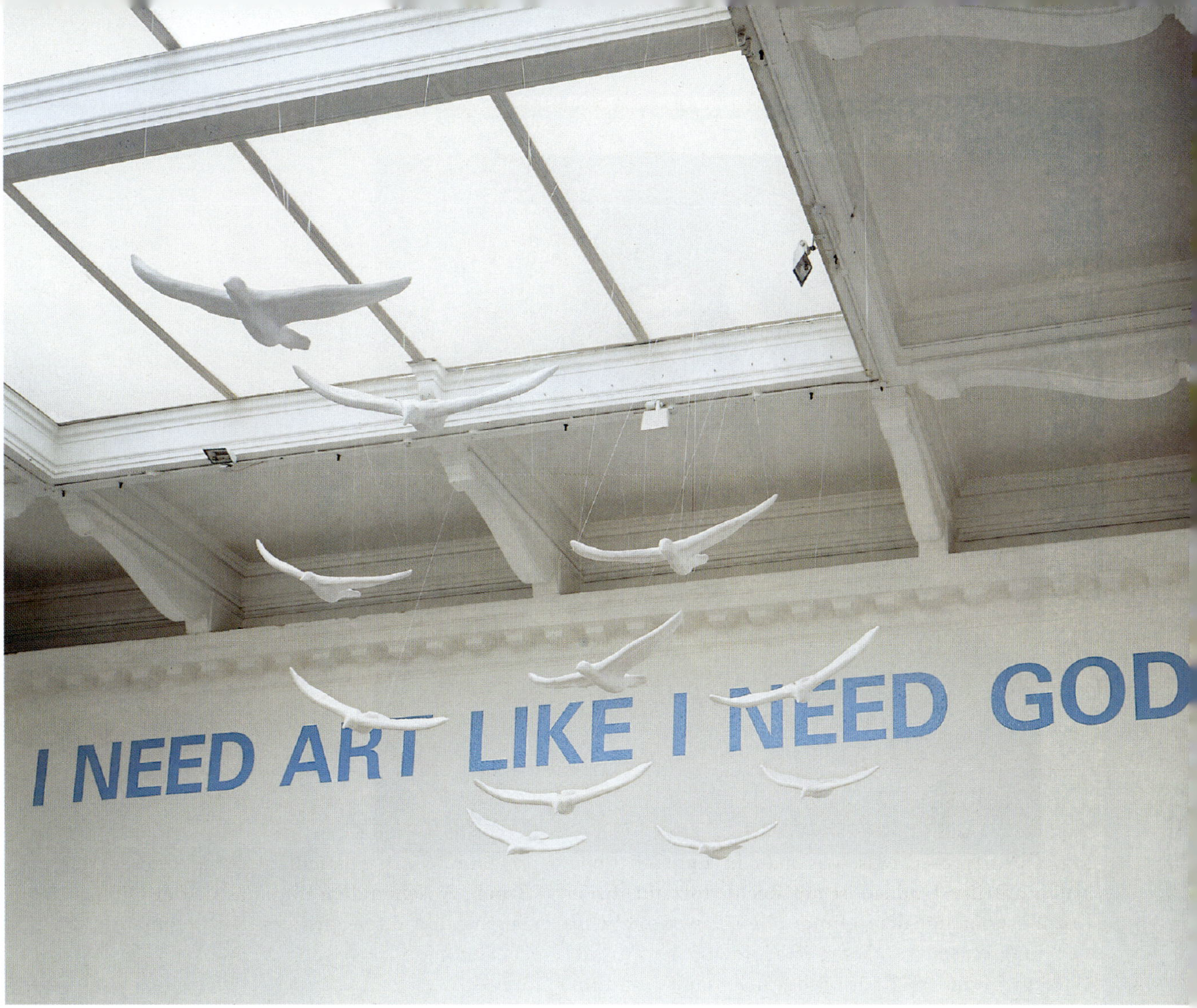

TRACEY EMIN, I COULD HAVE REALLY LOVED YOU. IN MY FAMILY WHEN SOMEONE DIES THEY ARE CREMATED AND THEIR ASHES ARE THROWN ACROSS THE SEA, 1997, 12 plaster seagulls, dimensions variable / ICH HÄTTE DICH WIRKLICH LIEBEN KÖNNEN. WENN IN MEINER FAMILIE JEMAND STIRBT WIRD ER / SIE KREMIERT UND DIE ASCHE ÜBER DEM MEER VERSTREUT, 12 Gipsmöwen, Grösse variabel. (PHOTO: STEPHEN WHITE)

Mitleid erregend ist; der Vater verlässt die Familie, als sie sieben ist, mit dreizehn wird sie vergewaltigt, es folgt ein promiskuitives Teenagerdasein, dann der Tanz in Margate, wo sie von den Burschen als «Schlampe» verhöhnt wird, zwei Abtreibungen, unglückliche Liebesaffären, an deren Ende sie als Verlassene dasteht. Doch der Zorn, mit dem sie diese Episoden schildert (und in ihrer Kunst verwendet), ist alles andere als Mitleid heischend. Sie will nicht als Opfer gesehen werden; eher gibt sie ihrer Wut Ausdruck, als dass sie weinen würde.

Ihre Kunst ist kein Festhalten von Gefühlen, sondern das heiss kochende Gefühl selbst, wie es aus dem Herzen quillt – Wut, Schmerz, Verwirrung, Elend, gelegentlich auch Glücksgefühle –, aber immer verbunden mit der implizit gestellten Frage: «Was geht hier vor?» So bezieht sie uns mit ein und macht uns zu Komplizen ihrer unermüdlichen Suche nach dem Sinn des Lebens. Sie ist wie ein Detektiv, der von Bergen von Beweismaterial umgeben dennoch nicht in der Lage ist, das Geheimnis zu entschlüsseln, und uns deshalb fragt: «Nun, was glauben

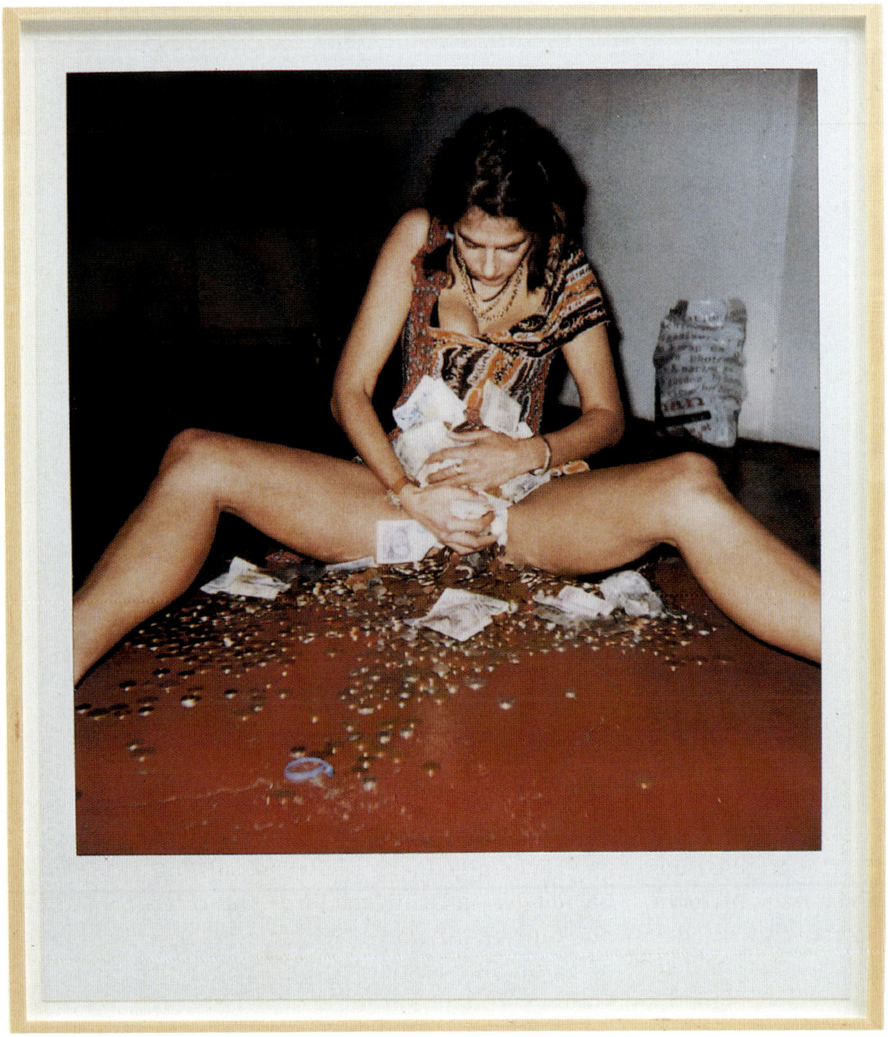

TRACEY EMIN, I'VE GOT IT ALL, 2000, framed ink-jet print, 48 x 36" / ALL DAS HABE ICH, gerahmter Ink-Jet-Print, 121,9 x 91,4 cm.

Sie, was geschehen ist? Werden Sie vielleicht schlau daraus?» Und bevor sie vergibt und vergisst, kratzt sie lieber die alten Kummernarben wieder auf, öffnet alte Wunden, nährt den alten Groll, denn solange das Urteil nicht gesprochen und die Gerechtigkeit (was immer das sein mag) nicht wiederhergestellt ist, kann die Akte nicht geschlossen werden.

Natürlich ist sie selbstbesessen, welcher Künstler ist das nicht? Aber wie sie selbst sagt: «Die meisten meiner Arbeiten beginnen mit mir oder einer Erfahrung von mir oder mit etwas, das ich miterlebt habe, aber dann transzendieren sie, so dass auch andere Leute ein Verhältnis dazu gewinnen.» Genau. – Das Geheimnisvolle daran ist aber, wie sie diese Transzendenz erreicht, wie sie, was nach kunstloser Selbstdarstellung aussieht, in Kunst verwandelt. Nun, erstens glaube ich, dass sie uns schon mit dem baren weiblichen Charme vieler ihrer Arbeiten in Bann schlägt – die zarte Linie, die verlockenden Farben, die minuziösen Stickereien. Aber dann schleudert sie es uns samt ihren Worten entgegen, und wie sie selbst sagt: «Letztlich sind es die Worte, die meine Kunst zu etwas Besonderem machen.»

Sie verwendet das Wort, um die Anziehungskraft ihrer Bildsprache zu unterlaufen. So sieht man etwa eine ihrer Neonarbeiten aus einer gewissen Entfernung und denkt: «Ach, ist das schick», aber nur bis man nah genug herankommt, um die Worte zu entziffern: «Meine Möse ist nass vor Angst.» Dasselbe gilt für ihre Decken – sie locken verführerisch von

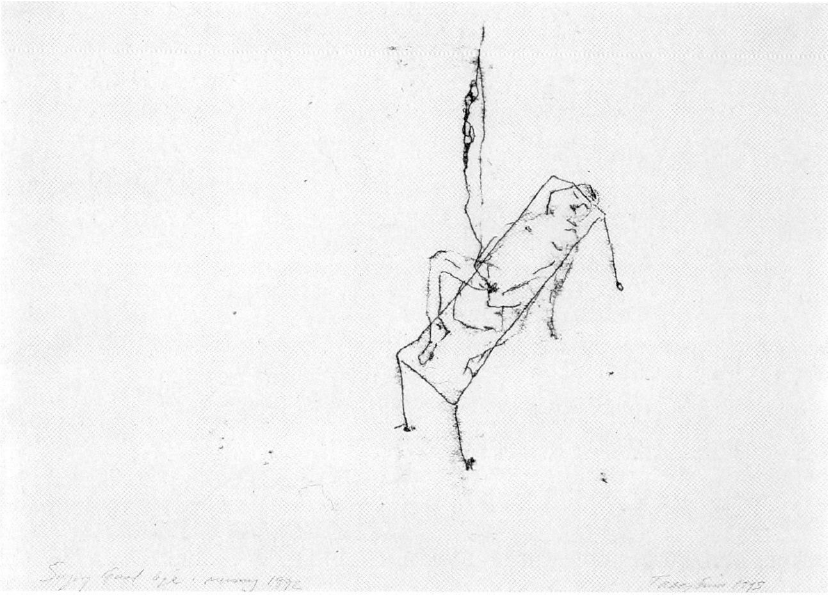

TRACEY EMIN, SAYING GOODBYE MUMMY, 1992, monoprint, 16 1/2 x 23 1/4" / ADIEU MAMA SAGEN, Monotypie, 42 x 59 cm.

der anderen Seite des Raums, wirken heiter und munter, dann tritt man näher und liest «Fuck off Back to your Week World that You came from» (Etwa: «Verpiss dich in die öde Welt, aus der du herkommst»). Häufig wecken ihre orthographischen Fehler Assoziationen, so dass man sich fragt, ob nicht Absicht dahinter steckt – etwa *whitch* statt *which*, oder *beleave* statt *believe*. Aber auf diese Frage reagiert sie verärgert: «Das ist keine affektierte Schlaumeierei. Wenn ich richtig schreiben könnte, würde ich das auch tun, aber ich habe mich nie darum gekümmert, es zu lernen. Also schreibe ich einfach so, wies kommt, statt Hemmungen zu haben und zu sagen, ich kann nicht schreiben, weil ich die Rechtschreibung nicht beherrsche.»

Auch im Umgang mit den Medien setzt sie die Sprache sehr wirkungsvoll ein und schreckt nicht davor zurück, die Medien mit ihren eigenen Mitteln auszuspielen. Sie verweigert selten ein Interview, nicht einmal mit einem offensichtlich feindseligen Interviewpartner. Sie ist der Meinung, es gehöre auch zur Aufgabe eines modernen Künstlers, «Red und Antwort zu stehen – sonst endet man in irgendeiner einsamen Dachkammer, nicht?» Die britischen Boulevardblätter, die selbst in ihren besten Momenten nicht gerade sehr kunstfreundlich sind, machen sich gern über ihr BED (1998) und «all die Männer, mit denen sie geschlafen hat» (EVERYONE I HAVE EVER SLEPT WITH 1963–95, 1995) lustig. Sie sind genau wie jene Jungen in Margate, die «Schlampe» brüllten, als sie tanzte. Aber Tracey beantwortet all ihre Fragen geduldig und ernsthaft und entwaffnet sie mit der Aufrichtigkeit ihrer Antworten. Ihr Motto für Interviews lautet: «Sei einfach du selbst – und zeige etwas nackte Haut.» Das scheint zu funktionieren.

Aber das britische Publikum hat offenbar noch immer Mühe zu akzeptieren, dass eine Künstlerin in Vivienne-Westwood-Klamotten an Partys aufkreuzt, sich für Modejournale ablichten lässt und Gegenstand von Klatschkolumnen ist, dass sie Hotelkritiken für *GQ Magazine* schreibt, mit Geld um sich wirft und ihren Erfolg offensichtlich in vollen Zügen geniesst: Welche Frechheit, wenn man bedenkt, dass das bloss diese verrückte Tracey aus Margate ist, die nicht einmal richtig schreiben kann! Wir wollen, dass unsere Künstler leiden und darben und für jede Krume, die wir ihnen zuwerfen, elend dankbar sind. Aber Tracey ist nie dankbar. Sie ist sich ihres eigenen Wertes vehement bewusst. Als Sir Nicholas Serota zu ihr sagte, er wünschte, das Tate Modern besässe ein so wichtiges Werk wie das Zelt (EVERYONE I HAVE EVER SLEPT WITH 1963–95, 1995), erwiderte sie: «Ja, warum haben Sie es denn nicht gekauft, als es zum

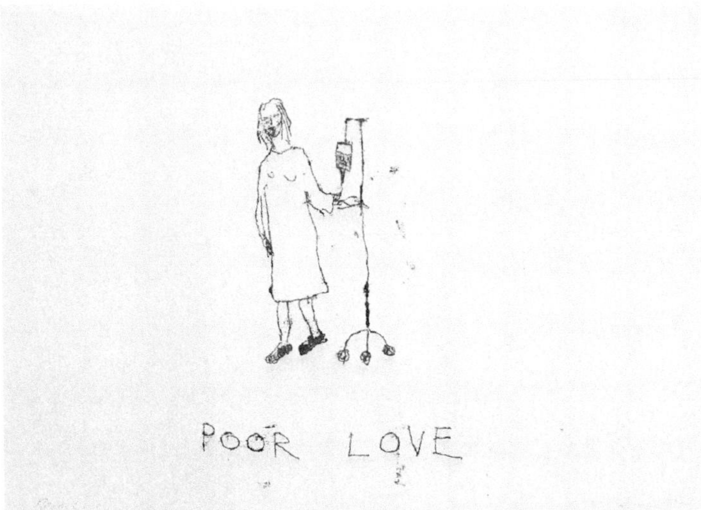

TRACEY EMIN, POOR LOVE, 1999, monoprint, $11^{11}/_{16}$ x $16^{1}/_{4}$" / DU ARMES, Monotypie, 29,7 x 42 cm. (PHOTO: STEPHEN WHITE)

ersten Mal ausgestellt wurde und noch billig zu haben war?» Und nicht etwa ihr Galerist, Jay Jopling, sondern in erster Linie sie selbst handelte den Verkauf von MY BED (Mein Bett, 1998) an Charles Saatchi für 150 000 Pfund aus und brachte ihn gleich auch noch dazu, ihr Strandhäuschen (Abbildung auf Seite 39) zu kaufen, bevor er es überhaupt gesehen hatte. Nachdem sie bis dreissig von der Fürsorge leben musste, hat sie heute keinerlei Skrupel, viel Geld zu verdienen.

Sie geniesst den neuen Wohlstand, das neue Haus mit dem begehbaren Kleiderschrank, in dem all ihre atemberaubenden Klamotten Platz finden, ihr neues luftiges Atelier mit den riesigen Werkbänken und den ordentlichen Materialstapeln, die darauf warten, zu Kunst verarbeitet zu werden. Sie ist glücklich in ihrer Beziehung mit dem Künstler Mat Collishaw und stolz darauf, dass ihre ausgesprochen zahlreiche Verwandtschaft – seine Eltern, ihre Eltern, Stiefeltern, Geschwister, Tanten – alle gut miteinander auskommen. Ihr Atelier gleicht einem Familien-Heimarbeitsbetrieb: Rose, die Frau ihres Vaters, ist für die Stickereien auf ihren Decken besorgt und ruft manchmal noch andere Verwandte zu Hilfe; ihr Vater macht alle fälligen Reparaturen im Haus und zieht riesige Tomatenpflanzen auf dem Dach. Das schwarze Schaf der Familie hat schliesslich doch noch seinen Weg gefunden.

Heute trägt sie Sorge zu sich: Sie schwimmt, nimmt Boxstunden, sie denkt daran zu essen und betrinkt sich nicht mehr unablässig, sondern nur noch auf Partys. Sie ist jetzt viel gesünder, glaubt sie, weniger zerbrechlich, widerstandsfähiger. Wenn sie Unheil kommen sieht, unternimmt sie etwas dagegen und redet sich selbst zu, nicht paranoid zu werden. Sogar eine vorübergehende Trennung von ihrem Freund hat sie überstanden, ohne Hals über Kopf die Spirale in den Wahnsinn hinunterzurutschen, wie das früher der Fall gewesen wäre.

Aber ist das auch gut für ihre Kunst? Besteht nicht die Gefahr, dass ihre künstlerische Kraft verloren geht, wenn ihr Leben allzu glatt läuft? Sie sagt, nein: «Es wird nie glatt laufen. Ich will normal sein, aber ich muss damit zu Rande kommen, dass ich und das Normale einander vor langer Zeit abhanden gekommen sind. Das passiert nicht und wird nie passieren. Da darf ich mir keine Illusionen machen, ich muss mit dem zurechtkommen, was ich habe, und das Beste daraus machen. Man kann dem Glück nicht hinterherlaufen – es ist eine vorübergehende Sache. Und ich bin kein Mensch, der je herumsitzen und murmeln wird: ‹Alles ausgeglichen, alles in Ordnung.› Wahrscheinlich würde ich mein Leben ändern, bevor es so weit käme. Aber auch wenn meine Kunst von meinen Erfahrungen handelt, muss sie nicht immer negativ sein. Man kann auch etwas Schönes schaffen. Wissen Sie, ich habe Tonnen von Liebesgedichten geschrieben und daraus lassen sich sehr schöne Decken machen!»

(Übersetzung: Susanne Schmidt)

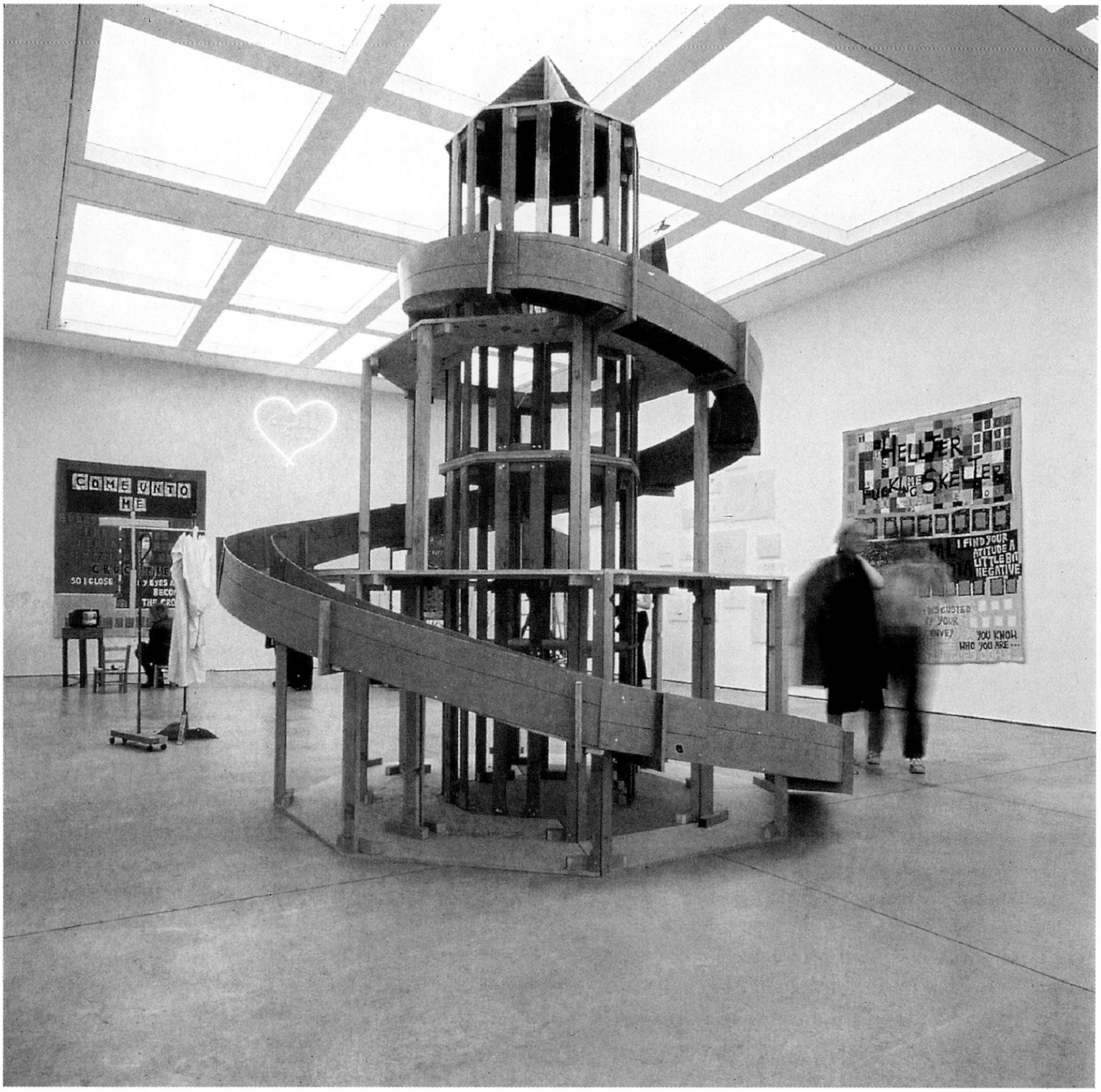

TRACEY EMIN, SELF-PORTRAIT, 2001, reclaimed timber and stuffed sparrow, height 144", diameter 140", White Cube Gallery, London / SELBSTPORTRÄT, rezykliertes Bauholz, ausgestopfter Sperling, Höhe 366 cm, Durchmesser 356 cm. (PHOTO: STEPHEN WHITE)

LIKE A HOLE IN THE HEAD

GREGOR MUIR

Listen, I'm the artist here from that show "Sensation." I'm here. I'm drunk. I've had a good night out with my friends and I'm leaving now. I want to be with my friends. I want to be with my mum. I'm going to phone her and she's going to be really embarrassed about this conversation. It's live, but I don't give a fuck about it.[1)]

I've known Emin for ten turbulent years. I must be the only person who remains a friend even though, for the most part, I've never liked her work. Apparently, her life and her work are indivisible, to like one and not the other seemingly an impossibility and yet we get on. On several occasions she has tried to persuade me that I really should like her work. Come my birthday, she would always give me a drawing or a little book. Like a perplexed parent, I would end up saying, "That's great Tracey, thanks. Let's see now, what does it say? *'Kiss Me, Kiss Me, Cover My Body In Love.'*" The following year, another attempt to resolve our little crisis with a print exclaiming three words: "JUST LOVE ME." These extremely kind gifts were always handed over with the same toothy grin. Perhaps the same toothy grin that passed over Emin's face the night she said to her boyfriend Mat Collishaw, "What a lovely moon," only for him to point out that it was a light above a distant bus shelter. (Emin's notoriously poor eyesight was recently restored after laser treatment.) And then there were the letters, sack-fulls, all beginning with "Dear Muir-kin," or "Dear Baby Boomer," one of the many nicknames assigned to me over the years.

I got to know Emin in 1993, after repeated visits to "Lucas & Emin" otherwise known as The Shop. I recognized her immediately having met her the year before at a party where she was wearing white pop socks and jumping around on the dance floor screaming "Rabbit is dead!" The Shop was located in a former doctor's office in a dilapidated Victorian house where Emin could be found most days sitting behind a makeshift counter that was collaged with tabloid newspapers featuring images of topless girls and football players. All around were artistic knickknacks; little editions or one-offs made by Emin, then a young unknown, and Sarah Lucas, whose reputation already preceded her. On sale, were glass ashtrays with a photocopied picture of Damien Hirst stuck to the base facing upward, coercing people to stub their cigarettes out on his face. There were T-shirts with "Complete Arsehole" painted on the front, burgundy felt squares entitled "Rothko Blankets" and a large octopus made

GREGOR MUIR is a writer and the curator of the Lux Gallery, London, as well as curator of independent projects such as last year's "Comply" exhibition at Bürofriedrich, Berlin.

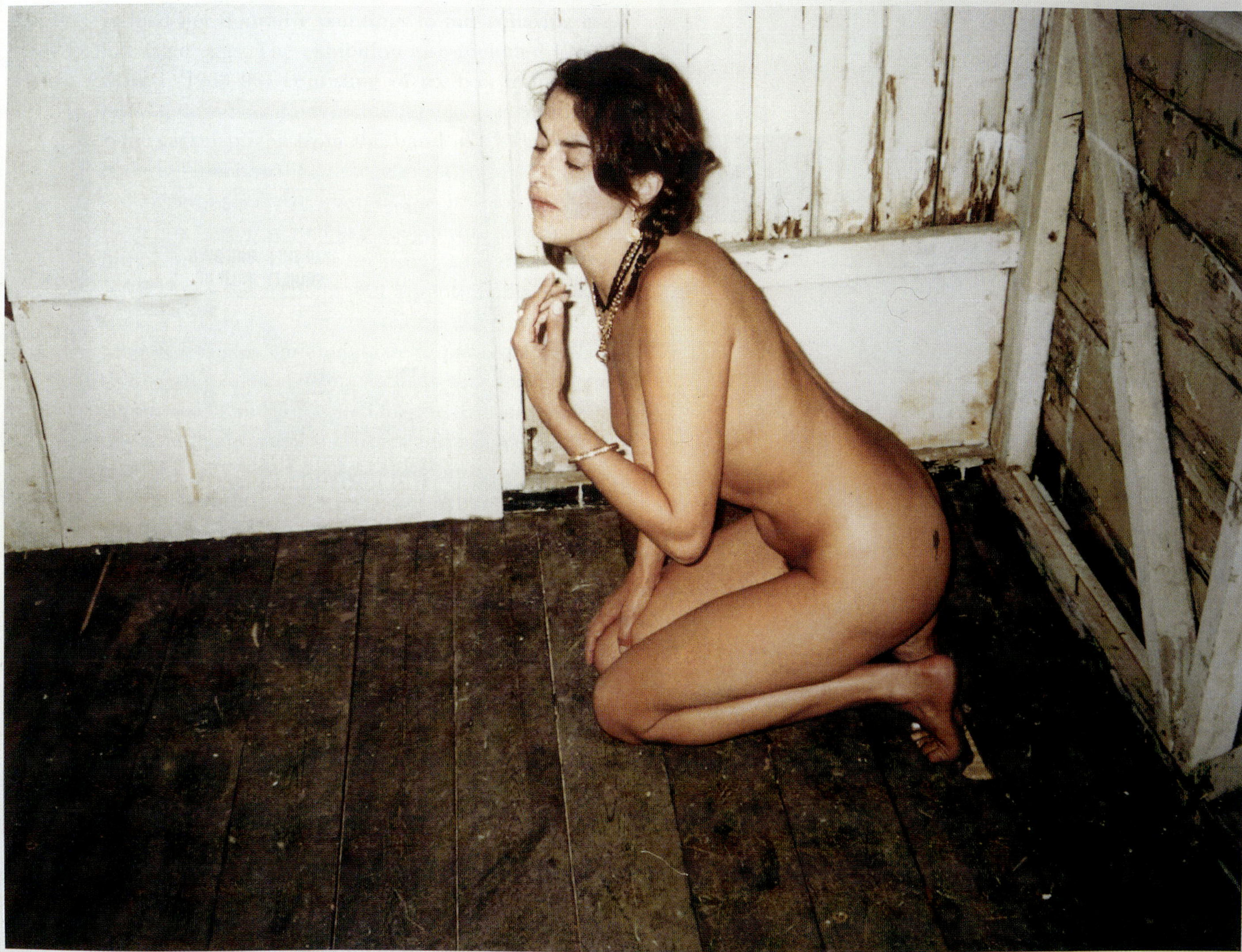

TRACEY EMIN, THE LAST THING I SAID TO YOU IS DON'T LEAVE ME HERE I, 2000, Epsom print, paper size 52 $^{3}/_{4}$ x 42 $^{1}/_{8}$" / DAS LETZTE, WAS ICH ZU DIR SAGTE, IST, LASS MICH HIER NICHT ALLEIN ZURÜCK I, Epsom-Print, Papierformat 134 x 107 cm.

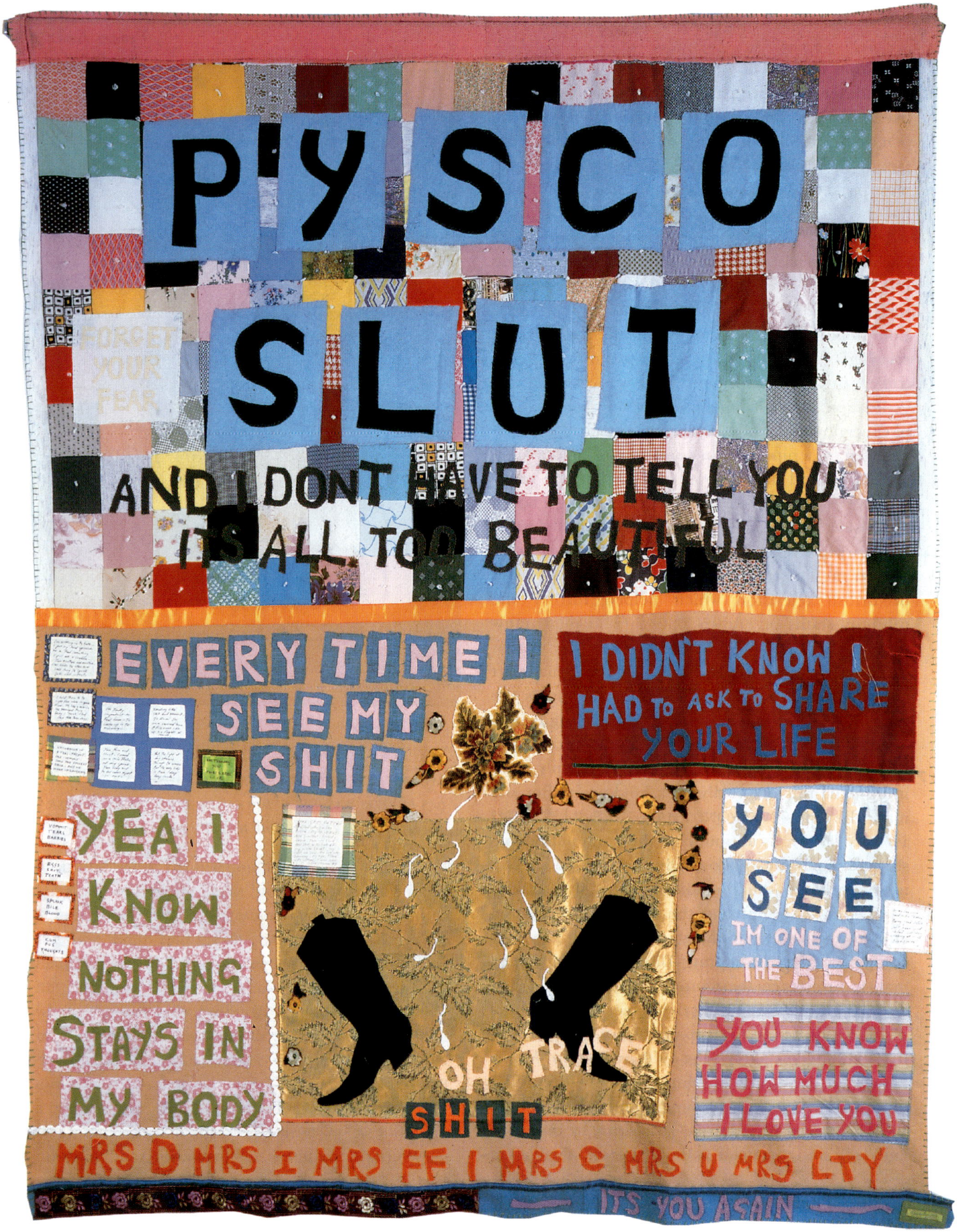

TRACEY EMIN, PYSCO SLUT, 1999, appliqued blanket, 96 x 76" / PSYCHOSCHLAMPE, Applikationsdecke, 244 x 193 cm.

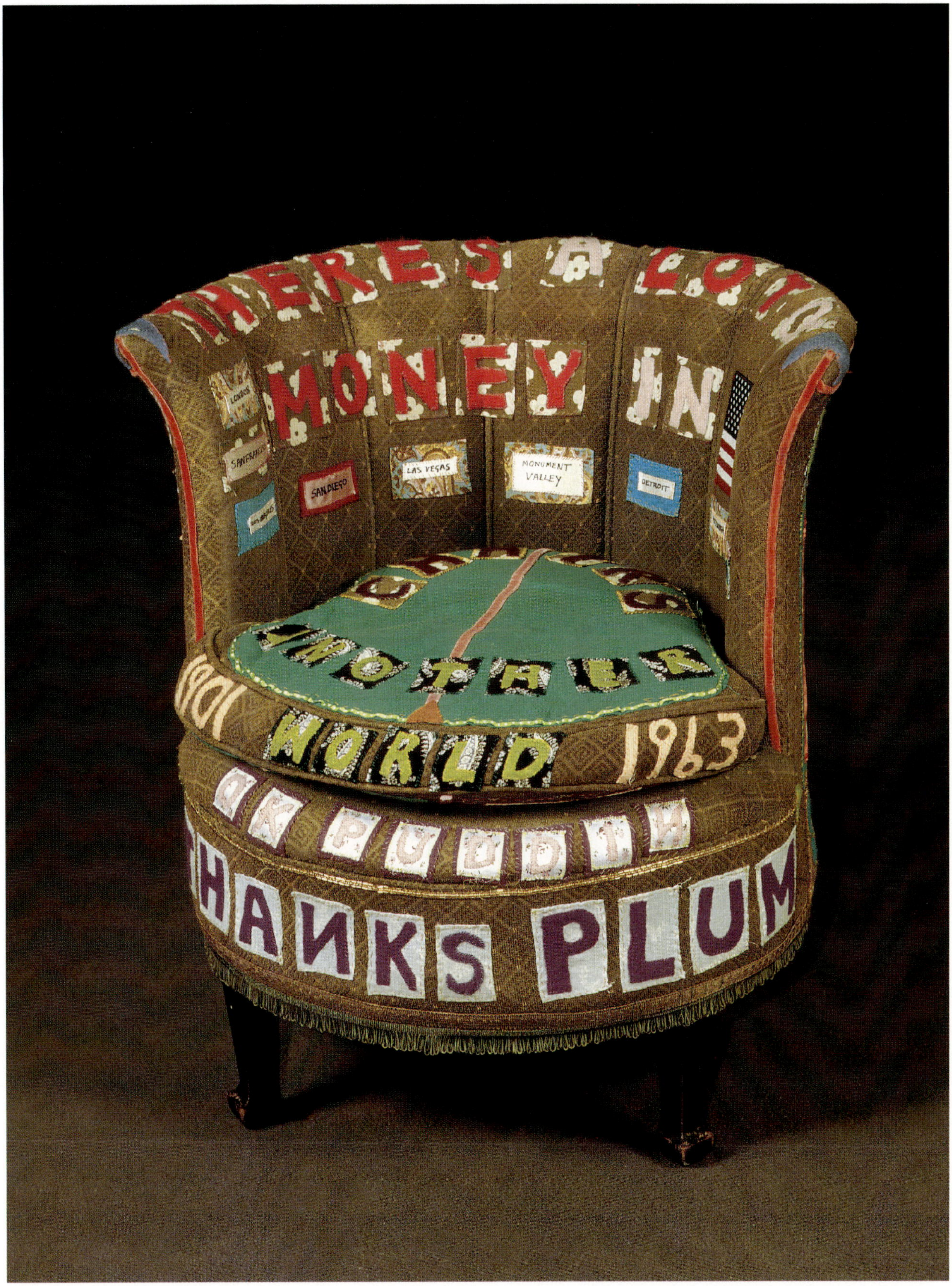

TRACEY EMIN, THERE'S A LOT OF MONEY IN CHAIRS, 1994, appliquéd armchair, $27^{1}/_{8}$ *x 21 x* $19^{1}/_{2}$*" /*
MIT STÜHLEN KANN MAN VIEL GELD VERDIENEN, Applikations-Sessel, 69 x 53,5 x 49,5 cm.

Art Center as part of the British art exhibition "Brilliant" where Emin—upset by its installation—threw a fit at director Richard Flood. It became the first work of Emin to be purchased indirectly by Charles Saatchi for his Royal Academy exhibition "Sensation," ending a period of withholding works from the man whose advertising campaigns had, in Emin's eyes, put Thatcher in power.

EVERYONE I HAVE EVER SLEPT WITH remains a work of relative tranquillity. On a visit to her hometown of Margate, Emin dragged a group of us to see The Shell Grotto. A local folly, The Shell Grotto turned out to be an underground cave with highly decorative walls and ceilings made from thousands of tiny sea shells the insides of which had been signed by courting couples from the early half of the last century. The experience of being underground, looking up and reading peoples names from a bygone era echoes the interior of Emin's tent. Having done the rounds in the media, however, any appreciation of the tent as a work of great intimacy—a fragile constellation of individual experience—tends to get eclipsed. Barely a day goes by without Emin appearing in the press, prompting concern as to whether she's a media celebrity or an artist—the suggestion being that one may negate the other. She cares about this. I can tell because she goes all twitchy whenever I ask for her celebrity opinion. Clearly, her message has transcended the modest means used to relay it. Stories of rape, abortion, masturbation, and menstruation, once the headline news of Emin's past, have subsequently become the headlines of real tabloids.

The metier of Emin's mining of herself and how people superstitiously obsess about her drying up is perhaps best summed up in Truman Capote's 1967 short story "Mister Misery." Set in New York City, it centers on a young unemployed woman called Sylvia who overhears talk of the mysterious Mr. Revercomb, a man who buys people's dreams. Intrigued, she visits his apartment and is shown into a study where she relays her dreams, which are noted down in shorthand. As she departs, she receives payment and after subsequent visits she eventually works her way up to a $10 dream. After a time, Sylvia confides to a friend that all is not well. "I feel as though everything were being taken from me, as though some thief were stealing me down to the bone. If only I knew what he wanted with all those dreams, all typed and filed. What does he do with them?" Believing she is being robbed of her soul, she hatches a plan to ask for her dreams back on the grounds that this would give her the strength to leave the city and return home. Sylvia is traumatized to learn that Mr. Revercomb has taken her dreams and, in the most ambiguous of descriptions, "used them all up." He has nothing to give. Cold and alone, she walks destitute through the streets. A tale of despair and self-degeneracy, the story ends with her being followed by two shady boys. "Truly I am not afraid, she thought, hearing their snowy footsteps following her; and anyway, there was nothing left to steal."

Emin's is a self-reflective art inasmuch as everything about the work reflects back on herself—her life, her memories, her feelings. When she published her book *Exploration of the Soul* in 1995, the more cynical among us re-read the title as "Privatization of the Soul." To some extent, Emin is engaged in a form of public sell-off of herself that sits squarely with the romantic notion of the troubled artist bargaining with polite society by trading their all—their tragedy, their pain, their life's blood. Her strategy has been to turn her life inside out, making her most private emotion public—a process that struggles to address anything outside of the artist's subjective experience. This irritates people, leading to her work being denounced as mawkish, cloying, and solipsistic; a self-knowing bubble emptied of any critical faculty, prompting observers to ask whether Emin's portrayal of herself as a victim belongs to the arena of art or therapy. Or so the criticism goes. However it is puzzling that, even when art history is littered with examples of self-reflective outpourings in equal measure, Emin should be singled out for exclusion. In the meantime, her art, her media presence, her love of expressionism and cute animals, her love of artists Frida Kahlo, Jackson Pollock, and Egon Schiele, all feed into each other and are allowed to revolve so long, as they do so around a central Emin atom.

1) Tracey Emin, "Is Painting Dead?" Channel 4: Live broadcast on the night of the 1997 Turner Prize Awards.

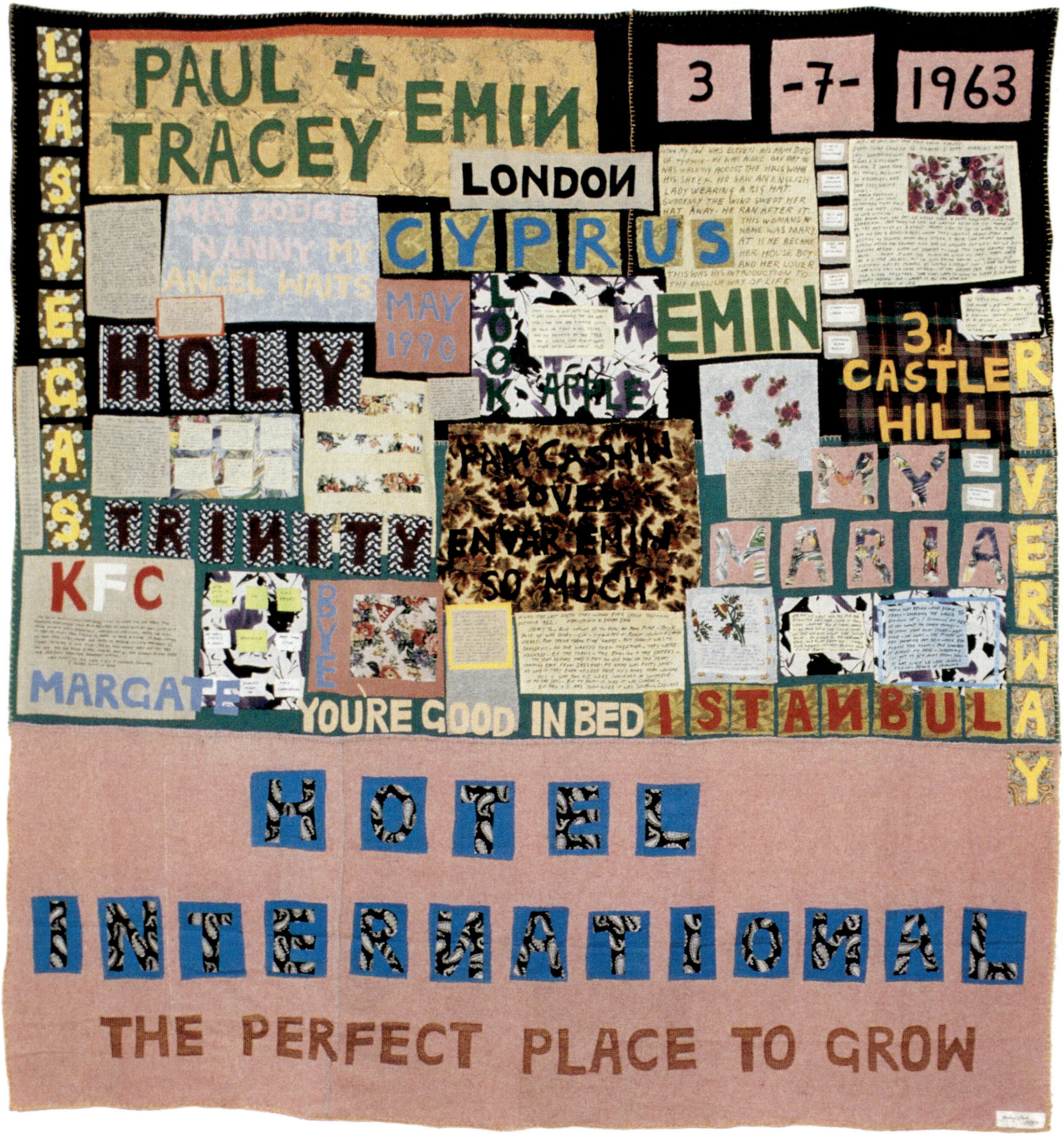

TRACEY EMIN, HOTEL INTERNATIONAL, 1993, appliqued quilt, 101 1/5 x 94 1/2" /
Applikationsquilt, 257 x 240 cm.

WIE EIN LOCH IM KOPF

GREGOR MUIR

Hören Sie, ich bin die Künstlerin hier aus dieser Ausstellung «Sensation». Ich bin hier. Ich bin besoffen. Ich habe mit meinen Freunden gefeiert und ich gehe jetzt. Ich will mit meinen Freunden zusammen sein. Und ich will mit meiner Mama zusammen sein. Ich werde sie gleich anrufen und sie wird über dieses Gespräch sicher höchst bestürzt sein. Es wird zwar live gesendet, aber das ist mir scheissegal.[1)]

Ich kenne Emin schon zehn turbulente Jahre lang. Und ich bin wohl die einzige Person, die ihr freundschaftlich verbunden blieb, obwohl mir ihre Arbeit zum grossen Teil nie gefallen hat. Offenbar sind ihr Leben und ihr Werk nicht voneinander zu trennen; das eine zu mögen, aber das andere nicht, ist offensichtlich ein Ding der Unmöglichkeit und dennoch kommen wir gut aus. Schon mehrmals hat sie versucht mich zu überzeugen, dass mir ihre Arbeit eigentlich gefallen müsste. An meinem Geburtstag schenkte sie mir immer eine Zeichnung oder ein Büchlein. Wie ein verlegener Verwandter sagte ich dann jeweils: «Das ist toll, Tracey, danke. Aber schauen wir mal, was steht denn da? ‹*Kiss Me, Kiss Me, Cover My Body in Love*›.» Im Jahr darauf dann ein weiterer Versuch, unseren kleinen Zwist beizulegen, mit einem Druck, der die drei Worte schrie: «JUST LOVE ME». Diese äusserst liebevollen Geschenke wurden immer mit einem breiten Lachen überreicht. Vielleicht dasselbe Lachen, das auch in jener Nacht auf Emins Gesicht stand, als sie zu ihrem Freund Mat Collishaw sagte: «Was für ein schöner Mond», worauf er klarstellte, dass es sich lediglich um eine Lampe über einer etwas entfernt liegenden Bushaltestelle handelte. (Emins berühmt-berüchtigte Kurzsichtigkeit wurde kürzlich erfolgreich mit Laser behandelt.) Und dann waren da noch die Briefe, sackweise, die alle mit «Dear Muir-kin» begannen oder mit «Dear Baby Boomer», einem der zahlreichen Übernamen, die mir im Lauf der Jahre verpasst wurden.

Ich lernte Emin 1993 kennen, nach wiederholten Besuchen bei «Lucas & Emin», auch bekannt als *The Shop*. Ich erkannte sie sofort wieder, nachdem ich sie im Jahr zuvor bei einer Party getroffen hatte, wo sie mit weissen Baumwollsocken auf der Tanzfläche herumhüpfte und schrie: «Rabbit is dead!» (Das Kaninchen ist tot!). The Shop war in einer ehemaligen Arztpraxis in einem heruntergekommenen viktorianischen Gebäude untergebracht, und man konnte Emin dort meistens hinter einem improvisierten Ladentisch antreffen, der mit Bildern von barbusigen Mädchen und Fussballspielern aus Boulevardblättern beklebt war. Alles voll mit künstlerischem Schnickschnack: kleine Editionen oder Unikate von Emin, damals eine junge Unbekannte, oder Sarah Lucas, der ihr Ruf bereits vorausging. Da gab es Glas-

GREGOR MUIR ist Publizist und Kurator unabhängiger Projekte wie der letztjährigen Ausstellung «Comply» bei Büro-friedrich, Berlin.

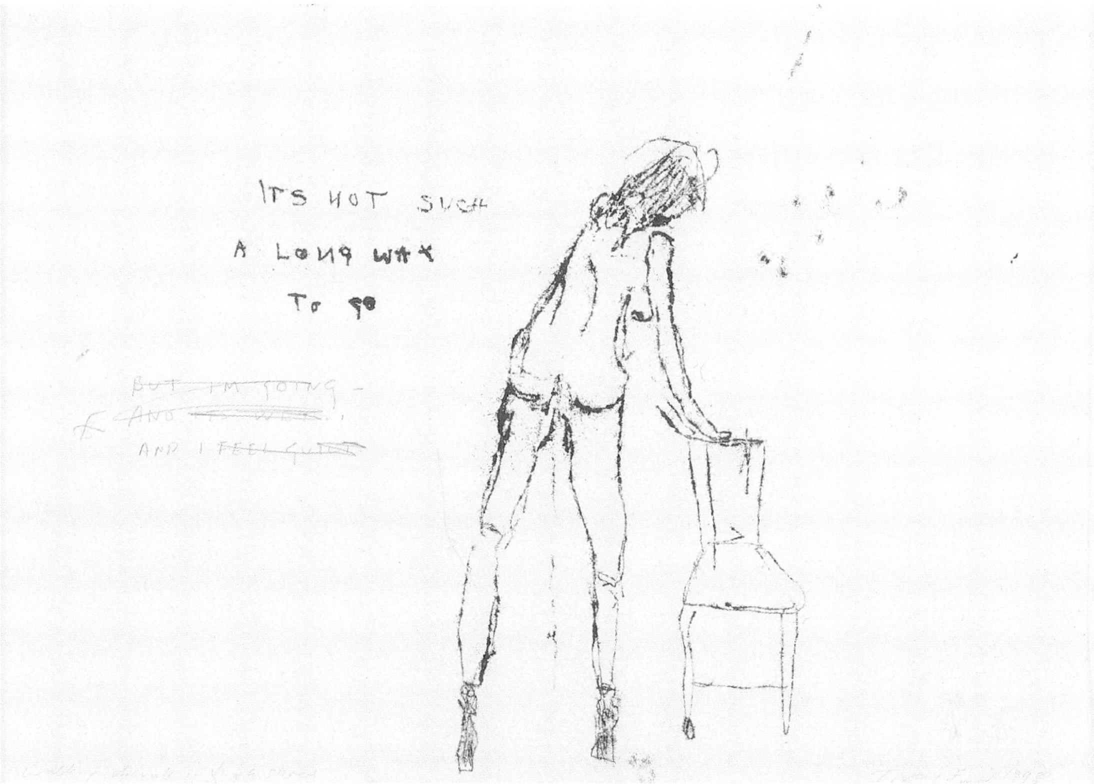

TRACEY EMIN, WALKING DRUNK IN HIGH SHOES, 1998, monoprint, 9 x 31$\frac{7}{8}$" / BESOFFEN AUF HOHEN ABSÄTZEN GEHEN, Monotypie, 23 x 81 cm. (PHOTO: STEPHEN WHITE)

aschenbecher zu kaufen, von deren Boden einem das photokopierte Gesicht von Damien Hirst entgegenblickte, so dass man die Zigarette in seinem Gesicht ausdrücken musste. Es gab T-Shirts mit dem Aufdruck «Complete Arsehole» auf der Brust, weinrote Filzquadrate mit dem Titel «Rothko-Decken» und einen grossen Tintenfisch aus ausgestopften Strumpfhosen. Schliesslich kaufte ich für fünf Pfund in bar ein Paar «Bollocks» von Emin & Lucas, zwei kugelrunde, mit einem weissen Band zusammengeknüpfte Schellen. Damals erzählte mir Emin, sie sei Schriftstellerin – «Das ist meine eigentliche Berufung.» Sie zeigte mir dann ihr Atelier im ersten Stock oder ihre «Voliere», wie sie es nannte, wo sie damit beschäftigt war, Monotypien von kleinen Vögeln herzustellen. Eine ihrer Ideen war, diese Drucke so klein zu machen, dass sie in federleichte Kondome hineinpassen würden, eine dadaeske Verdrehung des Wortes «Birds» – ein von Frauen gebrauchter Slangausdruck und ein Lieblingswort von Lucas und Emin.

Eines Tages tauchte in The Shop eine kleine Anzeige auf, die verkündete, dass Emin einem gegen ein kleines Entgelt ein Jahr lang monatlich einen Brief schreiben würde. Sie hatte mehrere Abonnenten, einer davon war Jay Jopling. Die beiden wurden Freunde und einige Monate später erhielt Emin ihre erste White-Cube-Ausstellung unter dem breitspurigen Titel «Meine wichtigste Retrospektive» (1993). Carl Freedman, ihr damaliger Lebenspartner, schrieb im Pressetext dazu: «Das Gefühl ist manchmal überschwänglich und wird geradezu erdrückend sentimental, was für die Künstlerin wie das Publikum peinlich werden kann.» Genau mein Empfinden. In der Ausstellung war ein besticktes Kästchen zu sehen mit Asche drin (Überreste aus der rituellen Ver-

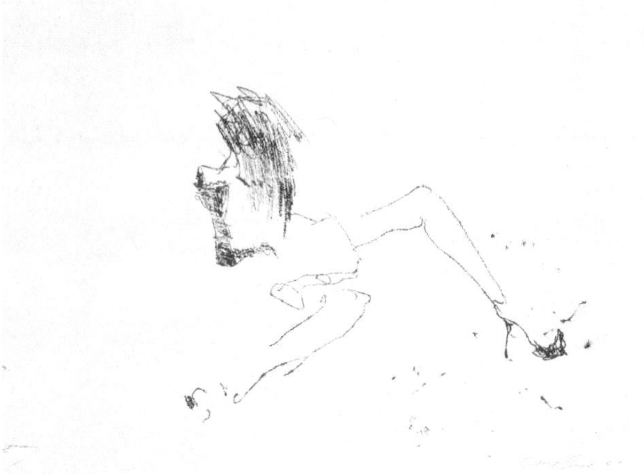

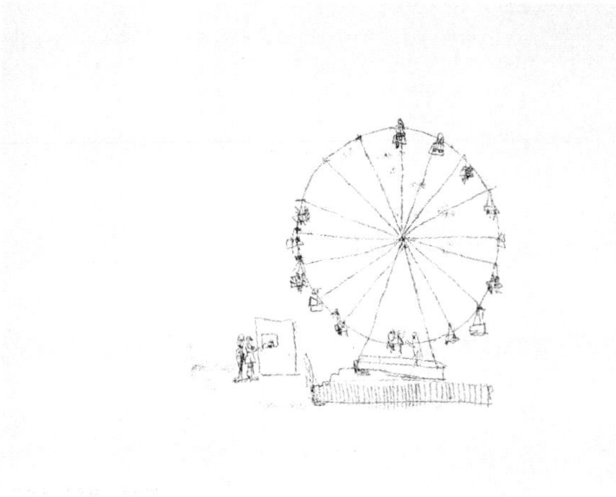

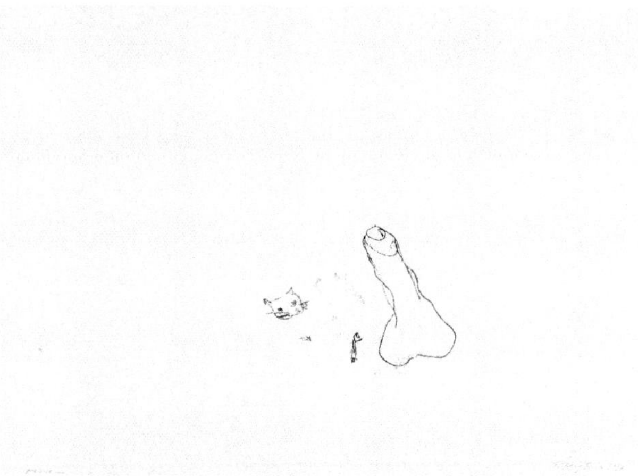

Top left / Oben links: TRACEY EMIN, SELF-PORTRAIT SITTING IN HIGH SHOES, 2000, monoprint, 11 5/8 x 16 7/16" / SELBSTPORTRÄT SITZEND MIT HOHEN ABSÄTZEN, Monotypie, 29,5 x 41,75 cm.
Top right / Oben rechts: BIG WHEEL, 16.05.95, 1995, monoprint, 22 4/5 x 29 1/2" / RIESENRAD, 16.05.95, 1995, Monotypie, 58 x 75 cm.
Bottom / Unten: SOMETIMES..., 2000, ink-jet print, mounted on foamboard, 72 x 48" / MANCHMAL..., Ink-Jet-Print auf Schaumkarton aufgezogen, 182,9 x 121,9 cm.

brennung von The Shop), ein wandgrosser Quilt und mehrere Photographien von Gemälden aus ihrer Studienzeit am Royal College of Art – einer ihrer damaligen Tutoren sagte über ihre figürlichen Bilder einmal zu mir, sie hätten Augen wie Spiegeleier. In der Ausstellung wurde auch UNCLE COLIN (1963–93) gezeigt, bestehend aus sechs Kästen, die verschiedene Artifakte, darunter auch eine goldfarbene Zigarettenschachtel aus der Hand eines Verwandten, der bei einem schrecklichen Autounfall ums Leben gekommen war. UNCLE COLIN war insofern ein Neuanfang für Emin, als es eine konzeptuelle Arbeit zu sein schien. Jedes Kästchen wurde wie eine kleine Vitrine präsentiert, die kleine Beweisstücke enthielt, darunter auch ein lokaler Zeitungsbericht über den Unfall und ein Photo von Onkel Colins Jaguar. Der Gesamteindruck war der einer äusserst emotionalen Geschichte und einer geradezu paradox kontrollierten und kalkulierten Vermittlung. Wie viele ihrer Generation hatte sich Emin für die eiserne Kälte der Konzeptkunst entschieden. Pinsel und Ölfarbe wurden mit einer Pipette voll blanker Emotion vertauscht.

An Wochenenden hütete Emin ihre White-Cube-Retrospektive meistens selbst. Sie sass an einem Pult, leerte eine Flasche Whisky und rollte die Augen angesichts der Tablare, die sich unter der Last von Damien-Hirst-Presseordnern bogen. Seither hat Emin ihre eigene Pressepräsenz auf den Bildschirm und bis ins britische Fernsehen ausgeweitet, welches schon die Berühmtheit eines Francis Bacon förderte (der sich zusammen mit dem South-Bank-Ausstellungsmacher Melvin Bragg auf denkwürdige Weise betrank), aber auch die von Gilbert & George (die auf denkwürdige Weise Kunst über die Kunst sich zu betrinken machten) und eines Hirst (der beides

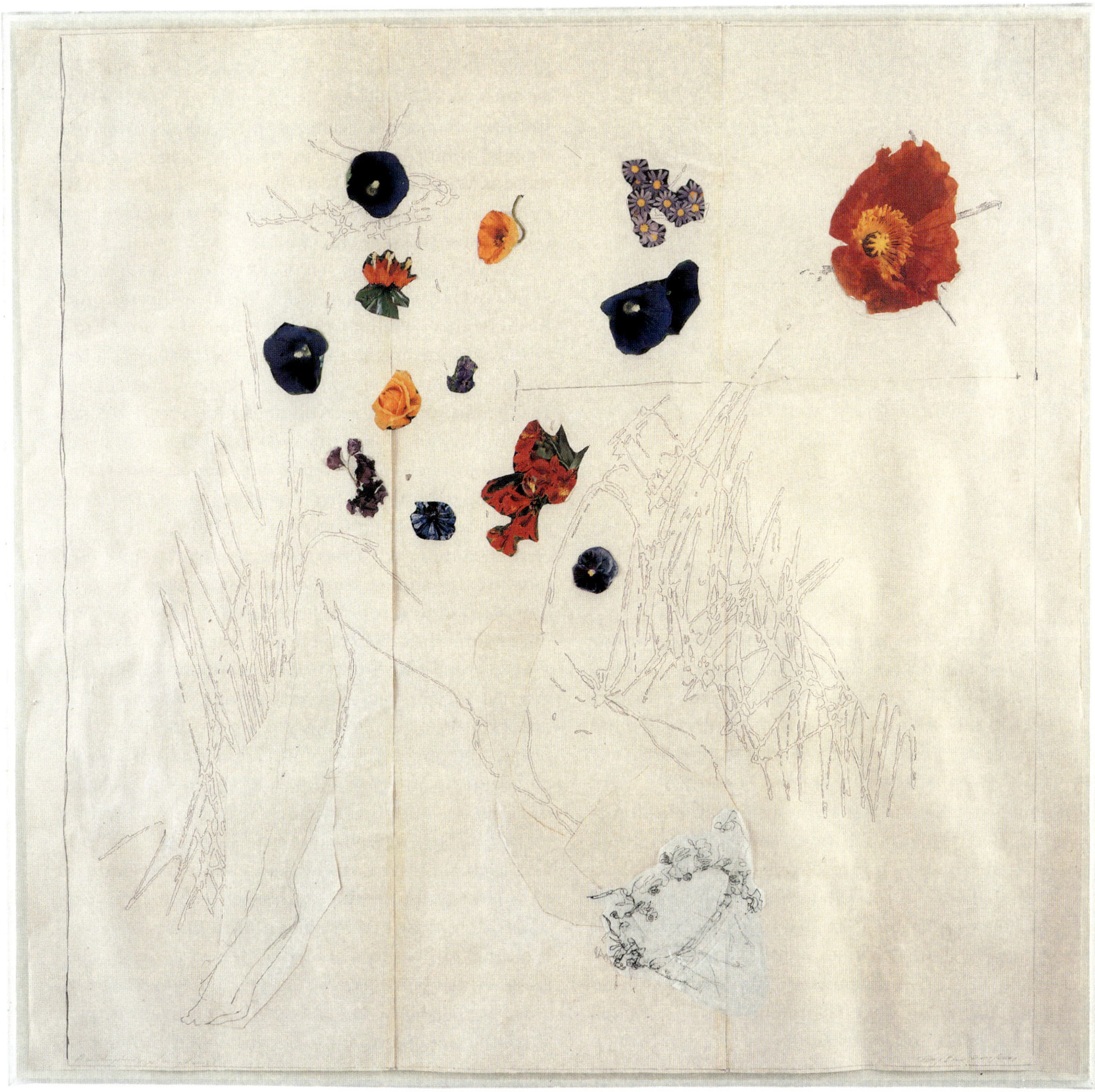

TRACEY EMIN, A WORKING LANDSCAPE (IN MY DREAMS), 2001, pencil, paint, and collage on paper, framed 58 3/16 x 60 9/16 x 1 3/4" / EINE ARBEITSLANDSCHAFT (IN MEINEN TRÄUMEN), Bleistift, Farbe und Collage auf Papier, gerahmt 147,8 x 153,9 x 4,5 cm. (PHOTO: STEPHEN WHITE)

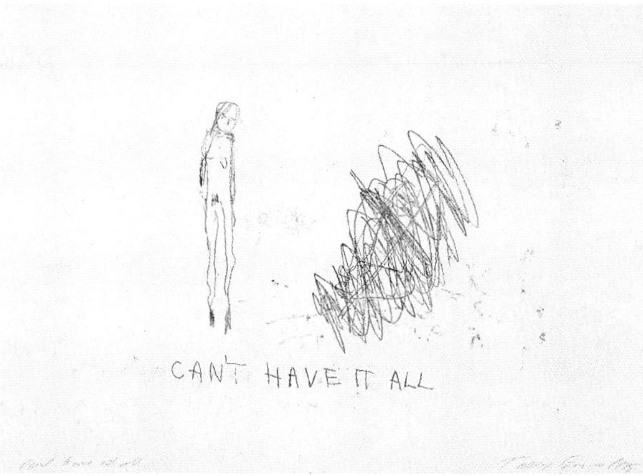

TRACEY EMIN, CAN'T HAVE IT ALL, 1995, monoprint, 11⅝ x 16 9/16" / KANN NICHT ALLES HABEN, Monotypie, 29,5 x 42 cm. (PHOTO: STEPHEN WHITE)

vereint). Von den grossen Kunstinstituten totgeschwiegen entdeckten die jungen britischen Künstler – einschliesslich Emin – rasch die Medien für ihre Zwecke. Emins Eintritt in den Medienreigen fand kurz nach der Fertigstellung ihres Zeltes, EVERYONE I HAVE EVER SLEPT WITH 1963–95 (1995), statt. Indem es die Namen der Leute preisgab, mit denen sie das Bett – platonisch oder auch nicht – geteilt hatte – einschliesslich ihrer Grossmutter, ihres abgetriebenen Fötus, ihrer Freundinnen, Freunde und Liebhaber –, überbot das Zelt noch Emins schon bestehendes Image als komplett verrückte Hure. Das Zelt ärgerte ihre gleichaltrigen Kollegen und brachte Dinos und Jake Chapman dazu, die Erstellung eines weit grösseren Zeltdachs mit den Namen all derer anzukündigen, die nicht mit Emin schlafen wollten. Das Zelt wurde zum ersten Mal 1995 in der Ausstellung «Minky Manky» in der South London Gallery gezeigt, bevor es im Tracey Emin Museum beim Old Vic Theatre in Waterloo ausgestellt war, einem Ausstellungsraum, den die Künstlerin selbst betrieb und der ganz ihrem Werk gewidmet war. Später reiste es als Teil der Ausstellung «Brilliant», die britische Kunst zeigte, ins Walker Art Center in Minneapolis, wo Emin, aufgebracht über die Art und Weise der Installation, dem Direktor Richard Flood eine fürchterliche Szene machte. Es war das erste Werk Emins, das von Charles Saatchi indirekt für die Ausstellung «Sensation» in der Royal Academy erworben wurde, womit eine Periode zu Ende ging, in der sie diesem Mann, dessen Werbekampagne in Emins Augen Thatcher an die Macht brachte, den Erwerb ihrer Kunstwerke verweigert hatte.

Nichtsdestoweniger ist EVERYONE I HAVE EVER SLEPT WITH ein relativ stilles Werk. Während eines Besuchs ihrer Heimatstadt Margate schleppte Emin einige von uns ins Shell Grotto. Das lokal-architektonische Kuriosum entpuppte sich als unterirdische Höhle mit äusserst reizvollen Wänden und Decken aus Tausenden von winzigen Muscheln, auf deren Innenseite sich Liebespaare aus der ersten Hälfte des letzten Jahrhunderts verewigt haben. Dieses in einer unterirdischen Grotte Nach-oben-Schauen und Namen-von-Leuten-aus-einer-vergangenen-Zeit-Lesen liess uns ans Innere von Emins Zelt denken. Da es in den Medien derart breitgeschlagen wurde, wird gern übersehen, dass das Zelt ein äusserst intimes Werk ist – eine fragile Konstellation persönlicher Erfahrungen. Kaum ein Tag geht vorbei, ohne dass Emin in der Presse auftaucht und Anlass zu der besorgten Frage gibt, ob sie nun eigentlich ein Medienstar oder eine Künstlerin sei, womit schon angedeutet ist, dass das eine das andere ausschliessen könnte. Das ist ihr nicht egal. Ich weiss das, weil sie jedes Mal ausflippt, wenn ich sie frage, was sie als Berühmtheit denn zu dem oder jenem meine. Offensichtlich ist ihre Botschaft den einst bescheidenen Mitteln zu ihrer Verbreitung entwachsen. Geschichten von Vergewaltigung, Abtreibung, Masturbation und Menstruation, einst Schlagzeilen über Emins Vergangenheit, sind längst zu Schlagzeilen der wirklichen Boulevardpresse geworden.

Der Themenbereich von Emins Selbstausbeutung und die Art, wie manche Leute abergläubisch befürchten, dass sie künstlerisch «austrocknen» könnte, kommt vielleicht am treffendsten in Truman Capotes Kurzgeschichte «Mister Misery» aus dem Jahr 1967 zum Ausdruck. Die Geschichte spielt in New York und handelt von einer jungen arbeitslosen Frau namens Sylvia, die von einem geheimnisvollen Herrn Revercomb reden hört, der den Leuten Träume abkaufen soll. Das lässt sie nicht mehr los und sie sucht seine Wohnung auf; sie wird in ein Arbeitszimmer geführt, wo sie ihre Träume erzählt, die stenographisch festgehalten werden. Beim Weggehen wird sie bezahlt und nach weiteren Besuchen erhält sie schliesslich bis zu zehn Dollar pro Traum. Nach einiger Zeit vertraut Sylvia einer Freundin an, dass es ihr nicht gut geht. «Es kommt mir vor, als würde man mir alles wegnehmen, als bestehle mich ein Dieb bis ins Innerste. Wenn ich nur wüsste, was er mit all den fein säuberlich getippten und in Ordnern abgelegten Träumen will. Was tut er damit?» Da sie glaubt, dass sie ihrer Seele beraubt wird, beschliesst sie die Träume zurückzuverlangen, in der Hoffnung, dass ihr dies genügend Kraft geben würde, um die Stadt zu verlassen und nach Hause zurückzukehren. Zu ihrem grossen Schrecken erfährt Sylvia, dass Herr Revercomb ihre Träume bereits an sich genommen und – welch schreckliche Formulierung – «zur Gänze aufgebraucht habe». Er kann ihr nichts mehr zurückgeben. Frierend und einsam wandert sie elend durch die Strassen der Stadt. Eine Geschichte von Verzweiflung und Selbstverlust, die damit endet, dass sie von zwei dubiosen Burschen verfolgt wird. «Ich habe tatsächlich keine Angst, dachte sie, als sie hinter sich Schritte im Schnee hörte; und man kann mir ohnehin nichts mehr nehmen.»

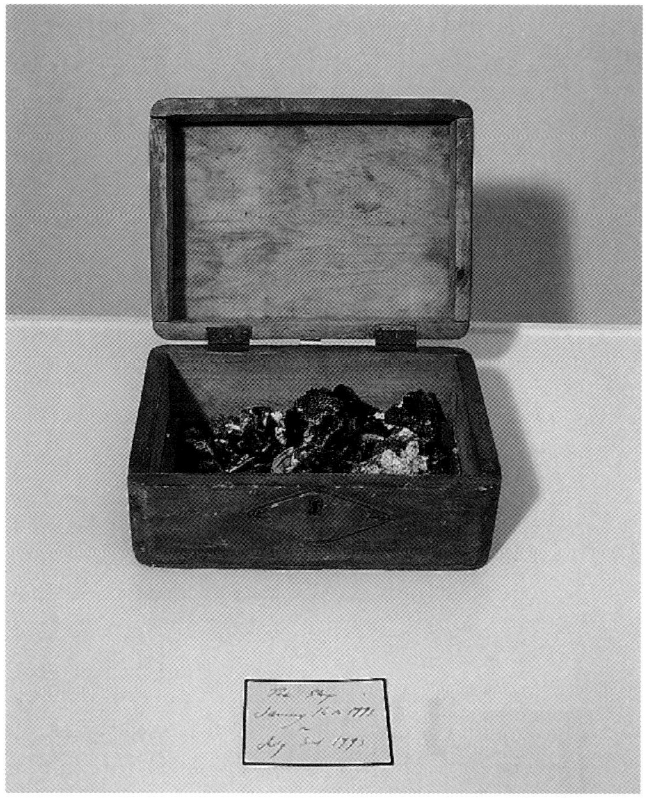

TRACEY EMIN, THE SHOP, 14 January – 3 July 1993, ashes within wooden box, 5 x 11 x 8 1/2" / DER LADEN, Asche in Holzkiste, 12,7 x 28 x 21,6 cm.

Emins Kunst ist insofern selbstbezogen, als alles in ihrem Werk auf sie selbst verweist – auf ihr Leben, ihre Erinnerungen, ihre Gefühle. Als sie 1995 ihr Buch *Exploration of the Soul* (Erforschung der Seele) veröffentlichte, lasen die Zyniker unter uns dies als «Ausbeutung der Seele». Bis zu einem gewissen Grad betreibt Emin eine Art öffentlichen Ausverkauf ihrer selbst, der direkt auf den romantischen Begriff des armen Künstlers verweist, der sich mit der besseren Gesellschaft arrangiert, indem er alles in die Waagschale wirft – seine Tragödie, seinen Schmerz, sein ganzes Leben. Emins Strategie bestand darin, ihr innerstes Leben nach aussen zu kehren, ihre privatesten Gefühle öffentlich zu machen – ein Vorgehen, das mit allen Mitteln versucht, alles ausserhalb des subjektiven Erlebens des Künstlers anzusprechen. Das irritiert die Leute und führt dazu, dass ihr Werk als geschmacklos, überladen und rein selbstbezogen verunglimpft wird; eine mit sich selbst beschäftigte Seifenblase ohne jedes kritische Potenzial, was Betrachter dazu veranlasste, zu fragen, ob Emins Selbstdarstellung als Opfer wirklich Kunst sei und nicht eher Therapie. So und ähnlich lautet die Kritik. Es berührt jedoch etwas seltsam, dass in einer Zeit, wo es in der Kunst nur so wimmelt von Beispielen genauso selbstbezogener Ergüsse, ausgerechnet Emin ausgeschlossen werden soll. Mittlerweile verbinden sich ihre Kunst, ihre Medienpräsenz, ihre Bewunderung für den Expressionismus und hübsche Tiere, ihre Liebe zu Künstlern wie Frida Kahlo, Jackson Pollock und Egon Schiele fruchtbar miteinander und dürfen, solange es eben dauert, um das zentrale Emin-Atom kreisen.

(Übersetzung: Wilma Parker)

1) Tracey Emin, «Is Painting Dead?», Channel 4, Livesendung am Abend der Turner-Preis-Verleihung, 1997.

ARTIST *over—and in—* *the* BROADSHEETS

ROBERT PREECE

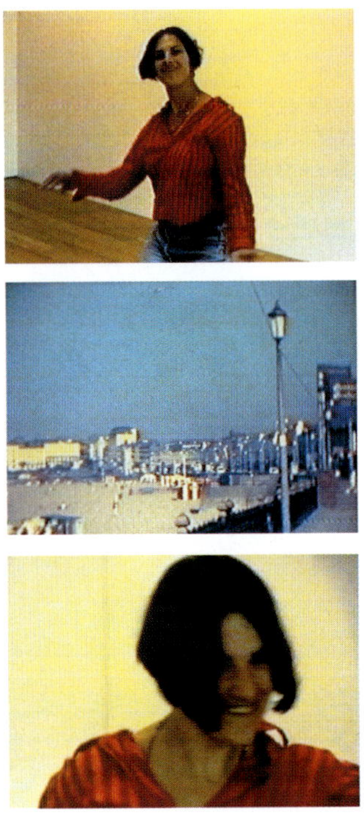

TRACEY EMIN, WHY I NEVER BECAME A DANCER, 1995, video projection and sound, 6 mins. 40 secs. / WARUM ICH NIE TÄNZERIN WURDE, Videoprojektion mit Ton, 6 Min. 40 Sek.

I remember that time as if it were yesterday, when I had just moved to the exotic island after living in Southeast Asia. Upon my arrival to London, some were still grieving over their lost princess, while others were all excited about some art show held at a place called the Royal Academy. I wandered into the press preview, started with the shark, but became quickly mesmerized by "the tent." On the floor, peering inside and giggling, a radio journalist walked over and asked to interview me...

This was my introduction to the work of Tracey Emin, and until recently, I had never met the artist. Since the media-hyped exhibition "Sensation" (1997), I was fascinated by her drunken performance on live national television after Gillian Wearing won the Turner Prize, and I cheered as she stormed off the set. In fact, I so much appreciated her work and enjoyed reading the ever-increasing and multiplying newspaper reports covering, creating, and manipulating her art-and-media persona—Tracey interviewed by David Bowie, Tracey gets drunk, Tracey takes her clothes off, Tracey short-listed for the Turner Prize (1999), Tracey does gin adverts and fashion shows, Tracey takes a shit, Tracey lands on Mars. Absolutely everyone in Britain knows that artist, but Tracey is no longer just an artist—she's a phenomenon. When I finally interviewed her in her London studio, my head was *so fuckin' dizzy* from reading newspaper features about Tracey Tracey Tracey, that it took me ten minutes to focus and gradually discover that I was speaking to a "real" person—who was nice, polite, and serves a good cup of tea. Emin, or rather "Tracey," works across a diverse range of media—including drawings, blankets, neons, videos, installation, and sculpture, as well as found and manipulated objects from her personal and professional art life. She appropriates a variety of styles and incorporates them into "Tracey," much in the way that Japan imports things, refines things, and makes them Japanese. Not in an overly studied postmodern sense, but in an expressive manner that so many of the world's artists pursue, and many art world power holders snub and ignore. Instead, she makes art that makes sense *to her*, and the artwork she likes, and the movements that influence her, fall beneath that. Tracey isn't trapped in the art historical

ROBERT PREECE is a contributing editor of *Sculpture* magazine, and he has lectured on language, media/communications, contemporary art and design—and its interrelationships—in the U.S., East Asia, and Northwest Europe. He lives in Rotterdam.

TRACEY EMIN, YOU FORGOT TO KISS MY SOUL, 2001, neon, 45 1/2 x 55 5/16" / DU HAST VERGESSEN MEINE SEELE ZU KÜSSEN, Neon, 115,5 x 140,5 cm. (PHOTO: STEPHEN WHITE)

who-did-what-first game[1] for expanding her audience, income, and her art world. Nowadays, she doesn't need it, as she's so fabulously beyond it. She's located her audience, a mass tribe, based on personal and professional commonalities. Don't we wish that all artists were able to locate their own tribes like Tracey? With her developing media prowess and connections, EMIN'S ARMY (1993–97), she reinforces the notion that artists can create their own international networks, instead of a Third-World art hierarchy set up for those who select and define—and those who follow. Tracey emancipates artists by further emphasizing an alternative route, here the media addressed by Koons and Kostabi. But Tracey the phenomenon has been raised to new media heights, giving fellow Brit Damien Hirst a run for his money.[2] With her strong visual and controversial focal points—in her art, autobiography, personality, and her naturally media-genic communications skills—the result shows the power of her art-artist fusion. Meanwhile, contextually and contentiously in Britain, this results in recasting the personal into art—and her personality into unprecedented mass-media coverage.

The starting point is Tracey pushing Britain's boundaries of private subjects and explicit autobiography.[3] A half-English, half-Turkish youth having an unusually difficult life, Tracey grew up in the coastal resort of Margate in Southeast England, and her problems continue into adulthood. Art-artist revelations of an angry voice demanded to be heard—being raped at thirteen and suicide attempts referred to in selected drawings and monoprints, a period of sexual consumption afterwards via WHY I NEVER BECAME A DANCER (video, 1995), and two abortions in HOW IT FEELS (video, 1996). "I want people to be emotionally manipulated in my shows," she explains. "I want them to laugh sometimes, to smile, to feel sad, and occasionally get angry."

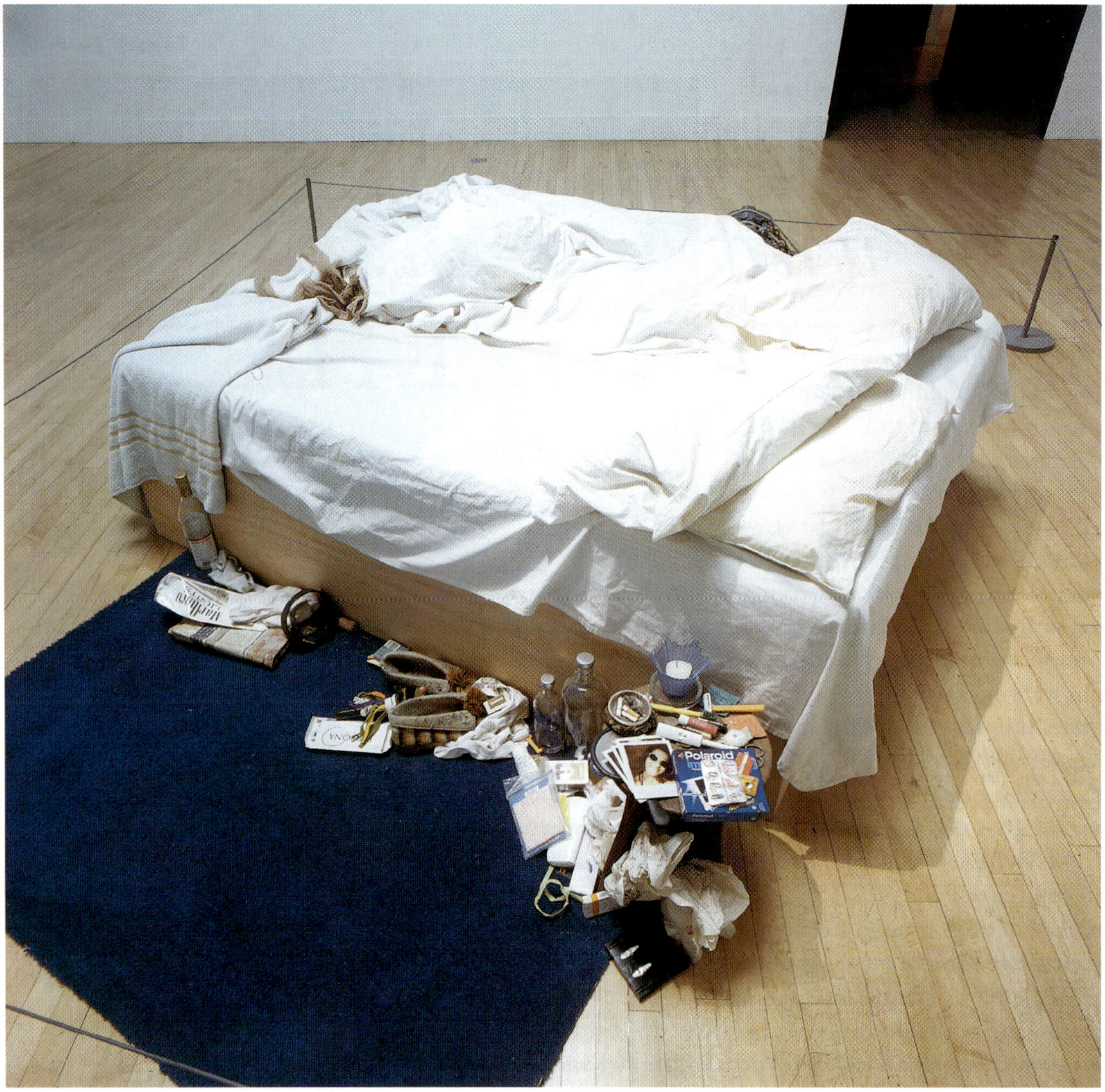

TRACEY EMIN *MY BED*, 1998, *mattress, linens, pillows, rope, various memorabilia, installation shot, Tate Gallery London 1999–2000, 31 x 83 x 92" / MEIN BETT, Matratze, Leintücher, Kissen, Strick, diverse Erinnerungsstücke, 79 x 211 x 234 cm.* (PHOTO: STEPHEN WHITE)

mählich merkte, dass ich einer realen Person gegenübersass, die freundlich und höflich war und einen guten Tee servierte.

Emin oder vielmehr «Tracey» arbeitet mit ganz verschiedenen Medien; Zeichnungen, Decken, Neonröhren, Videos, Installationen und Skulpturen gehören ebenso dazu wie gefundene und veränderte Objekte aus ihrem Privat- oder Berufsleben als Künstlerin. Sie eignet sich die unterschiedlichsten Stile an und verwandelt sie in «Tracey», ganz ähnlich wie Japan alles Mögliche importiert, verfeinert und etwas Japanisches daraus macht. Und zwar nicht in einem ausgeklügelt postmodernen Sinn, sondern auf einem expressiven Weg, den viele Künstlerinnen und Künstler dieser Welt eingeschlagen haben, den aber die Mächtigen der Kunstszene grösstenteils immer noch verachten und ignorieren. Emin macht eine Kunst, die für sie Sinn macht, und dasselbe Kriterium gilt auch für ein Kunstwerk, das ihr gefällt, oder eine Strömung, die sie beeinflusst.

Tracey ist nie in die Falle des kunsthistorischen Wer-tat-was-zuerst-Wettkampfes getappt, um Publikum und Einkommen zu vermehren und ihren Wirkungskreis zu erweitern.[1] Mittlerweile ist sie auf all das gar nicht mehr angewiesen, da sie so souverän darüber steht. Sie hat ihr Publikum gefunden, es ist eine Art Stamm innerhalb der Massengesellschaft, der auf private und berufliche Gemeinsamkeiten zurückgeht. Wünschen wir nicht, dass alle Künstler imstande wären, ihre eigenen Anhänger-Stämme so zielsicher auszumachen wie Tracey? Dank ihrer wachsenden Mediengewandtheit und ihren Verbindungen bekräftigt EMIN'S ARMY (Emins Armee, 1993–97) denn auch die Idee, dass Künstler durchaus imstande sind ihre eigenen internationalen Netzwerke zu schaffen, gegenüber einer Drittwelt-Kunst-Hierarchie, die immer schon unterscheidet zwischen denen, die die Macht der Auswahl und Definition haben, und jenen, die sich ihr unterziehen. Tracey trägt zur Emanzipation der Kunstschaffenden bei, indem sie einen alternativen Weg aufzeigt, in diesem Fall den der Medien, den schon Koons und Kostabi eingeschlagen haben. Aber das Phänomen Tracey hat mittlerweile ungeahnte Medienhöhen erklommen und ist selbst für den britischen Kollegen Damien Hirst zu einer ernsthaften Konkurrenz geworden.[2] Dank ihrer stark visuell und kontrovers ausgerichteten Arbeit, dank ihrer Autobiographie, ihrer Persönlichkeit und ihres natürlichen, medienfreundlichen Kommunikationstalents, setzt ihre Verschmelzung von Kunst und Person ungeahnte Kräfte frei. In England läuft das mittlerweile darauf hinaus, dass das Private kontextuell und inhaltlich wieder in die Kunst Eingang findet und dass ihrer Person eine nie da gewesene Aufmerksamkeit in den Medien zuteil wird.

Alles begann damit, dass Tracey die strenge britische Unterscheidung zwischen privaten Themen und expliziter Autobiographie aufweichte.[3] Mit ihrer halb englischen, halb türkischen Herkunft hatte Tracey eine aussergewöhnlich schwierige Jugend. Sie wuchs im Badekurort Margate im Südosten Englands auf und ihre Jugendprobleme reichten bis ins Erwachsenenalter hinein. Die künstlerischen Enthüllungen dieser zornigen Stimme mussten sich Gehör verschaffen: Eine Vergewaltigung mit dreizehn und mehrere Selbstmordversuche fanden ihren Niederschlag in verschiedenen Zeichnungen und Monotypien, die darauf folgende Periode sexueller Promiskuität wird im Video WHY I NEVER BECAME A DANCER (Warum ich nie Tänzerin wurde, 1995) abgehandelt und zwei Abtreibungen im Video HOW IT FEELS (Wie das ist, 1996). «Ich will, dass die Leute in meinen Ausstellungen emotional reagieren müssen», erklärt sie. «Ich will, dass sie hin und wieder lachen, lächeln, traurig sind und auch mal wütend werden.»

Als Darstellung autobiographischer und historischer Fakten vor einem Publikum demonstriert ihre Arbeit die rechtlichen Grenzen jeder Autobiographie und die journalistischen Grenzen jedes Berichtes überhaupt,[4] aber auch das Vorhandensein oder Fehlen von Information (oder Redaktion) sowie die grundlegende Einsamkeit des Individuums. Als Aussenstehende wissen wir nie, in welchem Verhältnis genau das Autobiographische zur Sprache des Kunstobjektes steht, oder zu den Texten der Künstlerin, oder zu deren Vermittlung in den Medien; wobei die Autobiographie schon das Problematische der Erinnerung an sich verkörpert. Als ich Tracey dazu befrage, meint sie: «Wir alle wissen, dass die Wahrheit für jeden seinem Blickwinkel entsprechend anders aussieht. Es geht aber darum, wie ich es sehe. So handelt es sich bei WHY I NEVER BECAME A DANCER um Tatsachen, die in eine Geschichte verpackt sind. Die Wirklichkeit war schlimmer: Man beschimpfte mich auch auf der Strasse als Schlampe, nicht nur auf dem Tanzboden.» Ich will weitere Beispiele hören und Tracey sagt: «Als ich MY MAJOR RETROSPECTIVE zeigte,[5] wollten einige Leute überhaupt nichts von all dem glauben.» Die Schwierigkeit im Umgang mit dieser Kunst besteht darin, dass man bei näherer Beschäftigung mit dem Thema schliesslich bei der Person der Künstlerin selbst landet; aber gleichzeitig ist es fast unmöglich, Distanz zu wahren.

Wie dem auch sei, die fiktive Kunst-Autobiographie dient als Vehikel, das die Erinnerungen der Betrachterinnen und Betrachter ins Spiel bringt sowie deren – vielleicht auch fehlendes – Mitgefühl. Traceys Sensorium für die Kunst-Autobiographie und die damit verbundenen Medienwirkungen kam erstmals mit EVERYONE I EVER SLEPT WITH 1963–1995 (1995) voll zum Zug.[6] Im Inneren des einem Container ähnelnden Zeltes listete sie 102 Namen auf und verführte die Betrachter dazu, hineinzuspähen und beim Eindringen in den Innenraum die verräterischen Namen auszukundschaften. In dieser Arbeit bringt Tracey verschiedene Grade und Arten von Intimität zur Sprache, indem sie sowohl ehemalige Sexualpartner (jene, die ihr im Gedächtnis blieben) als auch ihren Zwillingsbruder im Mutterleib und andere nichtsexuelle Lebensgefährten aufführt.

Die Wirkung von EVERYONE... löst beim individuellen Betrachter eine absehbare Bandbreite möglicher Reaktionen aus, wobei einige ihrer Stammanhänger wohl über ihren eigenen «Listen» brüten. Da der Titel jedoch sexuell konnotiert ist, bieten das Zelt und die Künstlerin eine grossartige Projektionsfläche, die sich aus wenigen zentralen verbalen Brennpunkten des Werks ergeben – der Titel, der eine medienwirksame Schlagzeile erlaubt; die Beschreibung, die das Werk nach sich zieht; die brillanten, als Zitate geeigneten Kommentare Traceys und schliesslich die daraus resultierenden heftigen und widersprüchlichen Reaktionen. Tatsächlich folgen viele ihrer Werke einem ähnlichen Erfahrungs- und Medienmuster.[7] Obwohl sie, wie sie sagt, bei der Arbeit an EVERYONE... nicht an die Reaktion in den Medien dachte. «Ich habe das überhaupt nicht erwartet.» Vielmehr hatte sie einen Beitrag für eine Gruppenausstellung zu liefern, der eine gewisse räumliche Grösse haben musste, und zufällig war sie gerade dabei über Grade von Intimität und über Aids nachzudenken. EVERYONE... ist nach wie vor eine von Traceys liebsten Arbeiten, obwohl sie heute gern ein paar Namen daraus entfernen möchte, weil sie nicht mit der Medienwirksamkeit des Zelts gerechnet hatte.

In mancherlei Hinsicht liefern Traceys Arbeiten auf Papier den Schlüssel zu ihrer künstlerischen Praxis. Sie dienen ihr dazu, ihre Ideen und Bildeinfälle schnell festzuhalten, in einem Stil, der an Egon Schiele und den deutschen Expressionismus erinnert. Auf dieser stilistischen Grundlage erforscht sie ausgiebig so persönliche Themen wie Masturbation und Sex, ihren Körper, Krankheit und verkaterte Zustände, manchmal auch Tiere und alltägliche Erlebnisse. Mit ihren Stoffapplikationen wiederum greift Tracey ein beliebtes feministisches Medium auf und macht Stühle, stoffbezogene Kästchen oder ihre erstaunlichen Decken, eine ideale Plattform für Bild-Text-Kombinationen. Tracey sagt: «Ich muss ein Objekt wirklich gern haben – ich muss es ganz lange um mich herum haben.» Autobiographisch ist dabei nicht nur das Thema, sondern auch der Nähprozess samt den Erinnerungen, die während dieses Prozesses auftauchen. Bei Tracey führt die Form selbst zur Entstehung von Texten, Geschichten, Gedichten oder einzelnen Sätzen, manchmal zusammenhängend und manchmal im Kontrast zueinander. Weshalb es so viele orthographische Ausrutscher gibt? Tracey hat eine Dyslexie und zieht es vor, ihre spontane Schreibweise beizubehalten, statt sie zu korrigieren.

Emins Neonarbeiten, die an Mario Merz oder Bruce Nauman erinnern und sich sehr von den Aussagen einer Barbara Kruger oder Jenny Holzer unterscheiden, thematisieren das verquere Getratsche halbwüchsiger Mädchen, etwa IS ANAL SEX LEGAL? (Ist Analsex legal?, 1998) oder FANTASTIC TO FEEL BEAUTIFUL AGAIN (Toll, sich wieder schön zu fühlen, 1997) in Pink, oder MY CUNT IS WET WITH FEAR (Meine Möse ist nass vor Angst, 1998) in Weiss, während VERY HAPPY GIRL (Sehr glückliches Mädchen, 1999) sich über die Penisgrösse ihres

TRACEY EMIN, THE PERFECT PLACE TO GROW, 2001, wooden birdhouse, DVD, monitor, trestle, plants, ladder, 102¾ x 32½ x 63¾" / DER PERFEKTE ORT ZUM WACHSEN, Holzvogelhaus, DVD, Monitor, Tischbock, Pflanzen, Leiter, 261 x 82,5 x 162 cm. (PHOTO: STEPHEN WHITE)

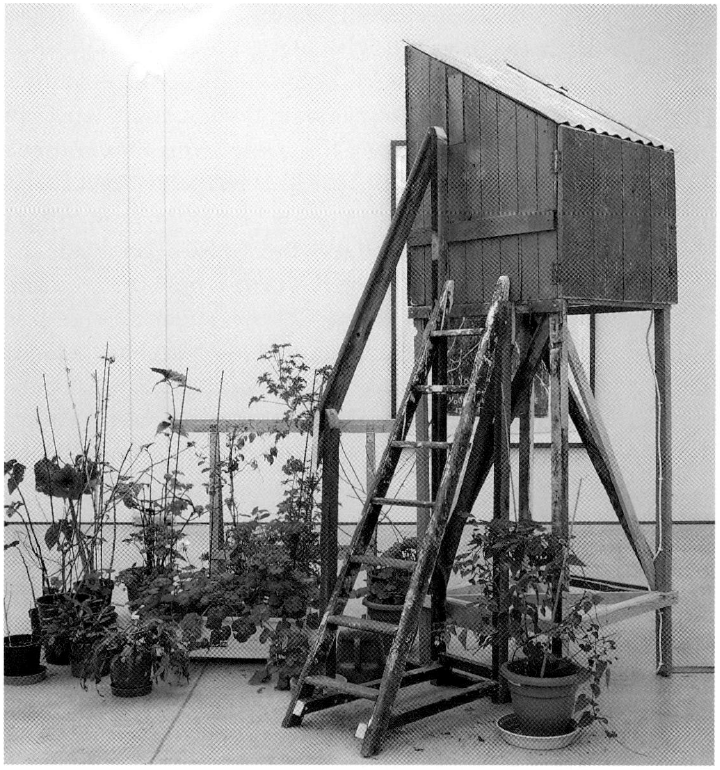

Freundes auslässt. An den Neonarbeiten gefällt ihr die Verwandtschaft mit der Zeichnung, die fortwährende Bewegung und Wiederholung. Die Videoinstallation THE INTERVIEW (1999) führt uns von den mehr auf Titel, Kunst oder Sprache bezogenen Aspekten der Neonarbeiten wieder mitten ins eigentliche Thema. Traceys Autobiographie nimmt hier die Form eines Zweikampfes zwischen den Teilen einer gespaltenen Persönlichkeit an: «Die gute Tracey» interviewt «Die böse Tracey», beide gespielt von Emin. Die gute Tracey hält die Ausfälligkeiten der anderen schliesslich nicht mehr aus und verlässt den Schauplatz – vielleicht eine auf den Kopf gestellte Reinszenierung ihres Turner-Prize-Fernsehauftritts? –, während ihre Kontrahentin triumphierend «Fuck Off!» brüllt. Das Ganze wird auf einer hölzernen Bühne präsentiert, zwei winzige Stühle sind vor den Monitor gerückt und daneben liegen die Hausschuhe eines kleinen Mädchens.

Nach der Nomination für den Turner Prize und der damit verbundenen Ausstellung der vier nominierten Künstler in der Tate Gallery, geriet der Medienlärm um Tracey definitiv ausser Kontrolle. Sie war nun d i e s e Künstlerin, die d i e s e s B e t t gemacht hatte – eine Installation, zu der auch schmutzige Kissen, Zigarettenstummel, eine Tube Gleitmittel, leere Wodkaflaschen, gebrauchte Tampons, Papiertaschentücher und ein schmutziger Slip gehörten. Es war ein einziges Bild der Verzweiflung.[8] Die Reaktionen der Betrachter waren natürlich bewusst darin angelegt, aber Tracey war (auch finanziell) nicht in der Lage, den dadurch ausgelösten Medienwirbel zu bewältigen und sich davon zu distanzieren. Die Journalisten lauerten ihr nun wirklich überall auf wie einer Berühmtheit und machten regelrecht Jagd auf sie. Sie erzählt, wie sie ihr eine Zeit lang buchstäblich den Fuss in die Türe setzten und ihre Mutter belästigten; allein in dieser Zeit wurden mehr als hundert Artikel zu ihrer Person veröffentlicht.[9] Als ich Tracey fragte, was sie von der momentanen Zeitungsberichterstattung über sie und ihre Kunst halte, antwortete sie: «Ich denke, das sind Leute, die ihre Hypothekarzinsen und Mätressen teuer bezahlen», sie lächelt teuflisch und fährt dann kalt fort, «und sich erlauben, jeden beliebigen Scheiss über mich zu schreiben.»[10]

Nachdem der Medienwirbel um den Turner Prize etwas abgeklungen war, überprüfte Tracey im Rahmen ihrer Einzelausstellung «You Forgot to Kiss My Soul» (2001) ihre Position neu. Und nun wird eindeutig ein Hang zu mehr Leichtigkeit erkennbar. Sie meint dazu: «Ich dachte, Scheisse, was solls. Die hauen mich sowieso in die Pfanne. Es kommt gar nicht darauf an, was ich mache oder tue.» Und sie fährt fort: «Im Grunde ist es meine Sache, was ich tue. Und ich werde mich auch in Zukunft abrackern und kämpfen und neue Sachen machen, die ich spannend finde.» Aus dieser Einstellung sind Werke hervorgegangen wie SELF-PORTRAIT (2001), inspiriert von Louise Bourgeois' Turm in der Tate Modern (2000) und Tatlins Modell für ein MONUMENT FÜR DIE DRITTE INTERNATIONALE (1919–1920). Es ist eine Metapher ihres bewegten Lebens und ihrer autobiographischen Achterbahnfahrt. Im Video THE BAILIFF (Der Vollstrecker, 2001), der in einem hölzernen Verschlag gezeigt wird, sieht man «Die gute Tracey» und «Die böse Tracey» aus THE INTERVIEW in einer an den Film *Shining* erinnernden Szene, in der die eine Tracey die Türe der anderen aufzubrechen sucht, während jene verängstigt und mit einer Schere in der Hand dahinter wartet.

Den Pfad der sinnlichen Erfahrung beschreitet Tracey auch mit THE PERFECT PLACE TO GROW (Der perfekte Ort zum Wachsen, 2001), einem Video, das durch ein Schlüsselloch betrachtet werden muss und so Duchamps ÉTANT DONNÉS (1944–66) in Erinnerung ruft. Aber statt Sex und Gewalt sieht der Betrachter einen lächelnden alten Mann (Traceys Vater) auf sich zukommen, der ihm eine Blume entgegenhält. Diese Arbeit steht für das, was Traceys Anhänger ihr wünschen: mehr Stabilität und glückliche Momente. Und sie warten auch gespannt auf das nächste Kapitel in Traceys privatem und beruflichem Leben – wie es in ihrer Kunst und ihrem Diskurs über Kontext und Intention sichtbar wird –, während wieder andere kaum die nächste Enthüllung in den Medien erwarten können.

(Übersetzung: Wilma Parker)

1) Diese ist an sich schon höchst fragwürdig angesichts der Dynamik der Kunstszene und ihren Interessen, vgl. dazu: Norman Fairclough, *Language and Power*, Longman, London/New York 1989, sowie ders., *Media Discourse*, Edward Anrold, London/New York 1995; Moi Ali, *Copywriting*, Butterworth-Heinemann, Oxford 1997; David Carrier, *Principles of art History Writing*, Pennsylvania State University Press, 1991, sowie dessen frühere Publikation, *Artwriting*, University of Massachusetts Press, 1987.

2) Im Vergleich zur amerikanischen ist die britische Presse und Boulevardpresse viel stärker national und zentralistisch organisiert und ausgerichtet.

3) Auch andere Künstler wie Carolee Schneemann, Sue Williams, Karen Finley, Kathe Burkhart, Jo Spence und David Wojnarowicz haben ausdrücklich private Themen aufgearbeitet. Was die Art der Darstellung angeht, hat man Emin vorgeworfen, ihre Opferrolle zu vermarkten. Auch ihre allzu «buchstäbliche» Art der Präsentation ist ihr angekreidet worden, die aber gerade ihre Stärke im Erreichen eines breiteren Publikums ausmacht.

4) Vgl. wiederum Norman Fairclough, *Media Discourse*. Zwar stammen seine Beispiele meist aus dem politischen Diskurs; die gleichen Prinzipien gelten jedoch u. a. auch für den Kunstdiskurs in Zeitungen, Kunstzeitschriften, akademischen Arbeiten.

5) Bei Jay Jopling in der White Cube Gallery, London 1994.

6) Das Werk wurde erstmals 1995 im Rahmen der Ausstellung «Minky Manky» gezeigt. Kurator war Carl Freedman.

7) Vgl. Robert Preece, «Headliner Hotels», *Frame*, 10/1999, S. 52–55. Darin wird die Fusion von Medien und Design in Jan Schragers von Philippe Starck gestalteten Hotels untersucht. Eine detaillierte Untersuchung von über 100 Presseartikeln zum Thema findet sich in R. Preece, *The Problematic Discourse on Philippe Starck's Delano Hotel*, MA-Dissertation, Birmingham Institute of Art and Design, UCE, United Kingdom 1999.

8) Was das Autobiographische betrifft, hing bei früheren Präsentationen von MY BED in Tokio und New York (1998–1999) jeweils eine Henkerschlinge von der Decke. Aber als das Werk in der Tate Gallery gezeigt wurde, war, wie sie sagt, die Schlinge aus ihrem Leben verschwunden und wurde deshalb auch aus dem Werk entfernt.

9) Jene, die diese Artikel zu Forschungszwecken verwenden wollen, seien gewarnt: Die Artikel widerspiegeln einen aus den Fugen geratenen Diskurs. Nachdem ein Bericht nach dem anderen voller Fehler und reiner sensationshungriger Erfindung erschienen war, soll laut ihrer Assistentin kürzlich ein «Journalist» damit gedroht haben, einfach eine Story zu erfinden, wenn er nicht mit Emin sprechen könne.

10) Man beachte bitte, dass Tracey zwar grossartige Zitate liefert, dass diese aber in einem sehr viel weniger sensationsorientierten Kontext geäussert wurden, als der blosse Vergleich von Transkription und Artikel je aufzeigen kann. Vgl. dazu wiederum Norman Fairclough, *Media Discourse*, zu den Problemen der Intertextualität.

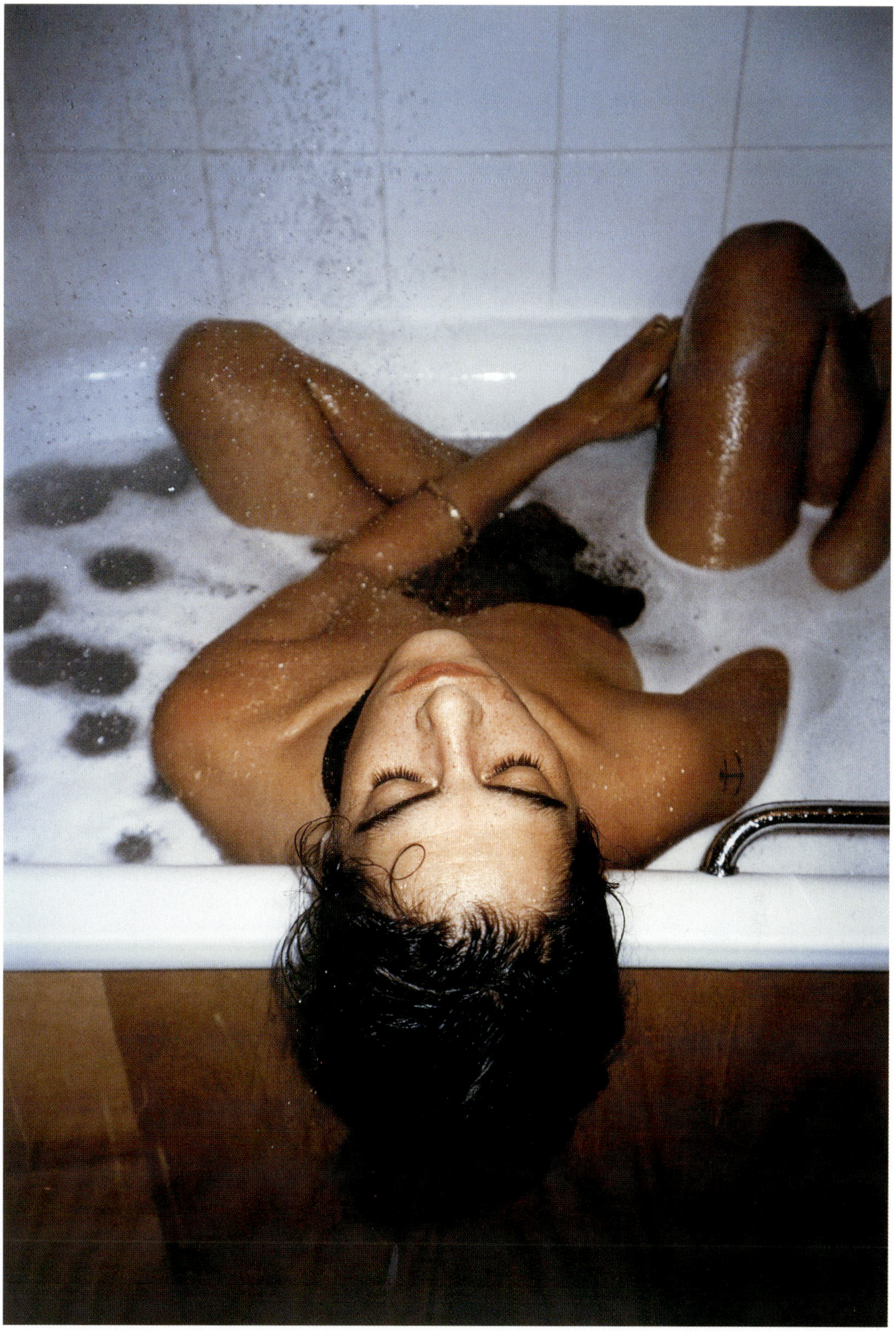

TRACEY EMIN, SOMETIMES I FEEL BEAUTIFUL, 2000, cibachrome print, 48 3/8 x 33" / MANCHMAL FÜHLE ICH MICH SCHÖN, Cibachrome-Print, 123 x 84 cm.

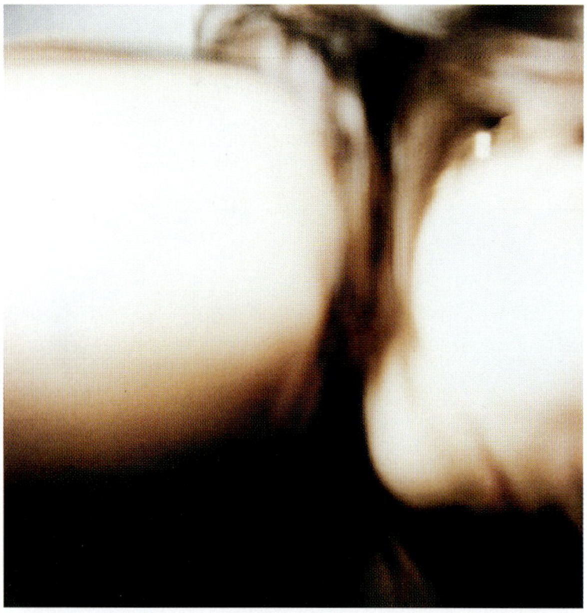

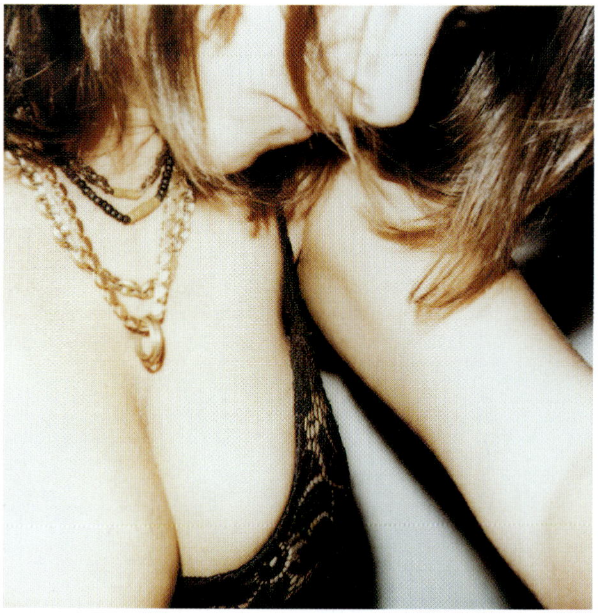

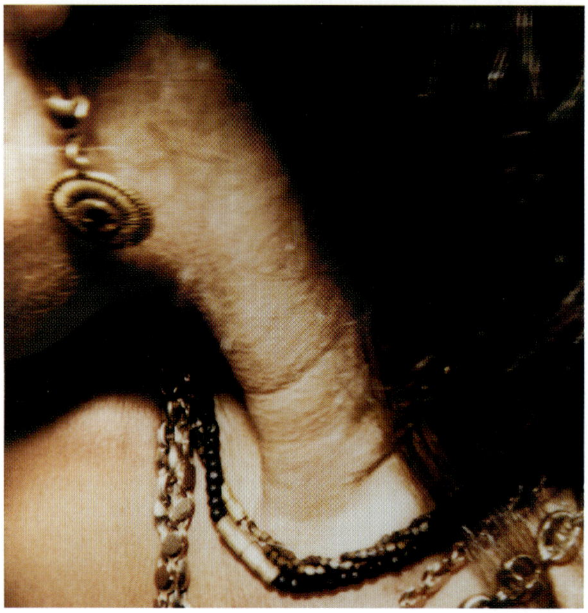

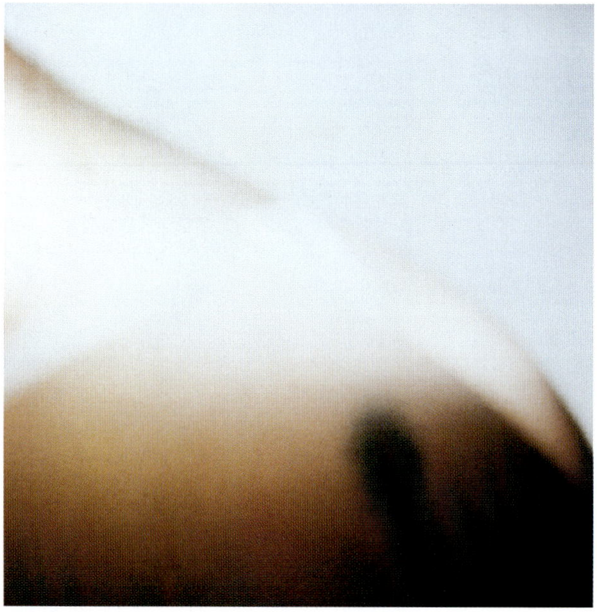

EDITION FOR PARKETT

TRACEY EMIN

SELF-PORTRAIT, 12.11.01

Unique color print from original Polaroid; all images taken on the same day.
Image size $7\frac{7}{8}$ x $7\frac{7}{8}$", paper size $15\frac{3}{4}$ x $15\frac{3}{4}$".
Edition of 80, signed and numbered.

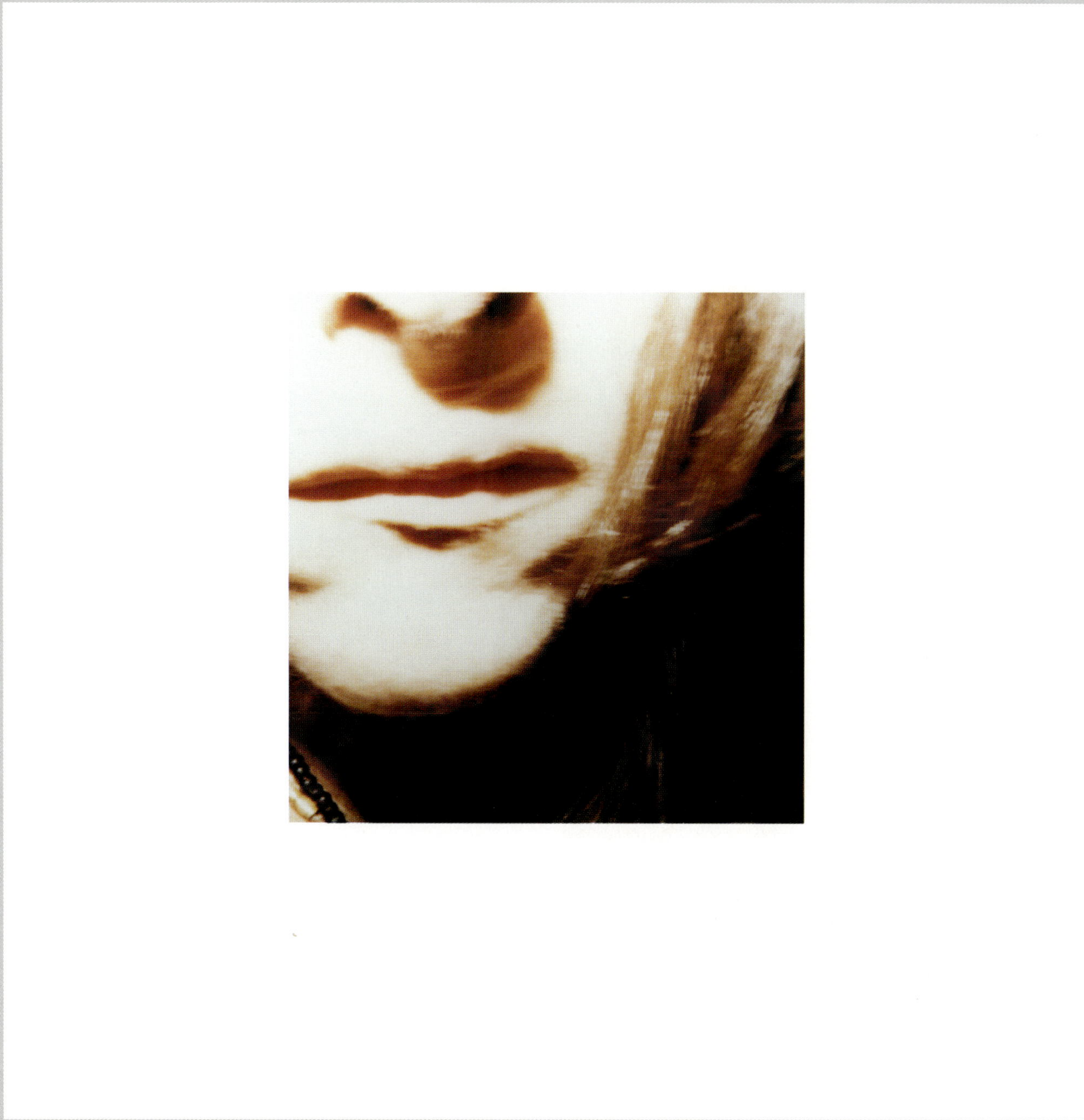

(PHOTO: FBM STUDIO, ZÜRICH)

SELBSTPORTRÄT, 12.11.01

Abzug einer Polaroidaufnahme, Unikat; alle Aufnahmen entstanden am gleichen Tag.
Bildgrösse 20 x 20 cm, Papierformat 40 x 40 cm.
Auflage: 80, signiert und nummeriert.

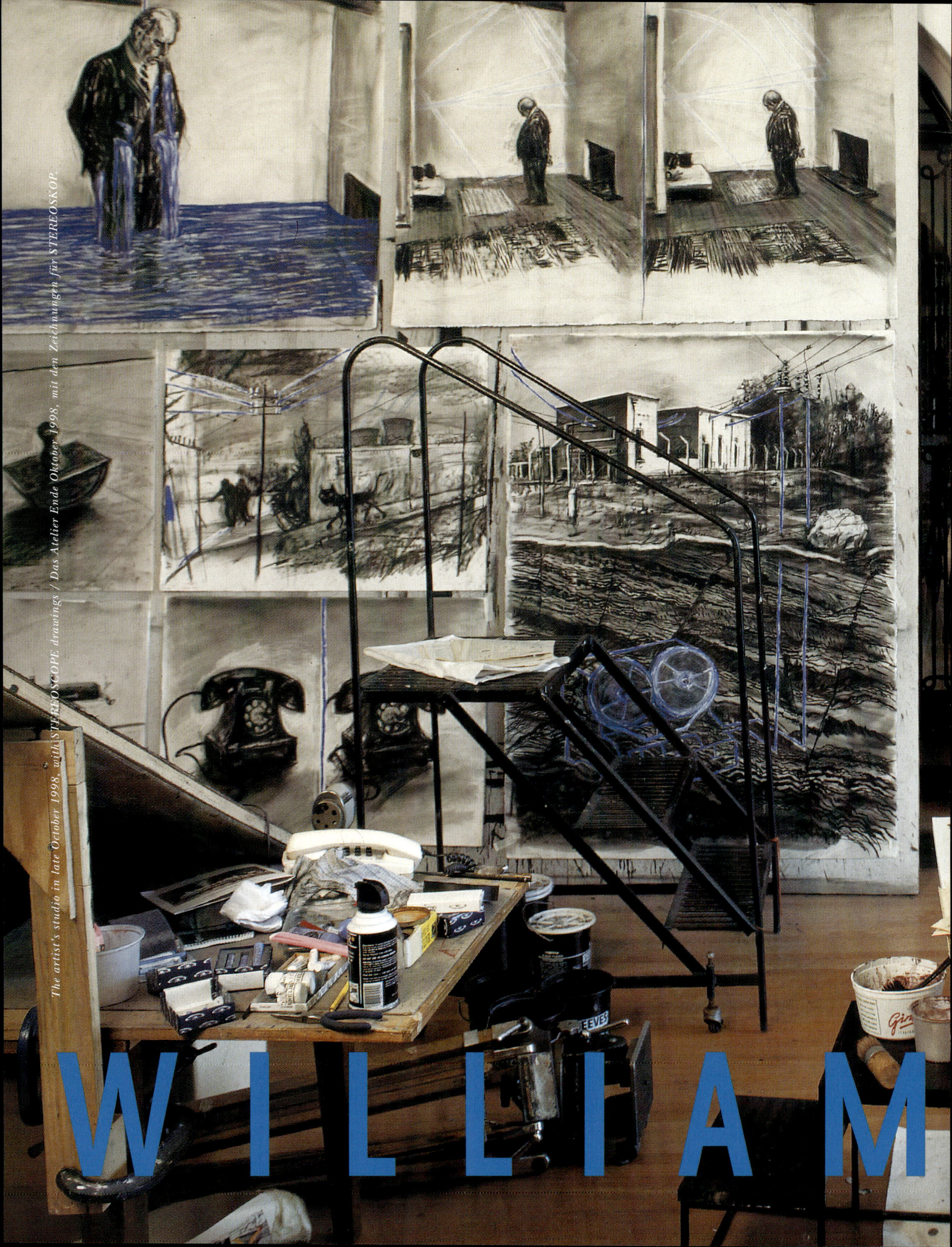

The artist's studio in late October 1998, with STEREOSCOPE drawings / Das Atelier Ende Oktober 1998, mit den Zeichnungen für STEREOSKOP.

WILLIAM

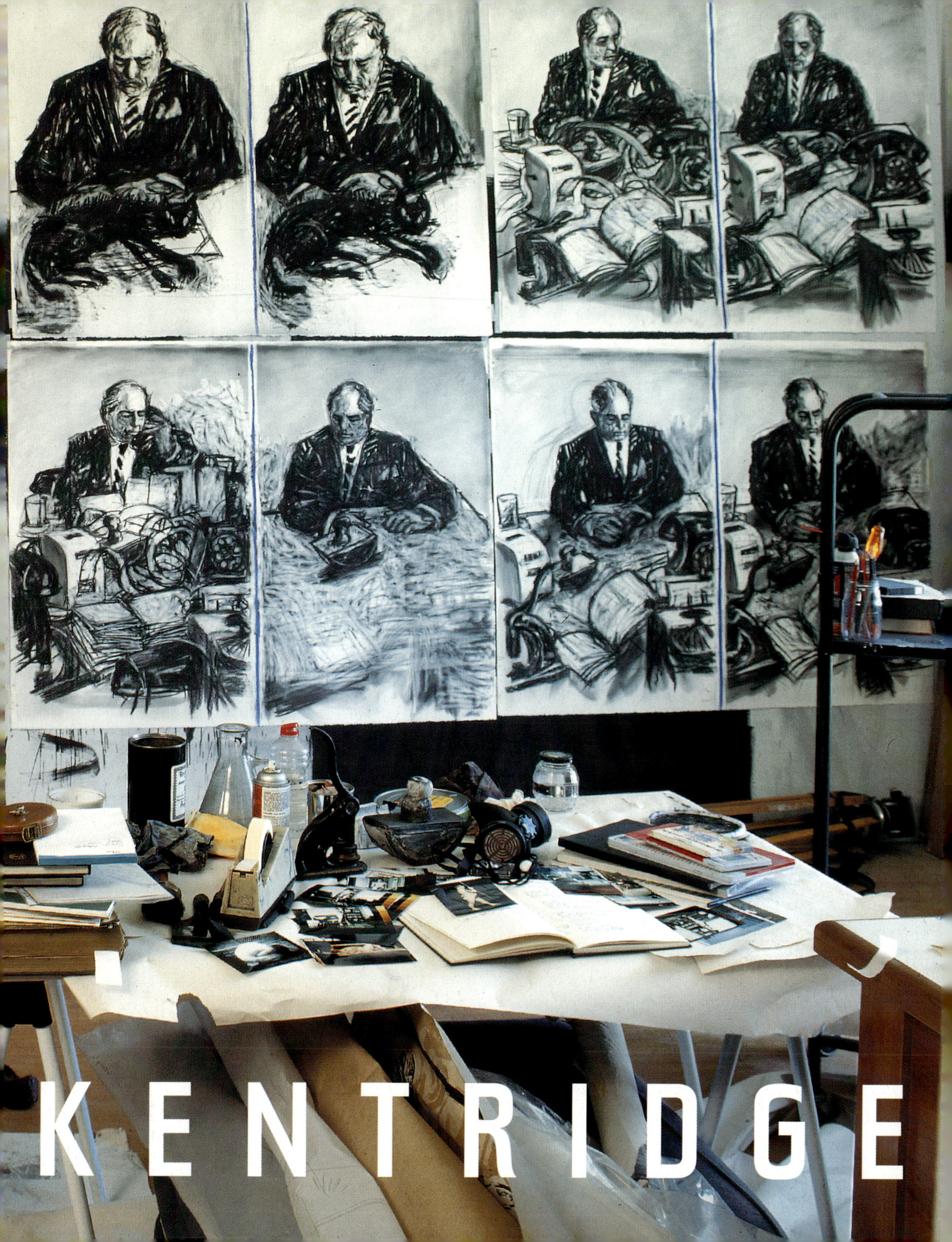

KENTRIDGE

Doubled Vision

Peering through Kentridge's "Stereoscope"

TOM GUNNING

Only the hand, which can erase, can write.

– Jean Luc Godard, *Histoire du cinéma*

In the films of William Kentridge animation stages its most basic paradoxes for all to see. From the material process of animation—producing a moving image through a succession of drawings—Kentridge derives a metaphor, simultaneously slippery and incisive, for the processes of memory, insight, and evasion. Animation entails (as its Latin roots reveal) a process of bringing drawing to life, but the ambiguities of that "life" generate a series of paradoxes. On the one hand, the animated image partakes of the essential movement of the cinema. But the substitution of the freedom of graphic play for the faithfulness of photographic reproduction allows a "life" to appear that transcends normal experience. Rather than the continuity of motion, Kentridge's animation revolves around transformation, an ongoing metamorphosis that can convey motion or can conjure an essential change—or even loss—of identity. Using a technique not entirely unknown, but never so thoroughly explored for its ramifications, Kentridge does not create separate individual drawings for each phase of movement, but erases and redraws the moving elements on a single sheet. Thus, he foregrounds the material process of drawing not only in the manner he produces marks on paper, but even more essentially in the way he erases them. The process of creating the illusion of motion and transformation simultaneously involves the laying down of new marks and the effacing of old ones.

Since Kentridge's films, both on the technical level and in terms of their total structure, work through a flow and transformation of imagery, I want to chart this course in its succession and in some detail in a single film. STEREOSCOPE (1999) begins with images which seem explicitly designed to display the process of movement and erasure to the viewer: tableaux primarily dominated by stillness; a looming empty factory room in which the only movement comes from the revolving hands of a clock; a bare and claustrophobic room in which a man stands still,

TOM GUNNING is a professor in the Department of Art History at the University of Chicago and author of the book, *The Films of Fritz Lang: Allegories of Vision and Modernity* (British Film Institute).

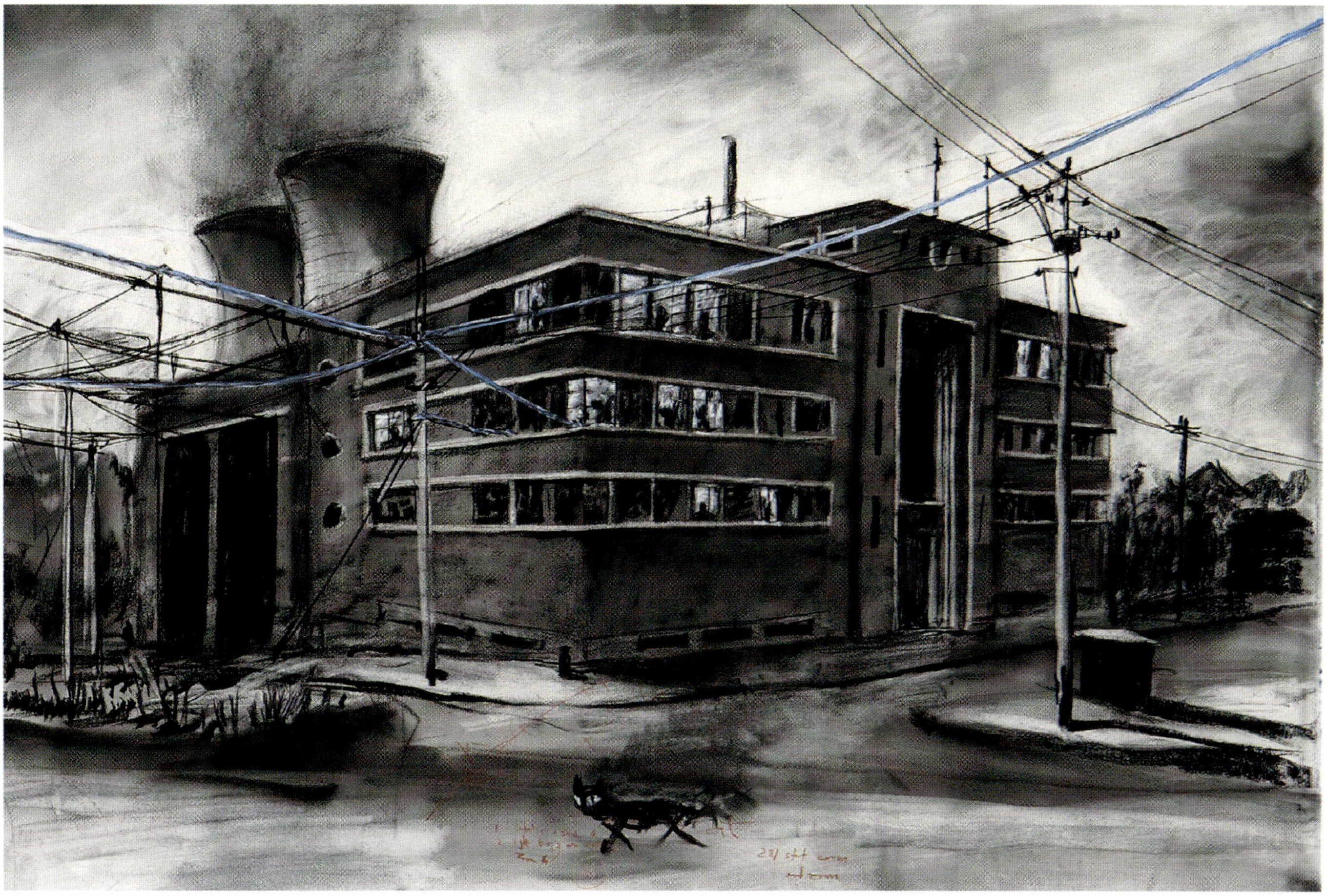

WILLIAM KENTRIDGE, STEREOSCOPE, 1998–99, charcoal and pastel on paper, drawing for animation film, 31½ x 47¼" / STEREOSKOP, Kohle und Pastell auf Papier, Zeichnung für den Animationsfilm, 80 x 120 cm.

scrutinizing papers he holds in his hand; a vibration stirring slightly on the edges of the figure and his papers, as if the papers were rustling, the man shifting slightly as he breathes; a street scene with a passenger shelter by trolley tracks, empty except for a bird which flies through the air.

Like the opening of Dziga Vertov's *Man with a Movie Camera*, a film Kentridge often pays tribute to, we are first given a sense of stillness or emptiness which creates an almost anguished expectation, as an anticipated motion seems about to stir and erupt. But these tiny flecks of movement, isolated within their context of quiescence, also draw one's attention to the means of their creation. Although the moving hands on the clock seem nearly continuous, both the man's body and the bird's flight leave traces of their previous positions. As in the chronophotographs of Marey in which each stage of motion inscribes a transparent phantom, the flight of Kentridge's bird leaves behind a path of traces, each marking a previous position and thus transcribing the arc of the passing moment. Movement becomes not simply a change in position, but a change in form. Time's passage in Kentridge's films, the movement his animation produces, always possesses a certain grubbiness, leaving its smudges after it has moved on, even in the sky.

Kentridge doubly evokes this transcription of the path of the animated form in the fifth tableaux as the title of the film appears in electric blue letters trailing behind the film's *daimon*, a cat whose color varies from black to blue. As the cat slinks across the screen, its tail seems to generate the word as it passes. Animation appears as the literal writing of

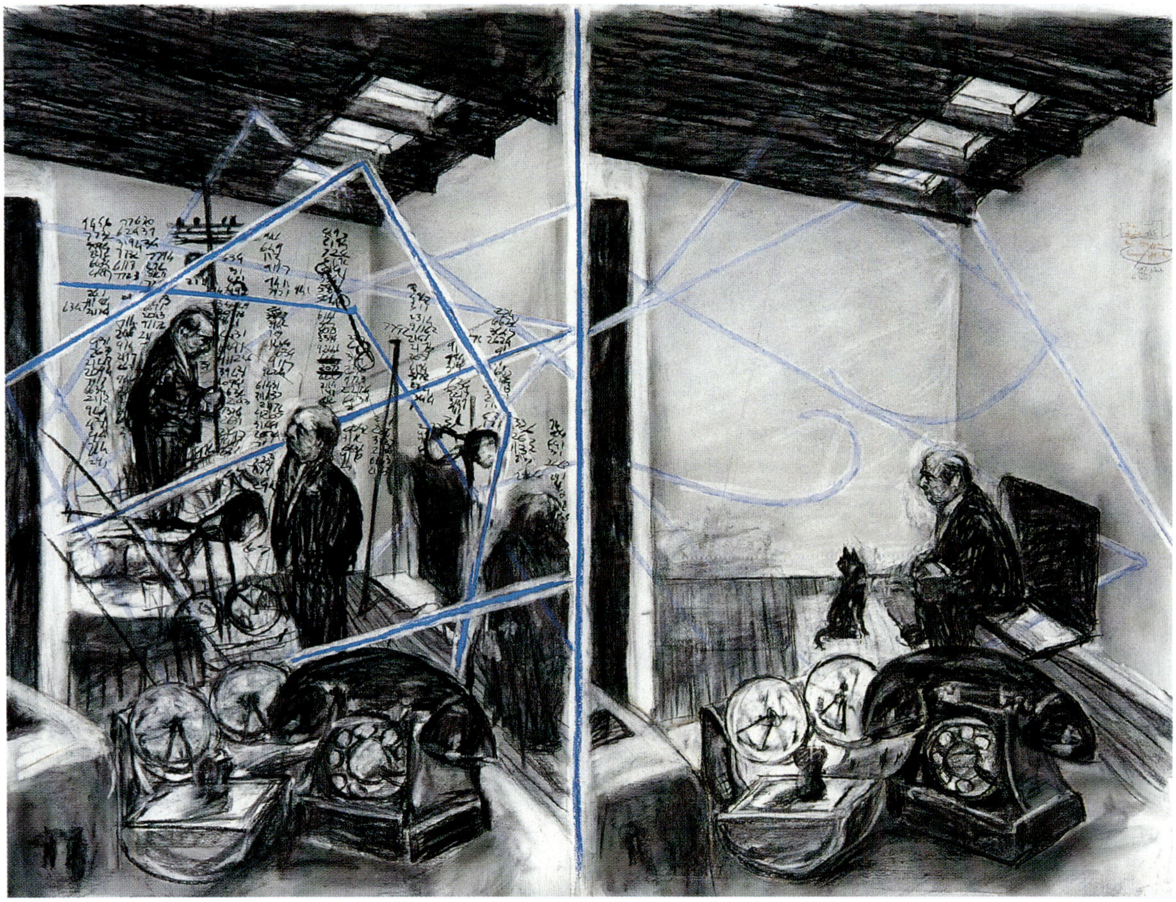

WILLIAM KENTRIDGE, STEREOSCOPE, 1998–99, charcoal and pastel on paper, drawing for animation film, 47¼ x 63" / STEREOSKOP, Kohle und Pastell auf Papier, Zeichnung für den Animationsfilm, 120 x 160 cm.

time, the inscription of a trajectory. It is this cat, its rough and spiky fur seeming to bristle with energy, that seems to awake this sleeping, empty world to life, as new, more abstract, vectors of motion begin to bisect the space, sketching transfers of energy, paths of power and communication. These vectors first appear in the empty space of the factory, which is revealed to contain an old-fashioned central telephone switchboard, its connecting cords rising like blue snakes and seeming to magically conjure the operators who will make the necessary connections. Similar dark vectors appear on the paper the man (one of Kentridge's self-portraits as a stocky middle-aged businessman) studies, joining and circling columns of figures.

These vectors gain in energy and scope. Racing along power lines they move out into the space of cityscape, and soon invade the private spaces of individuals, ricocheting past and around a series of nudes. They enter and leave windows, bounce from room to room, graphically rendering a space of interconnections, part telephone connection, part electrical grid, yet somehow more piercing and sinister, like an alien ray able to penetrate and survey all spaces, interior and exterior. Space is caught and divided within the web-like net these intersecting rays form. These vectors do not simply trace a path of motion, but become motion itself, pure energy and power able to run machines and transform objects. Knitting together at one point, they form a bright blue cat that stretches on hinged puppet-like joints and then seems to scratch another path of energy into existence. As these vectors coalesce into the moving parts of more machines, a basic fission occurs in the image, generating the optical metaphor, which gives the film its name.

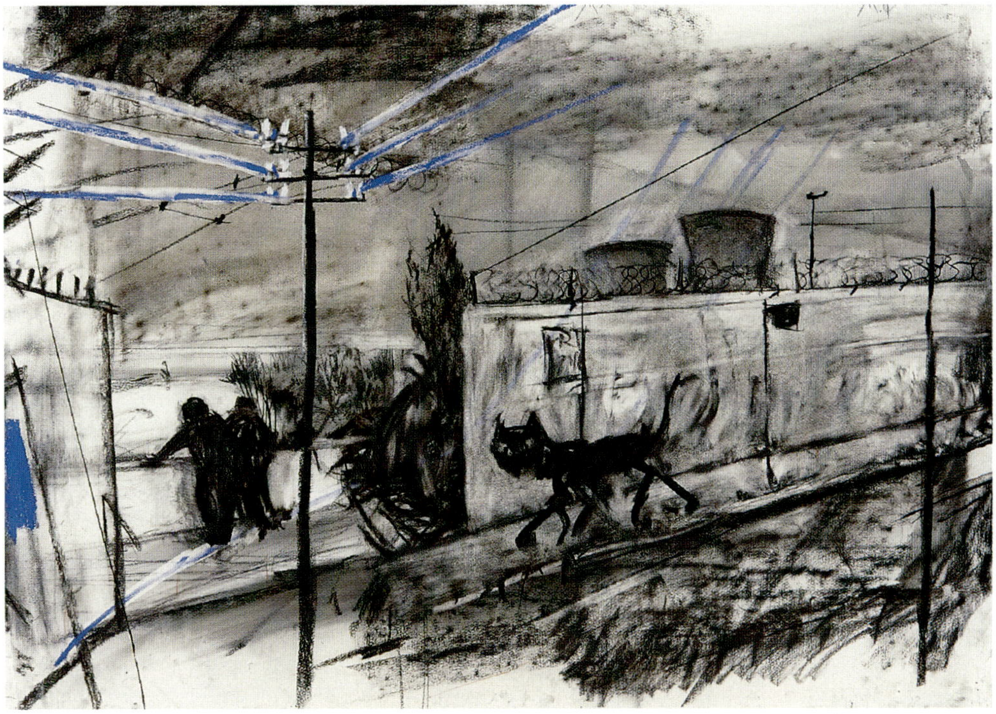

WILLIAM KENTRIDGE, STEREOSCOPE, 1998–99, charcoal and pastel on paper, drawing for animation film, 31½ x 47¼" / STEREOSKOP, Kohle und Pastell auf Papier, Zeichnung für den Animationsfilm, 80 x 120 cm.

The stereoscope was invented in the nineteenth century to demonstrate the principles of binocular vision. Working with two separate images, identical except for their slight deviation in space, which corresponds to the parallax of the separate image seen by each eye, the stereoscope allowed an individual to view these two separate flat images in such a way that they merge to create a single image with an illusion of depth. Like the persistence of vision, which subtends the illusion of motion in cinema and the very process of animation (and which also relies on slight differences between images), the stereoscope uses the physical properties of the eye to create an illusion which resembles reality. Kentridge evokes this optical toy with a series of diptych images that resemble, in their nearly identical but slightly off-centered repetition, the double-image stereograph cards that were loaded into stereoscopes. What is lacking, however, is the point of coherence where the two images superimpose to create one life-like illusion. Instead, Kentridge gives us a split image, seemingly the production of inner fission.

Increasingly, the two images deviate from each other, not only refusing us the place of perfect convergence, but also imaging instead a schizoid world in which doubles confront each other with suspicion. As objects and figures from one side of the screen begin to invade the other, the role of the vectors of energy in creating this fissure become clear. The bright blue paths of energy re-emerge to dominate the screen, zipping through the frame as they did earlier, but now penetrating deep within the earth and ricocheting across rooms with deadly intent. As they take on the forms of the machinery of information, recording or surveillance, the vectors release a primal energy, which dissolves nude female bodies into columns of numbers. What we witness, however, is not a simple process of abstraction: the fleshly transformed into the symbolic or the physical mutated into pure energy. Rather, Kentridge's process of animation foregrounds increasingly the erasing of surfaces, an undermining of any optical illusion of coherence, and a revelation of the primal violence that drives such abstraction.

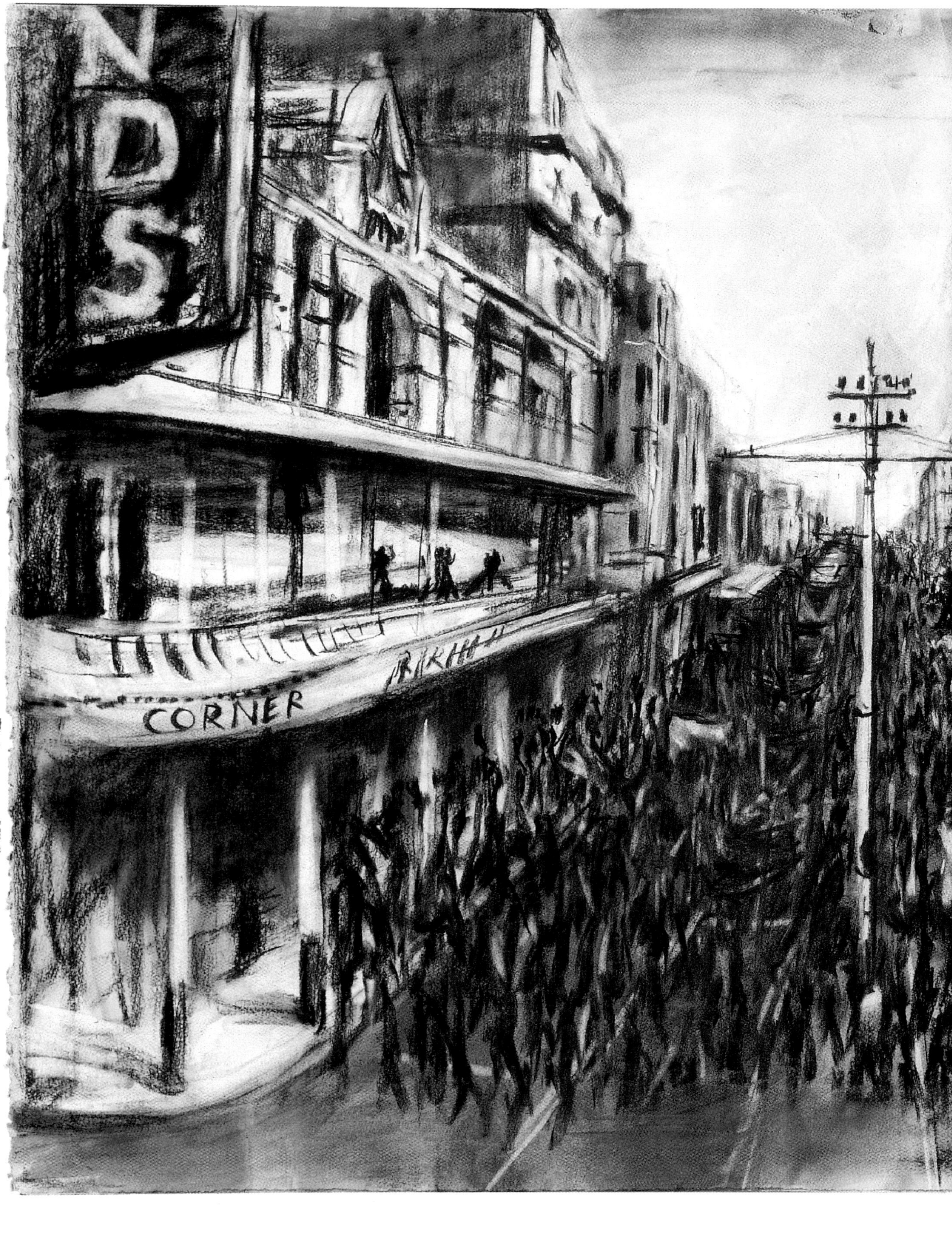
NDS
CORNER

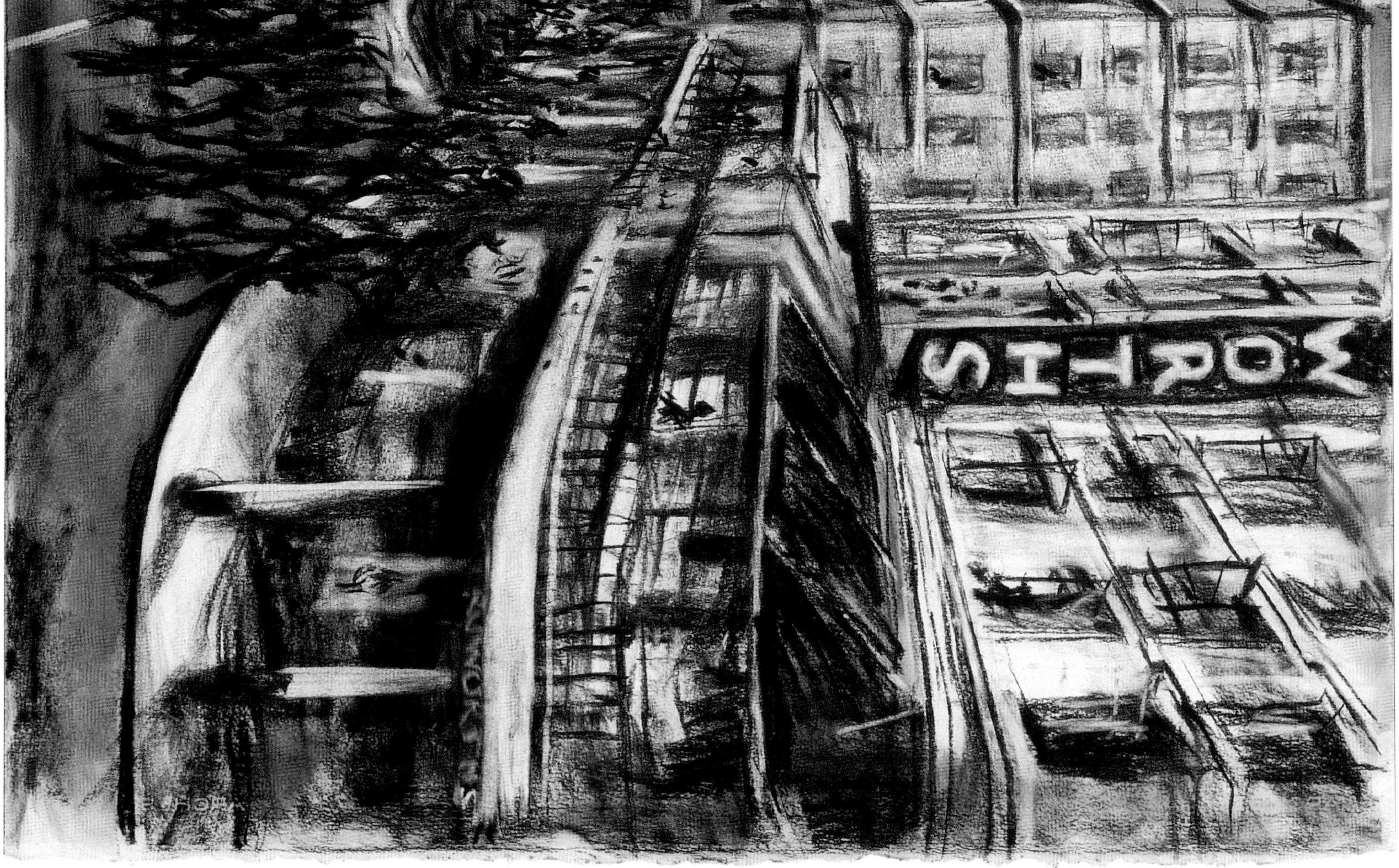

WILLIAM KENTRIDGE, STEREOSCOPE, 1998–99, charcoal and pastel on paper, drawing for animation film, 31½ x 47¼" /
STEREOSKOP, Kohle und Pastell auf Papier, Zeichnung für den Animationsfilm, 80 x 120 cm.

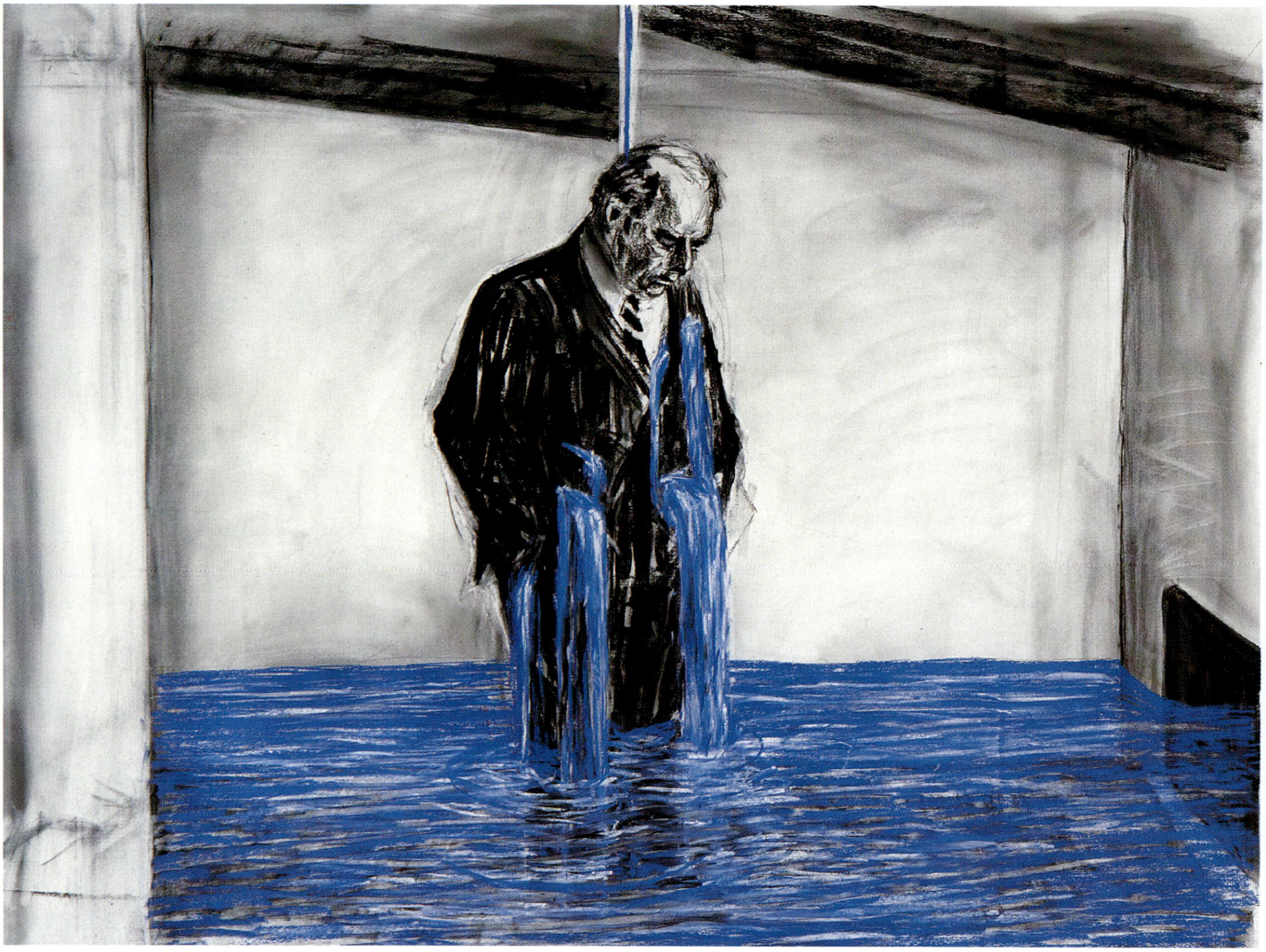

WILLIAM KENTRIDGE, STEREOSCOPE, 1998–99, charcoal and pastel on paper, drawing for animation film, 47¼ x 63" / STEREOSKOP, Kohle und Pastell auf Papier, Zeichnung für den Animationsfilm, 120 x 160 cm.

In all of Kentridge's work there is a tension between overtly political images, depictions of oppression and brutality associated with Apartheid, primarily based in violated black bodies, and more intimate and interior imagery depicting primarily white businessmen in rumpled suits or the lassitudes of an almost Rubenesque nudity. While a Marxian critique of the creation of a private world at the expense of the oppression of others provides much of the logic of this interplay, Kentridge's investment in the emotions of interiority (of longing, of regret, of nostalgia) is undeniable—however guilty it may be. As explicitly political images emerge in STEREOSCOPE the violence inherent in the speeding blue vectors is laid bare. The sound of gunfire transforms the vectors of energy into paths of bullets, piercing and violating the bodies of the oppressed—as well as skewering the businessman himself.

Like a primal atomic fission, this release of energy triggers an explosion of violence, both oppressive and revolutionary, as the traditional cartoon image of an anarchist's spherical bomb, complete with malevolent eyes and fuse alight, appears. Its explosion sweeps the screen bare, and Kentridge's eraser acts as metaphor for apocalyptic violence, the emptied screen showing a sheet of paper that retains only charcoal smudges and bits of gum. This erased space seems to provide the only answer to both the growing brutality and the preceding image of the businessman almost drowned in a dark sea of figures, vectors and technology, his face peering from the mass with an abstracted expression, frozen in either denial or complete loss of awareness. Within the space of erasure, which follows the ultimate explosion (in which the cat transforms itself into the final bomb), the cords of connections seem to wilt and crumble, sinking into a void.

For the second time since the title, blue letters form, here against the black void. They pulse in sequence like a neon sign, their electric blue luminosity still evoking, if in a transformed manner, the blue vectors of energy, which streaked through this world and seem to have reduced it to ruin. Their message is equivocal. The word "GIVE" appears first, then the word "FOR" (placed before "GIVE" and transforming its meaning). Although I am not sure I fully follow this word play, at the very least the revealing of "GIVE" as the root of "FORGIVE" seems to undercut any message of absolution. As in UBU TELLS THE TRUTH (1997), Kentridge seems suspicious of the project of national reconciliation represented by the Truth Commission, concerned about processes of anesthetization and denial which might result, the plea to forget which seems to issue from asking one to forgive.

If the words are equivocal, Kentridge's images remain expressive in their ambiguity and absolute sensuality. The word "FORGIVE" is followed by an image of the businessman, his head slightly bowed as if contrite. But although his eyelids quiver in a minimal motion, it is his breast pocket that seems to weep, overflowing with an electric-blue liquid, which pours to the floor. Joined by a similar flow from his pants pockets, the liquid begins to pool at his feet. The water level rises, filling the room and threatening once again to drown the businessman so recently delivered from the coiling palimpsest of his world of information and technology. The film ends with this image of the businessman, still abstracted, lost in his thoughts or feelings, or simply unaware of what goes on around him, as the water rises above his knees and continues to pour from him at an increasing rate.

This final image displays Kentridge's play with the allegorical mode that his imagery inevitably evokes. While Kentridge clearly deals with images that ask to be decoded, and even with emblems whose significance seems ready-made, the process of making meaning becomes displayed in these films, as is the process of animation. Kentridge's meanings are generated by the detours his imagery takes, their unexpected turns and transformations, so that one must follow a course of diverse meanings rather than discover a final motto. Thus one might read this final image as an emblem of dehumanization, as the businessman's clothes weep while he seems unable to express emotion. But this reading would miss the exquisite embarrassment of the image, a middle-aged man standing with water streaming from his clothes. This expression of infantilization, however, cannot contain the eerie resolution this liquid blue color brings, as the color of the sharp-edged and rapid vectors seems now to resolve itself into a bath, which just might contain the power of absolution. Or is this pool of electric blue a reservoir of further destruction? The ever-liquid play of diverse meanings gives these images their power, never divorced from clear references, but never limited to them either.

Thus, Kentridge's animation seeks less to capture a world in motion than to expose the anima, the soul as source of motion, which lurks just beneath the surface, beyond the form of objects, like the vectors of energy. Like Vertov's "Communist decoding of reality," in *Man with a Movie Camera,* Kentridge sketches a modern reality through the patterns of interconnections and intersections which regulate contemporary life (portrayed literally in Vertov's film by the intersection of trolleys which reappear so sinisterly in STEREOSCOPE). But whereas for Vertov such exchanges of labor and energy held a new Socialist reality together, united in the task of building a new society, for Kentridge the vectors which penetrate all things partake of a destructive and inhuman energy, penetrating bodies like bullets, reducing desire to statistics. The animation of this world seems demonic, with the only solution (perhaps) being that of complete erasure. But does the resulting void offer anything beyond the waters of oblivion?

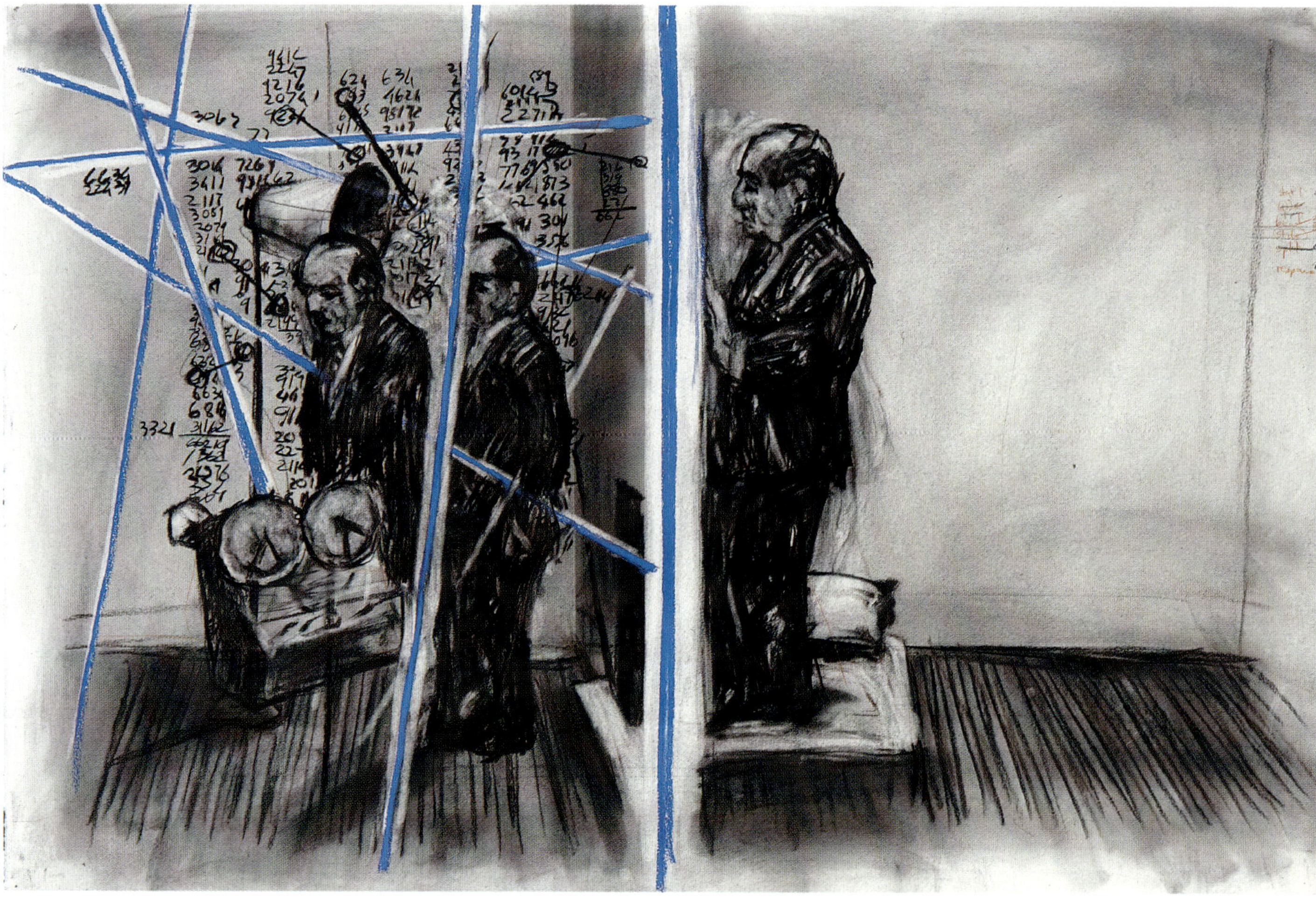

WILLIAM KENTRIDGE, STEREOSCOPE, 1998–99, charcoal and pastel on paper, drawing for animation film, 31½ x 47¼" / STEREOSKOP, Kohle und Pastell auf Papier, Zeichnung für den Animationsfilm, 80 x 120 cm.

Die Verdoppelung des Blicks in Kentridges «Stereoskop»

TOM GUNNING

Nur die Hand, die auch zu radieren imstande ist, kann schreiben.

– Jean Luc Godard, *Histoire du Cinéma*[1)]

In den Filmen von William Kentridge enthüllt die Animation vor aller Augen ihre grundlegenden Paradoxien. Kentridge gewinnt aus dem konkreten Animationsvorgang – der Erzeugung eines bewegten Bildes mit Hilfe einer Folge von Zeichnungen – zwar keine eindeutige, aber doch sehr passende Metapher für die Vorgänge des Erinnerns, Erkennens und Verdrängens. Wie schon die lateinischen Wurzeln des Wortes verraten, ist Animation ein Prozess, in dessen Verlauf Zeichnungen zum Leben erweckt werden, wobei das Doppelsinnige dieses «Lebens» eine Reihe von Paradoxien erzeugt. Einerseits ist das animierte Bild ein bewegtes Bild im Sinne des Kinos, aber andrerseits macht die Tatsache, dass die Freiheit der graphischen Gestaltung an die Stelle der photographischen Bildwahrheit tritt, ein «Leben» sichtbar, das über unsere gewohnte Erfahrung hinausgeht. In Kentridges Animationsarbeiten geht es weniger um die Kontinuität der Bewegung als um Verwandlung, um eine fortlaufende Metamorphose, die etwas in Bewegung setzt oder eine grundlegende Veränderung, ja sogar den Verlust der Identität herbeiführt. Kentridge, der eine zwar nicht unbekannte, aber noch nie so gründlich auf ihre Möglichkeiten untersuchte Technik anwendet, verfertigt nicht für jede Bewegungsphase ein neues, separates Bild, sondern radiert auf einem einzigen Blatt die beweglichen Elemente aus und zeichnet sie neu. So rückt er den konkreten Zeichenvorgang in den Vordergrund, und zwar nicht nur durch die Art und Weise, wie er seine Striche aufs Papier setzt, sondern vielmehr noch dadurch, wie er sie wieder ausradiert. Um die Illusion von Bewegung und Verwandlung zu vermitteln, müssen gleichzeitig neue Zeichen gesetzt und alte ausgelöscht werden.

Da sich Kentridges Filme sowohl auf technischer Ebene wie auch hinsichtlich ihrer Gesamtstruktur durch das stete Fliessen und Sichverwandeln der Bilder auszeichnen, möchte ich diesen Verlauf am Beispiel eines einzelnen Films etwas genauer aufzeigen. STEREOSCOPE (1999) beginnt mit Bildern, die anscheinend bewusst so gestaltet sind, dass sie dem Betrachter den Vorgang der Bewegung und des Radierens verdeutlichen: vorwiegend ruhige Bilder; ein

TOM GUNNING ist Professor für Kunstgeschichte an der University of Chicago und ist der Verfasser von *The Films of Fritz Lang: Allegories of Vision and Modernity* (Britisches Filminstitut).

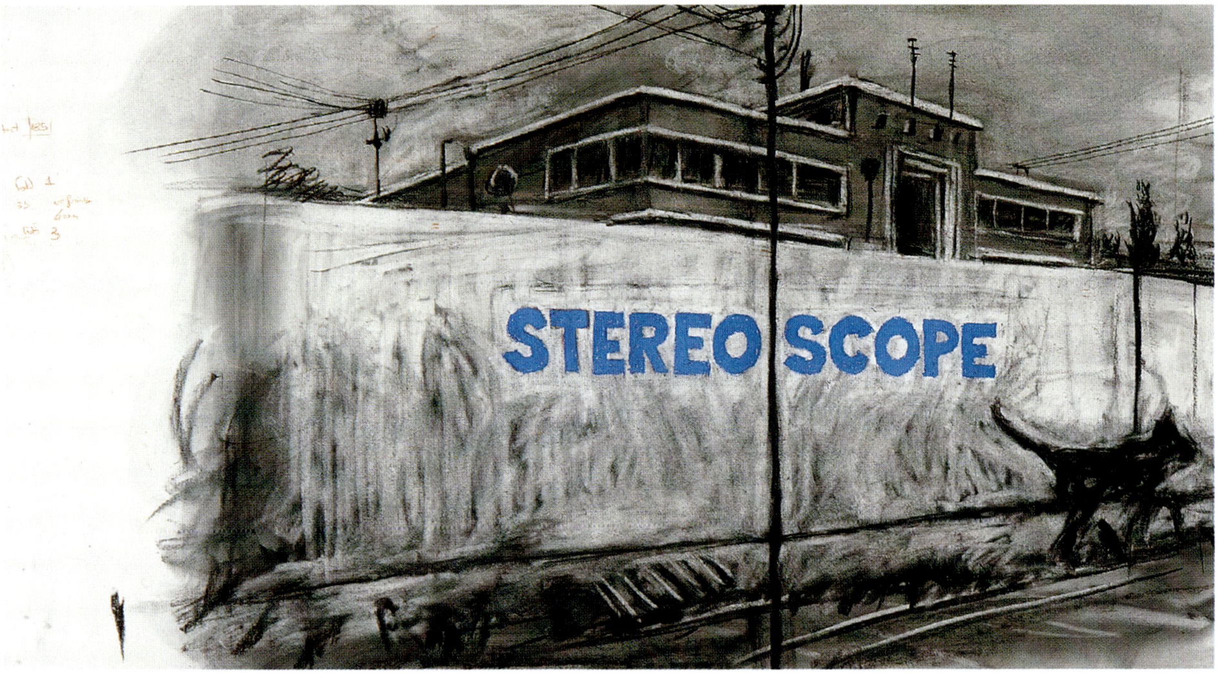

WILLIAM KENTRIDGE, STEREOSCOPE, 1998–99, charcoal and pastel on paper, drawing for animation film, 31½ x 59" / STEREOSKOP, Kohle und Pastell auf Papier, Zeichnung für den Animationsfilm, 80 x 150 cm.

hoher, unheimlich leerer Fabrikraum, in dem sich nur die Zeiger der Uhr bewegen; ein kahler, beengender Raum mit einem reglos verharrenden Mann, der Papiere in der Hand hält und studiert, während die Ränder der Figur und der Papiere leicht zu vibrieren beginnen, als würde das Papier rascheln und der Mann sich beim Atmen leicht bewegen; eine Strassenszene mit einem Wartehäuschen am Geleise einer Strassenbahn und ausser einem vorbeifliegenden Vogel weit und breit kein Lebenszeichen.

Wie in der Anfangsszene von Dziga Vertovs *Mann mit Filmkamera* – ein Film, auf den Kentridge häufig verweist – wird uns ein Gefühl der Leere oder Stille vermittelt, das eine beinahe ängstliche Erwartung weckt, scheint sich doch eine bereits erahnbare Bewegung anzubahnen, die jederzeit losbrechen kann. Doch auch diese winzigen, in ihrem ruhigen Kontext isolierten Bewegungspunkte lenken die Aufmerksamkeit auf die Mittel ihrer Gestaltung. Während die Zeiger der Uhr sich mehr oder weniger gleichmässig zu bewegen scheinen, hinterlassen der Körper des Mannes und der Flug des Vogels Spuren, die auf ihre früheren Positionen verweisen. Wie in Mareys Chronophotographien, bei denen jede Bewegungsphase ein durchsichtiges Phantombild zeitigt, hinterlässt auch der Flug von Kentridges Vogel einen Pfad von Spuren, die seine frühere Position markieren und so die Transkription einer Abfolge flüchtiger Augenblicke liefern. Bewegung bedeutet aber nicht nur eine Änderung der Position, sondern auch der Form. Das Verstreichen der Zeit und die durch Animation erzeugte Bewegung in Kentridges Filmen haben immer etwas leicht Schmuddeliges, denn auch wenn etwas längst wieder weg ist, bleiben seine Spuren zurück, sogar am Himmel.

Im fünften Bild setzt Kentridge diese Transkription des Wegs, den die bewegte Gestalt beschreibt, gleich doppelt ein, wenn der Filmtitel in fluoreszierenden blauen Buchstaben hinter dem Dämon des Films – einer von Schwarz zu Blau changierenden Katze – erscheint. Während die Katze über die Leinwand spaziert, scheint ihr Schwanz das Wort im Vorbeigehen zu formen. Animation erscheint so als buchstäbliche Aufzeichnung von Zeit, als Beschreibung einer Bahn. Die Katze mit ihrem rauhen, borstigen Fell scheint vor Energie nur so zu sprühen und diese schlafende, leere Welt zum Leben zu erwecken, während neue, abstraktere Bewegungsvektoren den Raum teilen und Energiebahnen, Wege der Macht und Kommunikationslinien skizzieren. Diese Vektoren tauchen zuerst im leeren Raum der Fabrik auf, die, wie sich herausstellt, eine altmodische Telefonzentrale besitzt, deren Verbindungskabel sich wie blaue Schlangen aufbäumen, als wollten sie die Telefonistinnen zum Herstellen der notwendigen Verbindungen auffordern. Auf dem Papier, das der Mann (eine von Kentridges Selbstdarstellungen als untersetzter Geschäftsmann mittleren Alters) studiert, erscheinen ähnlich dunkle Vektoren, die Zahlenreihen verbinden und umranden.

Diese Vektoren gewinnen zunehmend an Energie und Umfang. Bestimmten Kraftlinien folgend schiessen sie in den Raum der Stadt hinaus und dringen in die privaten Räume ihrer Bewohner ein, wobei sie an einer Reihe von weiblichen Akten vorbeischiessen, von der Wand abprallen und hektisch kreisen. Sie flitzen durch Fenster ein und aus, springen von Zimmer zu Zimmer und umreissen so einen Raum aus Verbindungen, halb Telefonnetz, halb elektrisches Netz; doch wirken sie irgendwie aggressiver und bedrohlicher, wie ein ausserirdischer Strahl, der in alle Räume eindringen, alle Räume ausforschen kann, innen und aussen. In diesem spinnwebartigen Netz sich kreuzender Strahlen ist der Raum gefangen und aufgeteilt. Die Vektoren beschreiben nicht einfach nur den Verlauf einer Bewegung, sondern verwandeln sich selbst in Bewegung, in reine Energie und Kraft, die Maschinen in Gang setzen und Gegenstände verwandeln kann. An einem Punkt verdichten sie sich zu einer leuchtend blauen Katze, die sich auf marionettenhaften Gelenken streckt und eine weitere Energiespur aufzukratzen scheint. Während sich die Vektoren zu beweglichen Teilen neuer Maschinen verfestigen, bildet sich ein elementarer Riss

WILLIAM KENTRIDGE, STEREOSCOPE, 1998–99, charcoal and pastel on paper, drawing for animation film, 31 ½ x 47 ¼" / STEREOSKOP, Kohle und Pastell auf Papier, Zeichnung für den Animationsfilm, 80 x 120 cm.

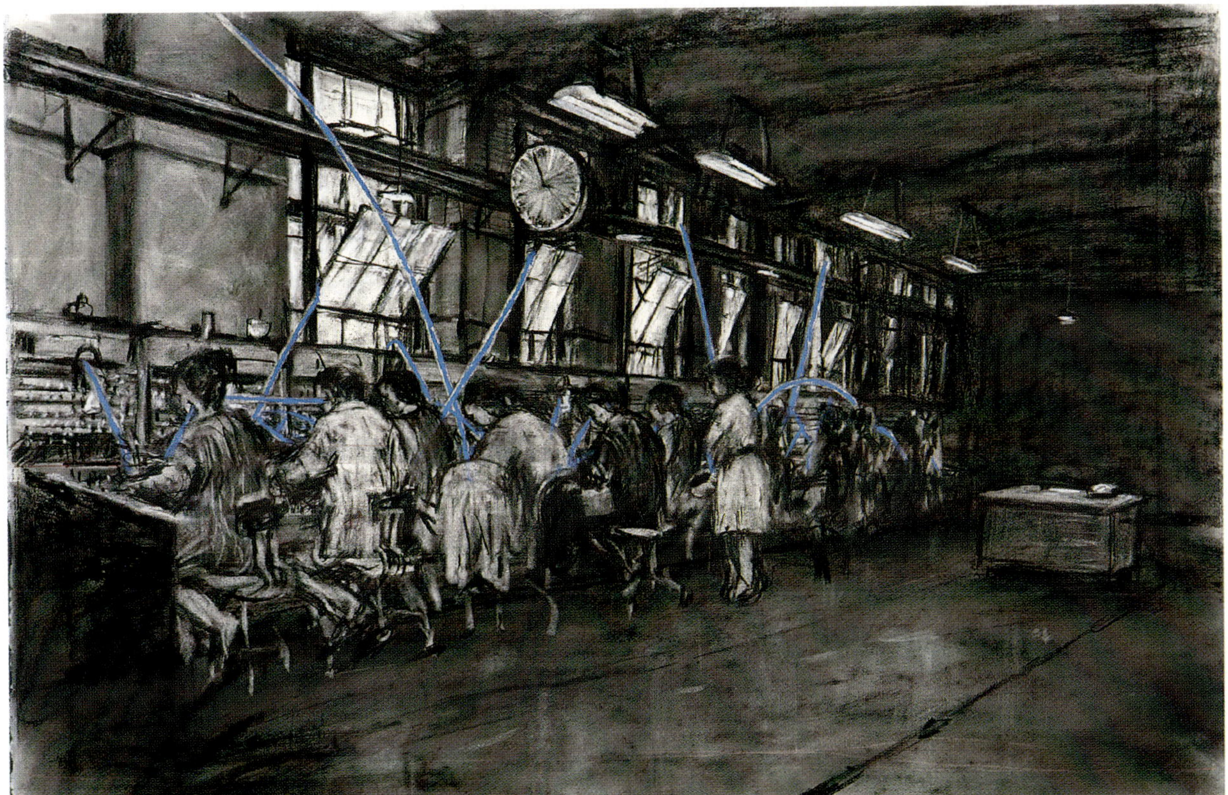

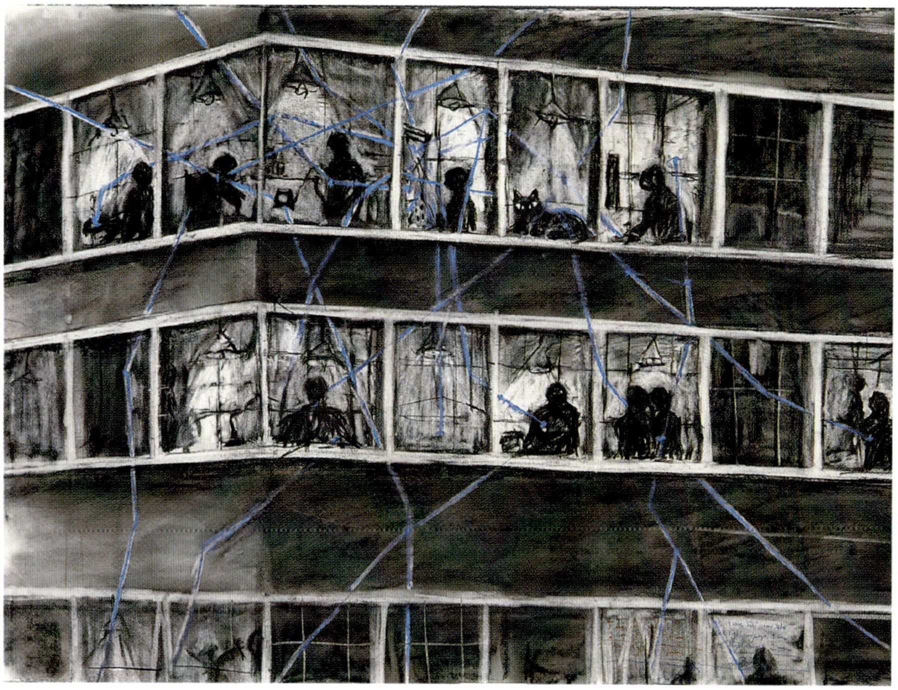

WILLIAM KENTRIDGE, STEREOSCOPE, 1998–99, charcoal and pastel on paper, drawing for animation film, 31 ½ x 47 ¼" / STEREOSKOP, Kohle und Pastell auf Papier, Zeichnung für den Animationsfilm, 80 x 120 cm.

Wortstamm von FORGIVE zumindest jede Absolutionsbotschaft höchst fragwürdig erscheinen. Wie schon in UBU TELLS THE TRUTH (Ubu sagt die Wahrheit, 1997) scheint Kentridge dem Projekt nationaler Versöhnung in der von der *Truth Commission* propagierten Form zu misstrauen; er befürchtet, dass dies zu einer Abstumpfung und zum Leugnen der Schuld führen könnte und dass die Bitte um Verzeihung auf eine Aufforderung zu vergessen hinausläuft.

Sind auch die Worte doppelsinnig, so beeinträchtigt die Ambivalenz von Kentridges Bildern keineswegs deren Aussagekraft und überwältigende Sinnlichkeit. Auf das Wort FORGIVE folgt das Bild eines Geschäftsmannes mit leicht gesenktem Kopf, so als wäre er schuldbewusst. Auch wenn seine Lider unmerklich zucken, scheint doch vor allem seine Brusttasche zu weinen, ihr entströmt eine fluoreszierende blaue Flüssigkeit, die zusammen mit dem aus seinen Hosentaschen quellenden Wasser eine Pfütze zu seinen Füssen bildet. Das Wasser steigt, füllt den Raum und wieder droht der Geschäftsmann zu ertrinken, obwohl er gerade erst aus dem wild gewordenen Palimpsest seiner Welt der Information und Technologie errettet wurde. Der Film endet mit diesem Bild des Geschäftsmannes, der immer noch einen abwesenden Eindruck macht, seinen Gedanken oder Empfindungen nachhängt oder einfach nicht wahrnimmt, was sich um ihn herum abspielt, während das Wasser steigt, ihm schon bis über die Knie reicht und immer heftiger aus ihm herausquillt.

Dieses Schlussbild zeigt das Spiel mit dem Allegorischen, das Kentridges Bildsprache unweigerlich heraufbeschwört. Obwohl der Künstler ganz klar mit Bildern arbeitet, die entschlüsselt werden müssen, oder auch mit Symbolen, deren Bedeutung schon etwas abgegriffen scheint, machen seine Filme deutlich, wie Bedeutung hergestellt wird, so wie sie auch den Animationsvorgang transparent machen. Bei Kentridge entsteht die Bedeutung durch die Umwege, die seine Bildsprache einschlägt, durch ihre unerwarteten Pirouetten und Transformationen, so dass es eher darum geht, den verschlungenen Pfaden verschiedener Bedeutungen zu folgen als ein definitives Motto zu entdecken. Man könnte dieses Schlussbild, in dem die Kleider des Geschäftsmannes weinen, während er unfähig ist irgendein Gefühl zu zeigen, als Sinnbild der Entmenschlichung verstehen. Aber diese Interpretation übersieht die raffinierte Peinlichkeit eines Bildes, das einem Geschäftsmann mittleren Alters das Wasser aus den Kleidern strömen lässt. Dieser Ausdruck einer Infantilisierung erklärt jedoch noch nicht die gespenstische Erlösung, die diese fliessend-blaue Farbe bringt, da die Farbe der scharfkantigen schnellen Vektoren sich nun zu einem Bad aufzulösen scheint, dem möglicherweise die Macht der Absolution innewohnen könnte. Oder ist dieser Teich aus fluoreszierendem Blau nur ein Reservoir künftiger Zerstörung? Die immer fliessend bleibenden Bedeutungen verleihen diesen Bildern Kraft, weil es nie an deutlichen Hinweisen mangelt, sie aber nie auf diese beschränkt bleiben.

So zielt Kentridges Animation weniger darauf ab, eine bewegte Welt festzuhalten, als die Anima zu enthüllen, die Seele als Quelle der Bewegung, die knapp unter der Oberfläche lauert, hinter der Form der Gegenstände, wie die Energievektoren. Wie Vertov – mit seiner «kommunistischen Dekodierung der Realität» in *Mann mit Filmkamera* – umreisst Kentridge die moderne Realität mit Hilfe von Vernetzungs- und Schnittstellenmustern, die unser Leben bestimmen (in Vertovs Film verkörpert durch die Strassenbahnkreuzung, die in STEREOSCOPE auch immer wieder bedrohlich auftaucht). Doch während bei Vertov dieser Austausch von Arbeit und Energie eine neue sozialistische Realität zusammenhält, die vereint ist im Aufbau einer neuen Gesellschaft, stehen die alles durchdringenden Vektoren bei Kentridge für eine destruktive und unmenschliche Energie, die sich wie Gewehrkugeln in menschliche Körper bohrt und alle Sehnsucht auf Statistik reduziert. Die Animation dieser Welt wirkt dämonisch, und der einzige Ausweg scheint (vielleicht) in deren totaler Auslöschung zu liegen. Aber was bietet die dadurch entstehende Leere anderes als die dunklen Ströme des Vergessens?

(Übersetzung: U. Goridis/W. Parker)

1) Das ursprünglich französische Zitat wurde hier aus dem englischen Text übernommen und übersetzt.

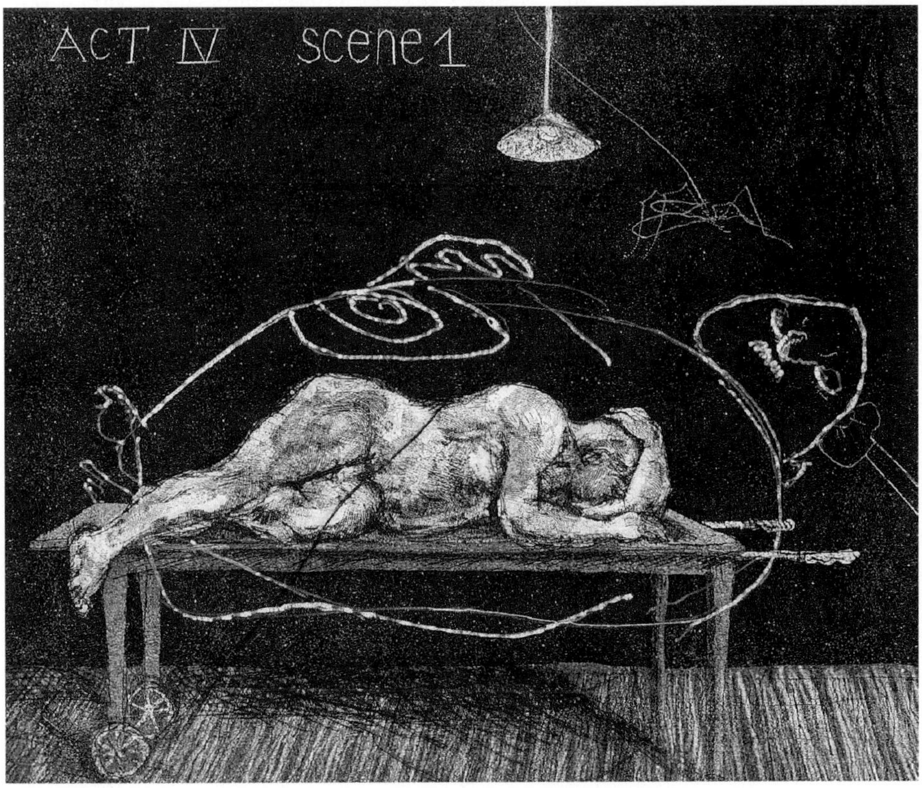

WILLIAM KENTRIDGE, ACT IV, SCENE 1, from the portfolio of etchings UBU TELLS THE TRUTH, 1996–97, hardground, softground, aquatint, drypoint, and engraving, 10¼ x 11⅘" / aus der Radierungs-Mappe UBU SAGT DIE WAHRHEIT, Hartgrund, Weichgrund, Aquatinta, Kaltnadel und Radierung, 26 x 30 cm.

A MESSENGER

SUSAN STEWART

One by one, across the plains and sea and hills to the palace of the Atridae, the torches are lit to bring the news from Troy. The watchman stands anxiously in the dark, pining for the moment when he can watch the night sky as an emblem of itself, without an expectation of the sudden human light that brings the obligations of history. A messenger eventually will burst on the scene and there and then will narrate the truths of suffering, murder, and treachery that have remained in every sense *ob-scene*, hidden from view and hence all the more necessary as a narrated knowledge. The messenger must urgently and patiently unfold his testimony, detailing and quoting and inferring cause. And then, at the end of his message, he must move back from his narration of horror and brutality to conclude with some aphorism, some sense-making principle as a counter to the ineffable or absurd: "Every man must learn not to be too trustful," says the messenger of *Helen*. "The noblest thing a man can have is a humble and quiet heart that reveres the gods. I think that is also the wisest thing for a man to possess, if he will but use it," says the messenger of *The Bacchae*.

The messenger's speeches of classical tragedy are prototypes for an authentic documentary art. They break from the limitations of both the subjective speech of individual figures and the collective and abstract lament of the chorus; in messengers' speeches first-person perspective is harnessed to the interests of moral continuity. In form the messenger's speech effects a great reversal of figure/ground relations; first asserting the claims of the trauma of memory against the forgetfulness of present-centered existence, then re-framing the particular facts of the trauma within a discourse of truth and virtue. The authenticity, beauty, symmetry, and skilled likenesses of the messenger's speech only have moral authority because of this final transformation of what is individual into what is universal. Without that transformation, such facts remain objects too sensational in their detail and too cold in their indifference to be of human use.

Few living artists understand more vividly than William Kentridge the difficulties and responsibilities that accompany such relations between figure and ground. No stranger to tragedy in life and on the stage, he truly has served as a messenger of the obscene and has taken on the burden of drawing ethical conclusions from historical events that are often overwhelmingly evil. His is an art not only of politics, as it has often been viewed, but also an art of theodicy that considers with great deliberation the problems involved in witnessing, telling, and concluding in the face of unremitting state violence. A merely political art acquires its sanction from external sources of authority and power. Kentridge has resolutely refused to do this; every sanction of his art grows from the terms of its own creation.

What this means in actual practice emerges from a simple point that the artist himself has made over and over again: he d r a w s. And after he draws, he animates. His task is not simply to represent, detail,

SUSAN STEWART is a poet and critic. Her most recent book of poems is *The Forest* and her most recent critical study, *Poetry and the Fate of the Senses*, has just appeared—both from the University of Chicago Press.

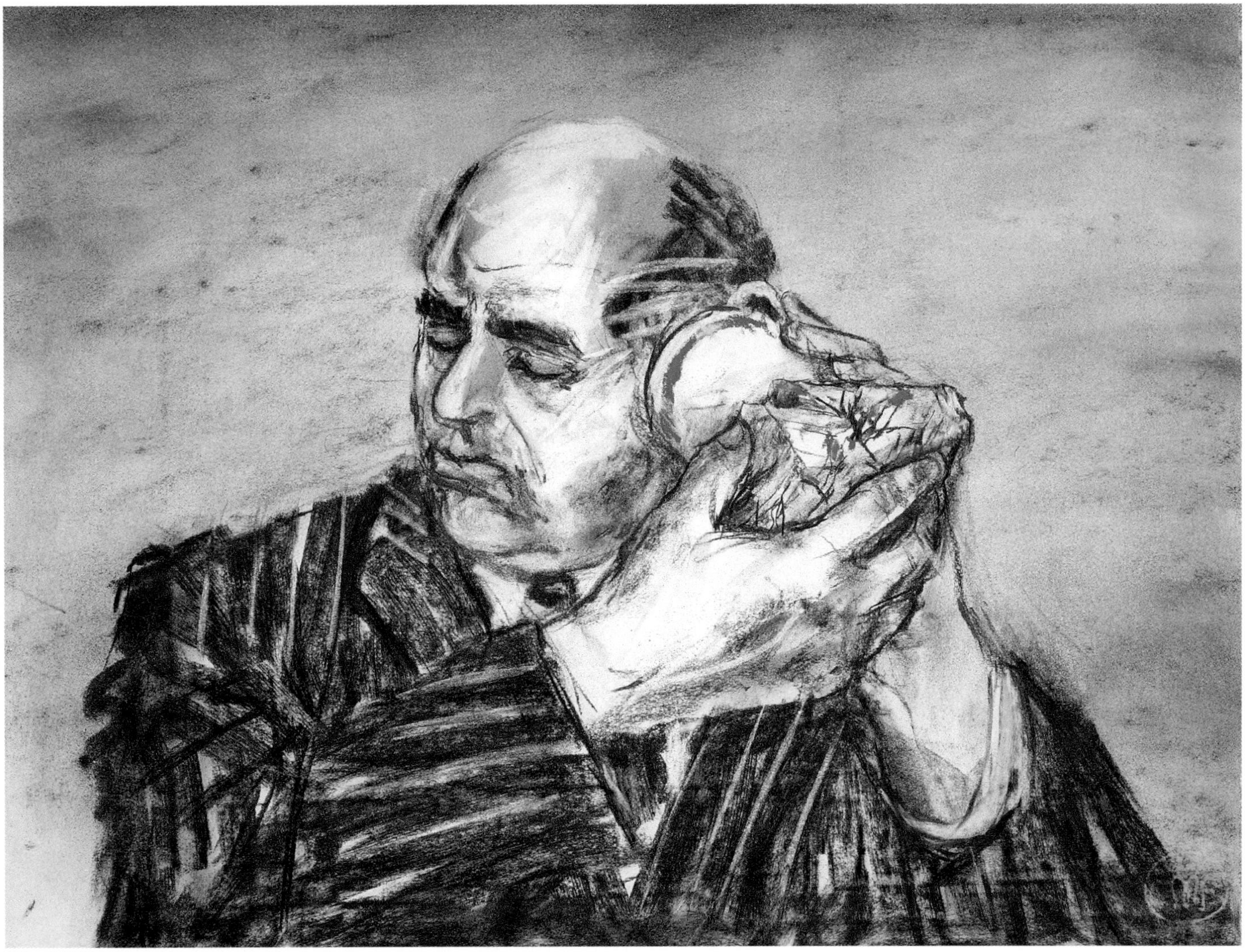

WILLIAM KENTRIDGE, WEIGHING… AND WANTING, 1997–98, *charcoal and pastel on paper, drawing for animation film* $21^{5}/_{8}$ x $27^{1}/_{2}$" / WIEGEN… UND NICHT GENÜGEN, *Kohle und Pastell auf Papier, Zeichnung für den Animationsfilm, 55 x 70 cm.*

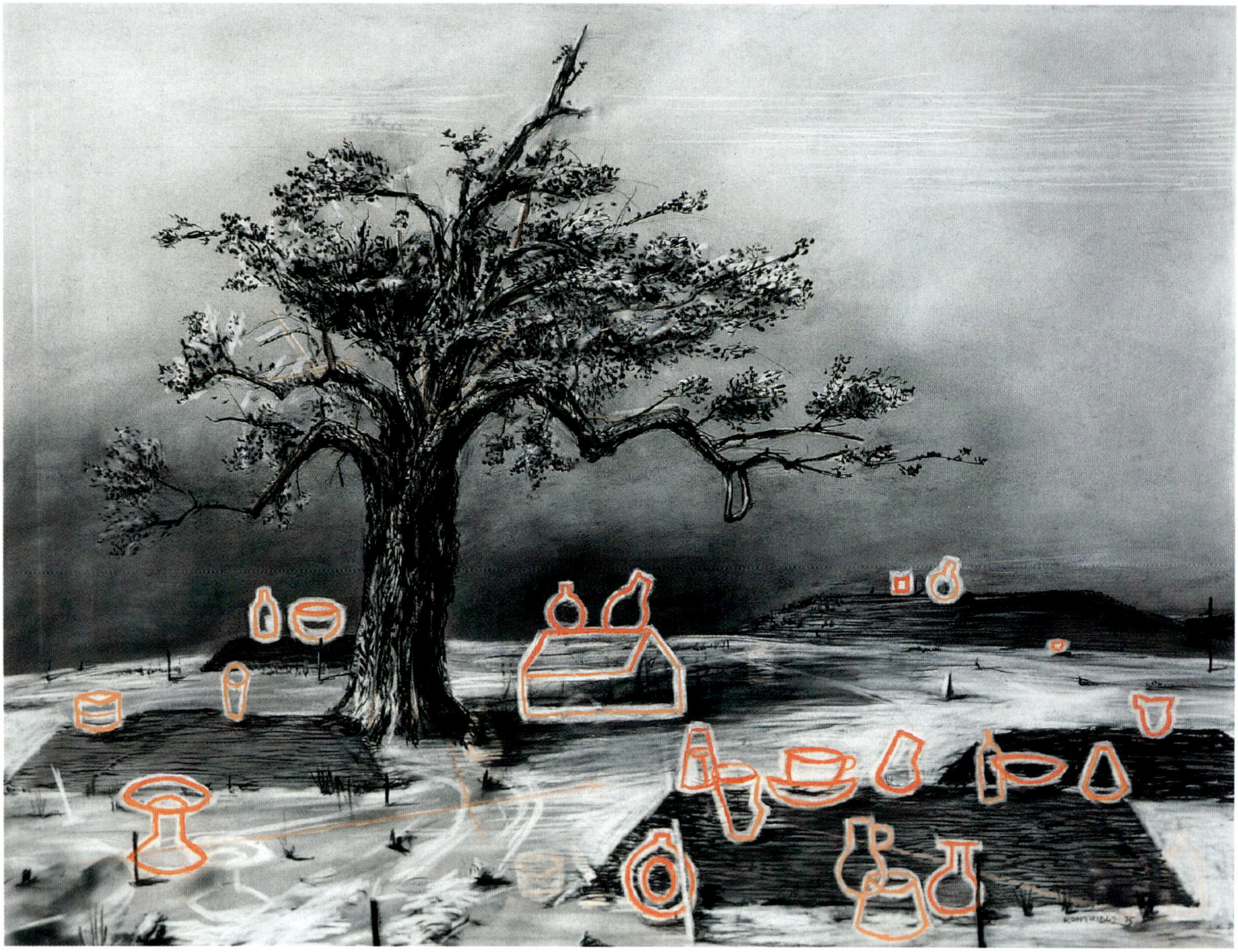

WILLIAM KENTRIDGE, FAUSTUS IN AFRICA!, 1995, charcoal and pastel on paper, drawing for animation film and puppet theater performance, 47¼ x 63" / FAUST IN AFRIKA!, Kohle und Pastell auf Papier, Zeichnung für Animationsfilm und Puppentheater, 120 x 160 cm.

or delineate the facts of suffering: rather he draws from such a content as surely as clear water is drawn by patience from a dark well, and as pain is drawn away from the body by healing. Kentridge draws with charcoal—the residue of fires—and his dominant palette of black and white is literally graced by occasional touches of blue that signify water and water's ambiguous sensual fluidity and capacity to renew. His method is urgent, but it will not skip a step. Every drawing is a gesture against the ready-made, simultaneous, and quickly-consumed facility of photographic imagery. He reveals how drawing is a hermeneutic advance upon photography's mode of representation just as history writing is a hermeneutic advance upon the random details of mere chroniclism. The most obvious fact of drawing—that it unfolds in time and records that unfolding—acquires a profound significance here as a counter-narrative, an alternative speed, another opportunity to examine experience in a context where violence has obliterated the possibilities of perspective and hence made the view of history unbearable.

When Kentridge works at the speed of his hand and eye, the drawing itself is evidence of his first-per-

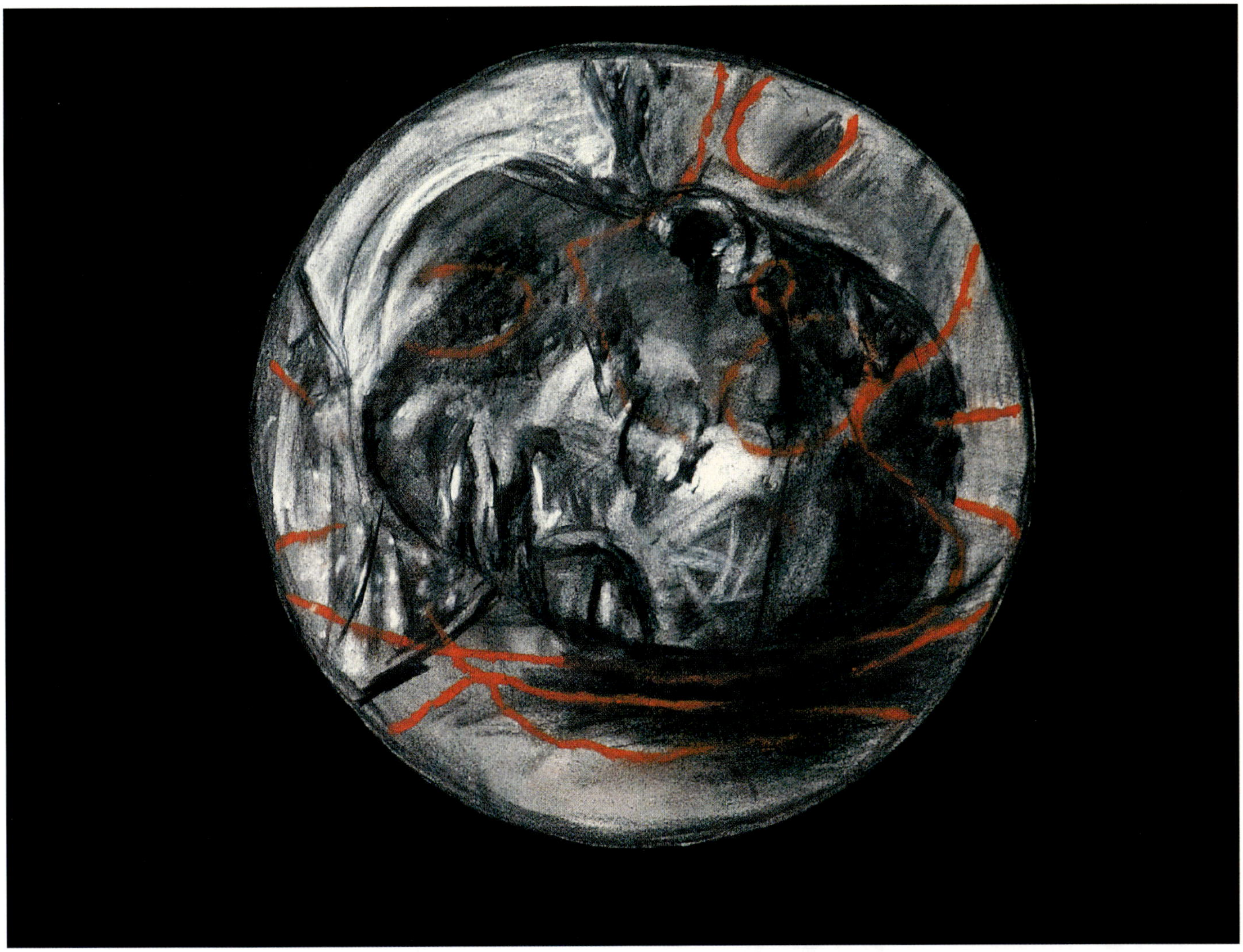

WILLIAM KENTRIDGE, FELIX IN EXILE, 1994, charcoal, pastel, and gouache on paper, drawing for animation film, 17 11/16 x 21 1/4" / FELIX IM EXIL, Kohle, Pastell und Gouache auf Papier, Zeichnung aus dem Animationsfilm, 45 x 54 cm.

son witness, a trace of his presence and sequence of judgments. His drawings stand in relation to his world the way court-drawings stand in relation to the courtroom: as a refusal of mere publicity, as a witnessing that admits its limits from the outset and prefers the impediment to ease of execution. His dominant internal perspectives involve examinations of the very problems of figure and ground that provide the context for his work: figures gazing upon crowds, emerging from crowds, stranded by crowds; views from above, below, and, significantly, the rear-view mirror; an architecture of confinement and repetitive institutional spaces placed amidst a denuded and desolate landscape. Within the frame, the hand is mediated by a weapon, the voice by a megaphone, the eye by a mirror or window; but without the frame an unmediated hand is what draws them. The mind and hand and eye of the artist loom over these scenes of history. The work of the hand is transparent; it retraces its steps and reveals its erasures to accumulate a history of layers and tangles and cross-references that are also cross-purposes.

Like the disappearing view from the rear-view mirror, history is run backwards as a way of re-attempting

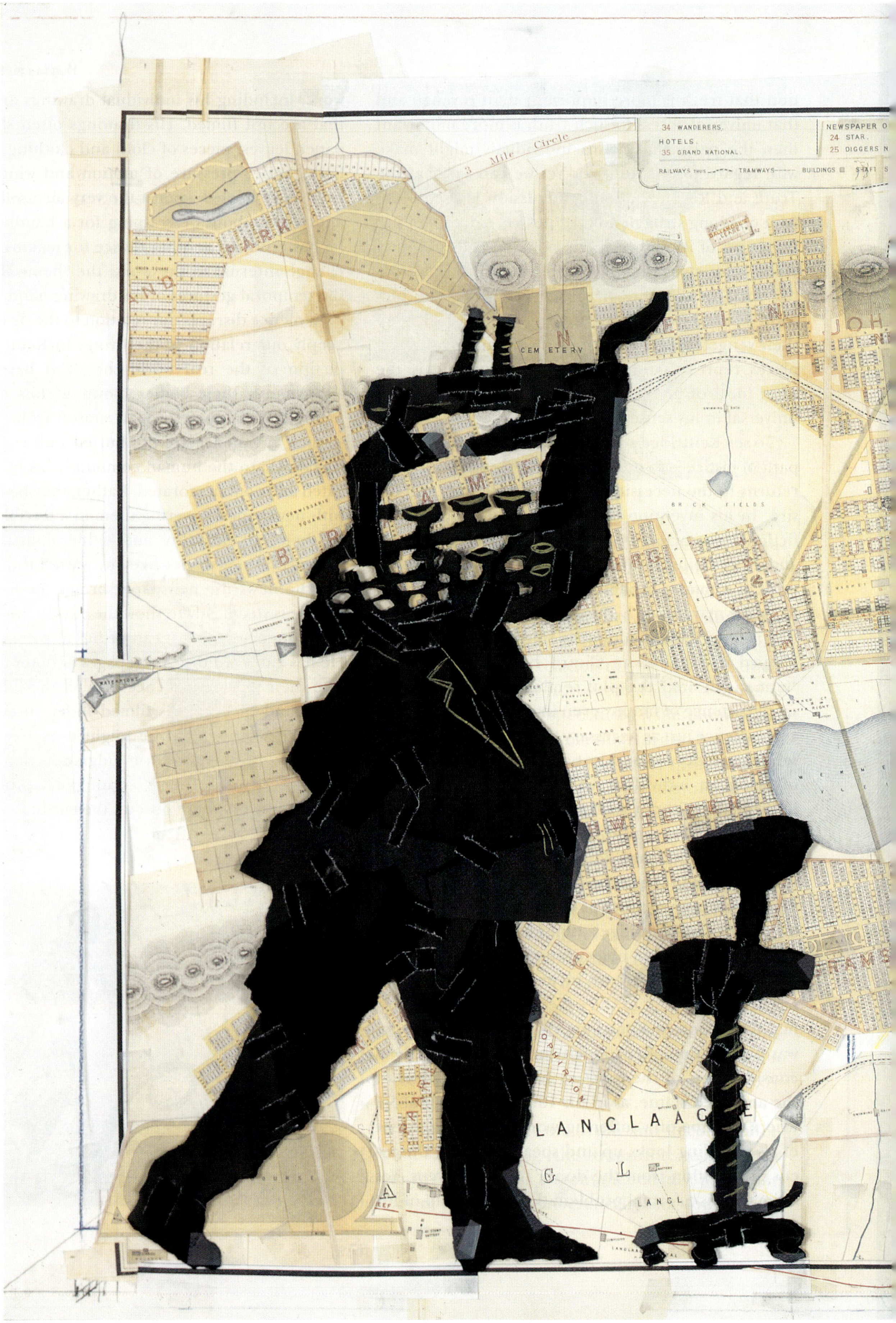

34 WANDERERS.
HOTELS.
35 GRAND NATIONAL.
NEWSPAPER O
24 STAR.
25 DIGGERS N
RAILWAYS THUS
TRAMWAYS
BUILDINGS
3 Mile Circle
CEMETERY
COMMISSARIS SQUARE
BRICK FIELDS
LANGLAAGTE
OPHIRTON

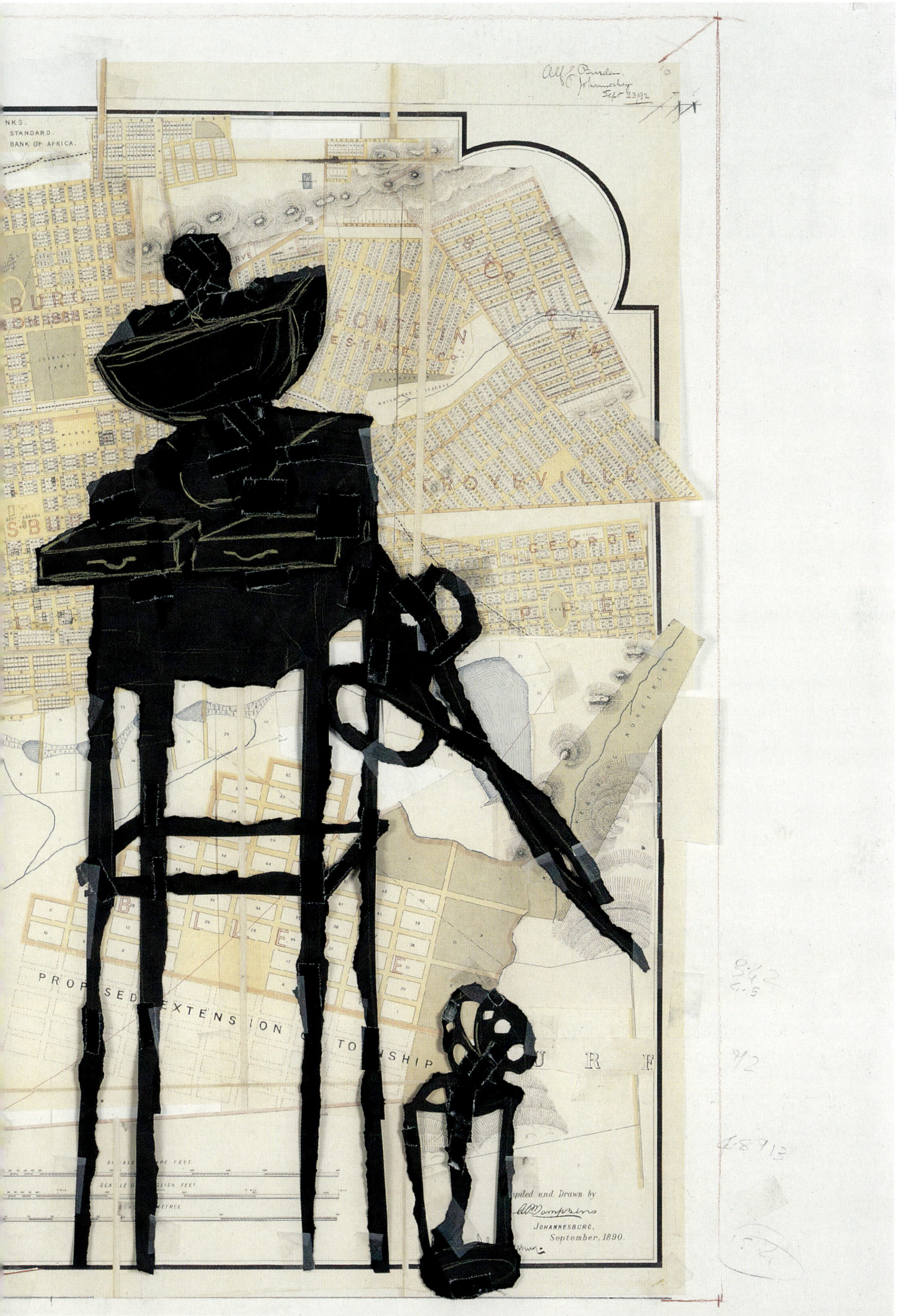

WILLIAM KENTRIDGE, UNTITLED STUDY FOR TAPESTRY, 2001, chine collé and collage, 28¾ x 37⅘" /
WANDTEPPICH-ENTWURF OHNE TITEL, Chine collé und Collage, 73 x 96 cm.

EIN BOTE

SUSAN STEWART

Über Flachland, Meer und Hügel bis zum Palast der Atriden wird eine Fackel nach der anderen entzündet, um die Nachricht aus Troja zu bringen. Der Wächter steht wachsam im Dunkeln und wartet sehnsüchtig auf den Moment, wo er den Nachthimmel wieder als Zeichen seiner selbst betrachten kann, ohne gespannt auf ein plötzlich auftauchendes menschliches Licht zu warten, das ihn dem Zwang der geschichtlichen Ereignisse unterwerfen wird. Schon bald wird ein Bote hastig die Szene betreten und über die wahren Umstände des Leidens, Mordens und des Verrats berichten, die bisher in jeder Hinsicht obszön, *ob-scenus*, dem Blick verborgen geblieben waren, und deren Erzählung umso notwendiger ist. Schnell und geduldig muss der Bote seinen Bericht abliefern und alle Einzelheiten, Zitate und Gründe anführen. Und dann, am Ende seiner Botschaft, muss er einen Schritt zurücktreten von seiner Schilderung des Schreckens, der rohen Gewalt und mit einem Aphorismus schliessen, einem sinngebenden Grundsatz als Gegengewicht zum Unerklärlichen oder Absurden: Jedermann müsse lernen, nicht blind zu vertrauen, sagt der Bote in Euripides' *Helena*. Der edelste Besitz eines Menschen sei ein demütiges und stilles Herz, das die Götter ehrt. Und er glaube, dass es auch der weiseste Besitz des Menschen wäre, wenn er ihn nur einsetzen würde, meint der Bote in den *Bakchen*.

Die Botenberichte der antiken Tragödie sind eine frühe Form authentischer Dokumentarkunst. Sie sprengen sowohl die Grenzen der subjektiven Rede des Individuums als auch der abstrakten Klage des Chors; in den Botenberichten wird die Perspektive der redenden ersten Person im Interesse einer moralischen Kontinuität gezügelt. Durch seine Form bewirkt der Botenbericht eine ungeheure Umwälzung im Verhältnis der Figuren zu dem Ort, an dem sie sich bewegen; zunächst verleiht er der schrecklichen Erinnerung Geltung gegenüber der Vergesslichkeit einer auf die Gegenwart bezogenen Lebensweise, dann bringt er die schrecklichen Einzelheiten im Rahmen des Diskurses über Wahrheit und Tugend in einen neuen Zusammenhang. Die Authentizität, Schönheit, Symmetrie und getreue Wiedergabe des Botenberichts verfügen nur über moralische Autorität dank der abschliessenden Überführung des Individuellen ins Allgemeine. Ohne diese Überführung blieben die Fakten in ihren Einzelheiten zu ausgefallen und gleichzeitig zu indifferent, um den Menschen von Nutzen zu sein.

Wenige lebende Künstler erfassen die Schwierigkeit und Verantwortung, die mit dem Verhältnis der Figuren zum Ort, an dem sie stehen, verbunden sind,

SUSAN STEWART ist Lyrikerin und Kritikerin. Ihr jüngster Gedichtband trägt den Titel *The Forest* und soeben ist ihre kritische Studie, *Poetry and the Fate of the Senses*, erschienen (beide University of Chicago Press).

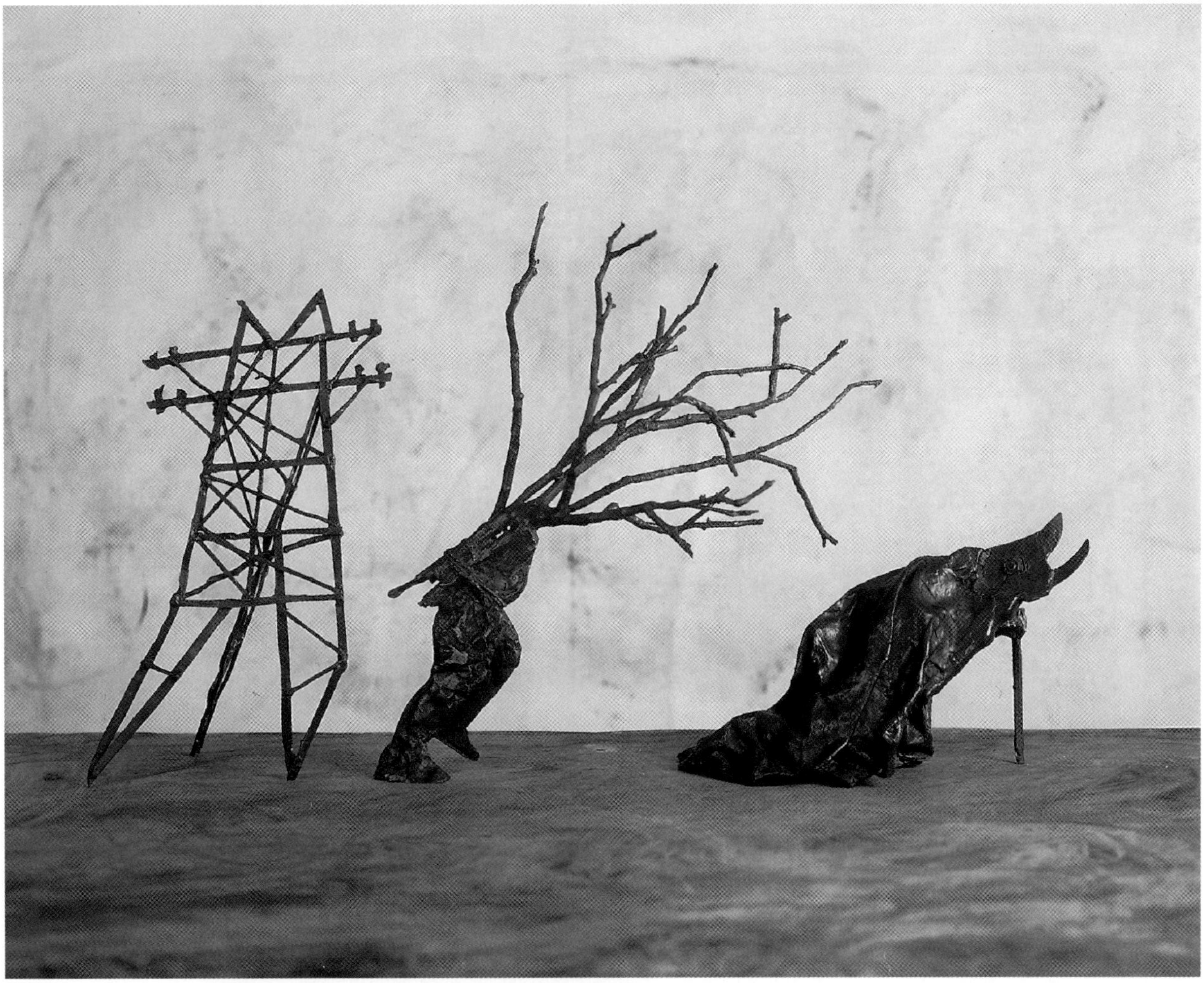

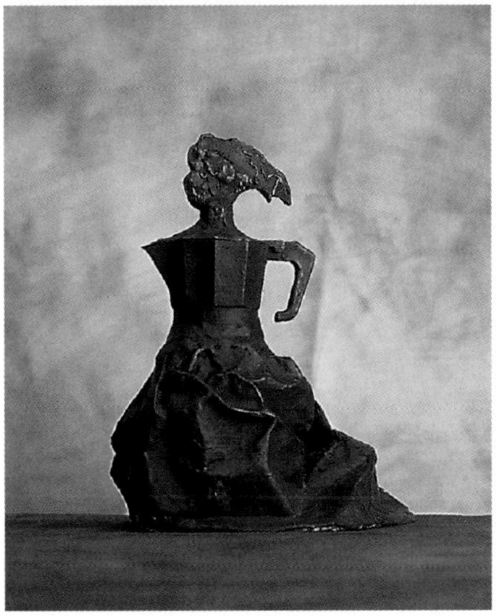

WILLIAM KENTRIDGE, PROCESSION, 2000, bronze figures from a series of 26, height approximately 13¾" each / PROZESSION, Bronzefiguren aus einer Serie von insgesamt 26, Höhe je ca. 35 cm.

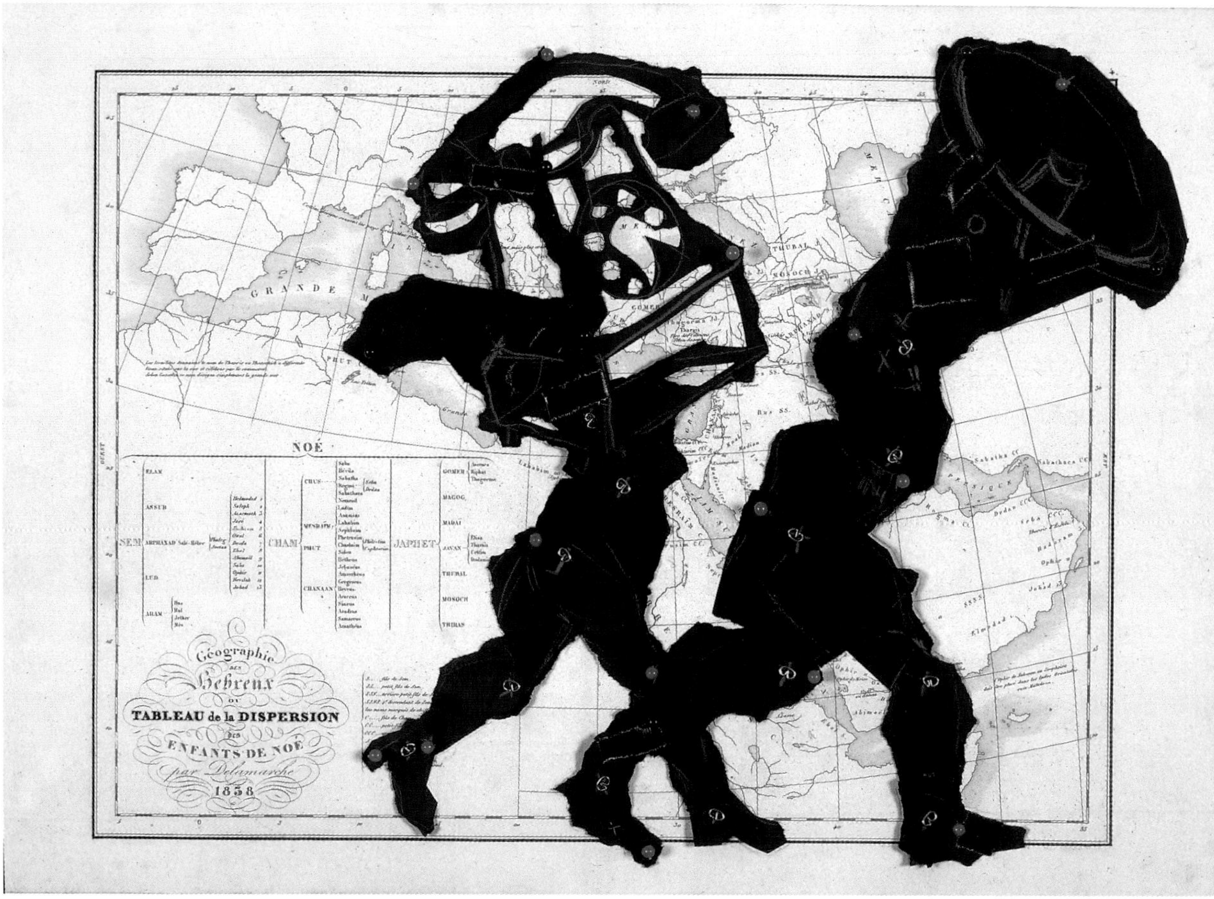

WILLIAM KENTRIDGE, UNTITLED STUDY FOR TAPESTRY, 2000, collage on found Atlas pages, 13 3/8 x 18 11/16" / WANDTEPPICH-ENTWURF OHNE TITEL, Collage auf Seiten aus einem Atlas, 34 x 47,5 cm

lebhafter als William Kentridge. Weder im Leben noch auf der Bühne ist ihm die Tragödie fremd, und so hat er in der Tat die Bürde eines Boten des Obszönen auf sich genommen und aus historischen Ereignissen, die in ihrer Schändlichkeit oft überwältigend sind, ethische Schlussfolgerungen gezogen. Seine Kunst ist nicht nur, wie oft gesagt wurde, politisch, sondern auch eine Kunst der Theodizee, welche alle Probleme, die angesichts eines unbarmherzigen gewalttätigen Staates mit jeder Zeugenschaft, Berichterstattung und Schlussfolgerung verbunden sind, sehr bewusst und genau anschaut. Die Rechtfertigung einer lediglich politischen Kunst liegt in Autoritäts- und Machtverhältnissen ausserhalb ihrer selbst. Kentridge hat dies immer entschieden abgelehnt; jede Rechtfertigung seiner Kunst liegt in den Bedingungen ihrer eigenen Entstehung.

Was das in der Praxis heisst, zeigt sich in einem einfachen Sachverhalt, den der Künstler immer wieder unterstrichen hat: Er zeichnet. Und nachdem er gezeichnet hat, geht er zur Animation über. Seine Aufgabe besteht nicht einfach darin, das tatsächliche Leiden darzustellen, zu differenzieren und zu umreissen. Vielmehr zeichnet er aufgrund eines solchen Inhaltes, so sicher, wie klares Wasser mit viel Geduld aus einer dunklen Quelle gewonnen wird, oder wie der Schmerz im Heilungsprozess aus dem Körper weicht. Kentridge zeichnet mit Kohle – einem Relikt des Feuers. Und seinen hauptsächlichen Farben, Schwarz und Weiss, gönnt er hin und wieder buchstäblich die Gnade einiger blauer Tupfer, die für das Wasser und dessen ambivalente Sinnlichkeit des Flüssigen sowie seine Erneuerungskraft stehen. Seine Methode drängt vorwärts, ohne je eine Stufe zu überspringen. Jede Zeichnung ist ein Manifest gegen die sofort zuhandene, gleichzeitige und schnell konsumierbare Bequemlichkeit des photographischen Bildes. Er zeigt auf, dass die Zeichnung der photographischen Darstellung hermeneutisch überlegen ist, genauso wie die Geschichtsschreibung gegenüber dem beliebigen Festhalten von Details der alten Chronik ein hermeneutischer Fortschritt ist. Die offensichtlichste Eigenschaft des Zeichnens – nämlich, dass es sich in der Zeit entwickelt und diese Entwicklung auch festhält – gewinnt hier eine tiefere Bedeutung als erzählerisches Gegengewicht, als anderes Tempo und eine andere Gelegenheit zur Überprüfung von Erfahrung in einem Kontext, in dem Gewalt jede Möglichkeit zu unterschiedlichen Betrachtungsweisen ausgemerzt und damit jede Geschichtsbetrachtung unerträglich gemacht hat.

Wenn Kentridge mit dem Tempo seiner Hand und seines Auges arbeitet, wird die Zeichnung selbst zu einem Zeugnis seiner persönlichen Zeugenschaft, zu einer Spur seiner Gegenwart und der Abfolge seiner Entscheidungen. Seine Zeichnungen haben dieselbe Beziehung zu seiner Welt wie die Zeichnungen im Gerichtsraum zu eben diesem Raum: Sie sind eine Verweigerung blosser Publizität um ihrer selbst willen, ein Zeugnis, das seine Grenzen von Anfang an einräumt und diesen Widerstand der Leichtigkeit der Ausführung vorzieht. Seine vorwiegend innenräumlichen Perspektiven erfordern eine Untersuchung der Fragen von Figur und Ort, die den Kontext seines Werks bilden: Figuren, die auf Menschenmengen hinunterblicken, sich aus der Menge herausschälen, von einer Menge festgehalten werden; Blicke von oben, unten und besonders bedeutsam: der Blick in den Rückspiegel; eine Architektur der Begrenzung und immer wieder institutionelle Räume inmitten einer kahlen und öden Landschaft. In diesem Rahmen wird die Hand durch eine Waffe angezeigt, die Stimme durch ein Megaphon, das Auge durch einen Spiegel oder ein Fenster; aber ausserhalb des Rahmens gibt es eine Hand, die all das unmittelbar zeichnet. Kopf, Hand und Auge des Künstlers überragen diese historischen Szenen. Die Arbeit der Hand bleibt dabei transparent; sie prüft immer wieder jeden Schritt, lässt Radiertes erkennbar bleiben und häuft in zeitlicher Folge Schichten, Knoten und Querverweise an, die durchaus auch quere Absichten verfolgen.

Wie das verschwindende Bild im Rückspiegel wird die Geschichte zurückgespult im Versuch einen neuen Weg vorwärts zu finden. Und wie die Bilder der Kamera nicht gegen die gezeichneten Bilder ankommen, werden in seinen Filmen auch die Geräusche des Alltagsgesprächs von einer immer wiederkehrenden Chormusik übertönt. Die Geschichte der technischen Entwicklung wird noch einmal durchgespielt und dieses erneute Abspulen zwingt uns dazu, die Bedingungen unseres Verhältnisses zu Gegenständen und anderen Personen zu überprüfen. Zeichnung und nicht Photographie; gemeinschaftlicher Gesang vor der Rede des Einzelnen; schwere Bakelit-Apparate statt Mobiltelefone; Minen- und Fabrikarbeit anstelle von Dienstleistungsbetrieben und Bürokratie. Man könnte von einem «Zurück zur Natur» in Kentridges Werk sprechen, mit der ganzen Dichte und Schwierigkeit dessen, was zu leisten wäre, um zu dem Zeitpunkt zurückzukehren, als menschliche Bedürfnisse und technische Machbarkeit noch auf derselben Stufe standen. Die in Kentridges Zeichnungen und Filmen dargestellte Technologie entspricht den Jahren kurz vor seiner Geburt und nicht der Zeit, in der die Werke entstanden sind. Dies ist ein weiterer Aspekt jenes Versuchs des Boten, eine zusammenhängende Kette von kausalen Gründen und Verknüpfungen aufzuzeigen. Die Drähte und Kabel, die in Kentridges Bilderwelt so reichlich vorhanden sind, verweisen auf ein Nervensystem, das nun verborgen liegt. Der faustische Traum vom Fliegen und über sich Hinauswachsen wird als der billige Trick entlarvt, der er tatsächlich ist: Alles bindet das Gewicht der Existenz an den Boden oder zieht es dahin zurück.

Es wird oft gesagt die *Truth and Reconciliation Commission*, die den Übergang zum neuen Südafrika gewährleisten soll, sei ethisch ein monumentaler Fortschritt – eine demokratisch abgesegnete Versicherung, dass Wahrheit wichtiger ist als Rache und dass der allgemeine Zugang zu dieser Wahrheit wichtiger ist als einzelne Rechtsansprüche, die Individuen gegeneinander haben mögen. Aber wir sehen auch, dass diese Wahrheits- und Versöhnungskommission ebenso das Resultat eines langen Kampfes um Gerechtigkeit ist wie ein Traum von Gerechtigkeit, der sich nur aus dem allumfassenden Unrecht erheben und befreien konnte. Dieser Kampf wurde in gedanklicher Form schon am Ende der *Orestie* ausgefochten, indem ein Gericht geschaffen wurde und die Erinnyen auf ihre Rache verzichten mussten. Analog dazu ersetzt Kentridges Arbeit die reine Darstellung durch Nachdenken; er ist der ortsgebundenste Künstler, den es gibt, was seinen Stoff angeht, aber der universalste in seinem Gespür für Schlussfolgerungen.

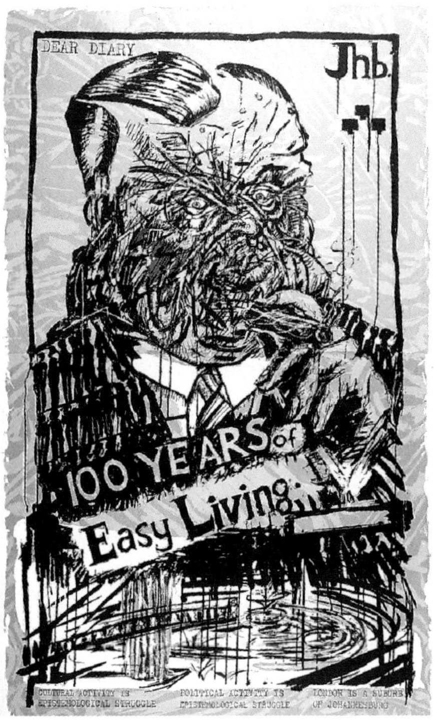

WILLIAM KENTRIDGE, ART IN A STATE OF SIEGE (100 YEARS OF EASY LIVING), 1988, silkscreen print on brown paper, 63 x 39³/₈" / KUNST IM BELAGERUNGSZUSTAND (100 JAHRE LEICHTES LEBEN), Siebdruck auf braunem Papier, 160 x 100 cm.

Sieht man Kentridges Werk in diesem Kontext des langen Weges der Gerechtigkeit, so versteht man, warum er immer wieder zur Notwendigkeit der individuellen Phantasien und Sehnsüchte zurückkehrt. Mit der Erfindung seiner wichtigsten autobiographischen Protagonisten – Soho Eckstein, Mrs. Eckstein und Felix Teitelbaum – nimmt Kentridge den zentralen romantischen Mythos des Westens, das Ehebruchszenario, und verlagert ihn von der Peripherie der Geschichte an deren Anfang, so wie auch Helena am Beginn des Trojanischen Krieges stand. Diese – durch ein (wie René Girard es nannte) «mimetisches Begehren» entstandene – Konstellation erinnert uns an die universelle Hartnäckigkeit der Phantasie auch unter extremen Bedingungen, eine Hartnäckigkeit, die für die Kontinuität des Selbst ebenso wichtig ist wie das Gedächtnis und ebenso zentral für das Gefühl, ein lebendiges Individuum in einer Welt von Individuen zu sein. Ohne diesen imaginären Stoff verlöre Kentridges Arbeit ihr tragisches Potenzial auf der individuellen Ebene der einzelnen Personen. Es geht weniger darum, dass wir durch die Konsequenzen dieser Konstellation für die drei Protagonisten eine Katharsis erfahren, als dass wir sehen, wie diese Figuren, die für Kentridges künstlerisches Innenleben zeugen, dem entsetzlichen Druck zu objektivieren und zu externalisieren widerstehen.

Dieser Raum für die Phantasie in einer Kunst, die sich des öffentlichen Rechtsempfindens annimmt, hat auch etwas mit dem anderen, äusserst wichtigen formalen Aspekt von Kentridges Arbeit zu tun: seinem Drang zur Animation. Kentridges Animationsarbeiten nehmen Bezug auf die lange kunsthistorische Tradition der lebendig gewordenen Statue. So auch sein Film MONUMENT (1990), in dem das Standbild eines entbehrungsreichen Arbeiters im Moment seiner Enthüllung den Blick hebt und spricht, wodurch das Interesse vom Stifter des Denkmals auf dessen Referenten gelenkt wird. Die Animation ist jedoch eine formale Frage, die das ganze Werk durchzieht, selbst einzelne Zeichnungen und Objekte, die nie gefilmt wurden. In seinen Zeichnungen finden sich oft Fahnen, Papiere, Blätter, Stofffetzen und Kleider, Haare und Körperteile, die heftiger Bewegung und Winden ausgesetzt sind. Seine Figuren scheinen gegen die Luft selbst anzu-

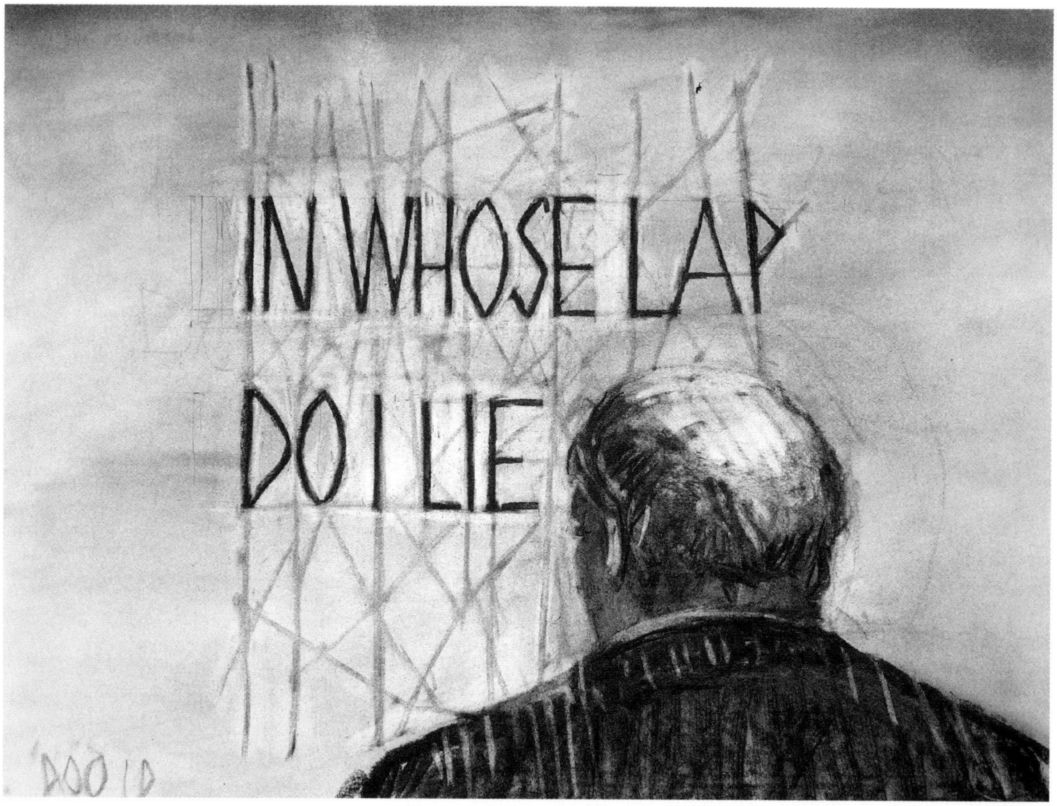

WILLIAM KENTRIDGE, WEIGHING... AND WANTING, 1997–98, charcoal and pastel on paper, drawing for animation film, 21⅝ x 29½" / WIEGEN... UND NICHT GENÜGEN, Kohle und Pastell auf Papier, Zeichnung für den Animationsfilm, 55 x 75 cm.

kämpfen, sie gehen gebeugt und vom Wind gebeutelt oder suchen nach einem festen Halt. Damit hat er ein weiteres Mittel gefunden, um Zeit und Veränderlichkeit in sein Werk zu integrieren; wie von selbst fliesst das Thema aus der zeitgebundenen Gebärde seiner zeichnenden Hand.

Gewalt zerstört aber auch unsere Beziehung zu den Toten, nicht nur die zu den Lebenden. In Kentridges Abbild der Wirklichkeit sind die Toten anonym, ihre Körper sind zerfetzt oder werden Experimenten unterworfen, aber ihr Leiden ist aus dem Blickfeld verbannt. Die Gewaltopfer werden nicht dem Ritus gemäss beerdigt oder als geliebte und unvergessene Tote wieder in die Gemeinschaft integriert. Nein, sie liegen mit dem Gesicht auf dem Boden da und sind mit einer Zeitung bedeckt, eine schreckliche Allegorie ihrer Flüchtigkeit und Verletzlichkeit; sie sind in Zeitungspapier gewickelt wie irgendein überflüssig gewordenes Ding, einschliesslich der Nachrichten in der Zeitung selbst. Kentridges Antwort ist unerbittlich, wenn er diese Auslöschung zeigt und die Bildsequenz animiert, damit sich alles wieder zusammen- und dadurch im Gedächtnis festsetzen lässt. Er hat die vom Winde verwehten Seiten gesammelt und mit der nötigen rituellen Sorgfalt wieder in die richtige Reihenfolge gebracht und gefilmt. So führt er sie uns noch einmal vor Augen, damit wir selbst unsere Schlüsse ziehen und uns ein Urteil bilden können, das dem Wind des Zufalls zu widerstehen vermag – einem Wind, der überall auf der Welt bläst.

(Übersetzung: Susanne Schmidt)

William Kentridge

LIVE CINEMA & LIFE IN SOUTH AFRICA

A Telephone Conversation in Chicago, October 21, 2001

ROSELEE GOLDBERG & WILLIAM KENTRIDGE

RoseLee Goldberg: I think it's almost impossible for non-South Africans to understand the constancy of political repression, the threat of police violence, the relentless, day to day degradation imposed on black South Africans, which we observed growing up in South Africa.

You were born in Johannesburg in 1955; what is your earliest moment of political awareness?

William Kentridge: There are different shocks of moments of realization. One of them was when I was four or five and we were driving along the Valley Road off Jan Smuts Avenue and, looking out the car window, I saw a man lying in the gutter and four or five people kicking him. I had never seen adult violence before. In fact, for me, violence had always been fiction until that moment. It was deeply shocking.

Then, there are childhood images of people being checked for passes—when I play these in my head though, I don't know if it is an old documentary or if it really happened.

I didn't sense it as constancy—for me it was momentary—there was normal suburban life with nanny in-between and one would ride along on a kind of normalized pattern. One didn't live in fear, but there were many times when one was aware of others living in fear and of the humiliation of blacks. I remember the awkwardness of being put ahead of queues if you were white.

RG: Given your mother and father's positions as attorneys working against apartheid—defending such clients as Nelson Mandela and the family of Steve Biko—surely your phone would have been tapped, your home probably under constant police surveillance, your family's movements noted. What was your direct experience of this situation?

WK: No sense of being watched or under threat. As a child I always had the sense of the omnipotence of my father and not being under threat—which perhaps was a false sense of security.

RG: As a child, I was forever changed by the Sharpeville massacre of 1960. You graduated from the University of Witwatersrand in 1976, the same year of the Soweto uprising—when students in that township burned down their schools and refused to study in the language of the oppressors, Afrikaans. These actions marked the beginning of an entirely new level of anti-apartheid action. Students, many of them mere children, telling their parents enough is enough—that they would no longer stand the government's cruel educational system, designed to teach black students just enough for them to be literate laborers, but not enough to join the work force beyond that. (Advanced math for example was not taught in schools, precisely for this reason.) And that they would now take the struggle in their own hands. This sparked ferocious responses by the government and the secret police and started a bloody battle that would last for almost sixteen

ROSELEE GOLDBERG, a graduate of the Courtauld Institute of Art, pioneered the study of performance art with her seminal work, *Performance Art from Futurism to the Present* (1979/2001). Author of *Performance: Live Art since 1960* (1998) and *Laurie Anderson* (2000), and a frequent contributor to *Artforum* and other magazines, she teaches at New York University.

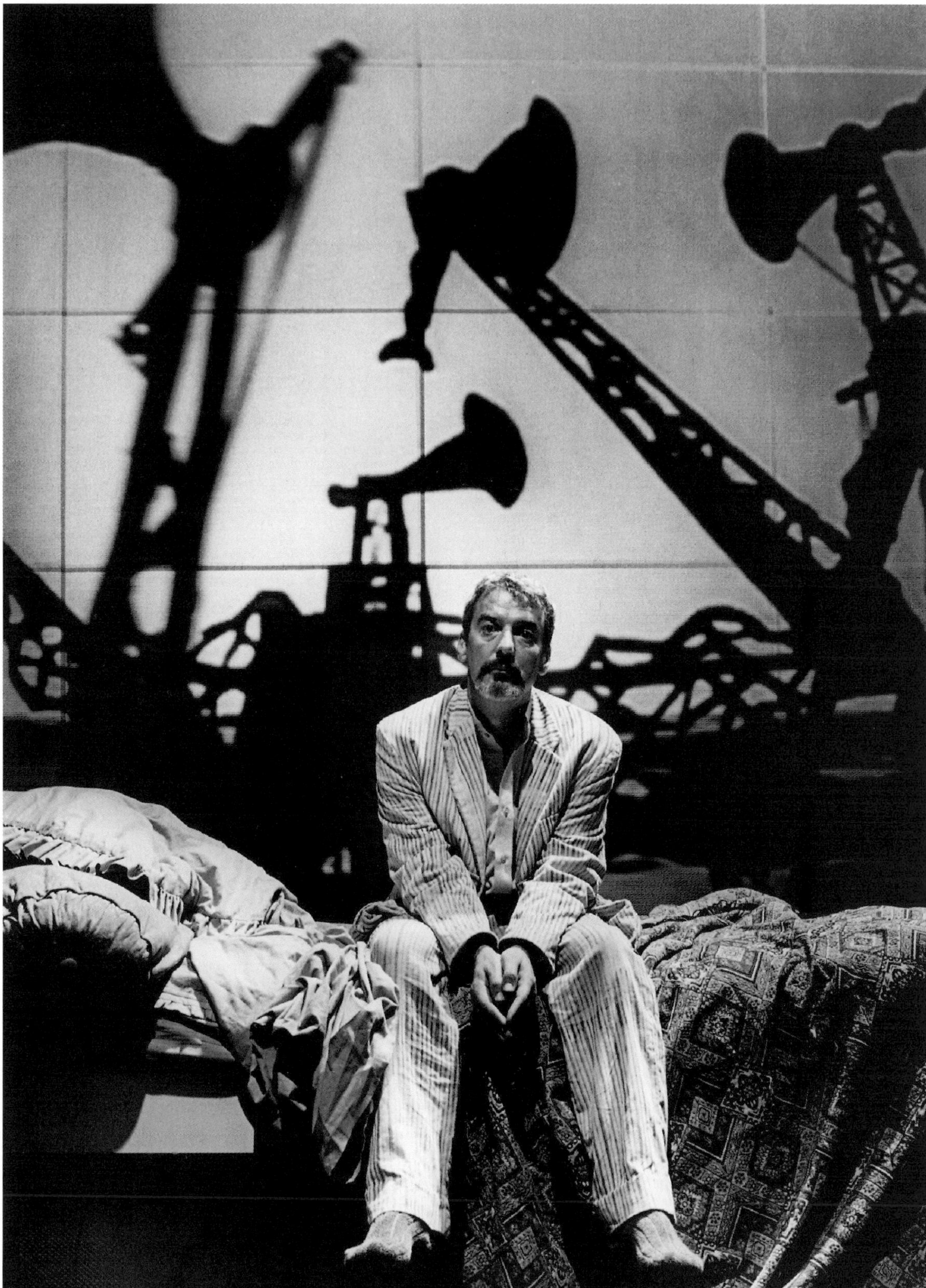

WILLIAM KENTRIDGE, ZENO AT 4 A.M., 2001, *David Minnaar as Zeno* /
ZENO UM 4 UHR FRÜH, *David Minnaar als Zeno.* (PHOTO: RUPHIN COUDYZER)

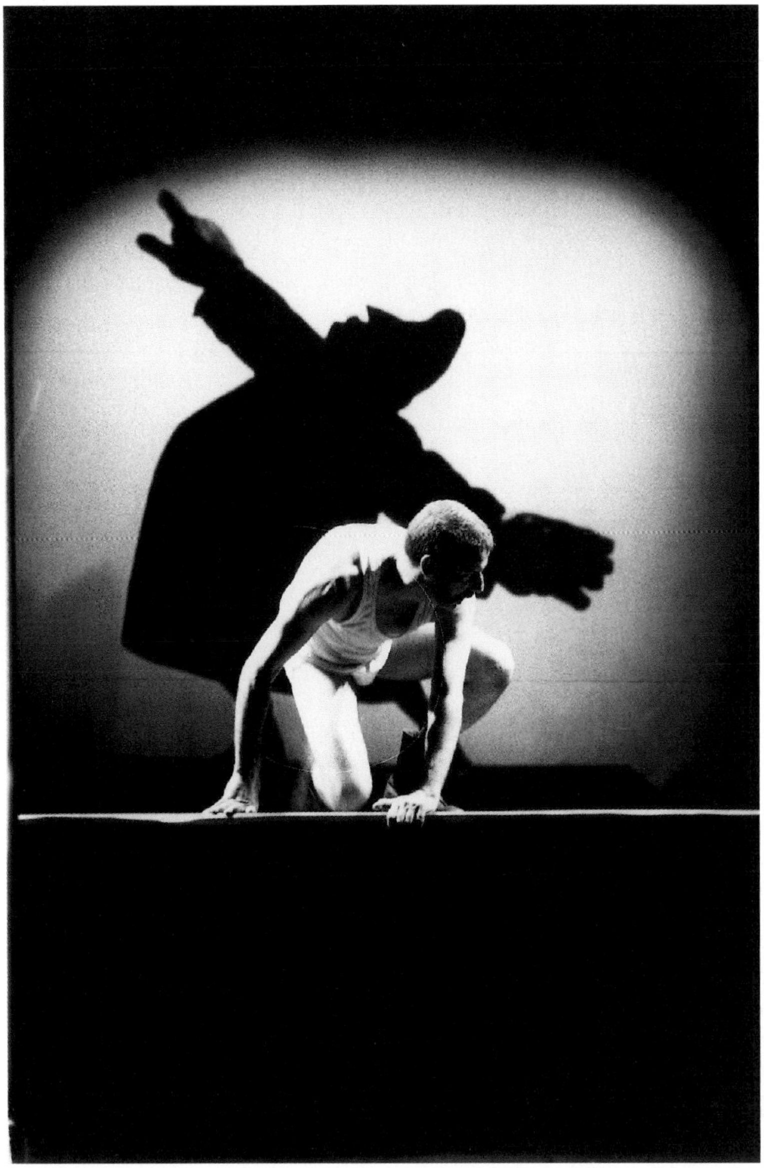

WILLIAM KENTRIDGE, UBU & THE TRUTH COMMISSION, 1997, David Minnaar as Pa Ubu / UBU & DIE WAHRHEITSKOMMISSION, David Minnaar als Père Ubu.

years. How did you feel to be graduating at the very moment when the revolution exploded?

WK: One didn't have a sense that it was the start of the revolution. One understood that it was an extraordinary eruption—but one was very much at the edge rather than at the center. The same kind of heady excitement ensued, which I am sure occurs whenever there is a major upheaval, with all the rumor, gossip, news, elements of the violence from Soweto erupting into the center of the city. There were no white students that went and stood at the barricades with black students in Soweto. There were protests by whites at the universities. There was a strange double sense of being connected to it, close to it, but not in it... which is the position of whites in South Africa.

From 1973 onwards, when trade unions started reestablishing themselves, mainly in Durban, a lot of white student activism was in support of black trade unions, which was vital to building the labor movement in South Africa and which became the basis of the civic movement in the eighties. Practices of organization, the emergence of leadership, all came through the trade union movement, and led to the civic organization. At that point I was doing posters for some trade unions and this went on right into the early eighties. I was working at offices in Junction Avenue in Parktown. There was a poster-printing place next door that we used, and which was raided and burnt down. But I never had a sense of myself being under scrutiny or under threat. I had friends who ended up in jail for many years for being part of the ANC underground. There were lots of friends who were banned or who were under house arrest or who fled the country. But even my memory of Bram Fischer (a prominent anti-apartheid lawyer, who was sent to prison for life) was of picnics in his lush garden in Houghton. What was harder to grasp was the idea of him on the run from the police and in disguise—that he was part of an underground organization. I suppose it was that sense of a double life that South Africa consisted of. Whether it's someone like Bram Fischer—this avuncular suburban man, but also this underground activist—or whether it is the image of one's powerful, warm nanny being chased by police; those kind of double understandings—the world being so shattered—was for me what growing up in South Africa was very much about.

RG: Could you describe for the non-South African what it was like to be an artist in South Africa? Not to deal with politics under these circumstances would have been unimaginable.

WK: There were a lot of artists who managed not to deal with politics—but for me it was unimaginable. For a while there were two different practices—there was the trade union work and the posters for them and there were the theater performances. Then there were other drawings that I was doing for myself that were more elliptical, less direct. The styles weren't that different but there were different impulses behind them.

RG: What was behind your decision in 1981, to go to Paris to study mime at Ecole Jacques Lecoq?

WK: I understood that a lot of my work had to do with improvisation, and the school in Paris used a lot of improvisation in its work. It was also a school open to students from different parts of the world, which made it possible for me to get in. So that's how I ended up at Lecoq. I discovered very quickly that I should not be an actor—in three weeks I would say. But I learned huge amounts of what it is to be an artist from the theater school.

RG: Can you explain what you mean...

WK: The school very much had to do with the energy of a performance, how you modulate that, how the energy of one moment—no more, no less—has to be sufficient to give the spark for the next moment. And the great thing about a theater school was that the exercises they gave to the students were not theoretical tasks, they were always physical tasks. So you have a simple exercise, starting off crouched on the ground, and in one movement, standing up and swinging your arms above your head. And the task was to have the exact amount of energy, so that as you started that gesture, you went up and your hand stopped exactly above your head. It was wrong if you needed an extra movement to get your hand to that point and it was wrong if you had to stop your hands from going beyond the vertical position. That was a practical, physical exercise but what it was teaching you was that the root of the final image—hands straight above the head—actually started elsewhere. Understanding that the first five millimeters and the last five millimeters of the gesture are the really vital ones and that the form or neatness or agility of the middle section is not the point... that tells you everything about the performance. So it's a physical exercise, it feels like gym but it has a huge amount to do with what it is to be making objects or performance or drawings. And there were maybe twenty or thirty other exercises which were used as metaphors for performance or acting, but which were equally appropriate for drawing.

To give you another example: instead of starting with a psychological approach to character, one would start with, say, the materials. Let's do this performance as if this character were made of honey. Because that's such a specific material, one could imagine a breathing that would go with that, a voice, a movement, and it informs the performance and in the end it makes a character make sense. You can use the same thing with drawing. If I teach drawing, I usually use these same kinds of exercises. Instead of saying to students, "Always make the same kind of mark when you're drawing," you give a metaphor like that, which will immediately change and inform the way a mark is being made. I use these exercises as a way of throwing open a different set of metaphorical vocabularies for thinking about art making. For that reason, it was for me a fantastic school.

RG: Your films take me on an extraordinary journey back to South Africa. I see buildings I knew on Rissik Street, on Jeppe Street, the Police Building, the scale of some of those thirties and forties buildings with their rounded profiles. I'm always stunned by how much I recognize of Johannesburg in your fast-paced drawings. How would you describe your sense of the city and its surroundings and your portraiture of it?

WK: I love going through the center of town—there's a kind of generic Johannesburg architectural style, which for me has to do with the corner curved balconies of flats – the concrete shadings over pavements. I suppose it has to do with the very clear light of the harsh summer sun that makes razor sharp shadows... I do feel there's nothing like drawing a place to make one feel close to it or having affection for it.

William Kentridge

LIVE-KINO & LEBEN IN SÜDAFRIKA

Telefongespräch vom 21. Oktober 2001 in Chicago

ROSELEE GOLDBERG & WILLIAM KENTRIDGE

RoseLee Goldberg: Ich glaube, für Nichtsüdafrikaner ist es fast unmöglich, sich die fortwährende politische Unterdrückung, die Bedrohung durch Polizeigewalt und die unentwegten Demütigungen vorzustellen, denen schwarze Südafrikaner Tag für Tag ausgesetzt waren, und die wir miterlebt haben, da wir in Südafrika aufgewachsen sind.

Sie wurden 1955 in Johannesburg geboren; wann haben Sie die politischen Verhältnisse zum ersten Mal bewusst wahrgenommen?

William Kentridge: Es waren mehrere schockartige Erlebnisse, die mir die Augen öffneten. Eines davon war, als ich vier oder fünf Jahre alt war und wir die von der Jan Smuts Avenue abzweigende Valley Road entlangfuhren; ich schaute aus dem Autofenster und sah einen Mann im Strassengraben liegen und vier oder fünf Leute, die ihm Tritte versetzten. Ich hatte noch nie zuvor gewalttätige Erwachsene gesehen. Eigentlich war Gewalt bis zu diesem Zeitpunkt etwas gewesen, was nur in Geschichten vorkam. Es war ein zutiefst schockierendes Erlebnis. Dann sind da noch Kindheitserinnerungen an Menschen, die ihre Pässe vorweisen müssen; wenn ich mir die durch den Kopf gehen lasse, weiss ich nie, ob es sich um einen alten Dokumentarfilm oder um wirkliche Ereignisse handelt. Ich habe die Gewalt nicht als etwas ständig Präsentes erlebt – es waren Momente. Dazwischen gab es den normalen Vorstadtalltag mit Kindermädchen, wir lebten mehr oder weniger normal und hatten keine Angst; wir wussten aber, dass andere in Angst lebten und dass die Schwarzen gedemütigt wurden. Ich erinnere mich an das ungute Gefühl, wenn man in irgend einer Warteschlange bevorzugt behandelt wurde und zuerst drankam, nur weil man weiss war.

RG: Da Ihre Eltern beide als Anwälte gegen die Apartheid kämpften und Klienten wie Nelson Mandela oder die Familie von Steve Biko verteidigten, wurde euer Telefon sicher abgehört, das Haus vermutlich ständig von der Polizei überwacht und man beobachtete, was die einzelnen Familienmitglieder unternahmen. Wie haben Sie diese Situation erlebt?

WK: Ich hatte kein Gefühl des Überwacht- oder Bedrohtseins. Als Kind hielt ich meinen Vater für allmächtig und fühlte mich nie bedroht – vielleicht wiegte ich mich in falscher Sicherheit.

RG: Für mich war als Kind das Sharpeville-Massaker von 1960 der entscheidende Einschnitt. Sie schlossen Ihr Studium 1976 an der Witwatersrand University ab, im selben Jahr wie der Aufstand in Soweto, als die Schüler dieser Township die Schulen niederbrannten und nicht länger in Afrikaans, der Sprache der Unterdrücker,

---

ROSELEE GOLDBERG, Absolventin des Courtauld Institute of Art, ist Autorin der bahnbrechenden Studie zur Performancekunst, *Performance Art from Futurism to the Present* (1979/2001). Weitere Publikationen sind *Performance: Live Art since 1960* (1998) und *Laurie Anderson* (2000). Sie schreibt regelmässig für *Artforum* und andere Zeitschriften und unterrichtet an der New York University.

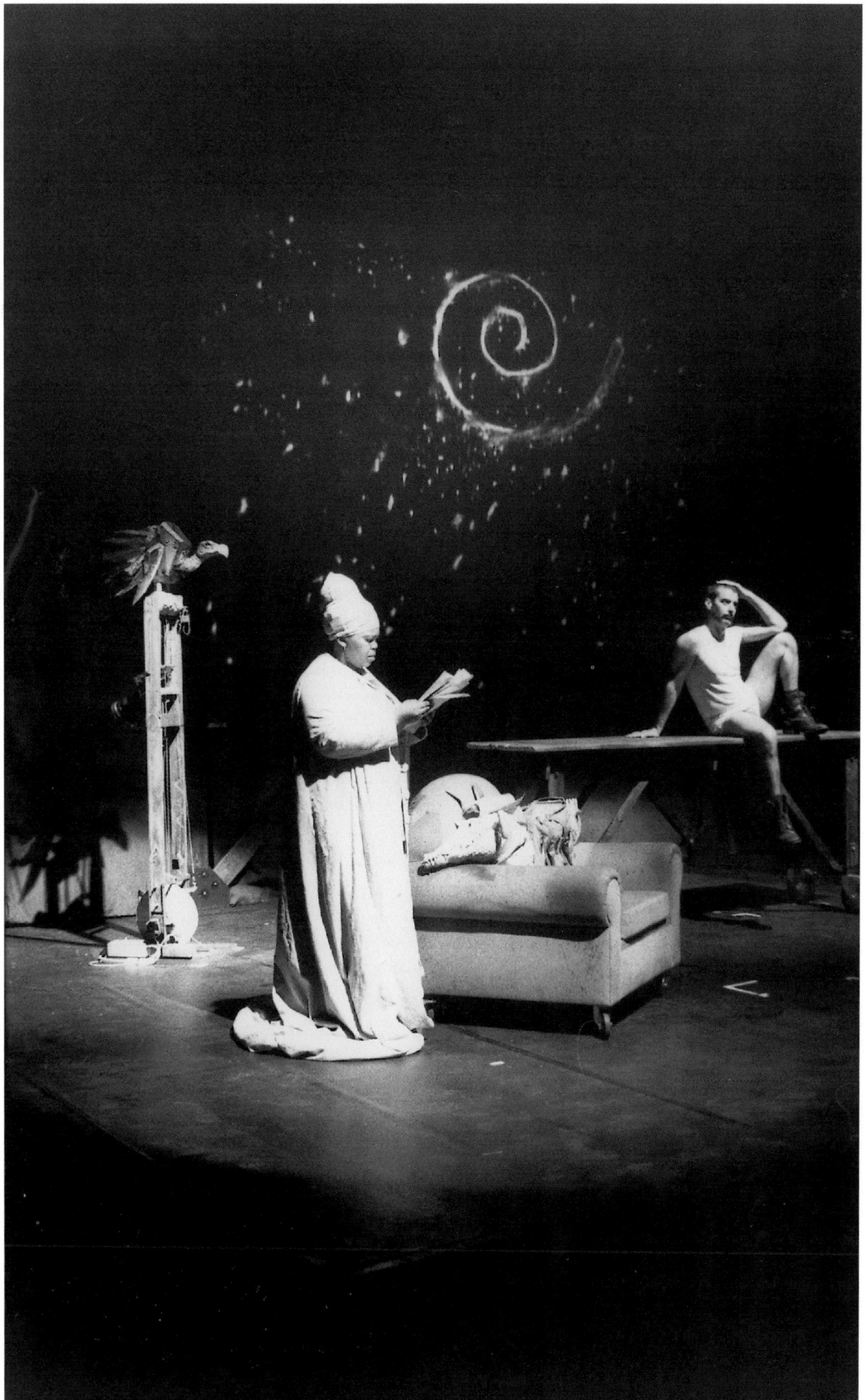

WILLIAM KENTRIDGE, UBU & THE TRUTH COMMISSION, 1997, *Busi Zokufa as Ma Ubu, David Minnaar as Pa Ubu /*
UBU & DIE WAHRHEITSKOMMISSION, *Busi Zokufa als Mère Ubu, David Minnaar als Père Ubu.*

unterrichtet werden wollten. Diese Ereignisse stehen für den Beginn einer ganz neuen Anti-Apartheid-Bewegung: Schüler und Studenten, viele davon noch Kinder, die zu ihren Eltern sagen, «Uns reichts!», und ein Schulsystem nicht länger ertragen wollen, das den Schwarzen gerade so viel beibringt, dass sie lesen, schreiben und arbeiten können, aber nicht genug, um auch anspruchsvollere Aufgaben zu übernehmen. (Höhere Mathematik beispielsweise wurde aus diesem Grund bewusst nicht gelehrt.) Junge Menschen, die ihre Sache selbst in die Hand nehmen wollten: Das rief heftigste Reaktionen von Seiten der Regierung und Geheimpolizei hervor und war der Beginn einer blutigen Auseinandersetzung, die fast sechzehn Jahre dauern sollte. Wie war das, sein Studium genau in dem Moment abzuschliessen, als die Revolution ausbrach?

WK: Man hatte damals nicht das Gefühl, es sei der Ausbruch einer Revolution. Man betrachtete es als aussergewöhnliche Eruption – aber wir befanden uns doch sehr am Rande und keineswegs in ihrem Zentrum. Es entstand diese Art hektischer Aufregung, die bei einem grösseren Aufruhr immer entsteht: wild kursierende Gerüchte, Klatsch, Neuigkeiten, und Ausläufer der Gewaltausbrüche von Soweto erreichten auch das Stadtzentrum. Es gab aber keine weissen Studenten, die mit den schwarzen Schülern und Studenten in Soweto auf die Barrikaden gegangen wären. Es gab Proteste von Weissen an den Universitäten. Es war ein merkwürdig zwiespältiges Gefühl, zwar etwas damit zu tun zu haben, nahe dran zu sein, aber nicht wirklich mittendrin... Das ist auch sonst typisch für die Situation der Weissen in Südafrika. Von 1973 an, als die Gewerkschaften sich – vor allem in Durban – neu zu organisieren begannen, galt ein Grossteil der studentischen Aktivitäten der Unterstützung der schwarzen Gewerkschaften, was für den Aufbau der schwarzen Arbeiterbewegung in Südafrika zentral war und schliesslich in die Bürgerrechtsbewegung der 80er Jahre mündete. Die Fähigkeit zur Organisation, die Entstehung charismatischer Leitfiguren, all das kam aus der Gewerkschaftsbewegung und führte zur Bürgerrechtsbewegung.

Damals machte ich Plakate für die Gewerkschaften und das ging so weiter bis in die frühen 80er Jahre. Ich arbeitete in Büros an der Junction Avenue in Parktown. Nebenan war eine von uns benützte Plakatdruckerei, die eines Tages durchsucht und niedergebrannt wurde. Dennoch hatte ich selbst nie das Gefühl beschattet oder bedroht zu werden. Ich hatte Freunde, die für viele Jahre ins Gefängnis wanderten, weil sie der ANC-Untergrundbewegung angehörten. Andere wurden verurteilt, standen unter Hausarrest oder verliessen das Land. Aber selbst meine Erinnerung an Bram Fischer (ein prominenter Anti-Apartheid-Anwalt, der zu lebenslänglicher Haft verurteilt wurde) war zunächst die an Picknicks in seinem üppigen Garten in Houghton. Die Vorstellung, dass er vor der Polizei auf der Flucht war und einer Untergrundorganisation angehörte, fiel mir wesentlich schwerer. Das Leben in Südafrika war immer von diesem Gefühl geprägt, ein Doppelleben zu führen. Egal ob es sich um jemanden wie Bram Fischer – der für mich eine Art Onkel aus der Vorstadt, aber eben auch ein Untergrundaktivist war – oder das Bild meines mächtigen, warmherzigen Kindermädchens handelt, das von der Polizei gejagt wird: Dieses Zwiespältige einer zerrissenen Welt ist für meine Jugend in Südafrika charakteristisch.

RG: Können Sie für jene, die Südafrika nicht aus eigener Erfahrung kennen, beschreiben, was es hiess, in Südafrika Künstler zu sein? Sich unter diesen Umständen n i c h t mit Politik zu beschäftigen, wäre wohl unvorstellbar gewesen.

WK: Es gab viele Künstler, die es schafften, sich nicht mit Politik auseinander zu setzen. Für mich war es unvorstellbar. Eine Zeit lang gab es zwei verschiedene Tätigkeitsfelder; da waren einerseits die Gewerkschaftsarbeit und die Plakate und andererseits die Theateraufführungen. Daneben machte ich auch noch Zeichnungen für mich selbst, die etwas verschlüsselter waren. Sie unterschieden sich weniger im Stil als durch den Impuls dahinter.

RG: Was brachte Sie dazu, 1981 nach Paris zu gehen und an Jacques Lecoqs Schule Pantomime zu studieren?

WK: Mir wurde klar, dass meine Arbeit viel mit Improvisation zu tun hatte, und die Schule in Paris setzte vorwiegend auf Improvisation. Es war auch eine Schule, die Studenten aus allen Erdteilen offen stand, was meine Aufnahme überhaupt erst ermöglichte. Deshalb landete ich bei Lecoq. Ich merkte aber schnell, dass ich nicht zum Schauspieler bestimmt war – innert drei Wochen, würde ich sagen. Aber ich lernte durch die Theaterausbildung eine Menge darüber, was es heisst, Künstler zu sein.

RG: Können Sie das etwas genauer erklären?

WK: In der Ausbildung ging es um die Kraft des Auftretens, darum, wie man sie dosiert, damit die Energie eines Momentes – nicht mehr und nicht weniger – auch den Funken für den folgenden abgibt. Und das Grossartige an der Theaterausbildung war, dass die Übungsaufgaben nie theoretisch waren, sondern immer eine physische Angelegenheit. Man hat also eine einfache Übung, bei der man am Boden kauernd beginnt und dann mit einer einzigen Bewegung aufstehen und die Arme über dem Kopf strecken muss. Und dabei ging es darum, genau mit dem richtigen Energieeinsatz zu arbeiten, so dass die Bewegung von Anfang an so war, dass die Hand genau über dem Kopf sein würde. Es war falsch, wenn es noch eine extra Bewegung brauchte, um die Hand in Position zu bringen, oder wenn man die Hände bremsen musste, damit sie nicht über die vertikale Position hinaus schwangen. Es war nur eine praktische Körperübung, aber was man dabei lernte, war eigentlich, dass das Schlussbild – die Hände direkt über dem Kopf – seinen Ursprung ganz woanders hatte. Hat man einmal verstanden, dass die ersten und die letzten fünf Millimeter der Bewegung die wirklich entscheidenden sind und dass es nicht um die Form, Flüssigkeit oder Eleganz des mittleren Teils geht…, so weiss man alles über Pantomime und Bewegung auf der Bühne. Es ist ein körperliches Training, eine Art Turnen, aber es hat eine Menge damit zu tun, was es heisst, ein Objekt, eine Performance oder Zeichnungen zu machen. Und so gab es vielleicht zwanzig oder dreissig weitere Übungen, die als Metaphern für Performance und Schauspielkunst dienten, sich aber genauso aufs Zeichnen anwenden liessen. Noch ein Beispiel: Statt sich einer Figur psychologisch anzunähern, begann man mit verschiedenen Materialien. Man versuchte so zu spielen, als bestünde die Figur aus Honig. Und dieses Material war so speziell, dass man sich vorstellen konnte, welcher Atem dazu passen würde, welche Stimme, welche Bewegung. Das färbte das ganze Spiel und liess die Figur schliesslich sinnvoll erscheinen. Dasselbe kann man beim Zeichnen tun. Im Zeichenunterricht benütze ich meist dieselben Übungen. Statt den Schülern zu sagen, sie sollen beim Zeichnen immer denselben Strich verwenden, gebe ich ihnen irgendeine Metapher, die sofort die Art und Weise ihres Strichs verändern wird. Diese Übungen erschliessen ein neues metaphorisches Vokabular für das Nachdenken über Kunst und künstlerische Tätigkeit. So betrachtet war das für mich eine wunderbare Schule.

RG: Ihre Filme entführen mich auf eine aussergewöhnliche Reise zurück nach Südafrika. Ich sehe Häuser, die ich kenne, an der Rissik Street, an der Jeppe Street, das Polizeigebäude, die Grösse einiger dieser Gebäude aus den 30er und 40er Jahren mit ihren abgerundeten Kanten. Ich bin immer wieder erstaunt, wie viel von Johannesburg ich in Ihren temporeichen Zeichnungen wieder erkenne. Wie würden Sie Ihr Gefühl gegenüber der Stadt und ihrer Umgebung und Ihr Porträt davon charakterisieren?

WK: Ich spaziere gern durch das Stadtzentrum – es gibt da diese spezifische Johannesburger Architektur, die für mich mit den abgerundeten Eckbalkonen zusammenhängt – ganz bestimmte Schattenrisse auf den Gehsteigen. Ich denke, das hat etwas mit dem klaren Licht der heftigen Sommersonne zu tun… Ich glaube, nichts bringt einem einen Ort näher oder lässt ihn uns lieber gewinnen, als wenn man ihn zeichnet.

RG: Wie kamen Sie dazu, mit der Handspring Puppet Company (Adrian Kohler, Basil Jones, Busi Zokufa, Tau Quelane, Louis Seboko) und ihren Dreiviertel-Marionetten zusammenzuarbeiten?

WK: Die Handspring Puppets kamen Ende der 80er oder Anfang der 90er Jahre aus Kapstadt nach Johannesburg. Sie hatten bis dahin einige wenige Stücke für Erwachsene, aber hauptsächlich Kinderpuppentheater gemacht. Ein Animationsfilm war für den 35-mm-Film etwa das, was die Marionette für den Schauspieler. Beide arbeiteten mit einer offensichtlich künstlichen Darstellung von Örtlichkeit und Landschaft. Wir verbrachten einen Abend zusammen, Adrian hatte eine Marionette dabei und ich ein Stück Film, und nach zwanzig Sekunden war klar, dass Marionetten und Film gut zusammenpassten. Also beschlossen wir zusammenzuarbeiten. Mich interessierten die Landschaften und Bilder, die ich bereits gemacht hatte, und ich liess Adrian einige Puppen nach Zeichnungen von Leuten in meinen Filmen schnitzen. Der nächste Schritt war die Suche nach einem Stück für sie. Wir hatten die Schauspieler, wir hatten die Besetzung, wir hatten das Bühnenbild, und nun fragten wir uns, was können wir damit spielen? Wir hatten an *Carmen* gedacht, entschieden uns dann aber für *Woyzeck*.

RG: Interessant, dass Sie Büchner, Goethe und Alfred Jarry – also zutiefst existenzialistische oder sogar nihilistische europäische Quellen – für Ihre aufwühlenden Stücke verwendet haben. Können Sie etwas über diesen sehr europäischen, intellektuellen Hintergrund der weissen Erziehung in Südafrika sagen, und wie Sie dazu gekommen sind, diese Stoffe als Rahmen für zutiefst afrikanische Konflikte zu verwenden? Ist das nicht eine Art intellektueller Kolonialismus?

WK: Wir hatten das nicht von Anfang

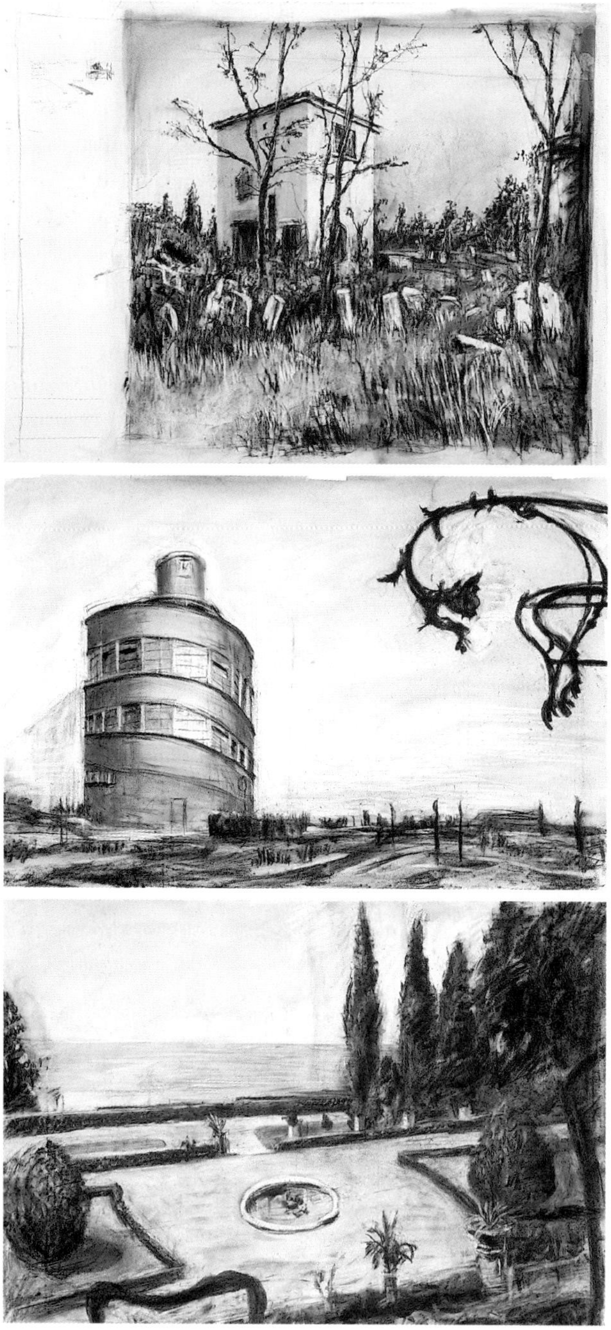

WILLIAM KENTRIDGE, CONFESSIONS, 2001, charcoal and pastel drawings for theater production, from top to bottom: / GESTÄNDNISSE, Kohle- und Pastellzeichnungen für das Theaterstück, von oben nach unten: JEWISH CEMETERY IN TRIESTE / JÜDISCHER FRIEDHOF IN TRIEST. – THE NEW FRESH PRODUCE MARKET, TRIESTE / NEUER FRISCHMARKT, TRIEST. – GARDEN OF THE MIRA MARE, TRIESTE / GARTEN DES MIRA MARE, TRIEST.

an vor. Wir hatten diese Figuren; wir wussten, wir würden ein Stück mit Animation und Marionetten aufführen. Aber wir brauchten etwas Zusätzliches: einen Rahmen, in welchen die bereits vorhandenen Marionetten und Filme passen würden. Deshalb entschieden wir uns für *Woyzeck,* obwohl es etwas ganz anderes werden würde als Büchners Stück. Anfangs hatten wir noch eine ganze Reihe anderer Szenen und Abenteuer, so dass die Figuren zwar von Büchner waren, aber jeweils eine völlig andere Geschichte hatten. Als wir das Stück dann weiterentwickelten, wirkten die zusätzlichen Szenen im Vergleich mit denen von Büchner entsetzlich plump und grell. Und schliesslich gab die Arbeit mit Puppen und Animation, der Grammatik zwischen den beiden, so viel zu tun, dass wir froh waren, einen vorgegebenen Text zu haben. Wir waren auch der Meinung, dass die Leute unsere Arbeit besser verstehen würden, wenn sie sie in Verbindung mit einem vertrauten Stück sähen. Ein Stück wie *Woyzeck* ist einem vertraut; wenn man unsere Produktion sieht, merkt man erst, wie anders sie ist, und nimmt die neuen Elemente bewusst wahr.

RG: Ich versuche immer noch diese starke europäische intellektuelle Tradition der Weissen und die Art, wie Sie diesen Hintergrund mit der Tragödie der afrikanischen Geschichte verquicken, besser zu verstehen.

WK: Ja, wir haben immer versucht, die europäische Tradition sinnvoll einzubringen. Als wir zum Beispiel *Faustus* vorbereiteten, habe ich Dutzende von *Faust*-Versionen gelesen, von Marlow über Goethe bis George Sand. Alle haben einen *Faust* geschrieben. Es gibt auch einige afrikanische *Fausts,* die ich mir angeschaut habe, die aber wenig geeignet waren, weil sie bereits eine Interpretation des Grundstoffes lieferten. Diese Interpretationen waren zudem so spezifisch, dass es keinen Sinn ergeben hätte, eine davon zu nehmen und noch eine weitere darüber zu stülpen. Goethes Version war uns zu abgenutzt und zu vertraut, so dass wir nicht mehr denselben Respekt verspürt hätten wie gegenüber einem neuen Stück.

RG: Was gibt es über den Aspekt der kollektiven Zusammenarbeit mit Handspring zu sagen? Immerhin kommen Sie von Film, Theater und Agitprop her. Sie scheinen von kollektiven Projekten geradezu magisch angezogen zu werden.

WK: Die Tradition des südafrikanischen Theaters der 70er Jahre und die grossartigen Theaterstücke, die damals in Südafrika entstanden, hatten viel mit kollektiver Zusammenarbeit zu tun. Fugards *The Island, Siswe Banzi is Dead, Woza Albert*, die Stücke der Junction Avenue: Das waren alles kollektive Projekte. Zum Teil hing das mit der starken Trennung zwischen Schwarz und Weiss in Südafrika zusammen. Theaterproduktionen waren ein Bereich, in dem die verschiedenen Welten zusammenkommen konnten und dies auch taten. *The Island* wäre undenkbar gewesen ohne die Zusammenarbeit zwischen Athol Fugard, John Kani und Winston Ntshona. Die Form der Zusammenarbeit hatte nichts Gekünsteltes, sie war weder prätentiös noch affektiert. Es war schlicht eine Arbeitsweise, die in den 70er und 80er Jahren sehr viel ermöglicht hatte, und es schien uns nur natürlich, damit fortzufahren. Auch wenn die Arbeiten mit Handspring keine eigentlichen Workshop-Produktionen waren, gab es doch ein echtes Gefühl der Zusammenarbeit, in dem Sinn, dass Anregungen von allen Seiten erwünscht waren und offen aufgenommen und geprüft wurden.

Das gilt auch für unsere jüngste Gemeinschaftsproduktion, ZENO AT 4 A.M. Das Endprodukt unterscheidet sich stark von der Idee, die wir zu Beginn der Proben hatten. Das hängt mit Dingen zusammen, die die Mitspieler einbrachten und die nicht nur Einzelheiten der Aufführung betrafen, sondern über Ton, Stimmen und Bewegungsabläufe den eigentlichen Kern des Stücks veränderten.

RG: Bedeuten Ihre eigenen Animationsfilme für Sie eher ruhige und einsame Momente?

WK: Ja, vor allem das Zeichnen. Zu den Theaterstücken gehören jeweils sechs bis acht Wochen Proben, wenn es gut läuft, und zur Fertigstellung brauchen sie rund fünfzehn Monate. Vier Fünftel der Zeit sitze ich allein im Atelier und zeichne etwas, was schliesslich ein Theaterstück für sechs bis acht Leute wird. Auch an Theaterprojekten arbeite ich oft lange allein. Aber natürlich ist das Zusammenarbeiten in der Gruppe für diese Projekte zentral, weil man die Arbeit zeigen und prüfen und mit Marionetten oder Schauspielern davor anschauen kann. Die Animationsfilme mache ich im Wesentlichen selbst, obwohl auch dort ein Austausch mit den Musikern und vor allem mit der für die Montage verantwortlichen Person stattfindet. Ich gehe nicht hin und stelle meine Filme ganz alleine fertig.

RG: Die Musik spielt in all Ihren Filmen eine zentrale Rolle. Sie kann innert Sekunden von ernst zu übermütig umschlagen. Und sie bringt mich sofort zurück nach Südafrika – Sie fügen irgendwas aus einem Radiosender ein, und ich muss zugleich weinen und lachen, so schön ist es. Wieder ein Zusammenstoss der Welten – man ist in einer weissen Welt, die plötzlich von den Klängen eines afrikanischen Radiosenders aufgebrochen wird. Können Sie etwas darüber sagen, wie Sie Bach und Beethoven, Kwela-Musik und Originalkompositionen zusammenbringen?

WK: Etwa in der Mitte des Animationsprozesses und ziemlich früh bei der Theaterarbeit findet eine Sitzung statt, an der man sich ganz verschiedene Arten von Musik anhört. Oft hatte ich eine bestimmte Musik im Sinn und entdeckte dann etwas ganz anderes, das besser funktionierte. Für SHADOW PROCESSION (Schattenprozession, 1999), zum Beispiel, hatte ich einige Aufnahmen mit Alfred Makgalemele gemacht, einem Strassenmusiker, den ich am Bahnhof von Johannesburg gehört hatte und der auch einen Teil der Musik für *Woyzeck* lieferte. Wir machten also Aufnahmen und ich war absolut sicher, dass ich einen langsamen Trauermarsch für diese Prozession verwenden würde. Aber dann nahmen wir im Studio unter anderem auch Alfreds schnelle und spritzige Version von «What a friend I have in Jesus» auf; und sobald ich Teile der bereits fertigen Animation zusammen mit dieser Musik anschaute, wirkte das Ganze völlig anders. Das Tempo der Musik liess den Film viel besser aussehen, irgendwie glatter, und die Kluft zwischen der scheinbaren Leichtigkeit der Musik und dem Schmerz in der Stimme trat deutlicher hervor. Das war nicht vorhersehbar. Hätte man mich gefragt, welche Musik zu diesem Film passt, hätte ich gesagt «Track Sieben geht nicht». Aber die Frau am Montagepult sagte: «Hören wir uns das nochmals an, ich glaube nämlich nicht, dass

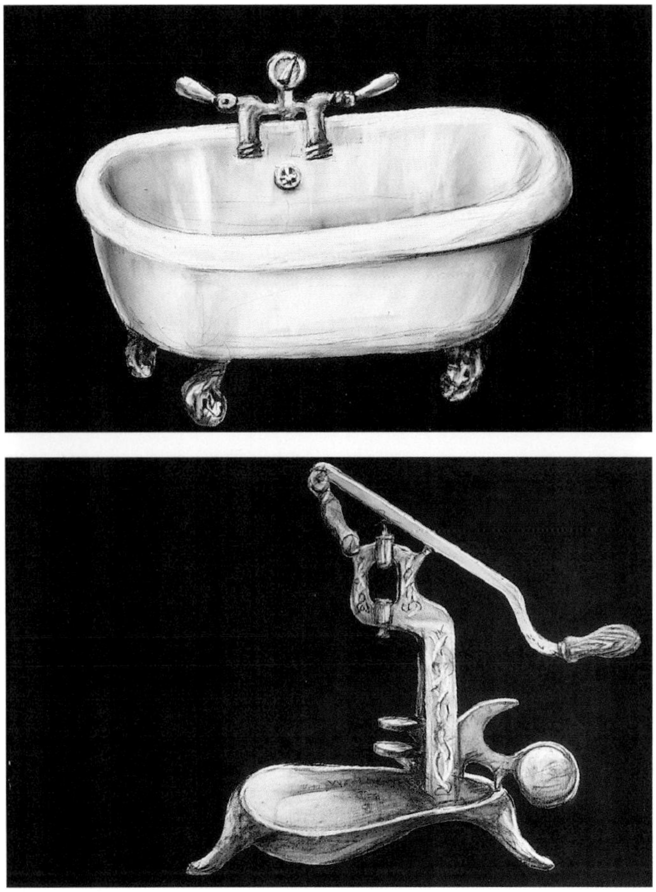

WILLIAM KENTRIDGE, ZENO AT 4 A.M., *charcoal and gouache on paper, drawings for theater production,* 31½ x 47¼" / ZENO UM 4 UHR FRÜH, *Kohle und Gouache auf Papier, Zeichnungen für das Theaterstück,* 80 x 120 cm.

diese langsame Musik zu der Prozession passt.» Und sie hatte vollkommen Recht.

In ZENO gibt es Musikpassagen, an denen Kevin Volans gerade arbeitet, die aus sich endlos wiederholenden Motiven bestehen. Für ihn gleicht das der Indigofärbung von Stoffen, bei der man den Stoff immer wieder eintaucht, also immer denselben Prozess wiederholt, wobei die Farbe immer satter wird. Da gibt es einen Satz, der wird, glaube ich, sechzehn Mal nacheinander wiederholt, was mir beim ersten Hören einen Schreck einjagte. Ich dachte: «Spätestens nach der vierten Wiederholung werden die Leute aufstehen und gehen, und wir werden mit diesen Marionetten dumm dastehen.» Aber, als wir damit zu arbeiten begannen, merkten wir, dass die damit verbundene Freiheit uns mehr Zeit gab und uns erlaubte, die langsamen Bewegungen der Figuren voll zum Zug kommen zu lassen, womit ein völlig neues Element dazukam. Das begriff ich erst, als ich die Musik hörte. Es funktioniert also in beiden Richtungen: Man sucht eine Musik, die eine neue Sicht auf das, was zu sehen ist, erlaubt, und man achtet auf die Möglichkeiten, die die Musik bietet, um in dem Raum, den sie erschliesst, etwas Neues einzubringen. Bei der sechzehn Mal wiederholten Taktfolge ist nicht zu erwarten, dass in jedem Takt etwas Neues passiert. Aber Raum und Zeit werden dabei so gedehnt, dass etwas, was normalerweise nur ein flüchtiger Gedanke wäre, Zeit hat sich zu entwickeln.

RG: ZENO AT 4 A. M. ist Ihre jüngste Zusammenarbeit mit Handspring Puppets. Es ist ein Oratorium mit Originalmusik für ein Streichquartett und Chor von Volans und einem Libretto von Jane Taylor. Die Geschichte handelt von einem Mann auf dem Sterbebett, der mit den Dämonen seiner Vergangenheit konfrontiert wird: mit Ehebruch, Nikotinsucht und dem Tod seines Vaters. Sie basiert auf Italo Svevos Kultroman *Zeno Cosini* aus dem Jahr 1923.

WK: Ja, ein italienischer Autor, der in Triest schrieb, also an der Peripherie der österreichisch-ungarischen Monarchie. Es ist ein Buch über das Leben in einer Stadt, die nicht im Zentrum der

Ereignisse liegt…, wie Johannesburg.

RG: Wie kamen Sie auf diesen Text und was ist die Verbindung zu Südafrika?

WK: Das Buch war im Haus, ich las es mit achtzehn oder neunzehn Jahren und dachte: «Wie konnte dieser Mensch um 1920 in Triest wissen, wie es ist, in Johannesburg zu leben?» Eigentlich geht es um das absolute Fehlen jeglicher Selbstsicherheit. Oder um ein fehlgeleitetes Selbstverständnis. Er versteht, was er tut und was er tun muss, aber er ist unfähig sein Leben wirklich in die Hand zu nehmen.

Das Stück, das wir in New York aufführen, ist der erste Teil, der auf dem Kapitel «Der Tod meines Vaters» basiert. Nun arbeiten wir am zweiten Teil, der nächstes Jahr fertig sein wird. Darin geht es um Veränderungen im häuslichen Bereich durch den Ausbruch des Ersten Weltkrieges. Das ganze Buch handelt vom plötzlichen Gewahrwerden und der Verletzlichkeit privater Annehmlichkeiten.

RG: Sie reden von der «Form» Ihrer Produktionen – können Sie das direkt auf den Punkt bringen und sagen, was neu ist an der Form dieses Stücks?

WK: In früheren Stücken hatten wir Holzpuppen, die von sichtbaren Puppenspielern geführt wurden, meist vor einer Leinwand, auf die animierte Bilder projiziert wurden. In ZENO gibt es ebenfalls eine Leinwand, auf die Bilder projiziert werden, aber diese Bilder sind Schattenbilder, die von den Puppenspielern neben der Leinwand herrühren: Man sieht also gleichzeitig das Spiel der Schattenpuppen – wie ein Film auf der Leinwand – und die Live-Erzeugung dieser Bilder durch die Bewegung der Puppenspieler.

Zuerst hatte ich daran gedacht, einen Teil des Schattenspiels zu filmen und dann zu projizieren, aber während der Arbeit passierte es, dass die Schatten der Puppenspieler ebenfalls auf die Leinwand projiziert wurden. Man sieht also diese riesigen Schatten auf der Leinwand, die ziemlich imposant wirken, und zugleich im rechten Winkel dazu die verletzlichen Scherenschnittfiguren, die von den Puppenspielern bewegt werden. Das ergibt ein merkwürdiges Ballett der Puppenspieler, die den winzigen Figuren über ihren Köpfen dabei behilflich sind, sich durch die Welt zu bewegen.

Was mich momentan sehr interessiert ist eine Art Live-Kino; das Arbeiten mit den Konventionen, wie man Dinge auf einer Leinwand betrachtet. Zugleich sieht man, wie das Ganze gemacht ist. Und auch der Chor, die Schauspieler und das Streichquartett sind sichtbar vor der Leinwand platziert. All das stand zu Beginn der Arbeit noch nicht fest. Ich dachte ursprünglich an eine Fortsetzung der Schattenspiele, aber während der Proben hat sich so viel Neues entwickelt, dass etwas ganz anderes daraus geworden ist.

RG: Unterscheidet sich der Film in ZENO AT 4 A. M. denn stark von früheren Animationsfilmen mit Marionetten?

WK: Er ist ganz anders. Die Animation mit Kohlezeichnungen, die in anderen Arbeiten vorkam, gibt es hier nicht. Es sind nur lebendige Schatten, die von Leuten bewegt werden, oder eine Art Spielzeugtheater mit mehrschichtigen Papierkulissen, die vor der Kamera bewegt wurden, sowie Zeichnungen auf transparenten Folien.

RG: Nochmals zurück ins Jahr 1981 und zur Bedeutung, welche die Pantomime damals für Sie hatte: Mir scheint, dass die Schattenprozessionen, die Scherenschnittfiguren, etwa jene, die Sie im Treppenhaus von P. S. 1 installiert haben, von der Pantomime her kommen.

WK: Ja, sie bewegen sich stumm durch den Raum.

RG: Eine stumme Form des Ausdrucks, die ganz Körper und Gebärde ist und nichts weiter.

WK: Ja, und sie baut auf ein Publikum, das Gebärde, Pose oder Objekte besser versteht als Psychologie. Ich habe mir zwar nie überlegt, dass der Scherenschnitt etwas mit Pantomime zu tun haben könnte, aber es stimmt natürlich… Es wäre interessant, Pantomime als Schattenspiel zu sehen.

RG: Genauso, wie Sie früher gesagt haben, dass die Marionette sich zum Schauspiel so verhalte wie die Animation zum Film, sehe ich Pantomime als körperbezogene Variante des Scherenschnitts. Es ist spannend, zu sehen, dass die frühen Elemente aus Ihrer Schauspielausbildung und Ihre Verbindung zur Zeichnung so präsent sind wie eh und je. Jede Ihrer Disziplinen befruchtet die andere und führt in neue formale Richtungen. In ZENO AT 4 A. M. haben Sie Scherenschnitte aus einem früheren Werk verwendet, womit Sie nicht nur die formalen Mittel, sondern die Ästhetik des ganzen Werks bestimmten. Was hat Ihnen diese jüngste Theaterzusammenarbeit in Bezug auf Ihre neusten «Solo»-Arbeiten gebracht?

WK: Ich stecke immer noch mitten im zweiten Teil von ZENO AT 4 A. M., der rechtzeitig zur «Documenta XI» fertig sein muss. Ich zeichne also hauptsächlich Bilder von Triest und Stacheldrahtlandschaften aus dem ersten Weltkrieg.

(Übersetzung: Wilma Parker)

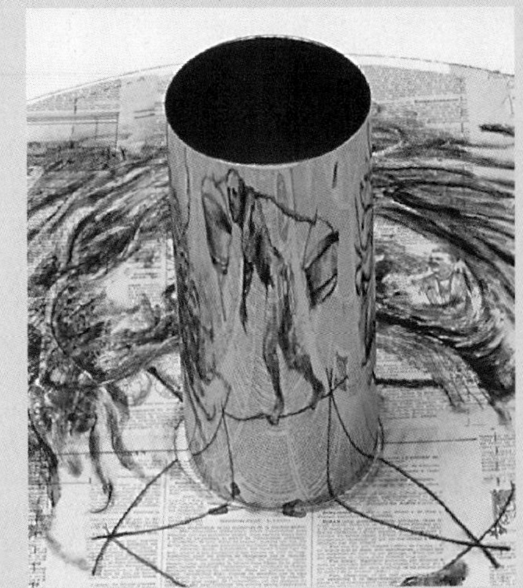

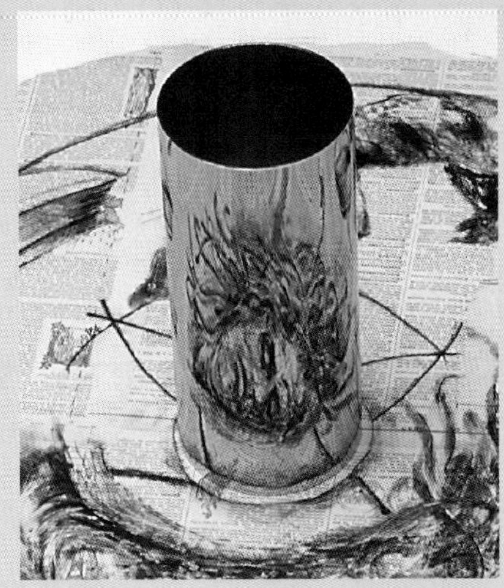

EDITION FOR PARKETT

WILLIAM KENTRIDGE

MEDUSA, 2001

Anamorphic lithograph on chine collé, printed on 6 different pages from the 1906 French Larousse Encyclopedia.
Image diameter $24\frac{4}{5}$", paper size $30\frac{11}{16}$",
printed by The Artists' Press, Johannesburg.
Mirror-finish steel cylinder; diameter $3\frac{1}{2}$", height 5",
weight 2 lbs.
Edition of 60, signed and numbered.

Anamorphotische Lithographie auf Chine collé, auf jeweils 6 verschiedenen Seiten der Larousse-Enzyklopädie aus dem Jahr 1906.
Bilddurchmesser 63 cm, Papierformat 78 x 78 cm,
gedruckt bei The Artists' Press, Johannesburg.
Spiegelglanz-Stahlzylinder; Durchmesser 9 cm,
Höhe 12,7 cm, Gewicht 750 g.
Auflage: 60, signiert und nummeriert.

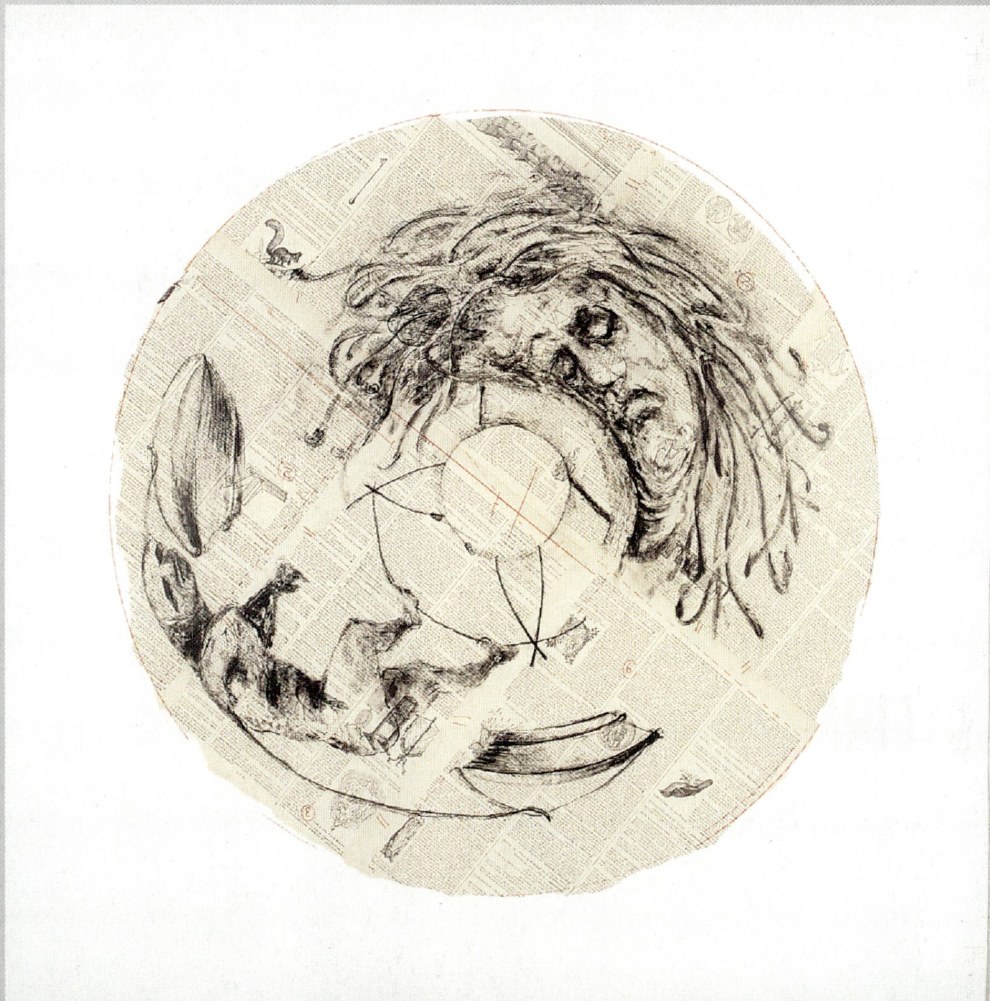

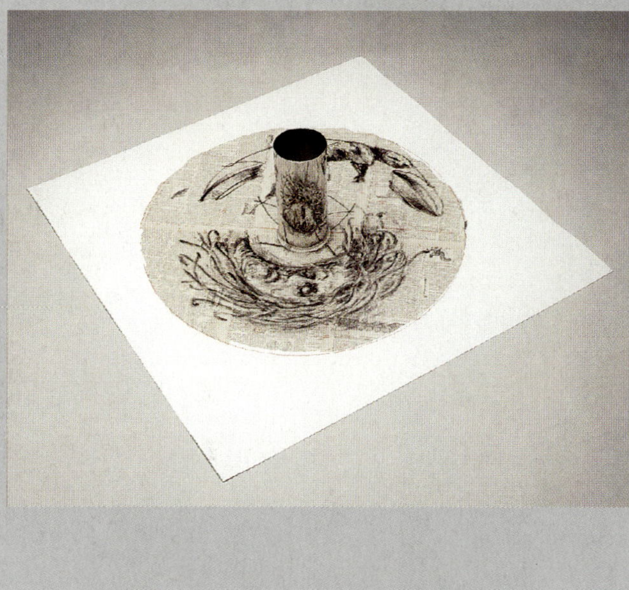

(PHOTO: FBM STUDIO, ZÜRICH)

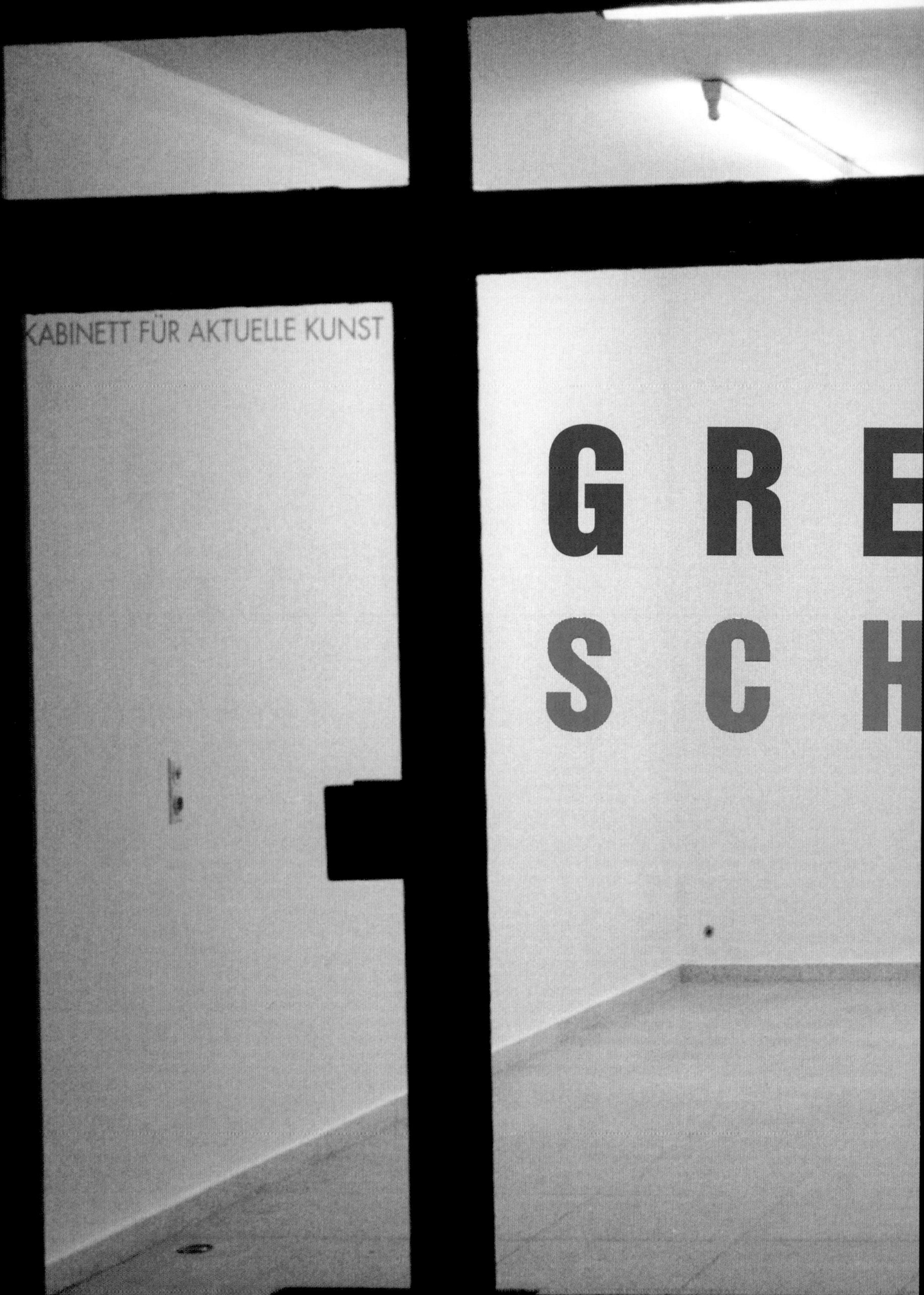
KABINETT FÜR AKTUELLE KUNST
G R E
S C H

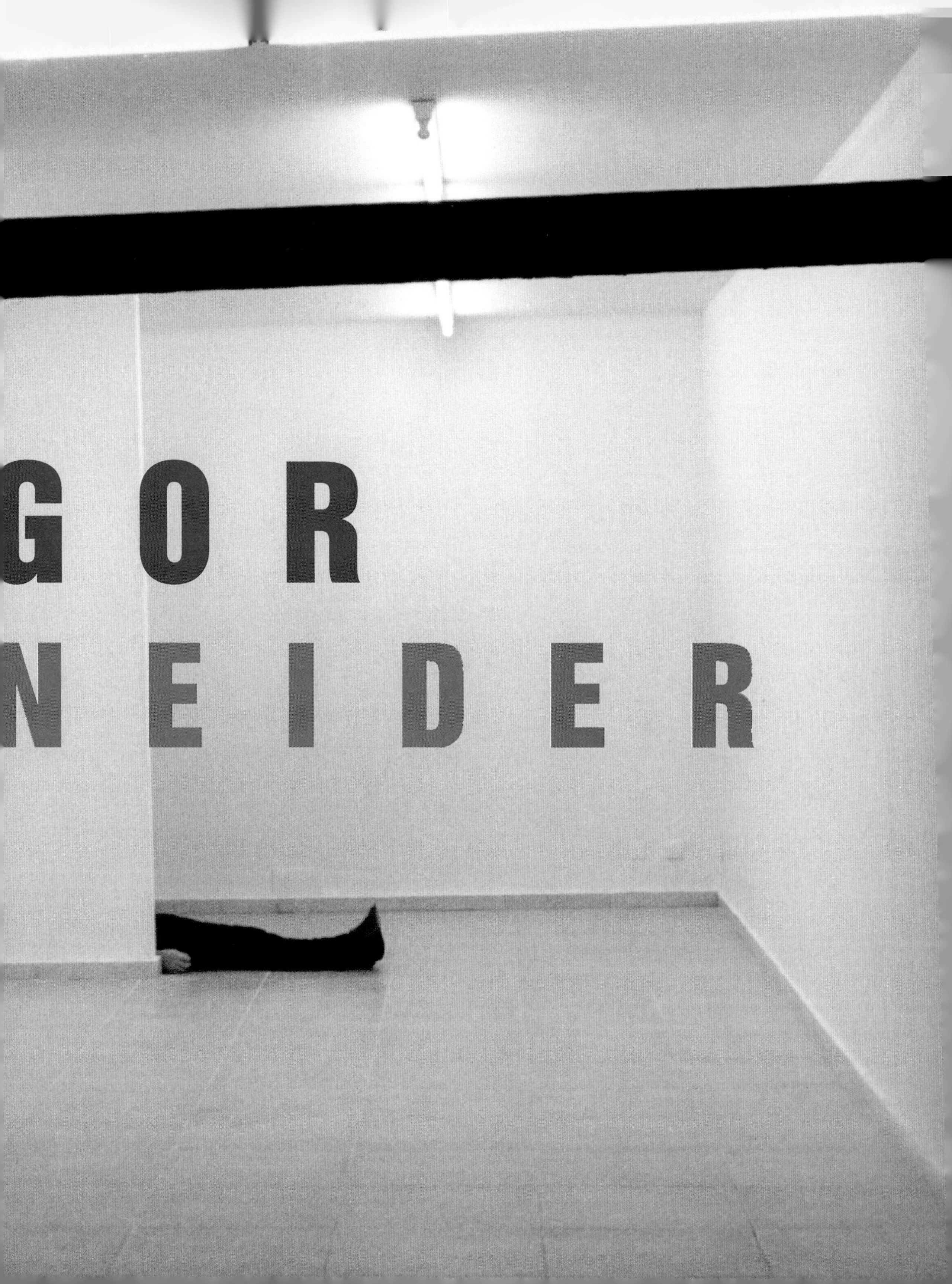

GOR

NEIDER

Gregor Schneider

NEGATIVE RAUMPLASTIK

RENATE PUVOGEL

Die Anfänge von Gregor Schneiders künstlerischer Betätigung reichen in die Jahre seiner Pubertät zurück. Zunächst setzt er seinen Körper aussergewöhnlichen Experimenten aus. Er rasiert sich von Kopf bis Fuss; er tränkt seinen Körper so intensiv mit Farbe, dass seine Familie ihm hernach bei der Reinigung beistehen muss; er taucht sich in eine mit angerührtem Mehl gefüllte Wanne, um schliesslich in der eingetrockneten Kruste wie eine verschüttete Leiche auszuschauen; er formt seine Hand aus Gips nach; er spannt und durchstösst eine Leinwand wie eine Körperhaut; er schwingt sich von Baum zu Baum und vergräbt sich in einem Erdloch. Sichtlich beeindruckt vom Wiener Orgien-Mysterien-Theater und vom amerikanischen «Selbstzerstörer» John Fare, lotet er mit derlei expressiven, performancehaften Versuchen Grenzsituationen aus. Überraschenderweise sammelt er seine existenzbedrohenden Erfahrungen ohne sich zu fragen, ob es sich dabei um künstlerische Erprobungen handeln könnte. Vornehmlich treibt ihn die Suche nach grösstmöglichem Ausdruck, nach Intensivierung des Lebens zur Bestätigung der eigenen Existenz und das Verlangen nach Sicherheit und Geborgenheit, welche ihm bis heute immer wieder zu entgleiten drohen. Als höchste Steigerung überhaupt gilt ihm der menschliche Schrei in seiner Doppelwertigkeit von Angst- und Befreiungsschrei und in so extremen Situationen wie Geburt, Liebe und Tod. Ein Schrei durchdringt Wände in dem Sinne, wie man gegen Mauern rennt.

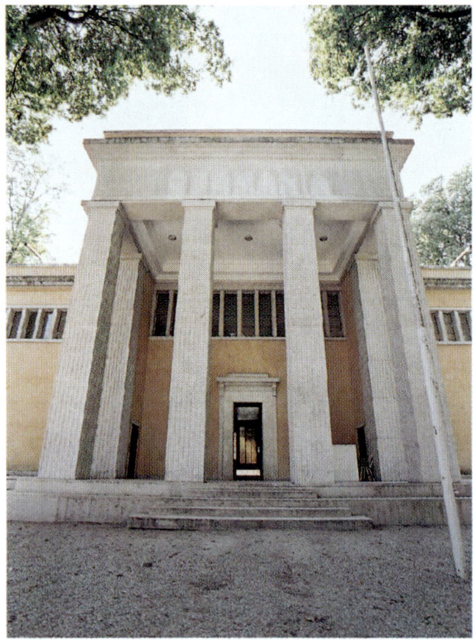

GREGOR SCHNEIDER, TOTES HAUS UR, Deutscher Pavillon, Biennale Venedig, 2001 / DEAD HOUSE UR, German Pavilion, Venice Biennale. (PHOTOS: GREGOR SCHNEIDER)

Folgerichtig muss Schneider nach der Expressivität das Gegenteil erproben, nach dem Schrei die absolute Stille, nach dem expansiven Ausbruch den Rückzug auf das Minimale wagen. Er baut zwei gleiche, einen Meter grosse, mit Blei, Glaswolle und Schallschluckdämmstoffen isolierte Kisten und lässt

RENATE PUVOGEL ist Kunsthistorikerin und Kunstkritikerin in Aachen. 1996 publizierte sie in der Zeitschrift *Archis* (Heft 5/96, S. 66–70) einen Essay über Gregor Schneider unter dem Titel «Bouwen naar binnen, Building inwards».

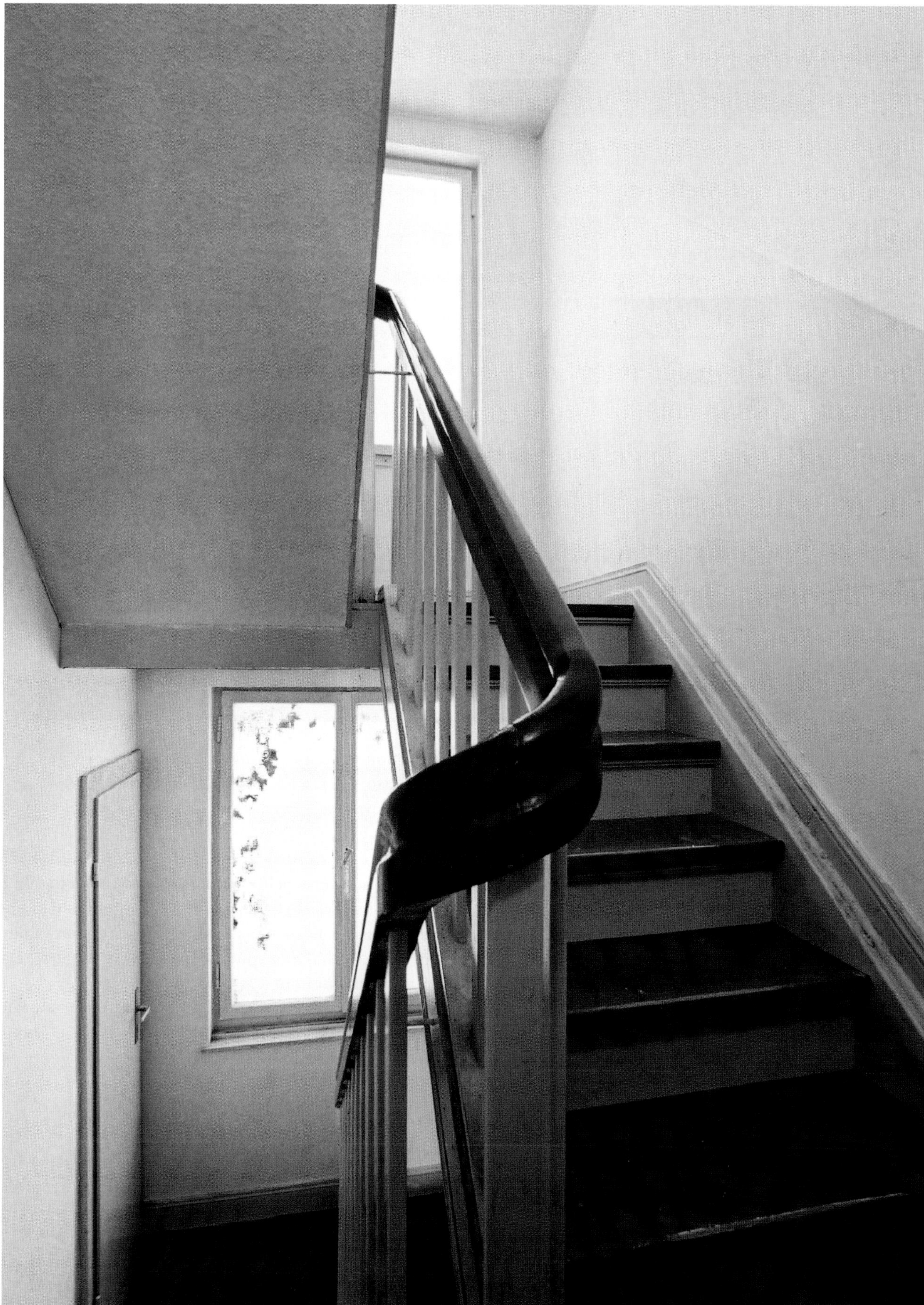

GREGOR SCHNEIDER, *TOTES HAUS UR, Venedig 2001 / DEAD HOUSE UR, Venice.*

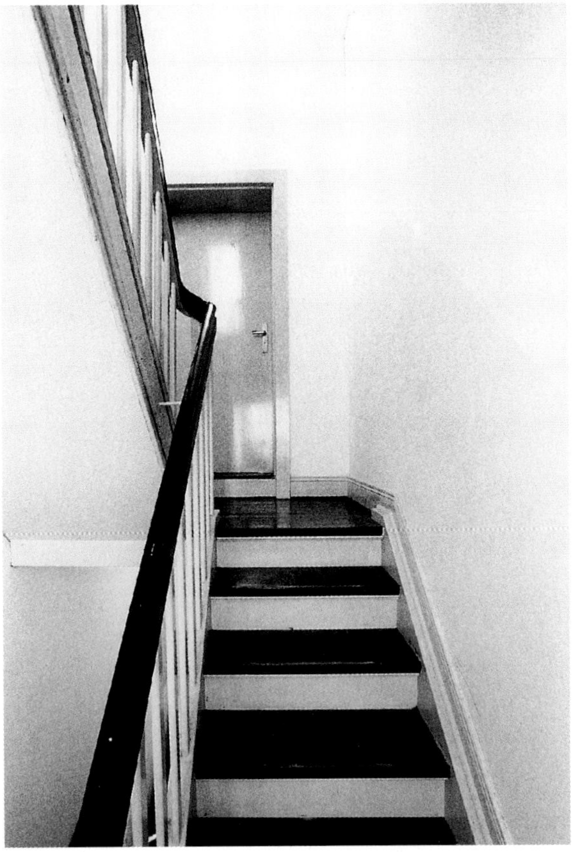

GREGOR SCHNEIDER, TOTES HAUS UR, Venedig 2001 / DEAD HOUSE UR, Venice.

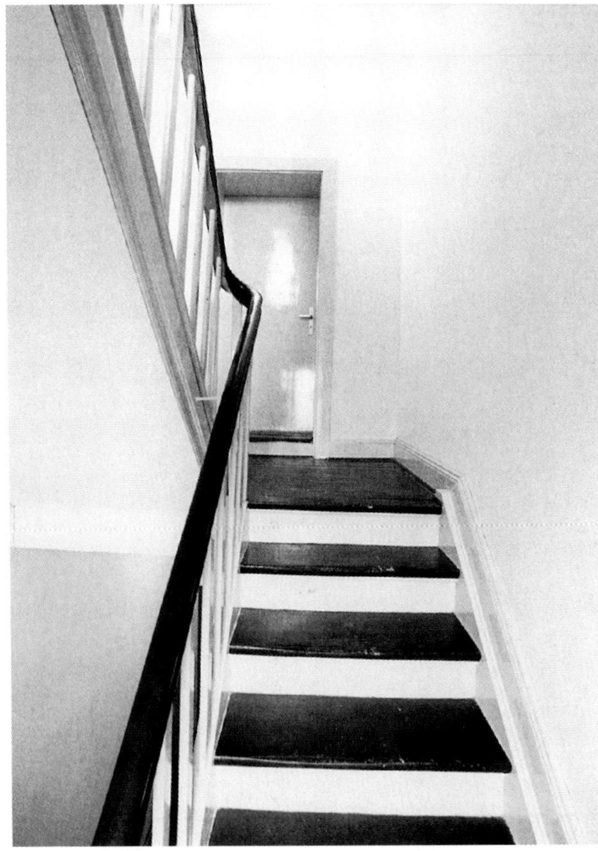

GREGOR SCHNEIDER, HAUS UR (U30), Rheydt, 1989–93, 147 x 313 cm, S 5 cm / HOUSE UR (U30), 4 7/8 x 10 1/4 ft., T 2". (PHOTOS: GREGOR SCHNEIDER)

als blosses Verdoppeln und Konterkarieren des Vorhandenen auf nichts Weiteres verweisen. Da der Mensch nicht nur bestrebt, sondern existenziell darauf angewiesen ist, sich in seiner Umgebung zurechtzufinden, akzeptiert er mit der Zeit das Gegebene so, wie es sich zeigt, samt seiner Fremdheiten. Letztere rühren daher, dass – in englischer Sprache formuliert – die Bedeutung des Wortes space nirgends mit dem von room in Einklang gerät.

So lässt sich resümieren, dass es Schneider bei aller Aktivität nicht darum geht, Illusionsräume zu schaffen, vielmehr dienen Täuschung und Illusion dazu, dass der Mensch Wirkliches überhaupt wahrnimmt und Vorgestelltes zulässt. Dabei erweist sich ausgerechnet das als unerschütterlich geltende Durchschnittliche von Raumanlage und Einrichtung als wenig verlässlich. Manchmal bedarf es nur geringfügiger Verschiebungen des Gewohnten, um den Besucher zu irritieren. Stimmige architektonische Proportionen stärken Selbstverständnis und unreflektiertes Wohlbefinden, werden diese hingegen gestört, reagieren Bewohner wie Besucher unwillkürlich mit Beklommenheit, Angst oder gar Aggression.

Es lässt sich als wesentliches Moment von Schneiders Arbeit ausmachen, dass weder Hilfsmittel noch Erfahrung reichen, um sich des Baus als Gesamtkonstrukt zu vergewissern. Vielmehr verweigert es sich jeglicher Beschreibung; auch in seiner Rekonstruktion in Venedig bleibt das Ergebnis allen Schauens Stückwerk. Eine entscheidende Ursache für die fragmentarische Wahrnehmbarkeit besteht darin, dass der Bau nur von innen zu erkunden ist. Er ist sogar

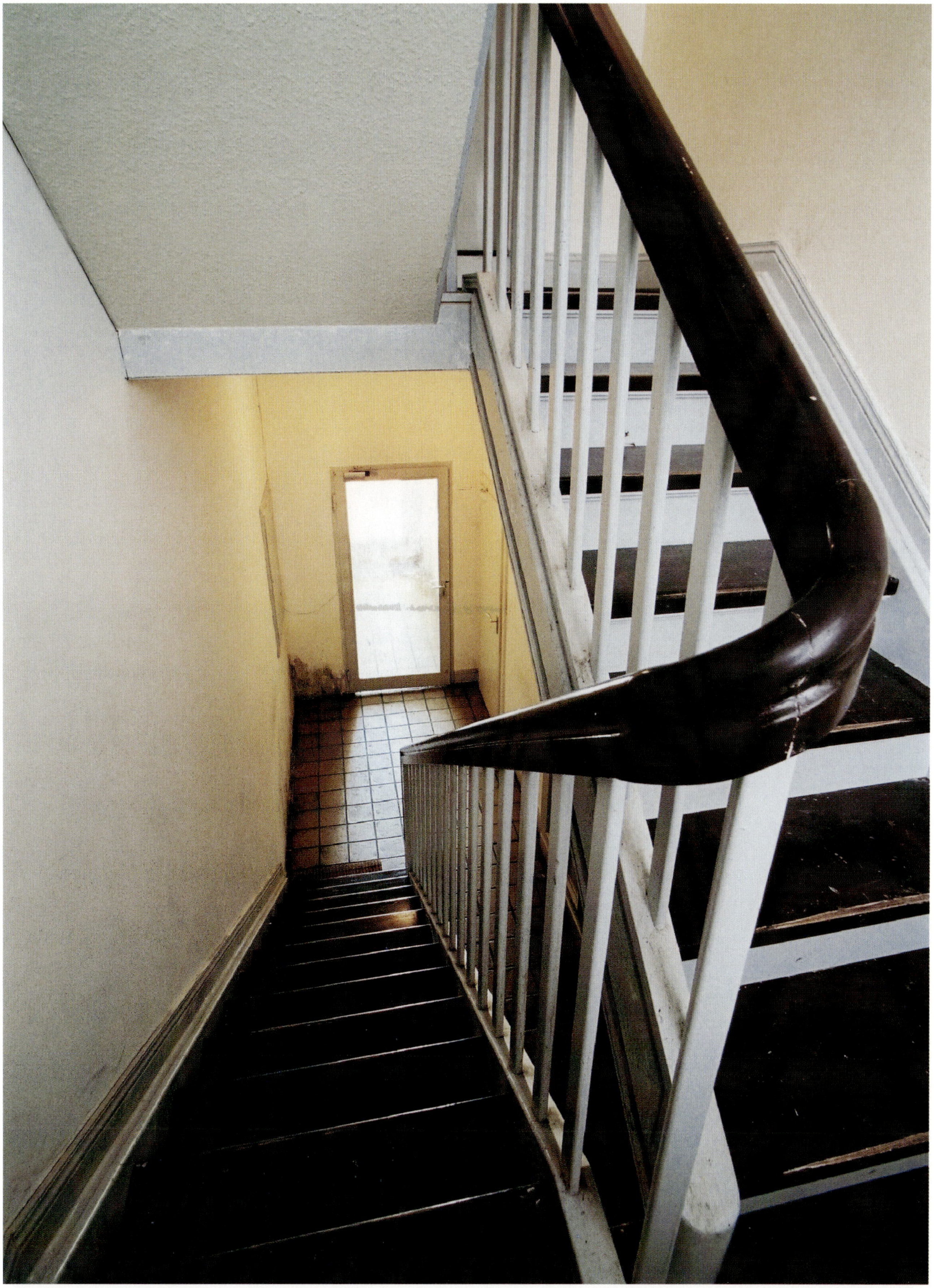

GREGOR SCHNEIDER, *TOTES HAUS UR*, *Venedig 2001* / *DEAD HOUSE UR*, *Venice*.

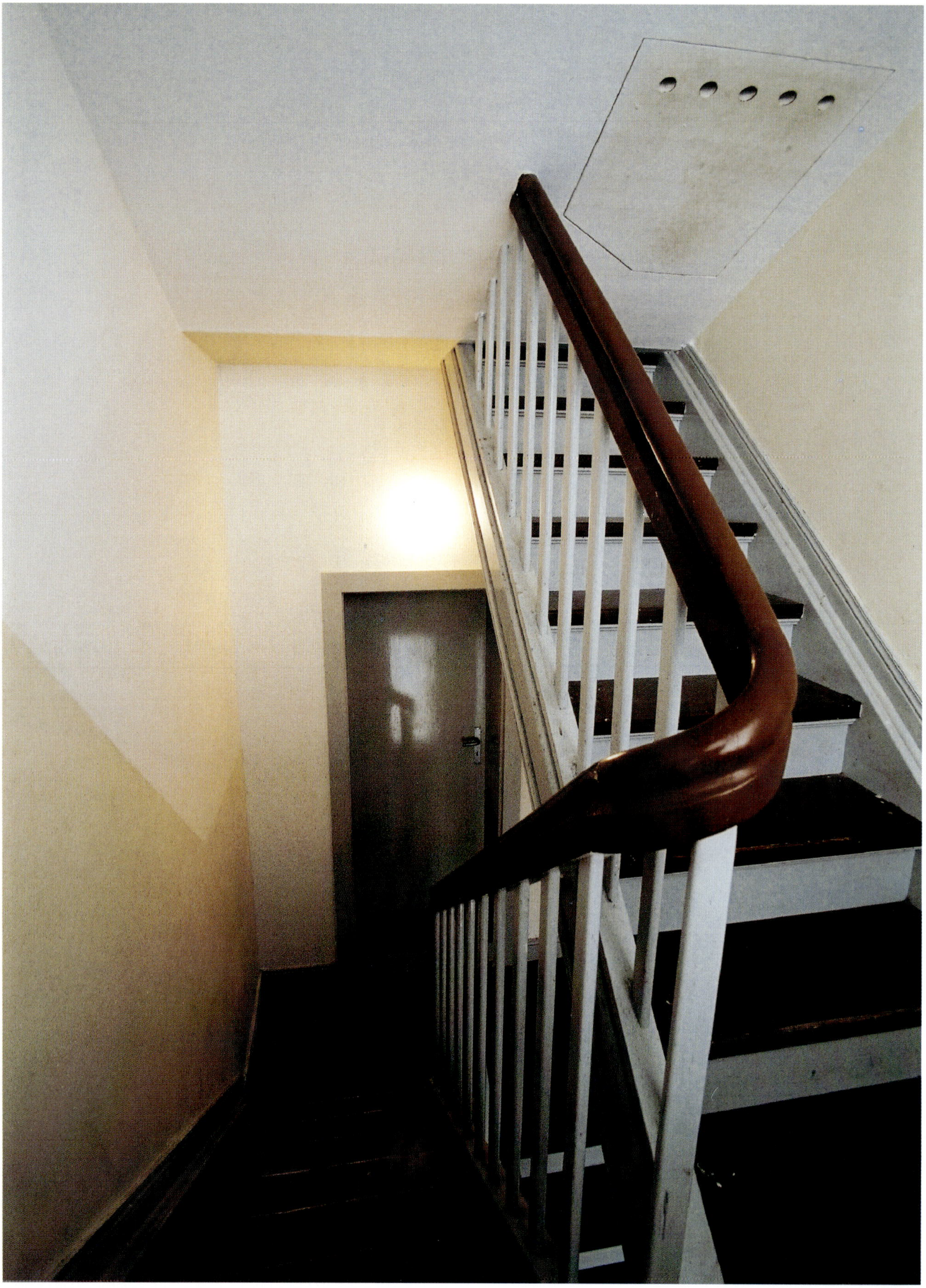

GREGOR SCHNEIDER, TOTES HAUS UR, *Venedig 2001* / DEAD HOUSE UR, *Venice.* (PHOTO: GREGOR SCHNEIDER)

nicht einmal von aussen her gedacht und es gibt definitiv nur ein Innen. Man ist be- und gefangen im Bauwerk selbst und kann nirgends Distanz gewinnen. Wie von den Schalen einer Zwiebel wird man immer enger eingeschlossen. Daher hat Schneiders Arbeit mehr mit Piranesis CARCERI zu tun als mit dem MERZBAU von Schwitters. In Venedig lässt Schneider bewusst einige Räume in Seitenräume ausgreifen, so etwa links ABSTELLKAMMER und KLO, rechts KÜCHE und DAS GROSSE WICHSEN, womit er den Pavillon als gesamtes Bauwerk in Besitz nimmt. Dennoch sieht der Besucher nichts von dem «Haus im Haus», sondern gelangt durch die in das Portal eingesetzte spiessige Holztür unmittelbar ins Innere. In der Enge unübersichtlicher Gänge fühlt man sich wie durch einen Strudel tiefer und tiefer hineingesogen, drei Flure entpuppen sich als Sackgassen, man verliert die Orientierung und wird förmlich verschluckt, es gibt kein Entkommen. Luken und Schächte in schalldicht verschalten Räumen erwecken wenig Vertrauen. Verängstigt fragt man sich, ob sich hinter einem Gitter ein Fluchtweg verbirgt oder aber eine tödliche Falle. Im Grunde ist sich auch der Künstler nicht ganz sicher, ob er sich einen Schutzraum oder ein Gefängnis baut, ob sein Tun in Isolation oder Befreiung mündet.

Schneiders Methode, Wände und ganze Räume zu verdoppeln oder sie gleichzeitig an zwei Orten anzusiedeln, schürt das beunruhigende Gefühl, dass nichts mit sich selbst identisch ist. Auch das Phänomen, dass das Haus keinen endgültigen Zustand erlangen, sondern im Zeitfluss ohne Ende umgestaltet wird, trägt dazu bei, dass man es weder fassen noch orten kann. Diese Prädikate des Infiniten und Ortlosen prägen zweifellos einen eigenen künstlerischen Werkbegriff. – Um auch letzte Möglichkeiten zu vereiteln, das Haus und seinen Erbauer dingfest zu machen, erfindet Schneider Requisiten, Puppen und Figuren – sozusagen als Alter Ego – um nicht mit dem Haus zusammen vereinnahmt zu werden und um sich notfalls sogar selbst davonstehlen zu können. So täuscht der Name Hannelore Reuen am Klingelschild in Rheydt eine normale Hausbewohnerin vor. Diese unbekannte ältere Dame trat erstmals 1997 in der bemerkenswerten Galerie Foksal in Warschau auf, wo sie als erste figürliche Plastik im Kontext von Minimal und Konzeptkunst für einiges Aufsehen sorgte. Nicht minder beeindruckte die seltsame, ungepflegte Frau in der GARTENLAUBE von Haus Esters in Krefeld als ALTE HAUSSCHLAMPE. Sie lag dort hinter gemauerter Wand bäuchlings am Boden, in einem knapp gehaltenen, um so trostloseren Ambiente mit einem aquarellierten Wasserfleck an der Decke und einem Loch im Boden, in welchem ein Sack hing. Zu keiner Zeit war auszumachen, ob es sich um eine Puppe oder eine lebende Person handelte. Ja, eigentlich lässt sich ebenso wie bei den Räumen auch angesichts einer Person nicht als gesichert annehmen, dass sie anwesend ist, das heisst wirklich existiert. Inzwischen deuten selbst ganze Ausstellungen sowie einzelne Arbeiten unter anderem Namen Fluchtwege und Formen von Verpuppungen an, wie etwa 1999 in Bremerhaven der MÜLLSACK IN WICHSECKE, in dem unerkannt der Künstler steckte. Der unbetretbare Schaukasten, in welchem man den ominösen Sack schemenhaft wahrnehmen konnte, unterschied sich ansonsten in nichts von den benachbarten Fenstern.

Alles in allem zeigt sich der künstlerische Werdegang von Gregor Schneider als nachvollziehbar konsequent. Hat er sich noch vor Beginn seiner eigentlichen Karriere selbst in Szene gesetzt, so interessiert es ihn mittlerweile, wie andere Künstler leben. Er erkundet deren Schaffen und Triebleben, schlüpft in ihre Haut und vervielfacht sich gewissermassen in ihnen. Entsprechend weitet er auch räumlich den Bereich seines Wirkens ausserhalb von HAUS UR mehr und mehr aus und legt an unterschiedlichen Orten seine Spuren. Diese rücken ein Geschehen, insbesondere ein gewaltbedingtes, nie selbst ins Blickfeld, sondern versuchen den labilen Zustand vor und nach einem verstörenden Geschehen subtil zu fassen. Die Antinomien von Leben und Tod sind wie die von Eros und Thanatos stets latent gegenwärtig. So wird wohl ein Höhepunkt seiner Aktionen erreicht sein, wenn er es tatsächlich wagt, den Leichnam eines natürlich gestorbenen Menschen für einen eng begrenzten Zeitraum öffentlich zur Schau zu stellen. Es dürfte eine seiner ungewöhnlichen Hoffnungen sein, dass sich in dieser stummen Geste künstlerische Formulierung und menschliches Leben in Gestalt respektvoller Würde treffen werden.

NEGATIVE SPATIAL SCULPTURE

RENATE PUVOGEL

The early days of Gregor Schneider's artistic activities go back to the time when he was still an adolescent. He starts by subjecting his own body to unusual experiments. He shaves himself from head to toe; he lies down in paint, covering himself so entirely that his family has to help him clean it off again; he gets into a tub filled with a mixture of flour and water so that afterwards the dried crust makes him look like a disinterred corpse; he models his own hand in plaster; he stretches and breaks through a canvas like the skin of a body; he swings from tree to tree and buries himself in a hole in the ground. Visibly impressed by the Viennese Orgien-Mysterien Theater and by the American self-mutilator John Fare, he conducts his own expressive, performance-like experiments to explore marginal situations. Remarkably, as he accumulates his own life-threatening experiences it does not occur to him that these might perhaps be artistic explorations. First and foremost he is driven by a search for the greatest possible expression, for an intensification of life as confirmation of his own existence, and by a yearning for a safe haven, which to this day is constantly on the point of slipping away from him. For him the ultimate expression was the human scream with its dual role as a scream of fear or of liberation, as in extreme situations such as birth, love, and death. A scream penetrates barriers in the same way that people run at walls.

Logically, after exploring expressivity Schneider has to turn to its opposite: after the scream absolute silence, after expansive outbursts daring to retreat to the minimum. He constructs two identical boxes, one meter square insulated with lead, glass wool, and sound-proofing materials, and has himself shut into one of them. He wants to discover whether there would be any visible indication that one was empty while the other was filled with life. From his work with boxes to his unparalleled work in the DEAD HOUSE UR required a giant leap, but if both are viewed as (negative) spatial sculptures, then it makes perfect sense when Schneider comments that he did not initially set out to build rooms, and that moreover he would not describe his own activities as such. For the "freewheeling actions," as he himself calls his efforts, revolve around a level of sensation and experience beyond conscious sensual perception. The completely insulated room is no more an expression of minimalist sculpture than is the room lined in lead; on the contrary, like all the rebuilds and 'inbuilds' of the DEAD HOUSE UR, they are, if anything, designed so that visitors will sense subtle changes in their own behavior without being able to recognize their cause.

Schneider is only marginally interested in questions of form and aesthetics. There does not even ap-

RENATE PUVOGEL is an art historian and art critic, living in Aachen. In 1996 in the journal *Archis* (issue 5/96, pp. 66–70) she published the essay "Bouwen naar binnen, Building inwards" on the work of Gregor Schneider.

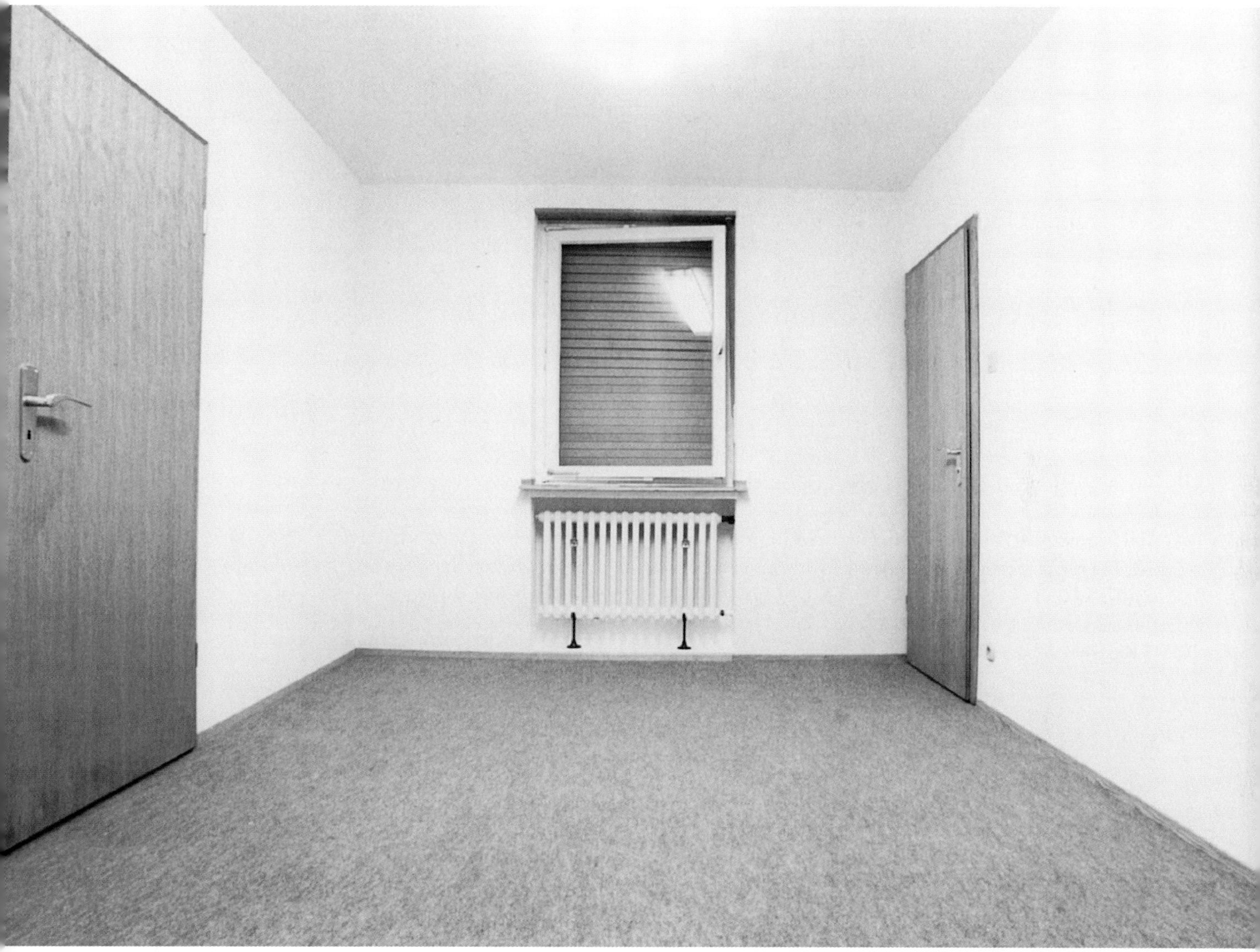

GREGOR SCHNEIDER, HAUS UR (UR1), Rheydt, 1986, 298 x 396 x 249 cm, S 1,5–12 cm/ HOUSE UR (UR1), 6 1/2 x 12 x 8 3/16 ft., T 5/8–4 3/4".
(PHOTO: GREGOR SCHNEIDER)

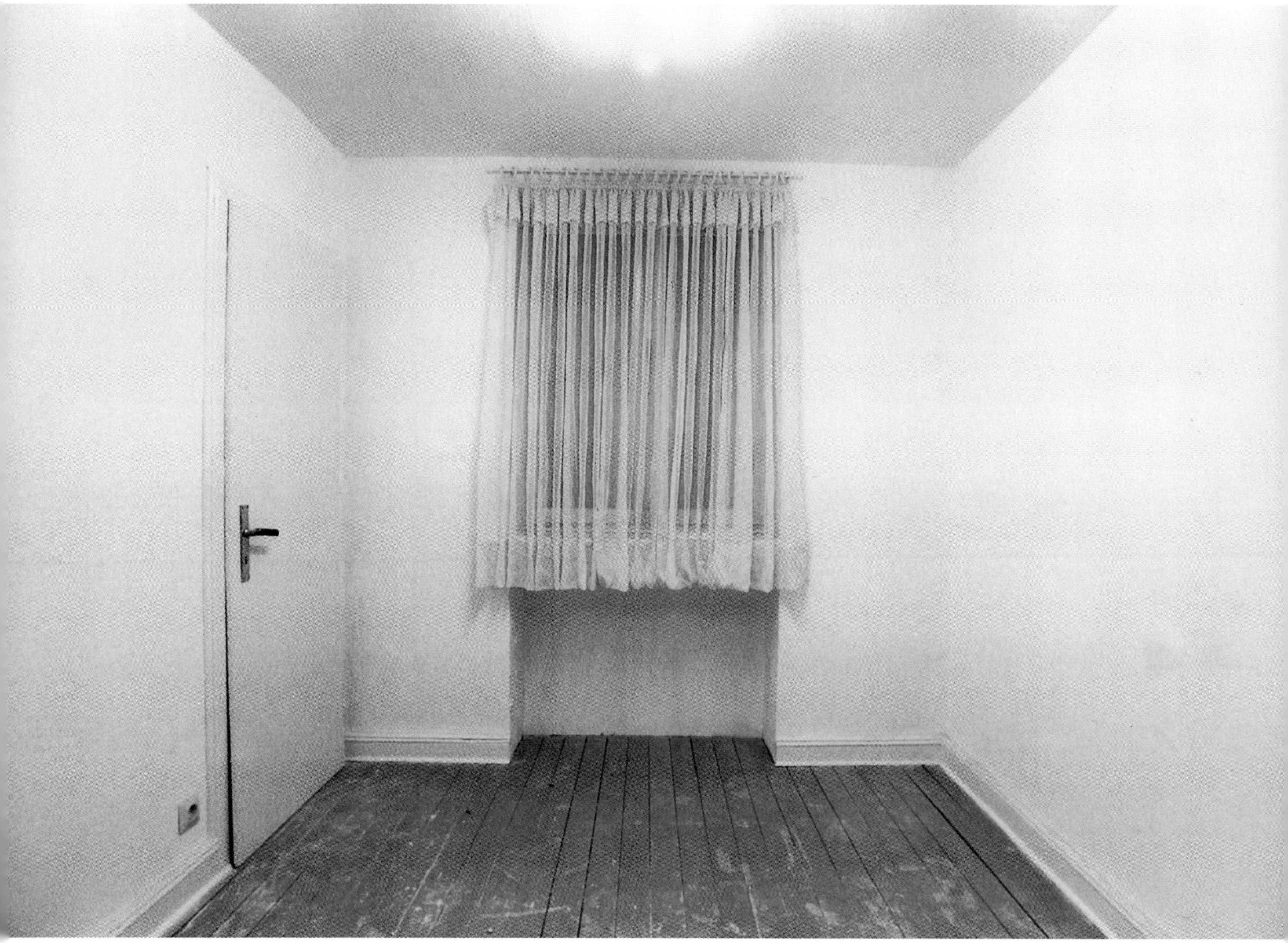

GREGOR SCHNEIDER, HAUS UR (UR10–3), PLÖTZLICH HATTE ICH ANGST, Rheydt 1993, 246 x 289 x 234 cm, S 1,8–35 cm / HOUSE UR (UR10–3), SUDDENLY I WAS AFRAID, 8 x 9 1/2 x 7 11/16 ft., T 11/16–4 3/4". (PHOTO: GREGOR SCHNEIDER)

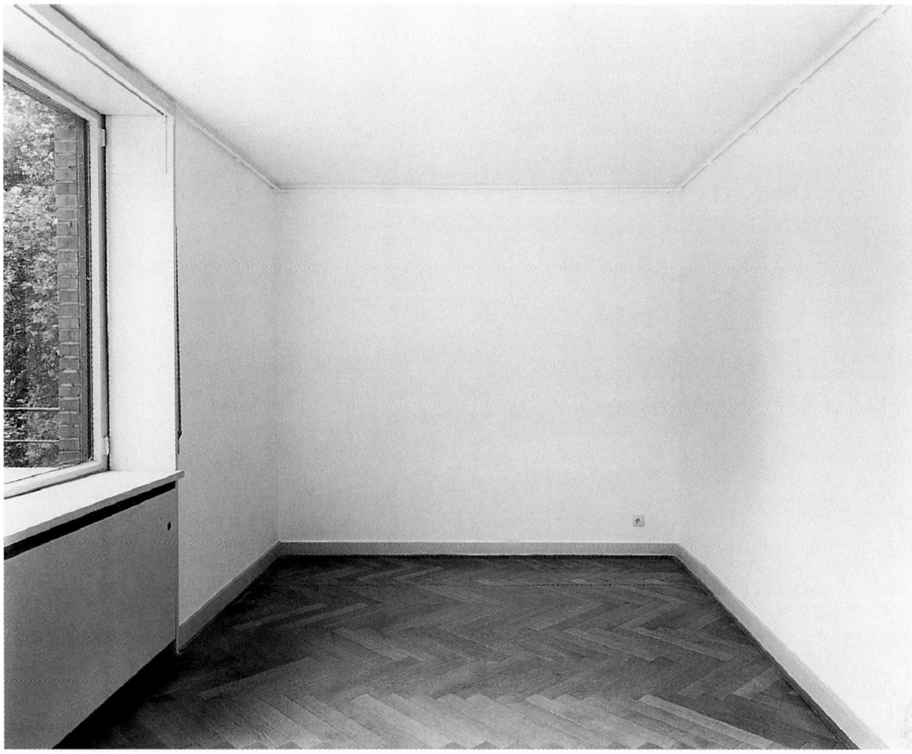

GREGOR SCHNEIDER, *AUSGETAUSCHTES WANDSTÜCK 1:1 (U61), Museum Haus Lange, Krefeld 1994, 65 x 55 cm, S 11 cm* / EXCHANGED PIECE OF WALL *1:1 (U61), 25 5/8 x 21 5/8", T 4 5/16".* (PHOTOS: VOLKER DÖHNE)

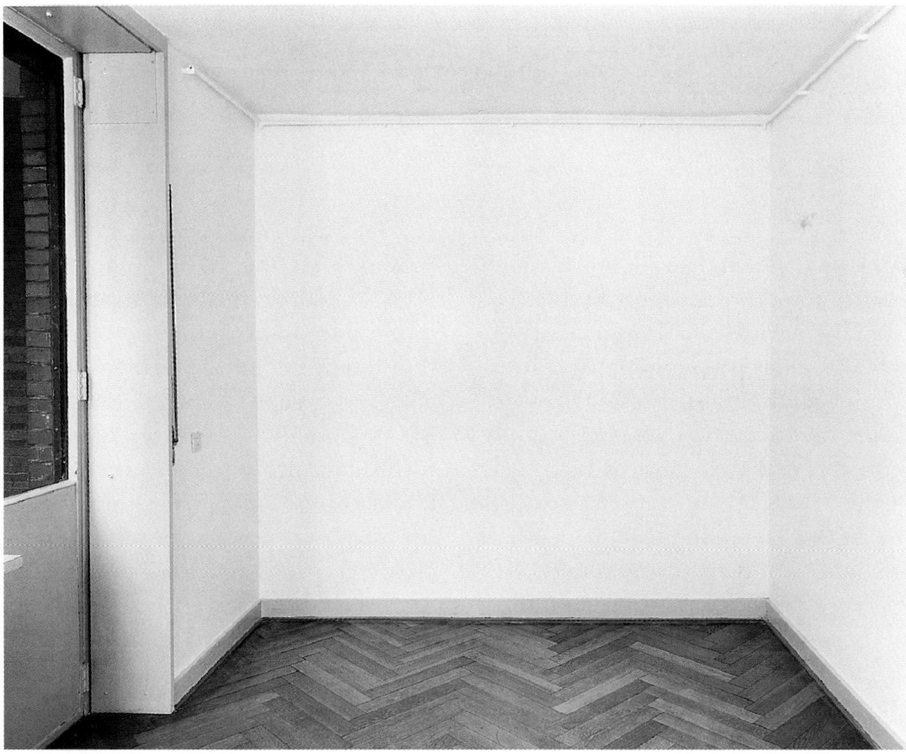

GREGOR SCHNEIDER, *WAND (U60), Krefeld 1994, 272 x 259 cm, S 10–12 cm* / WALL *(U60), 8 x 8 1/2 ft., T 4–4 3/4".*

GREGOR SCHNEIDER, GROSSER RAUM (UR9), Galerie Löhrl, Mönchengladbach 1992, 1000 x 576 x 325 cm, S 1,8–33 cm / BIG ROOM (UR9), 32 x 19 x 10 1/2 ft., T 11/16 – 13". (PHOTOS: GREGOR SCHNEIDER)

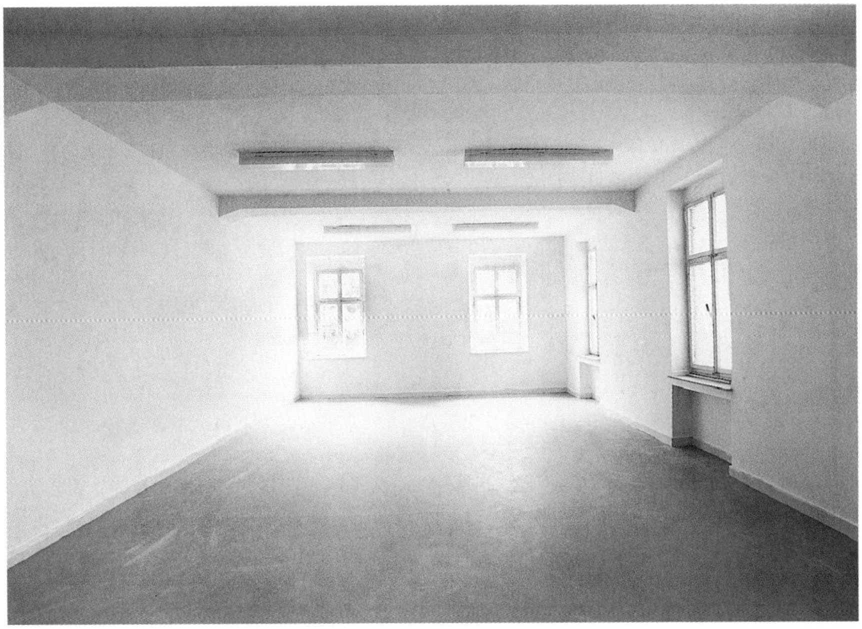

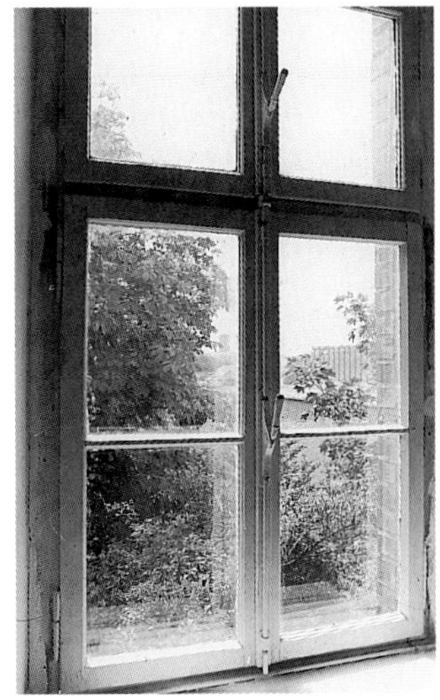

GREGOR SCHNEIDER, GROSSER RAUM (UR9), Blick aus dem Fenster, Galerie Löhrl, Mönchengladbach 1992 / BIG ROOM (UR9), view from the window.

pear to be a consistent method to his work which could make it easier for the viewer to take it in, to grasp it, to see it in the context of art history. Formed without preconceived plans it is simply there; it exists, it does not hide reality but is part of it. The work as such recedes into the background; it merely duplicates and subverts what is already there without seeking to make further connections. Since human beings not only try to but are existentially dependent on being able to cope with their surroundings, they learn to accept them as they are, along with all their more disquieting aspects. These last derive from the fact that stands out clearly in English usage where 'space' could never be equated with 'room,' unlike the German *Raum* which is used for both.

In a nutshell, therefore, for all his efforts Schneider is never out to generate spatial illusion as such; rather deception and illusion serve to create a situation where the human being will simply perceive reality and accept the imaginary. But, as it turns out, his supposedly immutably average rooms and their furnishings prove to be scarcely reliable. Sometimes it takes only minimal adjustments in the familiar for the visitor to become unsettled. Well-proportioned architecture strengthens a person's sense of self and well-being. But if proportions are distorted, residents and visitors alike involuntarily react with apprehension, fear, or even aggression.

A significant aspect of Schneider's work is the fact that neither external help nor experience can enable one to grasp the structure as a whole. Moreover, the work completely defies description: any investigation of the reconstructed DEAD HOUSE UR in Venice can be no more than piecemeal. A crucial source of the work's fragmented perceptibility is the fact that it is only to be explored on the inside. It is not even conceived as having an outside: it definitively only has an inside. Visitors are caught (up) in the construction itself and cannot put any distance between it and themselves. Like the layers of an onion, the work closes ever more firmly around the visitor. Schneider's work thus has more in common with Piranesi's CARCERI than with the MERZBAU by Kurt Schwitters. In Venice Schneider extended certain rooms into side rooms, such as the STORAGE CUPBOARD and the TOILET on the left, the KITCHEN and the LARGE WANK on the right, taking over the entire pavilion. Yet visitors see nothing of the 'house in a house,' instead they step through a boringly ordinary wooden door straight into the interior. In cramped passages, with no way of understanding the layout, one feels as though one is being sucked deeper and deeper into a vortex, three passages turn out to be dead-ends, visitors lose their orientation and are literally swallowed up by the work, there is no escape. Gaping holes and shafts in sound-proofed rooms inspire little confidence. Anxiously one wonders if there might be an escape route behind a grille—or a death trap. In fact the artist himself is not entirely sure whether he is building a refuge or a prison, whether his activities will lead to isolation or to liberation.

Schneider's method of doubling walls and whole rooms or constructing them simultaneously in two places aggravates the disturbing feeling that no two things can ever be the same. Similarly the fact that the house will never reach a final state but be endlessly rebuilt over time adds to one's inability to grasp it or place it in any context. The adjectives 'infinite' and 'placeless' define what is clearly a unique concept of artistic work. In order to prevent even the remotest chance of the house and its maker being pinned down, Schneider invents props, dolls, and figures—alter egos as it were—so that he can never be appropriated together with his house, so that if need be he could even slip away unnoticed. Thus the name Hannelore Reuen on the doorbell in Rheydt creates the impression of an ordinary female occupant. This unknown elderly lady first made an appearance in 1997 in the remarkable Galeria Foksal in Warsaw in 1997, where she caused something of a stir as the first figurative sculpture in the context of Minimal and Concept Art. No less memorable was the strange, unkempt old woman in the GARDEN BOWER at Haus Esters in Krefeld, the RESIDENT SLATTERN. She could be seen lying face down on the floor behind a brick wall in a sparse, hence all the more dismal, setting, with a damp patch painted in watercolors on the ceiling and a hole in the floor with a sack hanging in it. At no time was it ever possible to tell whether this was a dummy or a living person. Indeed, as with the rooms, even in the case of a human being one cannot be certain that they are present, that is to say, that they really exist. Since then whole exhibitions and individuals have covertly hinted at escape routes and chrysalis-like forms; witness the RUBBISH BAG IN WANK CORNER in Bremerhaven in 1999 with the artist hiding in it. The display case in which one could make out the shape of the ominous-looking sack looked no different from the windows next to it.

All in all Gregor Schneider's artistic progress has a persuasive logic to it. While his focus, even before his real career began, was initially on his own person, he has since become interested in how other artists live. He explores their work and their private lives, slips into their skins, and in a sense proliferates himself through them. Similarly he is increasingly extending the geographical range of his work beyond the DEAD HOUSE UR and leaving his mark in other places. These works never set their sights on a particular occurrence, and certainly not on one born of violence, but seek instead to grasp the volatile circumstances before and after some major distress. The antinomies of life and death, like Eros and Thanatos, are always latently present. Thus his actions may well reach a high point if and when he really does dare to put on public display, however briefly, the corpse of a human being who has died from natural causes. It is perhaps one of his more unusual aspirations: the thought that in this silent gesture artistic expression and human life would meet in respectful dignity.

(Translation: Fiona Elliott)

Gregor Schneider

Das tote Haus ur

ULRICH LOOCK

Für die 49. Biennale in Venedig hat Gregor Schneider das TOTE HAUS UR in den deutschen Pavillon eingebaut, das ganze Innere eines zweistöckigen Wohnhauses versetzt in die venezianische Ausstellungsarchitektur: Ein ungeheurer, Monate des Auf- und Abbaus in Anspruch nehmender Aufwand, von Gregor Schneider selbst mit einigen Helferinnen und Helfern bewältigt – «Die Arbeit existiert nicht im Kopf. Ich halte auch Handeln für eine höhere Form als das Denken.»[1] Es ist eine künstlerische Arbeit in der Dimension der Architektur. Diese Arbeit nimmt den avantgardistischen Anspruch auf, das Feld des Symbolischen zu verlassen, um unmittelbar in die soziale und politische Wirklichkeit einzugreifen, und lässt diesen Anspruch gleichzeitig kollabieren, indem sie nichts hervorbringt, als was schon da ist – «Mich interessiert ein Leerlauf von Handlungen.» Gregor Schneiders Praxis unterscheidet sich von der des Readymades insofern, als er vorhandene Räume am selben Ort handwerklich reproduziert und anschliessend für Ausstellungen an anderem Ort noch einmal aufbaut. So übernimmt und bestätigt er einen vorhandenen Bau und ist dauernd damit beschäftigt, eine Verbindung zu dem herzustellen, was dieser nicht ist, ein unheimlicher Hintergrund, welcher die existenzielle Möglichkeit des Wohnens, des Geborgenseins in einem Haus grundsätzlich in Frage stellt. Gregor Schneiders Bauen versetzt nicht eine Sache, einen Raum oder – in diesem Fall – ein Haus in einen anderen Kontext, um an ihm neue und unerwartete Sinnschichten hervortreten zu lassen, sondern er kontextualisiert das Haus mit sich selbst, um die Kehrseite seines Sinnes zu verorten.

Aussen am Pavillon gibt es einen Hinweis auf dessen Besetzung mit einem ihm zuwiderlaufenden Bau: Die Eingangstür, unangebracht in dieser Repräsentationsarchitektur, da ursprünglich von der bewussten Wahrnehmung ausgeschlossenes Detail von Gregor Schneiders Haus an der Unterheydener Strasse in Rheydt (daher das Kürzel UR), reduziert die grosse, hohle Geste des Portikus von 1938 auf die Erbärmlichkeit deutschen Wohnungsbaus der Nachkriegszeit – auf den Umbau des ehemals bayrischen Pavillons im Sinne faschistischer Ästhetik folgt der Einbau eines Hauses aus der Nachkriegszeit oder was daraus geworden ist: Hinter der Eingangstür geht man durch das Innere des Hauses – Treppenhaus, Türen, Zimmer; Standard, wie man ihn bis zur Betäubung kennt. Der Ortswechsel ist abrupt und vollkommen, aus dem Ausstellungsgelände hinein in Räume von durchdringender Alltäglichkeit. Als habe man das alles schon immer gesehen. Hinter einer Tür ein kleines Zimmer mit einer Matratze und heruntergelassenen Rollläden, durch deren Ritzen etwas Licht fällt, das SCHLAFZIMMER; ein winziger schmieriger Raum, eine Abstellkammer hinter einem fleckigen Betttuch; an anderer Stelle das LETZTE LOCH; ein zerstörter Raum, ausgekleidet mit Bleiblech und Glaswolle, ringsum Kanthölzer für die Anbringung weiterer Verkleidungen: die Hülle, die

ULRICH LOOCK, freischaffender Autor und Kurator, organisierte 1996 in seiner damaligen Funktion als Direktor der Kunsthalle Bern Gregor Schneiders erste grössere Ausstellung. Er lebt in Luzern.

GREGOR SCHNEIDER, WAND VOR SCHWARZEM STEIN VOR ROTEM STEIN (U67), Kunsthalle Bern 1996, 536 x 447 cm, S 12 cm / WALL IN FRONT OF BLACK STONE IN FRONT OF RED STONE (U67), 17 5/8 x 14 5/8 ft., T 4 3/4". (PHOTO: ROLAND AELLIG, BERN)

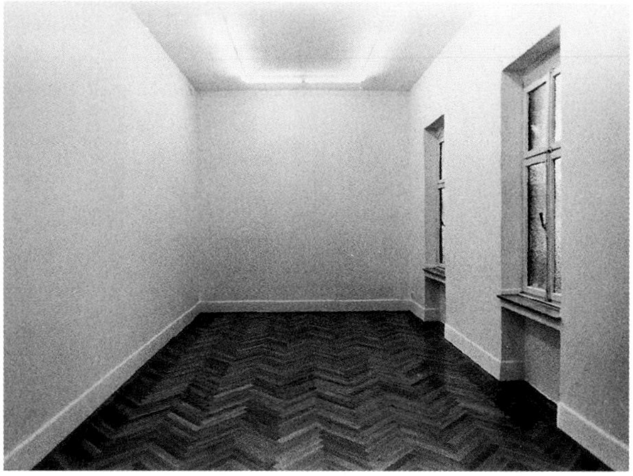

GREGOR SCHNEIDER, KATHEDRALE (UR15), Kunsthalle Bern, 1996, 400 x 900 x 398 cm, S 12 20 cm / CATHEDRAL (UR 15), 13 1/8 x 29 1/2 x 13', T 4 3/4–7 15/16".

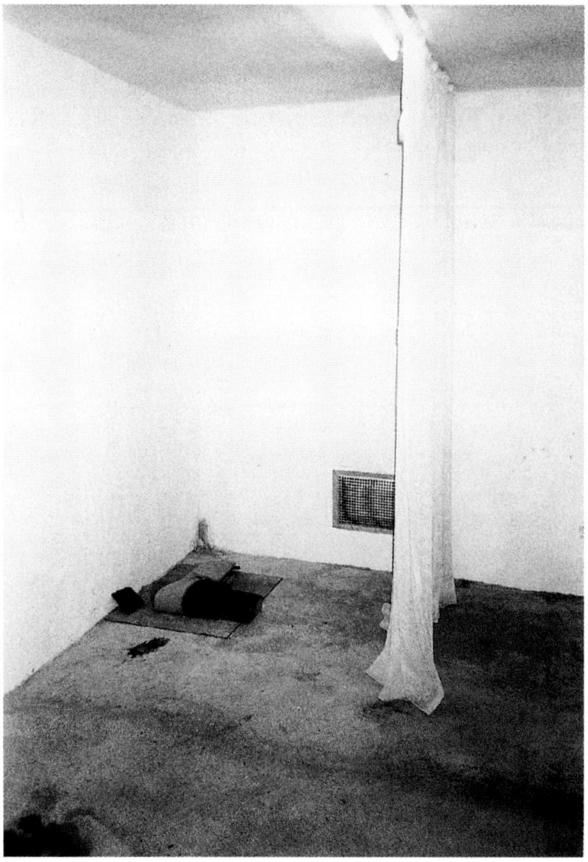

GREGOR SCHNEIDER, HARDCORE (UR36), Museum Haus Esters, Krefeld, 2000. (PHOTOS: GREGOR SCHNEIDER)

zurückgeblieben ist nach Ausbau des TOTAL ISOLIERTEN GÄSTEZIMMERS; Kellerräume, das KELLERFENSTER; eine Art Partykeller mit nackten, weiss gestrichenen Wänden, farbigem Licht und Diskokugel, der PUFF; Räume, denen DAS KLEINSTE WICHSEN und DAS GROSSE WICHSEN zugeordnet sind; einen Absatz hinunter von einem aufgebockten Boden – darunter liegt zerlumpte Kleidung, Müll, die Haut eines Faltbootes, eine schlaffe Sexpuppe, ohne Luft – in eine schmuddelige Küche mit Nirosta-Spüle und etwas Geschirr; tiefer im Innern des Hauses verborgen, man muss sich bücken, kriechen, um durchzukommen, ein klinisch hell erleuchteter Raum mit weiss bezogenem Bett, Badewanne, Wandschrank mit Gläsern, Nahrungsresten und eingebautem Waschbecken, die LIEBESLAUBE; die altertümliche Holztreppe vom Parterre in den ersten Stock; dort ein Vorraum mit drei Türen, zum Treppenhaus, zum etwas höher gelegenen und über zwei oder drei Stufen zu erreichenden KAFFEEZIMMER mit erleuchtetem Fenster und leicht wehenden Vorhängen, zu dem etwas grösseren Raum, der zeitweise als ATELIER benutzt wurde.

Befremdlich ist es, diese übermässig bekannt wirkenden Räume im Innern des venezianischen Pavillons vorzufinden, unvorhergesehen hinter manchen Räumen noch andere zu erreichen, die in den nicht mehr überschaubaren, in diesen Tiefen amorph und organisch gewordenen Leib des Hauses hineingestülpt sind. Es sind Räume, die sich zuvor im Haus in Rheydt befunden haben, dort gebaut wurden. Zwar ist die Raumfolge nicht genau so wie dort: In Venedig liegt der Keller auf der gleichen Ebene wie das Parterre, doch wird niemand sagen, er sei nicht im Keller gewesen; es wurden nicht alle Räume aus Rheydt mitgenommen, bei einigen wurden Anpassungen gemacht – manche waren in der Zwischenzeit an Sammler in verschiedenen Teilen der Welt verkauft und für den Einbau in Venedig zurückgeholt worden; es fehlt das obere Stockwerk des Gebäudes an der Unterheydener Strasse, es wurden Raumteile eingebaut, die es in Rheydt nie gegeben hat. Aber ob Rheydt oder Venedig – es ist das TOTE HAUS UR. Einzelne Dinge, die Socken in der Ecke, lagen in Rheydt genau da, wo sie in Venedig liegen. Der Einbau in Venedig ist ein weiterer Umbau in der Folge der Bau-ten, die Gregor Schneider jahrelang an der Unterheydener Strasse gemacht hat. Dort hat kein endgültiger Zustand Authentizität garantiert, der Einbau in Venedig ist ein anderer Zustand des Originals – eines Originals, das sich schon längst in der Folge der ineinander gestaffelten Einbauten verloren hat.

Zur Besichtigung freigegeben ist das TOTE HAUS UR eine verwirrende Folge von Räumen für alle Funktionen regulären Daseins, angefüllt mit Zeichen eines Junggesellenlebens – von der Sexpuppe bis zur elektrischen Kochplatte, vom Atelier bis zum herausgerissenen Gästezimmer, von herumliegenden Abfällen bis zum eingebauten Waschbecken –, als sei schon lange niemand mehr da, der diese Dinge einmal im Gebrauch gehabt hätte. Das Haus steht zur Besichtigung offen, nachdem das Leben aus ihm gewichen ist, sollte es dort überhaupt je Leben gegeben haben: ein verlassener Schauplatz voller Indizien. Diese Räume und ihre Ausstattung lesen sich als bedrückendes Bild deutschen Miefs, als Ruine bürgerlicher Identität, als lebensgrosse Metapher der Orientierungslosigkeit, als räumliche Projektion zölibatärer Phantasien – ein Werk, so ernst und anspruchsvoll wie das PALAIS IDÉAL des Facteur Cheval oder der MERZBAU von Kurt Schwitters mit der «Kathedrale des erotischen Elends»; sie lesen sich als Reflex auf die dem deutschen Pavillon eingeschriebene Geschichte der Naziherrschaft – anschliessend an frühere Werke am selben Ort, die STRASSENBAHNHALTESTELLE von Josef Beuys; den aufgebrochenen Boden und das Photo von Hitlers und Mussolinis Biennalebesuch in der Arbeit von Hans Haacke, oder das DEUTSCHLANDGERÄT von Reinhard Mucha.

Der 1969 geborene Gregor Schneider arbeitet seit 1985 am TOTEN HAUS UR. Anfang 1996 versetzt er zum ersten Mal Räume aus dem Haus in Rheydt an einen anderen Ort, die Kunsthalle Bern. Andererseits macht er einige Arbeiten ausserhalb des Hauses. Es sind das der TOTAL ISOLIERTE, TOTE RAUM IN GIESENKIRCHEN (1989–91), eine UNBEKANNTE ARBEIT IM VERSCHWINDENDEN DORF GARZWEILER (1990–91), ein RAUM IM RAUM, eine BEWEGLICHE DECKE UNTER DECKE, eine WAND VOR WAND und 2 WÄNDE VOR WAND in der Galerie Löhrl in Mönchengladbach (1992), 3 WANDSTÜCKE VOR WAND, ein PFEILER IM RAUM, ein WANDTEIL UNTER DECKE, eine WAND VOR WAND in der Galerie Konrad Fischer in Düsseldorf (1993), ein RAUM IM RAUM in der Galerie Andreas Weiss in Berlin (1994), ein AUSGEBAUTES UND ERSETZTES WANDSTÜCK im Museum Haus Lange in Krefeld (1994).[2] Die vollständige Liste der Arbeiten dieser Zeit zeigt, dass weitaus die meisten im Haus in Rheydt gebaut werden, anderswo sind es im Vergleich zur Gesamtzahl verschwindend wenige. So ist – mag sie auch ein Mythos sein – die Vorstellung entstanden, Gregor Schneider sei jahrelang in dem Haus vergraben gewesen und habe in grosser Isolation das TOTE HAUS UR gebaut und umgebaut, so dass er nach zehn Jahren, als die Kunstwelt langsam begann, auf ihn aufmerksam zu werden, mit einem vollständigen Werk dagestanden habe, das Fragen nach dessen weiterer «Entwicklung» wie sonst bei einem «jungen Künstler» gar nicht erst aufkommen liess – allenfalls war die Frage zu stellen, und noch einmal verstärkt im Zusammenhang mit der Arbeit in Venedig, wie er mit Zerstörungen des Hauses umgehen würde, welche der Ausbau von Räumen zu Ausstellungszwecken verursachte. «Ausstellen ist immer ein Abtöten der Arbeiten. Wir scheitern alle an unseren Ansprüchen. Nach der Ausstellung bin ich wieder allein. Dann fange ich mit der Arbeit wieder von vorn an.»

HANNELORE REUEN, ALTE HAUSSCHLAMPE, Galerie Foundation Foksal, Warschau, 1999, 30 x 50 x 170 cm / RESIDENT SLATTERN, 11 13/16 x 19 11/16 x 66 15/16". (PHOTO: GREGOR SCHNEIDER)

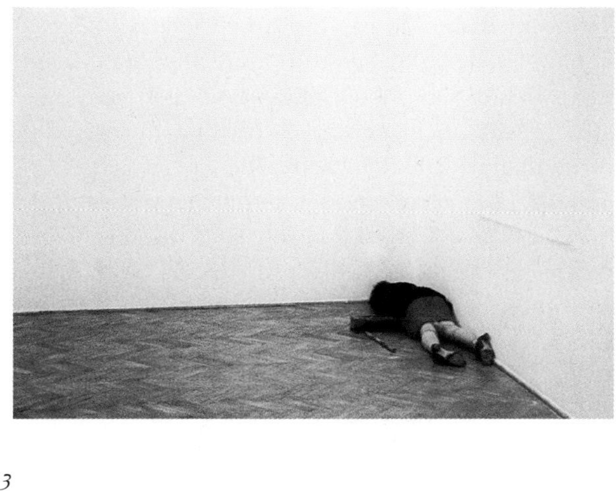

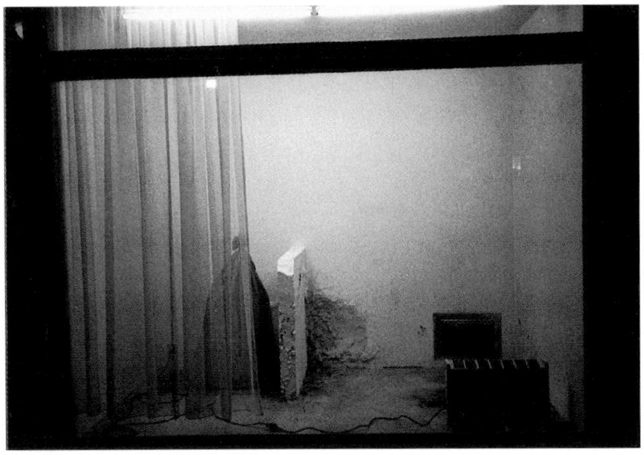

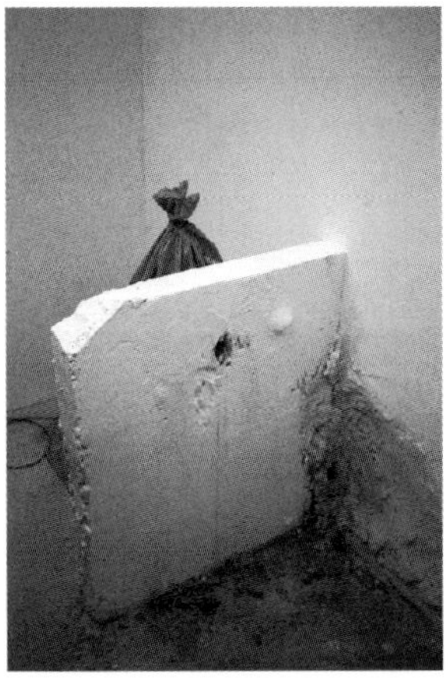

GREGOR SCHNEIDER, MÜLLSACK IN WICHSECKE, Kabinett für aktuelle Kunst, Bremerhaven, 1999 / RUBBISH BAG IN WANK CORNER. (PHOTOS: GREGOR SCHNEIDER)

Im Gegensatz zu Venedig werden im Haus in Rheydt die Räume, so wie Gregor Schneider es sich vorstellt, nicht eigens wahrgenommen: «Es kann sein, dass jemand ins Haus kommt, weil die Tür offen steht oder er zu Besuch eingeladen ist. Er trinkt mit mir einen Kaffee. Und wenn wir dabei noch ein langweiliges Gespräch führen, verlässt er das Haus und fragt sich nicht einmal, warum er überhaupt da war.» Die Kehrseite solch belangloser Begegnung mit dem Erbauer des Hauses ist das unwiederbringliche Verschwinden im Bau: «Ich weiss natürlich nicht, was passiert. Er kann zum falschen Zeitpunkt die falsche Tür öffnen und in Abgründe fallen.» Ob er geht oder bleibt, es kann dem Besucher passieren, dass er nicht bewusst wahrnimmt, was ihm geschieht.

Die Unkenntlichkeit der Arbeit, auf die Gregor Schneider spekuliert, gehört zur Strategie seiner Produktion, nämlich Räume oder Teile von Räumen vor Ort zu verdoppeln oder zu vervielfachen: Wand vor Wand, Decke unter Decke, Boden auf Boden, Raum im Raum. Es ist eine Arbeit der Repräsentation, die in den gleichen oder ähnlichen Materialien am gleichen Ort wiedergibt, was gleichzeitig, eine oder gelegentlich mehrere Schichten tiefer, schon vorhanden ist. Die Repräsentation legt sich punktgenau vor das, was sie repräsentiert. Gregor Schneiders Arbeit ist eine Produktion, die sich insofern selbst vernichtet, als sie keine Transformation oder Transfiguration bewerkstelligt: Produktion ohne erkennbares Produkt, Praxis der Unproduktivität. Solche Praxis verweigert einen Gewinn von Erkenntnis, den etwa Duchamps Deplatzierung des Gebrauchsgegenstandes oder auch Michael Ashers Arbeiten der Subtraktion oder Verdoppelung versprechen. Doch da sich zwei Dinge nicht gleichzeitig am selben Ort befinden können, gibt es keine Identität des Einbaus mit dem, was er repräsentiert. In verschiedenen Arbeiten nutzt Gregor Schneider diese Ungleichheit weiter aus. In der Kunsthalle Bern (1996) baute er in eine Wand vor bestehender Wand einen vollständig durchgefärbten roten und einen ebenso durchgefärbten schwarzen Gipsstein ein; das Kaffeezimmer, in dem der ahnungslose Besucher eine ereignislose halbe Stunde verbringt, könnte sich währenddessen um 360 Grad gedreht haben; das Gästezimmer ist von einer meterdicken Isolationsschicht umgeben. Differenzen, Quellen möglicher abweichender Wirkungen werden auf die Rückseite der sichtbaren Räume verlegt und damit dem Zugriff gewöhnlicher Wahrnehmung entzogen. Um sie zu erkennen, bedarf es zusätzlicher Aufklärung. Gregor Schneider nimmt aber an, die Unterschiede könnten zu spüren sein. Insofern funktioniert seine Arbeit als Spekulation über erkenntnislose Wahrnehmung. Schon früh interessiert er sich dafür, ob Orte durch die Intensität von Ereignissen geprägt sein können, die dort stattgefunden haben, eine Stelle im Wald etwa durch den Mord, der dort passiert ist.

Mit der Strategie einer sich selbst durch Verdoppelung verhüllenden Produktion werden vorgefundene Räume verdeckt. Kenntnis davon war ursprünglich nur von Gregor Schneider selbst zu erhalten, der einen Besucher oder eine Besucherin des Hauses an der Unterheydener Strasse nicht nur zum Kaffee, sondern auch zu einer Führung durch das Haus einlud. Entsprechende Besuche des ehemaligen Kunstlehrers, von Freunden und einigen Künstlern hat es seit 1985 gegeben. Mittlerweile ist eine ganze Reihe von Darstellungen verfügbar, die von den betretbaren Zwischenräumen zwischen Einbau und ursprünglichen Wänden berichten, von verdoppelten Fenstern vor einer soliden Mauer, von verschiebbaren Wandteilen und engen Gängen, von verstellten Raumverbindungen. Selbst wenn Gregor Schneider Besucherinnen und Besucher auf die Rückseite der Räume führt, die andere ahnungslos betreten und wieder verlassen, verneint er damit das Geheimnis aufzulösen. Es gibt keine praktikable Unterscheidung zwischen dem Original und dessen Verdoppelung, zwischen ursprünglichem Bau und Einbau, zwischen vorgefundener Architektur und dazugekommener künstlerischer Arbeit. «Wegen der Masse der Einbauten kann ich nicht mehr zwischen hinzugefügten und weggenommenen Arbeiten unterscheiden... Die dahinter liegenden Raumschichten lassen sich nur noch ausmessen. Bis zu den letzten kommt keiner mehr, es sei denn, man würde das Haus systematisch aufbohren und zerstören.» Die Unmöglichkeit einer klaren Unterscheidung gilt nicht nur für den Besucher, sondern auch für Gregor Schneider selbst, der damit seiner eigenen Produktion gegenüber ebenfalls zum nichtwissenden Rezipienten wird. «Mich interessiert ein Leerlauf von Handlungen. Mich interessiert es, einen neutralen Punkt anzusteuern, den ich nicht mehr kennen kann.» Die Wiederholung des Vorhandenen produziert Unbekanntes – nicht im Vordergrund, sondern im Hintergrund der hinzugefügten Arbeit, dort, wo sie nicht ist, bei dem, was sie hinter sich lässt und verdeckt.

Hier wird es unheimlich. Die Unheimlichkeit liegt nicht in den Räumen selbst, so befremdlich sie auch sein mögen. Unheimlich ist es dahinter, dort, wohin es keinen Zutritt gibt, oder wo es, wenn Zugang möglich ist, unentscheidbar bleibt, was man vor sich hat. Gregor Schneiders Verdoppelung von Räumen seines Hauses in deren Inneres hinein ebenso wie der Bau von Räumen, die schon vorher dort hätten gewesen sein können, es möglicherweise aber nicht wirklich waren, diese Wiederholung des wirklich oder virtuell Vorhandenen zieht das Entstehen von Orten des Unheimlichen nach sich. Die Verlegung von architektonischen Elementen und ganzen Räumen in eine zweite, tiefer liegende Raumschicht verkehrt das, was übermässig bekannt ist, nicht mehr eigens wahrgenommen wird und daher für das «Heim» einstehen kann, in dessen Negation. So ist das Unheimliche nicht das schlechterdings Andere, sondern das unzugänglich oder unidentifizierbar gemachte Eigene. Es ist die Kehrseite des Belanglosen und Alltäglichen. Darauf weist Gregor Schneider hin, wenn er erwartet, der ahnungslose Besucher, der gewöhnlich nach einer ereignislosen halben Stunde mit dem Hausherrn das KAFFEEZIMMER wieder verlässt – es mag sein, dass es sich währenddessen

GREGOR SCHNEIDER, TOTAL ISOLIERTER, TOTER RAUM (UR8), Giesenkirchen, 1989–91 / COMPLETELY INSULATED DEAD ROOM (UR8). (PHOTOS: GREGOR SCHNEIDER)

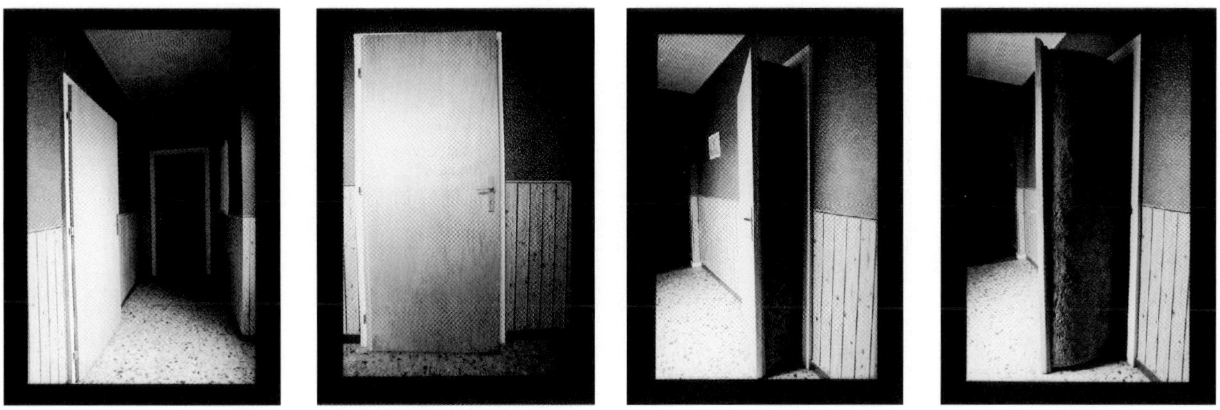

einmal um die eigene Achse gedreht hat, um nirgendwo anders als an seinem Ausgangspunkt wieder anzukommen –, dieser ahnungslose Besucher könnte zum falschen Zeitpunkt die falsche Tür öffnen und in einen Abgrund stürzen. Es könnte dem Besucher passieren, unerwartet und mit katastrophaler Folge die Grenze zum Unheimlichen zu überschreiten.

Das Unheimliche hat seinen Ort auf der Rückseite der vertrauten Örtlichkeiten, als deren unfasslicher Grund ist es der Ort, wo man nicht sein kann. Es kann aber sein, dass Gregor Schneider den Raum hinter einem eingebauten Raum mit Figuren besetzt, die das Unheimliche bildlich fassen. Für seine Ausstellung im Jahr 1996 in der Kunsthalle Bern hat er das TOTAL ISOLIERTE GÄSTEZIMMER aus dem Haus in Rheydt ausgebaut und so in einen Ausstellungsraum eingebaut, dass dessen grösster Teil, hinter dem Einbau gelegen, unzugänglich wurde. In diesem unbetretbaren Raum wurden Objekte, Skulpturen platziert oder eher abgestellt wie der Sarg, die Pfütze, die Pissecke, die weisse Kugel, der schwarze Stern (Negativkern), der Pfeiler aus der Galerie Fischer, die Schlammwanne, Steine. Sie funktionieren als Embleme des Unheimlichen in ähnlicher Weise wie die steinernen Schimären in mittelalterlichen Kirchen, die an Stellen angebracht sein konnten, wo sie jedem Blick entzogen waren. Unheimlich ist ein Inventar, dessen versteckte Anwesenheit spürbar sein, von dem berichtet werden kann, das aber unsichtbar, unfasslich bleibt, unmöglich zu überprüfen. In ihrem Essay für den Katalog zu Gregor Schneiders Biennale-Beitrag hat Elisabeth Bronfen das TOTE HAUS UR mit Freuds und Heideggers Theorien des Unheimlichen in Verbindung gebracht. «Der Akt des Bauens als Wohnen ist als Gegenmittel gegen die unheimliche Angst gemeint, die aus der unheimlichen Nähe der inhärenten Instabilität der Existenz erwächst, indem er es dem menschlichen Subjekt ermöglicht, auf sein oder ihr individuelles In-der-Welt-Sein Acht zu haben. Damit kann das Subjekt lernen, die Unheimlichkeit seiner oder ihrer Heimatlosigkeit zu überwinden.»[3] Für den unvorbereiteten Besucher des Hauses sieht Gregor Schneider nur die Alternative vor, entweder an die Normalität des KAFFEEZIMMERS, ein Trugbild der Behaustheit, gefesselt zu bleiben oder in einem unheimlichen Abgrund für immer zu versinken. Er selbst aber hat zu beiden Orten Zugang, er ist der Wechselgänger zwischen beiden Orten. Daher sagt er: «Ich bin gar nicht am Raum interessiert. Als ich das erste Mal einen Raum gebaut habe, habe ich gar nicht verstanden, dass ich einen Raum gebaut hatte. Das hat mir jemand anders gesagt.» Später in demselben Gespräch redet Gregor Schneider von einer verschiebbaren Wand und sagt: «Das ist die wichtige Wand, wo ich die Hinterwandbilder hinstelle oder die Zwischenwandsteine, oder hinter die ich mich auch selbst mal stelle.» Gregor Schneider hat seinen eigenen Ort zwischen dem Einbau und dem anderen,

GREGOR SCHNEIDER, TOTAL ISOLIERTER, TOTER RAUM (UR8), Giesenkirchen, 1989–91 /

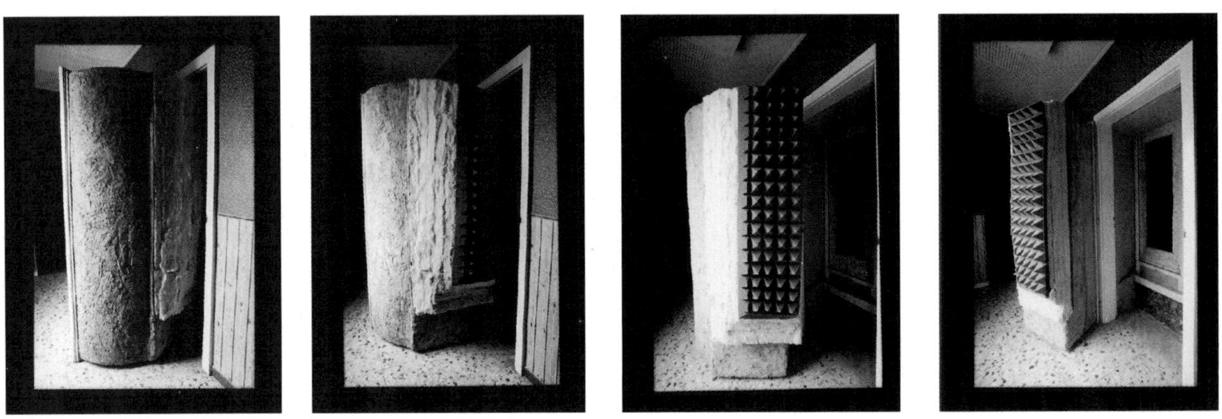

dem abgeriegelten Ort, er geht zwischen beiden hin und her. Diesen zweifachen Zugang dokumentiert er in seinen Photos und Videos. Einerseits wird das KAFFEEZIMMER über eine lange, ereignislose Zeit in einer statischen Aufnahme gezeigt, einzig die Gardine vor dem erleuchteten Fenster bewegt sich leicht im Wind des hinter dem Einbau angebrachten Ventilators. Der Einbau wird gefilmt ohne jeden Hinweis darauf, dass es sich um etwas anderes handelt als einen normalen Raum wie unzählige andere in irgendwelchen Wohnungen. Andererseits gibt es Videos von dunklen, mit wild bewegter Handkamera aufgenommenen, nur mit der Taschenlampe erleuchteten Gängen, die vielfältige, mehr oder weniger gut lesbare Details, gelegentlich auch erschreckende Einzelheiten, farbige, nach innen wuchernde Wurzeln, eine menschliche Figur, wüst angehäuftes Material erkennen lassen. Zu hören ist der keuchende Atem eines Menschen und man begreift, dass sich Gregor Schneider hier durch die inneren Gänge seines Hauses quält, Stellen, die auch häufige Besucher nie betreten haben.

Auf seinen Führungen nimmt Gregor Schneider den Besucher oder die Besucherin mit in den Zwischenraum zwischen Abgrund und Banalität, gibt Hinweise auf den unheimlichen Grund häuslichen Wohnens und vermittelt damit die Möglichkeit eines Umgangs mit dem Unfasslichen, das jede Stabilität der Existenz erschüttert – gemäss dem Hinweis von Elisabeth Bronfen kann es bei einer künstlerischen Arbeit nicht darum gehen, das Unheimliche psychoanalytischer Bewältigung zu unterwerfen, sondern Sache der Kunst sei es, dessen Spuren zu bewahren. In dem Haus in Rheydt ist Gregor Schneider allein, baut immer weiter, empfängt gelegentliche Besucher, verhandelt durch seine Praxis die Beziehung zum Unheimlichen. In Venedig steht das TOTE HAUS UR jedem offen; Hunderte, Tausende haben es besichtigt. Der Einbau lässt keinen Raum für Ahnungslosigkeit. Mit dem Wechsel des Standortes wird der Widerspruch zwischen belangloser Alltäglichkeit des Raumes und seiner Kehrseite, der Bodenlosigkeit, ersetzt durch eine Atmosphäre durchdringender Befremdung. Das Haus gewinnt an Ebenen der Lektüre. Diese aber verdecken den unheimlichen Grund des Häuslichen, sie funktionieren ähnlich wie Gregor Schneiders Einbauten selbst. Dies wird klarer werden, sollte Gregor Schneider den venezianischen Einbau, angereichert mit der Geschichte all dieser Besichtigungen, je wieder in das Haus in Rheydt einbauen.

1) Diese und alle weiteren zitierten Äusserungen von Gregor Schneider stammen aus Gregor Schneider und Ulrich Loock, «...ich schmeisse nichts weg, ich mache immer weiter...», in: *Gregor Schneider*, Ausstellungskatalog, Kunsthalle Bern, 1996.
2) *Gregor Schneider, Arbeiten 1985–1994*, Ausstellungskatalog, Krefelder Kunstmuseen und Gregor Schneider, 1994.
3) Elisabeth Bronfen, «Kroptotopien. Geheime Stätten / Übertragbare Spuren», in: *Gregor Schneider. Totes Haus ur,* Ausstellungskatalog, La Biennale di Venezia 2001, S. 57 f.

COMPLETELY INSULATED DEAD ROOM (UR8). (PHOTOS: GREGOR SCHNEIDER)

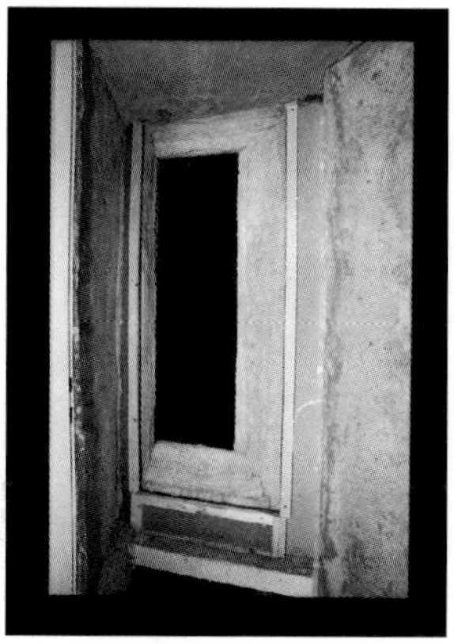

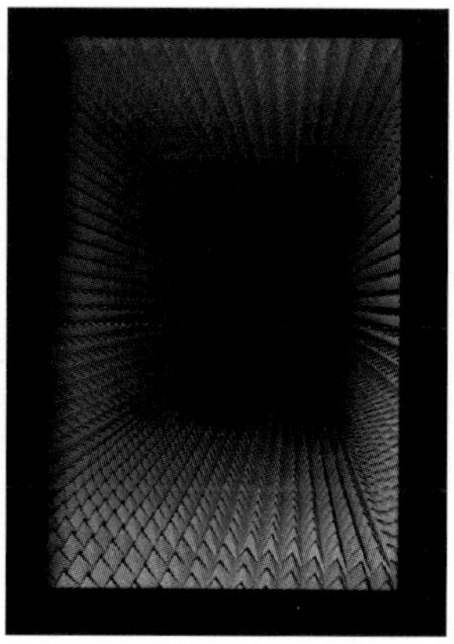

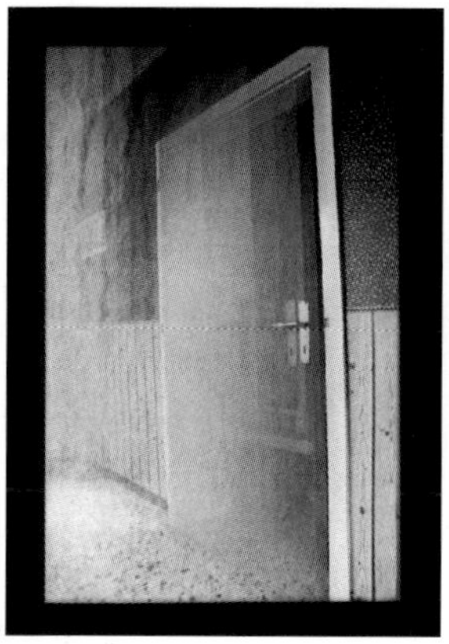

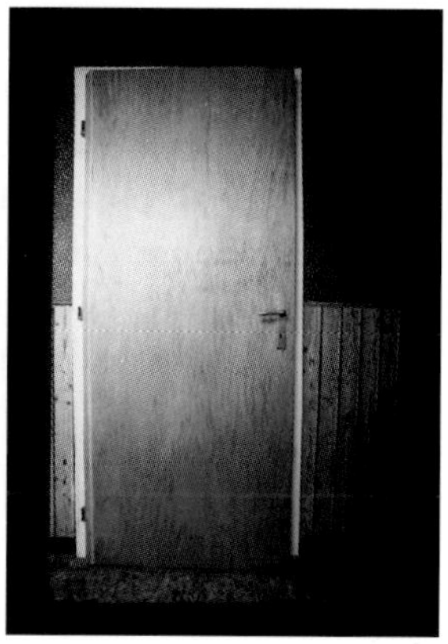

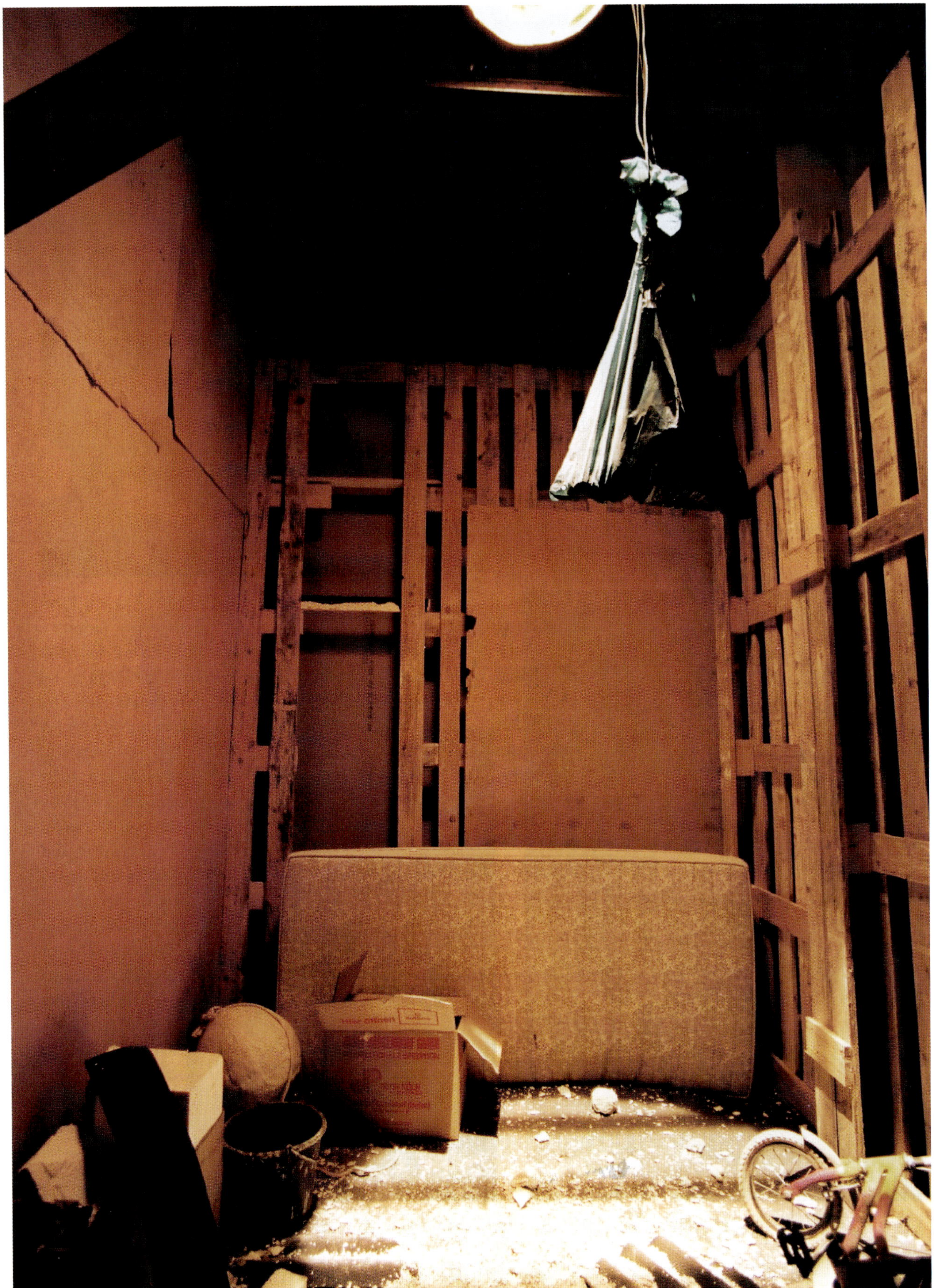

GREGOR SCHNEIDER, TOTES HAUS UR, *Venedig 2001* / DEAD HOUSE UR, *Venice.* (PHOTO: GREGOR SCHNEIDER)

era: a pretty pass. From the outer door one goes straight into the house with its stairs, doors, rooms; standard issue, stultifyingly familiar. The change of location is abrupt and total, from the exhibition grounds into unremittingly ordinary rooms. As though one had seen it all before. Behind one door a small room with a mattress and roller blinds down, some light penetrating through the slits: the SCHLAFZIMMER (Bedroom); a tiny grubby room, a closet behind a stained blanket; elsewhere the LETZTE LOCH (Last Hole); a destroyed room, lined with lead sheeting and fiberglass insulation, studs on the floor and on the walls in preparation for more cladding: the shell that is left after the removal of the TOTAL ISOLIERTES GÄSTEZIMMER (Totally Insulated Guest Room); cellar rooms, the KELLERFENSTER (Cellar Window); some kind of a party cellar with bare white walls, colored lights and a disco ball: the PUFF (Whorehouse); rooms reserved for DAS KLEINSTE WICHSEN (The Smallest Wank) and DAS GROSSE WICHSEN (The Large Wank); a step down from a jacked-up floor—under it lie ragged clothing, rubbish, the skin of a collapsible boat, a floppy sex-doll, deflated—into a messy kitchen with a stainless-steel sink and some crockery; hidden deeper inside the house—you have to bend down, crawl, to get through to it—a bright, clinically-lit room containing a bed with white sheets, a bath tub, a cupboard with glasses, remains of food and a built-in washbasin: the LIEBESLAUBE (Love Nest); an old-fashioned wooden staircase from the ground floor to the first floor; a small hallway with three doors, to the stairwell, up two or three steps to the slightly higher KAFFEEZIMMER (Coffee Room) with illuminated windows and curtains moving gently in the air, to a somewhat larger room which was used as an ATELIER (Studio) from time to time.

It is disconcerting to find these overly familiar-seeming rooms built into this Venetian pavilion, to go through certain rooms only to come unexpectedly upon more rooms tucked into the body of the house, amorphous and organic in its depths and defying comprehension. These are rooms that previously existed in the house in Rheydt, that were built there. While the sequence of the rooms is no longer the same (in Venice the cellar is on the same level as the ground floor), no one would claim they had not been in the cellar; not all the rooms from Rheydt have been included, in some cases adjustments have been made—some had in the meantime been sold to collectors in various parts of the world and had to be retrieved for the 'inbuild' in Venice; the top floor of the house in Unterheydener Strasse is missing, parts of rooms have been constructed that never existed in Rheydt. But whether in Rheydt or in Venice, it is still the DEAD HOUSE UR. Certain items, the socks in the corner, lie in exactly the same place in Rheydt as they do in Venice. The inbuild in Venice is just another rebuild in the ongoing building work that Gregor Schneider has been occupied with for years in Unterheydener Strasse. The work was never guaranteed as authentic by a final state in Rheydt, the inbuild in Venice is another state of the original—of an original that has since gotten lost in the series of rebuilds, one inside the other.

Open to visitors, the DEAD HOUSE UR is a bewildering sequence of rooms designed for all the activities of ordinary living and filled with the signs of a bachelor existence, from the inflatable doll to the electric cooking ring, from the studio to the ripped-out guest room, from the rubbish lying around to the built-in washbasin—as though anyone who had once used these things had not been there for a long time. The house is open to visitors, but only after life has left it, if there ever was any life in it, that is: a deserted stage filled with clues. These rooms and their contents read like a depressing picture of German fug, the demise of bourgeois identity, a life-sized metaphor of disorientation, a spatial projection of celibate fantasies—a work as serious and demanding as the Facteur Cheval's PALAIS IDÉAL or the MERZBAU by Kurt Schwitters with its 'Cathedral of Erotic Misery'; they read like a reflection on the history of the Nazi era inscribed into the German Pavilion—taking up the thread of earlier works in the same place, the STRASSENBAHNHALTESTELLE (Streetcar Stop) by Joseph Beuys; the torn up floor and photo of Hitler and Mussolini's visit to the Biennale in Hans Haacke's work, or the DEUTSCHLANDGERÄT (German Utensil) by Reinhard Mucha.

Born in 1969, Gregor Schneider has been working on the DEAD HOUSE UR since 1985. He first

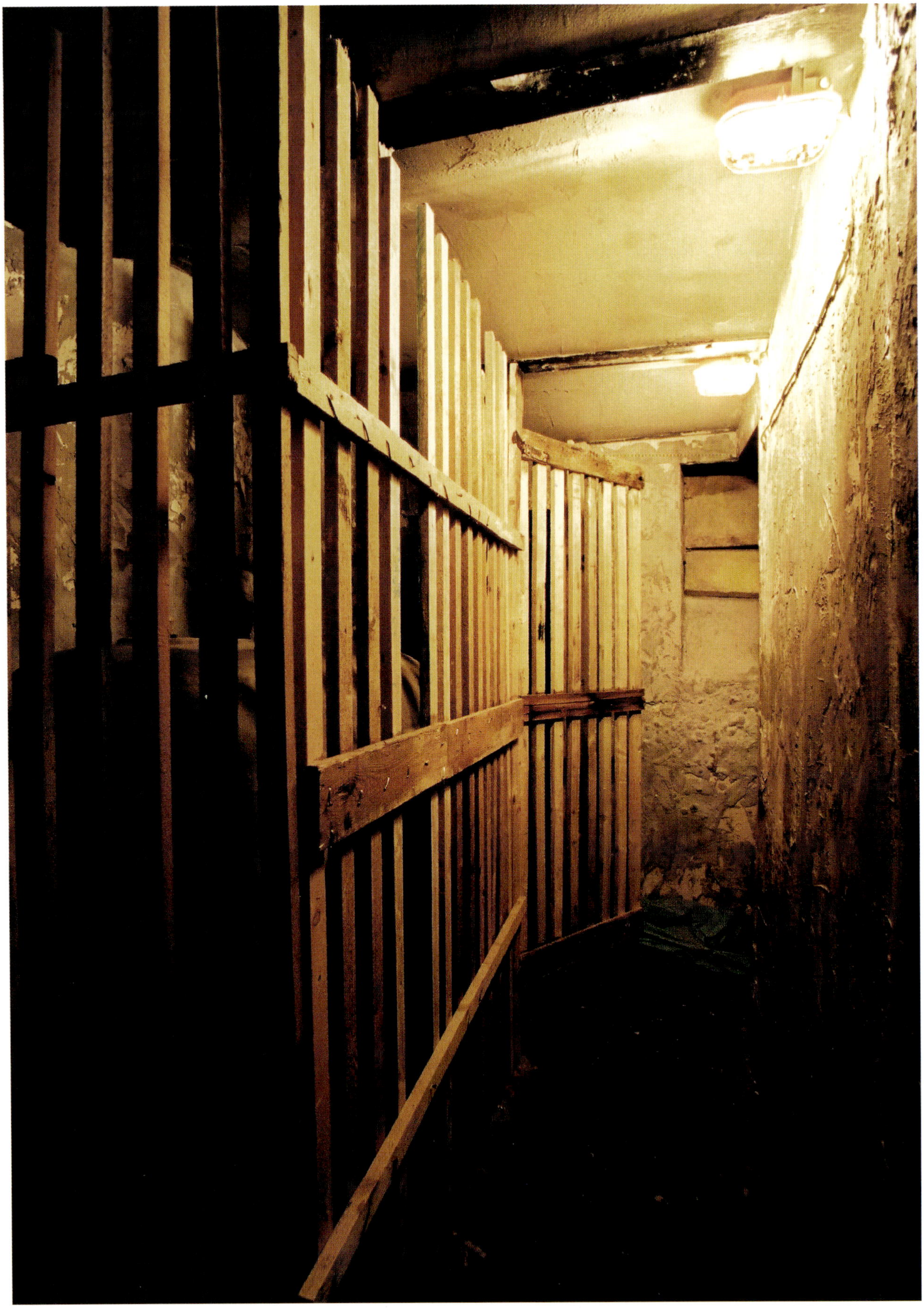

GREGOR SCHNEIDER, *TOTES HAUS UR, Venedig 2001 / DEAD HOUSE UR, Venice.* (PHOTO: GREGOR SCHNEIDER)

reconstructed rooms from the house in Rheydt elsewhere in 1996, namely in the Kunsthalle Bern. At the same time he has also made various works in other places: the TOTAL ISOLIERTE, TOTE RAUM IN GIESENKIRCHEN (Completely Insulated Dead Room in Giesenkirchen, 1989–91), an UNBEKANNTE ARBEIT IM VERSCHWINDENDEN DORF GARZWEILER (Unknown Work in the Disappearing Village of Garzweiler, 1990–91), a RAUM IM RAUM (Room in Room), a BEWEGLICHE DECKE UNTER DECKE (Moving Ceiling under Ceiling), a WAND VOR WAND (Wall in front of Wall) and 2 WÄNDE VOR WAND (2 Walls in front of Wall) in the Galerie Löhrl in Mönchengladbach (1992), 3 WANDSTÜCKE VOR WAND (3 Wall Pieces in front of Wall), a PFEILER IM RAUM (Pillar in Room), a WANDTEIL UNTER DECKE (Section of Wall under Ceiling), a WAND VOR WAND (Wall in front of Wall) in the Galerie Konrad Fischer in Düsseldorf (1993), a RAUM IM RAUM (Room in Room) in the Galerie Andreas Weiss in Berlin (1994), an AUSGEBAUTES UND ERSETZTES WANDSTÜCK (Removed and Replaced Section of Wall) in the Museum Haus Lange in Krefeld (1994).[3)] The complete list of works from this period shows that by far the majority of these were built in the house in Rheydt, with a negligible few made elsewhere. This has given rise to the notion—or rather myth—that Gregor Schneider lived entombed in the house for years, building and rebuilding the DEAD HOUSE UR in almost total isolation, so that ten years later, when the art world gradually began to take notice of him, he suddenly appeared with a full-fledged work that precluded the questions as to future 'developments' that normally greet a 'young artist.' Yet the question did arise, all the more so in connection with the work in Venice, as to how he would deal with the acts of destruction in the house that went with removing rooms and reconstructing them elsewhere for exhibition purposes. "Exhibitions are always the death of work. We all fail in our endeavors. After the exhibition I will be alone again. Then I will go back to square one and start my work again."

In contrast to Venice, the rooms in the house in Rheydt, as Gregor Schneider intends, do not register as such: "Maybe someone comes in because the door was left open or they have been invited. They drink a cup of coffee with me. We have a boring conversation, they leave again, and don't even wonder why they were there in the first place." The other side of any such trivial encounter with the maker of the house could be the irretrievable disappearance of the visitor inside the construction itself: "Of course I can't know what will happen. Someone might open the wrong door at the wrong moment and plunge into an abyss." Whether they leave or stay, it is perfectly possible that visitors are not conscious of what is happening to them.

The non-recognizability that Gregor Schneider is counting on in his work is part of his production strategy, which involves 'doubling' and multiplying rooms or parts of rooms inside themselves: wall in front of wall, ceiling below ceiling, floor on floor, room in room. It is a labor of representation that uses the same or similar materials to replicate in the same place something that already exists there, beneath one or more layers. The representation is located exactly in front of the thing it is representing. Gregor Schneider's work is a production that negates itself in the sense that it involves neither transformation nor transfiguration: production without a recognizable product, a praxis of unproductivity. Such praxis holds out no hope of that moment of recognition which is promised, for instance, by Duchamp's displacement of some everyday object or even by Michael Asher's subtracting and doubling. But since two things cannot be in the same place at the same time, the added structure is not identical with what it represents. In certain works Gregor Schneider exploits this disparity. In the Kunsthalle Bern (1996), he built one solid red plaster block and one solid black one into his wall in front of an existing wall; the coffee room, in which the unsuspecting visitor spends an uneventful half-hour, might in the meantime have completed a 360° rotation; the guest room has a one-meter-thick layer of insulation. Differences, sources of possibly unexpected effects are relegated behind the walls of the visible rooms, and thereby put beyond the reach of normal perception. Additional explanation is needed for anyone to recognize them. But Gregor Schneider assumes that these differences may well be perceptible. In this sense his work is a speculation on perception without

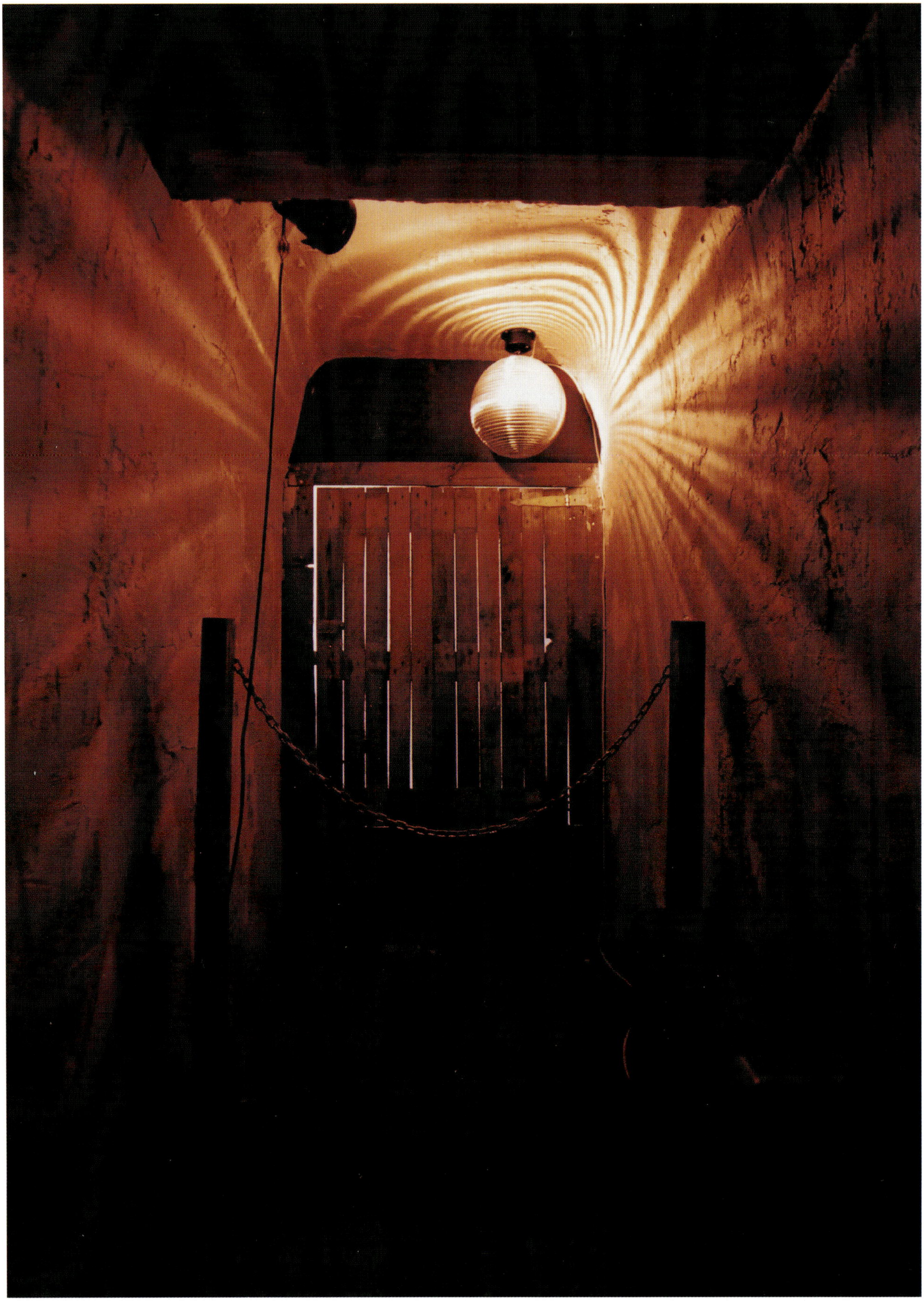

GREGOR SCHNEIDER, TOTES HAUS UR, *Venedig 2001* / DEAD HOUSE UR, *Venice.*

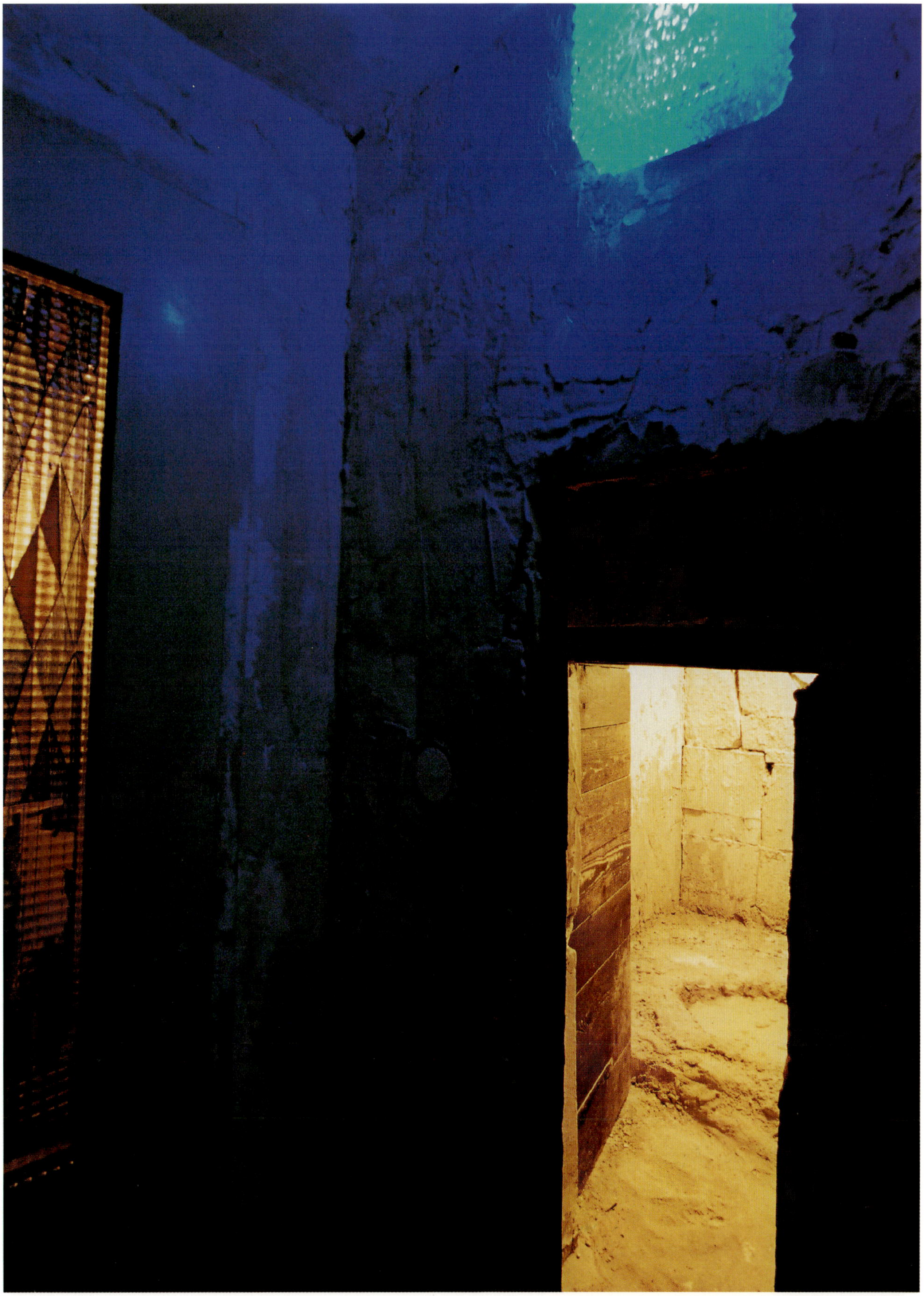

GREGOR SCHNEIDER, TOTES HAUS UR, *Venedig 2001* / DEAD HOUSE UR, *Venice.* (PHOTOS: GREGOR SCHNEIDER)

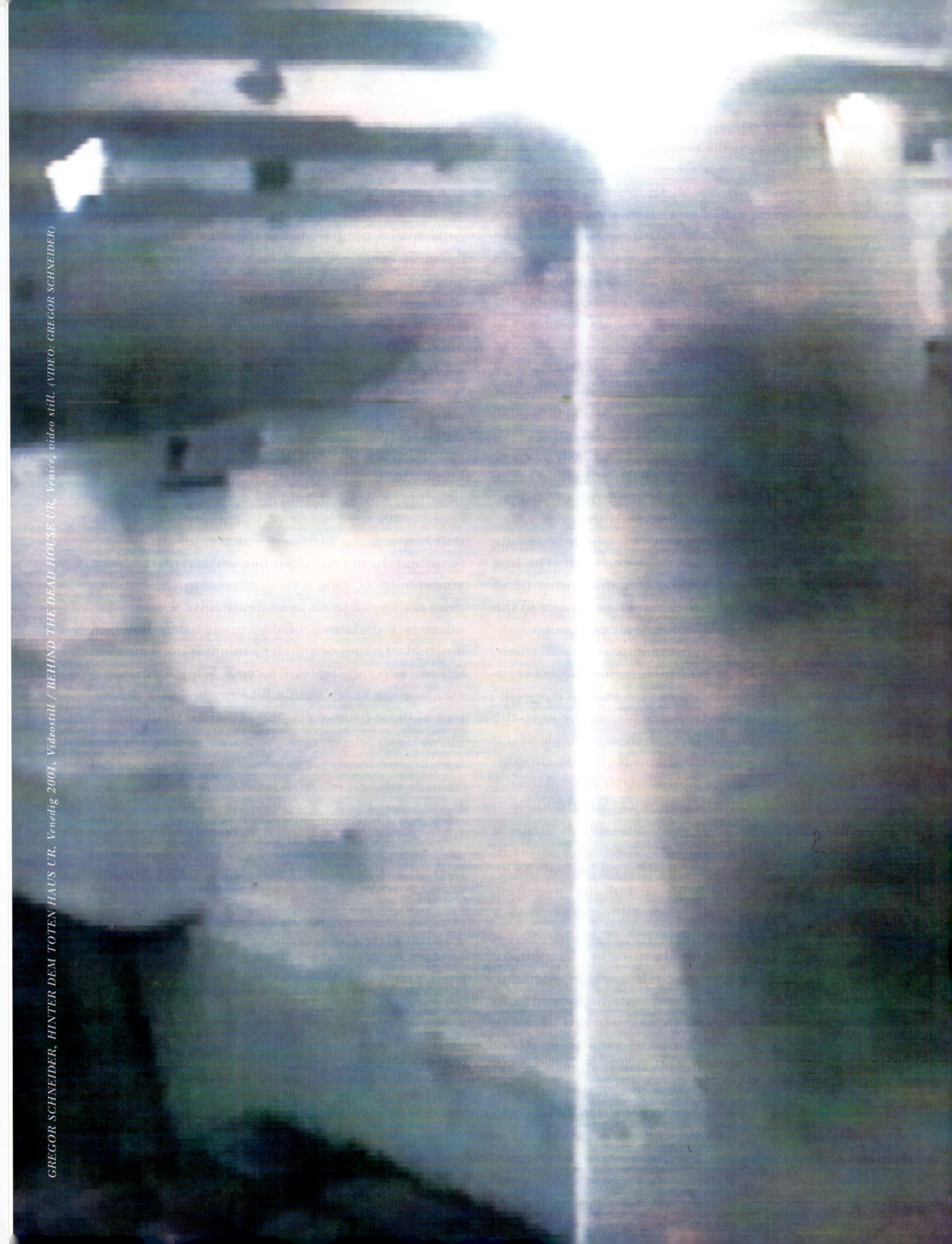

GREGOR SCHNEIDER, HINTER DEM TOTEN HAUS UR, Venedig 2001, Videostill / BEHIND THE DEAD HOUSE UR, Venice, video still. (VIDEO: GREGOR SCHNEIDER)

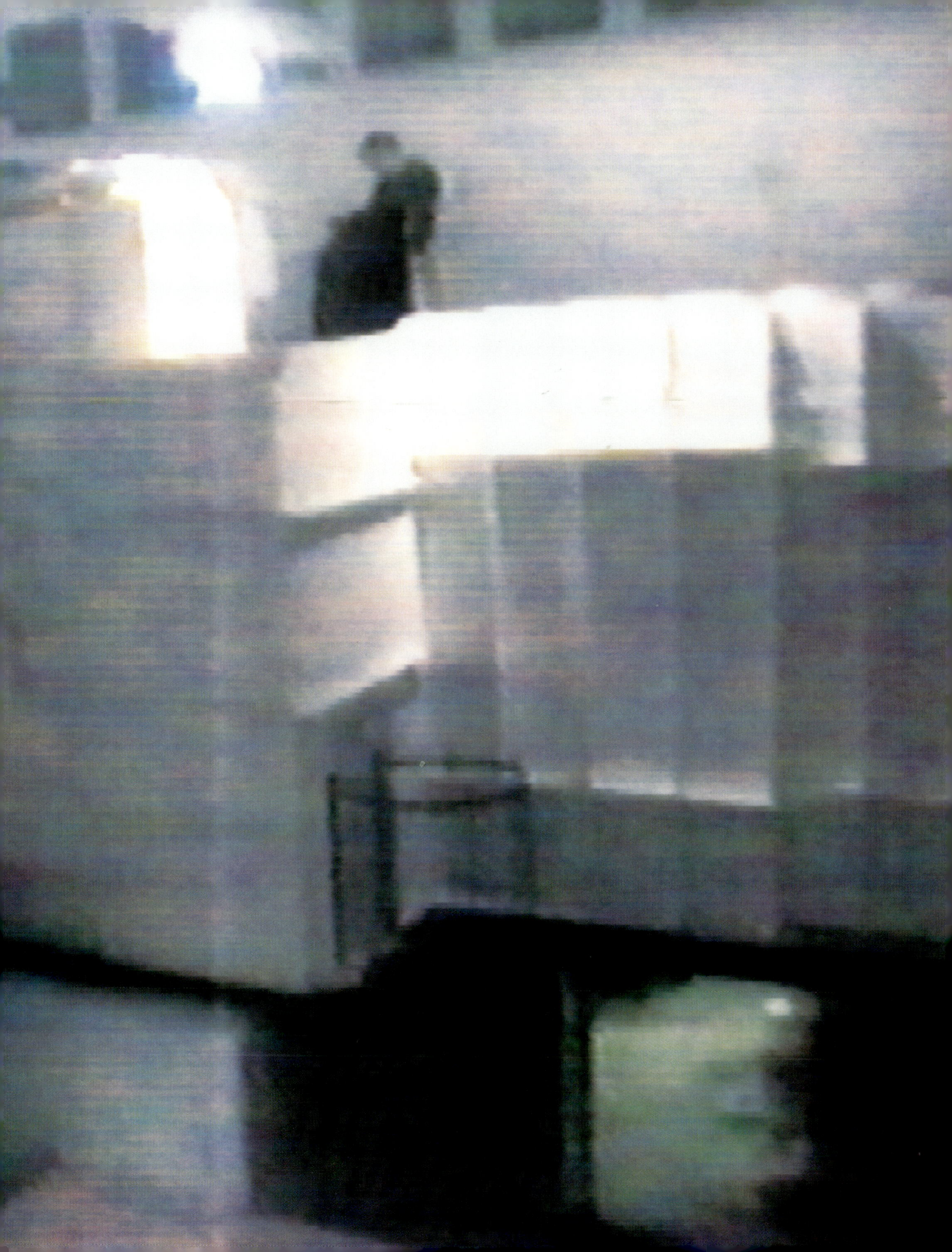

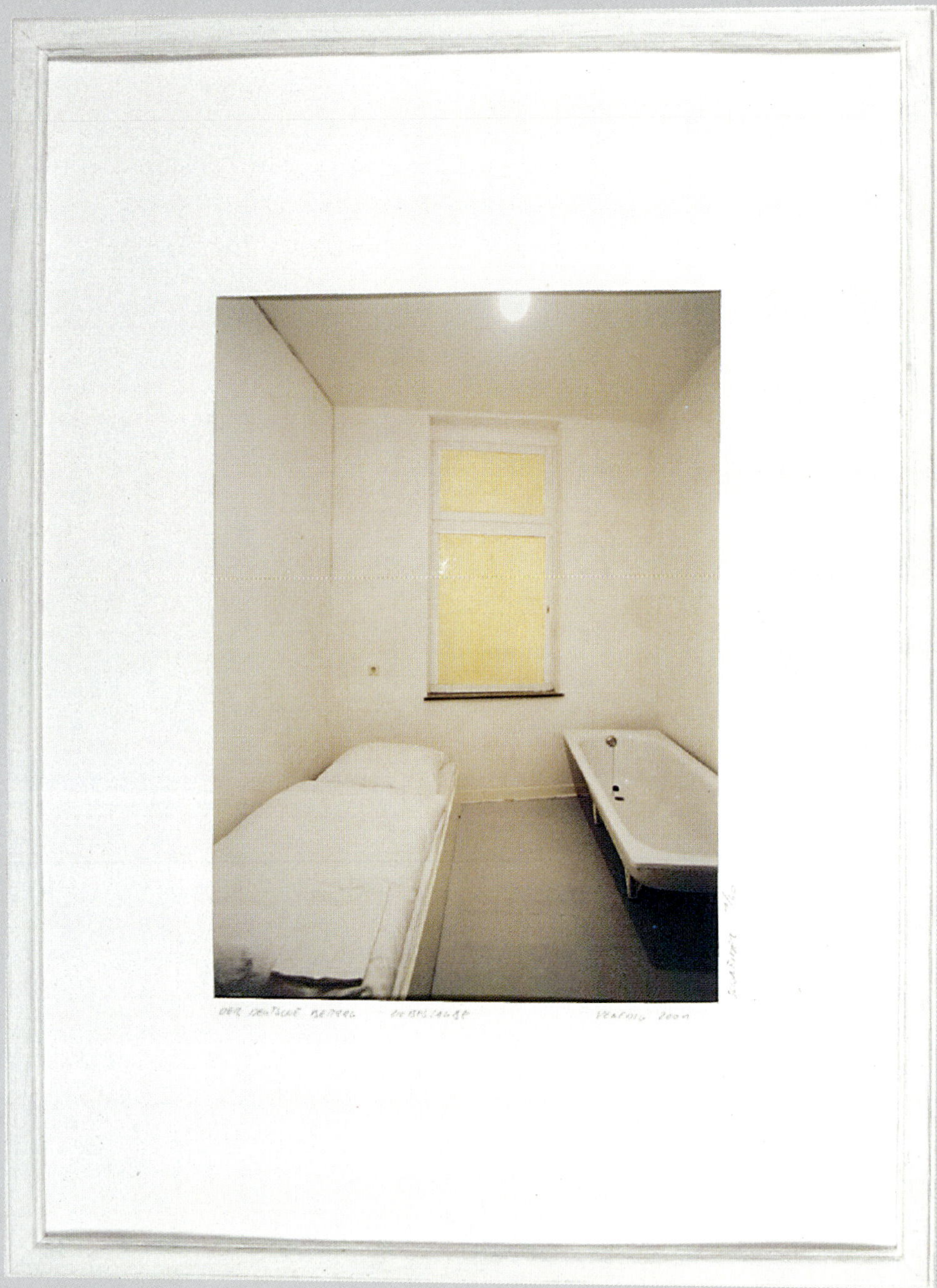

EDITION FOR PARKETT

GREGOR SCHNEIDER

DER DEUTSCHE BETTAG, LIEBESLAUBE, VENEDIG, 2001

Zwei Farbphotographien in handbemalten Holzrahmen mit vom Künstler gefertigten Passepartouts.
Bildformat 24 x 17,3 cm, Rahmen 41,8 x 31,8 cm.
Auflage: 60, signiert und nummeriert.

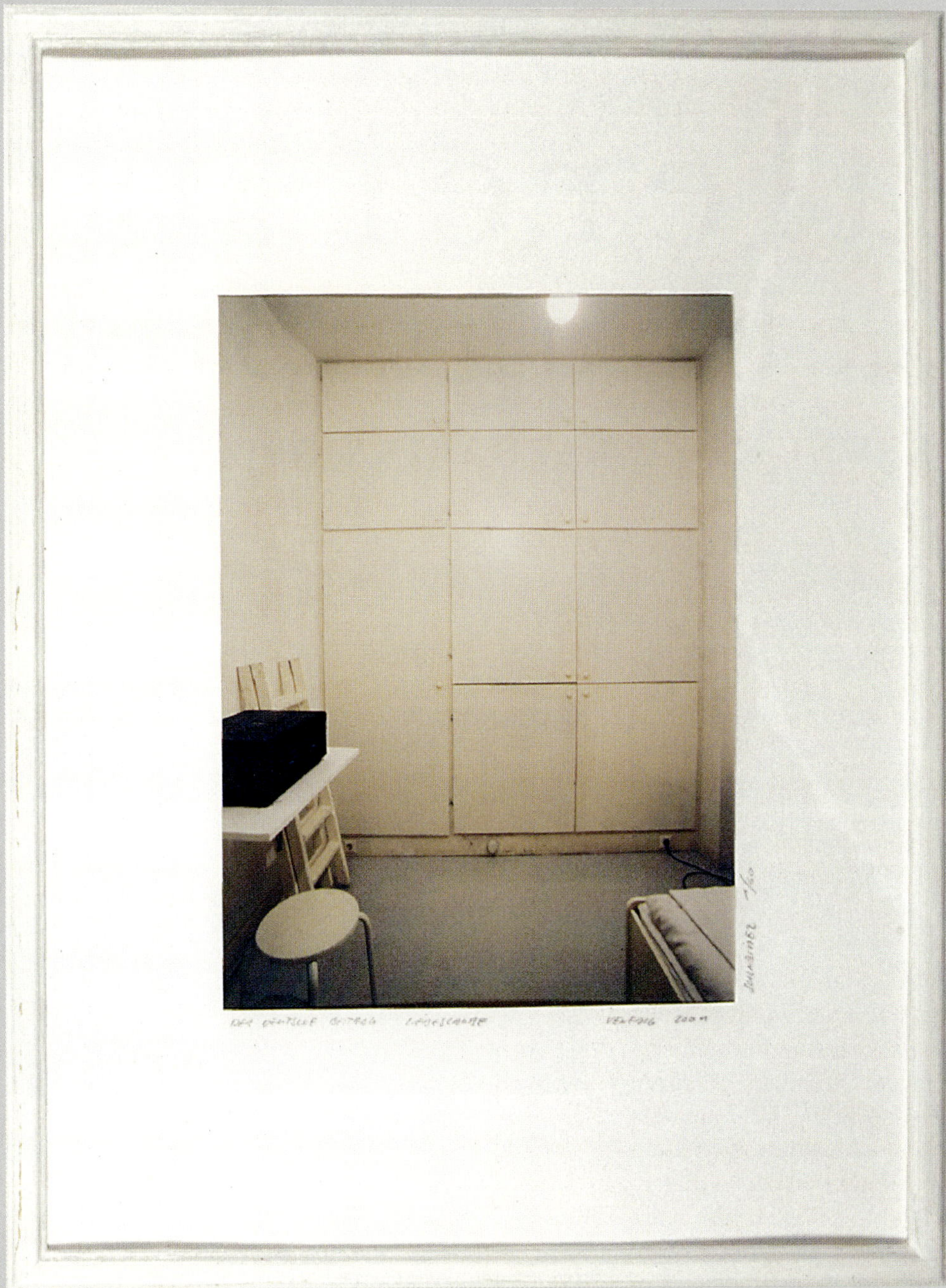

(PHOTO: FBM STUDIO, ZÜRICH)

Two color photographs in hand-painted frames with passe-partouts made by the artist. Image size 9½ x 6⅘”, frames 16½ x 12½”. Edition of 60, signed and numbered.

GERMAN DAY OF PRAYER, BOWER, VENICE, 2001

Malerei als Beziehungsspiel

ANMERKUNGEN ZU KATHARINA GROSSE

RAINER FUCHS

Sprühpistole und Pinsel sind Katharina Grosses Malwerkzeuge, aufgespannte Leinwände, Aluminiumtafeln und Papierbahnen werden von ihr ebenso als Malgründe genutzt wie die Wände und Decken von Räumen. Grosse führt das Unterschiedliche parallel. Sie verwendet dieselben Maltechniken in unterschiedlichen Kontexten, erstellt sowohl Bilder wie auch Wandmalereien mit denselben Werkzeugen, überlagert und vermischt mitunter Pinsel- und Sprühtechnik in denselben Bildern und hält die Unterscheidung von bildbezogener und rauminstallativer Malerei bewusst in der Schwebe. Es würde daher wenig Sinn machen, diese Vielfalt von Rahmenbedingungen und Kontextualisierungen zum Anlass einer rigiden Unterteilung des Œuvres in konventionelle Werkkategorien zu nehmen, also etwa eine manuell erstellte von einer mechanisch konstruierten beziehungsweise eine bildbezogene von einer raumbezogenen Malerei kategorisch zu unterscheiden, oder gar eine sukzessive Emanzipation malerischer Praxis aus der Umklammerung manuell erzeugter und hermetischer Bildlichkeit erkennen zu wollen. Das hiesse in eben jener tradierten begriffsgeschichtlichen Perspektive zu verharren, die diese Art der Malerei von vornherein zur Diskussion stellt. Dieses Werk orientiert sich nicht an Trennungen von Techniken und medialen Zuordnungen, sondern gründet im Gegenteil in der Inszenierung von Verschiebungen, Übergängen und Verschleifungen, um gerade dadurch zu Differenzierungen in Bezug auf Malerei als Medium und Begriff zu gelangen.

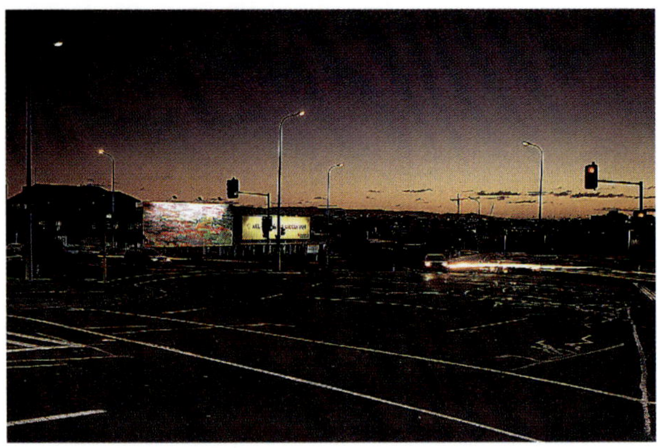

KATHARINA GROSSE, OHNE TITEL, 2001, Acryl auf Plakatwand, Auckland, Neuseeland / UNTITLED, acrylic on billboard, Auckland, New Zealand. (PHOTO: KATHARINA GROSSE)

Gerade das von Grosse vollzogene malerische Bespielen unterschiedlicher Kontexte deutet an, dass hier Malerei als ein zugleich offenes und präzises

RAINER FUCHS ist stellvertretender Direktor des Museums Moderner Kunst Stiftung Ludwig in Wien.

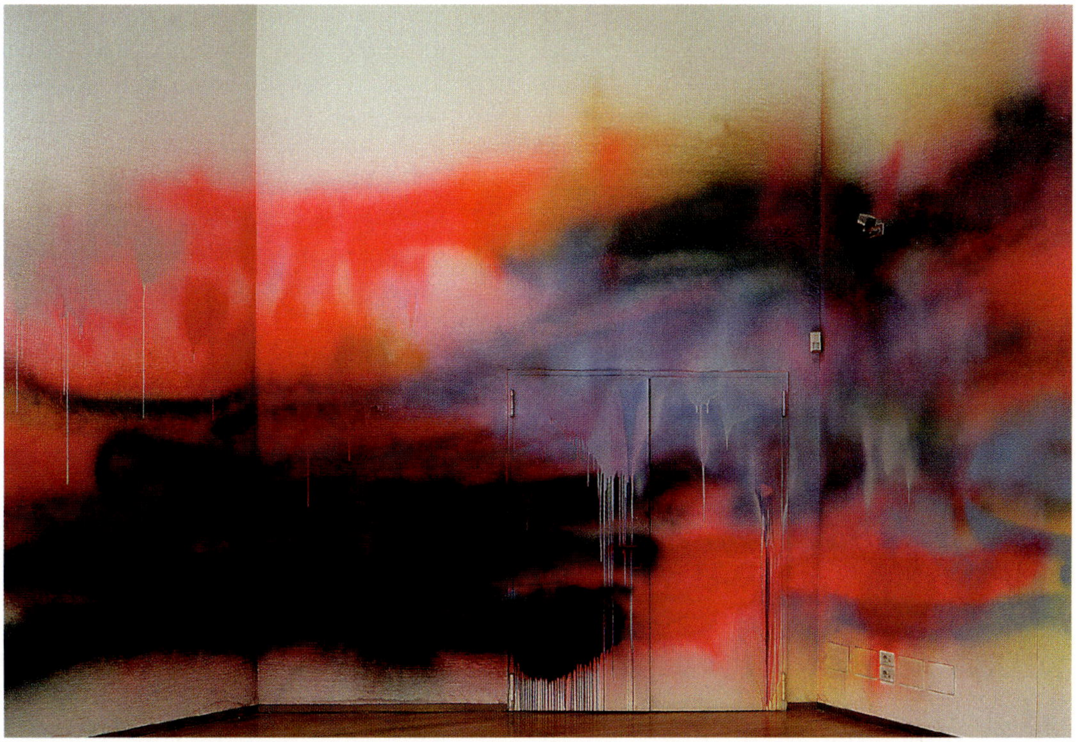

KATHARINA GROSSE, OHNE TITEL, 2001, Acryl auf Wand, «Milano Europa 2000», PAC Padiglione d'Arte Contemporanea, Milano, Detail / UNTITLED, acrylic on wall. (PHOTO: SERGIO ANNELLI)

Beziehungsspiel angelegt ist, und dass Malen von vornherein bedeutet, sich auf ein gelenktes Interferieren von Farbformen und Rahmenbedingungen mit unkalkulierbarer Rezeptionsgeschichte einzulassen. Diese Grundbedingungen der Malerei in der Arbeit auch transparent zu halten, ist kennzeichnend für Grosse. Wenn ihre Kunst auch als Malerei über Malerei gesehen wird, so kann damit keine thematische Festlegung oder Verengung des Œuvres gemeint sein, sondern lediglich der sichtbar gehaltene Bezug auf ein ohnehin unhintergehbares Grundthema der Malerei. Die Künstlerin verschafft der Malerei ein Porträt ihrer selbst, das nicht in hermetisch-narzisstischer Selbstbespiegelung kreist, sondern geradewegs der Öffnung neuer malerischer Möglichkeiten und Perspektiven dient, indem der «Blick in den Spiegel» gleichsam einer Distanz der Malerei zu sich selbst – um ihrer selbst willen – Vorschub leistet. Wie wenn man in den Spiegel schaut, um nicht einfach nur sich selbst wiederzuerkennen, sondern um sich aus Distanz zu sehen, sich mit den Augen eines anderen zu kontrollieren und die Identität des Ich als unabschliessbares, auf aussen liegende Kontexte – wie den Spiegel selbst – angewiesenes Beziehungs- und Fragespiel zu erfahren. Wenn sich also die Malerei bei Katharina Grosse um die Visualisierung und Thematisierung des Malens selbst zentriert, dann doch nur, um die Frage nach der Selbstbezüglichkeit ihrerseits permanent in Frage zu stellen. Dieser malerische Ansatz ähnelt dem Besprechen der Sprache, als einem Reflektieren, das sich vom Misstrauen gegenüber naiven begriffsrealistischen Identitätskonzepten nährt.

Wie Wörter und Begriffe sich über das Begriffene legen, ohne deshalb schon mit diesem identisch zu sein, so fällt Malerei bei Grosse gleichsam wie farbiges Schattenwerk auf alle möglichen Gegenstände und Gegebenheiten, um sich mit diesen zu verbinden und dieses Verbinden selbst zum Ausgangspunkt eines in sich differenzierten Selbstverständnisses zu bestimmen. «Die Tatsache, dass ein und dasselbe Wort [bzw. ‹Bild›, Anm. d. Verf.] sich gleichzeitig auf den Bildträger und das Ergebnis des Malprozesses beziehen kann, gibt zu denken. Es geht um die Ver-

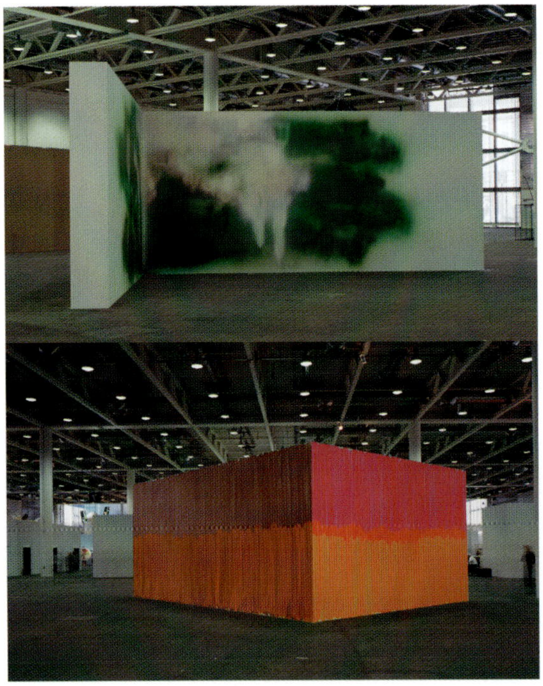

KATHARINA GROSSE, FISH GONE WORSE, 2000, Acryl auf Wand, ca. 400 x 600 x 900 cm, «Art Unlimited: Art Basel 2000» / acrylic on wall, ca. $13\frac{1}{8}$ x $19\frac{3}{4}$ x $29\frac{1}{2}$ ft.
(PHOTOS: MICHAEL FONTANA)

bindungen zwischen dem, was man als ‹Operation› des Bildes mit seiner äusseren Form, seinem ‹Aussen› bezeichnen könnte, und seinem Substrat, seiner eigentlichen Substanz.»[1)] Was hier von Hubert Damisch für das «Bild» angedeutet wird, lässt sich auch auf die «Malerei» übertragen. Betrachtung der Malerei als Erörterung ihrer «Verbindungen» bzw. die Definition von Malerei als Funktion von «Verbindungen» oder Beziehungsspielen – unter diesen Aspekten lässt sich nicht nur Katharina Grosses Arbeit interpretieren, es lässt sich ihre Malerei auch selbst als Interpretation solcher Aspekte verstehen.

Dieselbe Maltechnik und Farbformstruktur auf unterschiedliche Malgründe und Trägermedien anzuwenden ist dabei eine der von Grosse angewandten Interpretationstechniken der Malerei durch Malerei: Die in den früheren Bildern verfolgten Strukturprinzipien sich überlagernder Farbfelder, die zugleich das Überlagern selbst transparent halten, wendet die Künstlerin auch in den raumbezogenen Arbeiten an. Senkrecht mit dem Pinsel gezogene, transparente Farbmodulationen hat sie auch auf wandfüllende Papierbahnen aufgebracht. Diese Papiere werden nicht wie Tapeten aufkaschiert, sondern in loser Hängung eingepasst, so dass sie – wie Bilder auch – abnehmbar und transportabel bleiben. Einige dieser Arbeiten wurden auch in andere Ausstellungen transferiert, wobei die durch die ursprüngliche Anbringung bedingten Aussparungen für Fenster oder Deckenbalken im neuen Ambiente wie eingeschnittene Bildränder erscheinen. So, als ob das schon in seiner ursprünglich «losen» Anbringung angezeigte Misstrauen an einem endgültigen Verhaftetsein und Verknüpftsein von Malerei und Raum durch das explizit gemachte Verschieben dieser Malerei an einen anderen Ort nur konsequent zu Ende geführt würde. Dass ein und dieselbe Malerei einmal für eine Wandarbeit und dann wieder für ein eigenwillig begrenztes Bild gehalten werden kann, wirft ein bezeichnendes Licht auf Grosses Umgang mit Gewissheiten in Bezug auf die Malerei. So wie ein und derselbe Begriff in unterschiedlichen syntaktischen Bezügen voneinander abweichende Bedeutungen entfalten kann, um gerade darin seine prinzipiell offene Struktur zu enthüllen, verweist die faktisch zwischen den Räumen verschobene Malerei auch auf ihre Qualität als semantisch flottierendes Phänomen.

Die Strategie des Verschiebens wird aber nicht nur bei dieser Art der Präsentation derselben Werke in unterschiedlichen Räumen zu verschiedenen Zeiten manifest, sondern sie zeigt sich auch in den Malfeldern, die in Räumen aufgesprüht werden. Denn Grosse folgt in ihren gesprühten Malereien nicht einfach den architektonischen Vorgaben, sondern konterkariert sie mit Farbclustern, implantiert ihre Farbfelder als kontrapunktische Interventionen im Raum, legt sie also von vornherein als Irritationen gesicherter und starrer Verhältnisse an. Über Kanten und Ecken können sich dabei die Malfelder ebenso ziehen wie von einem Raum in den anderen. Diese Malerei schiebt sich also über die architektonische Ordnung und verschiebt die Räume aus dem Lot ihrer konventionellen Wahrnehmung.

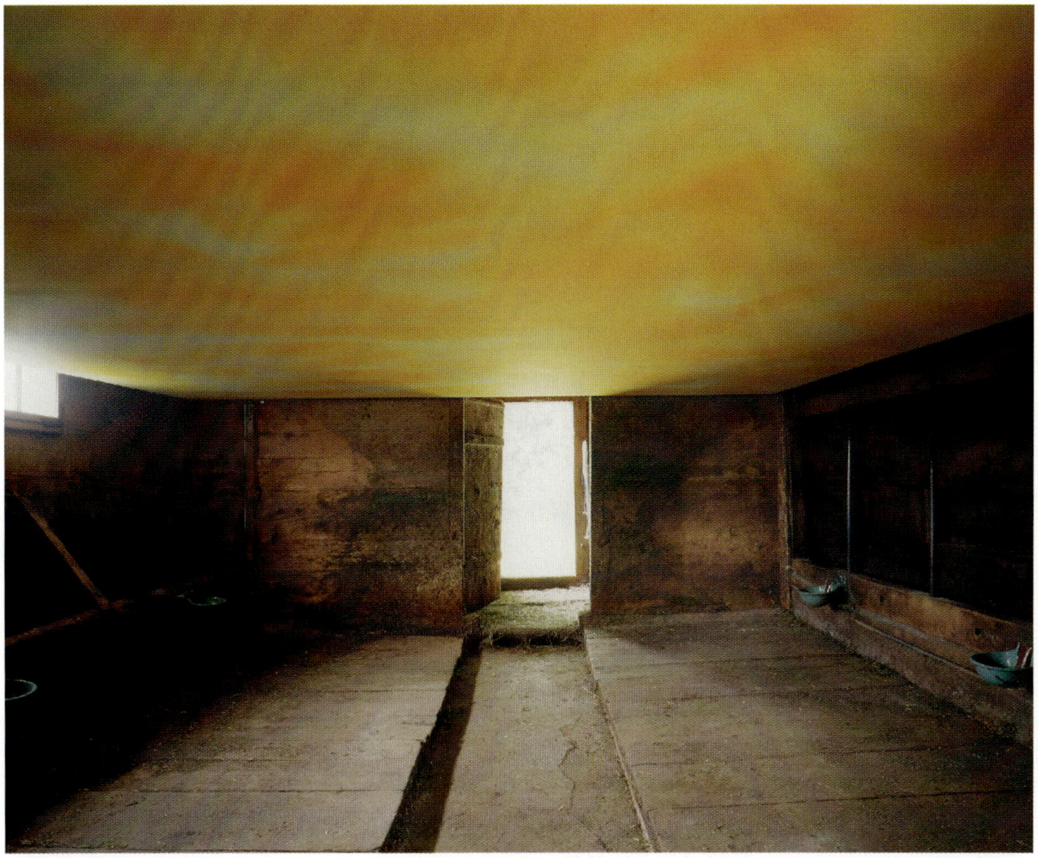

KATHARINA GROSSE, OHNE TITEL, 1999, Acryl auf Gips, 496 x 432 cm, «Viereck und Kosmos», Amden und Kunsthaus Glarus / UNTITLED, acrylic on plaster, 16 1/4 x 14 1/5 ft., "Square and Cosmos," Amden and Kunsthaus Glarus, Switzerland. (PHOTO: CHRISTOPH KERN)

Referieren die transferierten Papierarbeiten an ihren neuen Orten gleichsam über eine abwesende Struktur, so scheinen die ortsverhafteten Sprühmalereien einer komplementären Strategie zu folgen: Sie suggerieren die Absenz real vorhandener architektonischer Fakten, indem sie diese malerisch überspielen und kaschieren. Von schattenhafter Schwere bis zu leuchtender Leichtigkeit reicht das von diesen Malereien hervorgerufene Spektrum der Assoziationen. Wie bunte Schatten befallen die Farben den Raum, oder wie blühende Schimmel, die den Wandbestand gefährden, scheinen sie bisweilen aus dem Wandgrund hervorzuwachsen. Erinnerungen an Graffiti als einer Technik subversiv-kreativer Intervention werden ebenfalls wachgerufen. Doch allemal besitzen die Malereien etwas Ephemeres und Signalhaftes, wie um ihre physische Präsenz und ihr begriffliches Sein gleichermassen zu markieren und als relational erkennbar zu machen. Solche Malerei erzeugt eine Spannung zwischen Raum und Farbe, weil sie den räumlichen Koordinaten entgegenarbeitet und dort Flächigkeit und Homogenität suggeriert, wo tatsächlich dreidimensionale Verhältnisse und räumliche Distanzen existieren. So als ob das traditionelle Verhältnis zwischen Malerei und Illusionierung hier umgestülpt würde, indem durch das Überblenden orthogonaler Gegebenheiten mit malerischen Mitteln realer Raum in eine imaginäre Fläche zurückverwandelt wird.

Aber ebenso wie in den Bildern und Malfeldern die Überlagerung der Farben in transparenter Schwebe gehalten wird, bleibt auch in diesen Wand-/Raummalereien das Überlagern, Ausblenden und Verschleifen der Raumkoordinaten als Konzept durchschaubar und nachvollziehbar. Gerade in der malerischen Überblendung von Grundstrukturen tritt deren Prä-

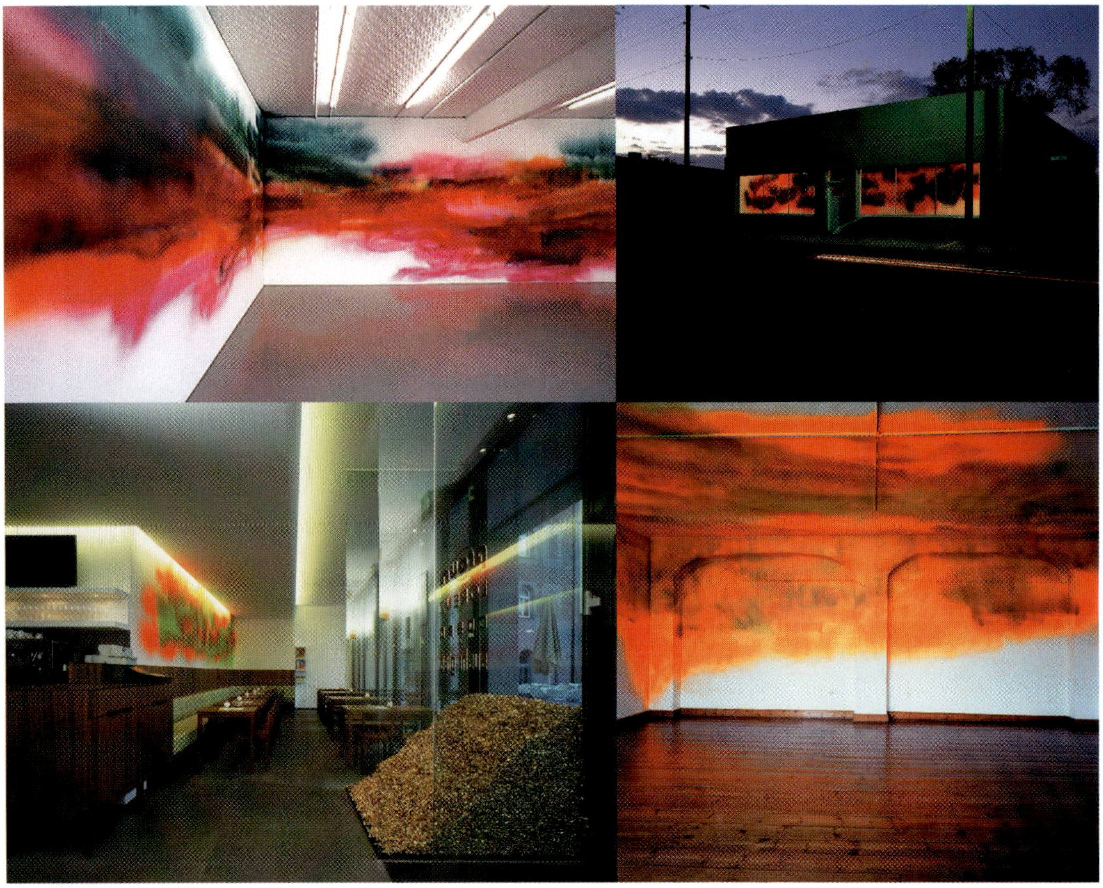

Oben links / Top left: KATHARINA GROSSE, OHNE TITEL, *2001, Acryl auf Wand, 370 x 628 x 950 cm, Sarah Cottier Gallery, Sydney /* UNTITLED, *acrylic on wall, $12\frac{1}{8}$ x $20\frac{5}{8}$ x $31\frac{3}{16}$ ft.* (PHOTO: MICHAEL LETT) *Oben rechts / Top right:* CHEESE GONE BAD, *1999, Acryl auf Wand, 357 x 671 x 1464 cm, «open house», Marfa, Texas / acrylic on wall, $11\frac{3}{4}$ x 22 x 48 ft.* (PHOTO: ROB JOHANNESMA) *Unten links / Bottom left:* OHNE TITEL, *2000, Acryl auf Wand, Museumscafé, Neues Museum, Nürnberg /* UNTITLED, *acrylic on wall.* (PHOTO: MANUEL FRANKE) *Unten rechts / Bottom right:* CHEESE GONE WORSE, *1999, Acryl auf Wand, 370 x 717 x 916 cm, Kunstverein Bochum / acrylic on wall, $12\frac{1}{8}$ x $23\frac{1}{2}$ x 30 ft.* (PHOTO: OLAF BERGMANN)

senz wieder ins Bewusstsein, so als ob erst das gezielte Verdecken und Verbergen von längst verinnerlichten Gegebenheiten zu deren erneuter Freilegung führen würde. So gesehen besitzen die malerischen Markierungen auch eine Scharnierfunktion: Erkennbar wird durch sie nämlich, dass die einzelnen Wände sich eben erst durch Übergänge und Verbindungen zu einem Raum formieren, so wie sich auch die einzelnen Räume in ihrem Konnex erst zu einem architektonischen Gesamten zusammenfügen und sich von dort her ihre jeweilige Funktion und Bedeutung erschliesst. Symptomatisch für diese Dialektik des Verdeckens sind auch die Ränder dieser sedimentierten Farbnebel, die Zonen der Verdichtung und Auflösung gleichermassen bilden. Dort wird auch das sonst übersehene feine Relief der Wände sichtbar, erweist sich das malerische Verbergen einmal mehr als ein Freilegen des ohnehin Vorhandenen, aber gewöhnlich Übersehenen.

Das Gegebene durch einen Akt der Kontextualisierung in seiner Vorhandenheit erneut zu thematisieren und zu interpretieren trifft jedoch nicht nur auf das Motiv der malerisch besetzten Bilder und Räume zu, sondern ebenso auf das Motiv der sie besetzenden Malerei. Solche Malerei interpretiert die Orte und Räume ihrer Existenz und involviert damit diese Kontexte als Interpretationsfolien für sich selbst. Das eine bestimmt sich vom anderen her, wie Worte und Begriffe in einem Text sich wechselweise ihre Bedeutungen zuspielen.

1) Hubert Damisch, «Die List des Bildes», in: *Das Bild nach dem letzten Bild*, hrsg. v. Peter Weibel und Christian Meyer, Galerie Metropol, Verlag Buchhandlung Walther König, Wien 1991, S. 73–77.

Painting: A Game of Relations

NOTES ON KATHARINA GROSSE

RAINER FUCHS

Spray pistol and paintbrush are Katharina Grosse's painting tools; her supports, stretched canvas, paper strips, walls, and ceilings. Differences run parallel in Grosse's endeavors. She uses the same painting techniques in different contexts, superimposes and combines spray painting and brushstroke in the same pictures, and intentionally suspends the distinction between picture-oriented and installative painting. It would therefore not make much sense to use the diversity of frameworks and contextualizations as an excuse for a rigorous classification of her oeuvre into conventional categories, for instance, by making a firm distinction between a manual approach and mechanical construction, or between picture-oriented and room-oriented painting, or even to argue a progressive emancipation of painterly practice from the confines of manually produced, hermetic pictoriality. In so doing, one would in fact be acting on those same traditional historical concepts that are under debate in this kind of painting. Grosse's oeuvre does not rely on distinctions of technique and medial classifications; on the contrary, it engages displacement, passage and blurring, through which painting is subtly differentiated as a medium and a concept.

The painterly orchestration of diverse contexts demonstrates the artist's deployment of painting as an open and yet precise game of relations, as an activity that necessarily entails the controlled involvement of color shapes and contextual parameters in an unpredictable history of reception. The transparence of these basic conditions of painting is characteristic of Grosse's work. Although her art can be seen as painting about painting, it does not show thematic delimitation or restriction but only makes tangible reference to a basic and, in any case, unavoidable aspect of the medium. The artist manages to paint a portrait of painting, which does not lead

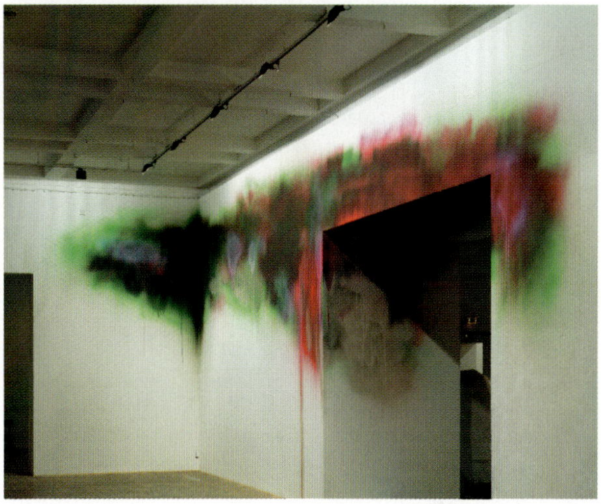

KATHARINA GROSSE, OHNE TITEL, 2000, Acryl auf Wand, 547 x 1228 x 310 (+ 213) cm, «Zeitwenden», Museum moderner Kunst Stiftung Ludwig Wien / UNTITLED, acrylic on wall, 18 x 40 5/16 x 10 1/5 (+ 7) ft., "Turning Points", Vienna. (PHOTO: CHRISTIAN WACHTER)

RAINER FUCHS is assistant director of the Museum Moderner Kunst Stiftung Ludwig, Vienna.

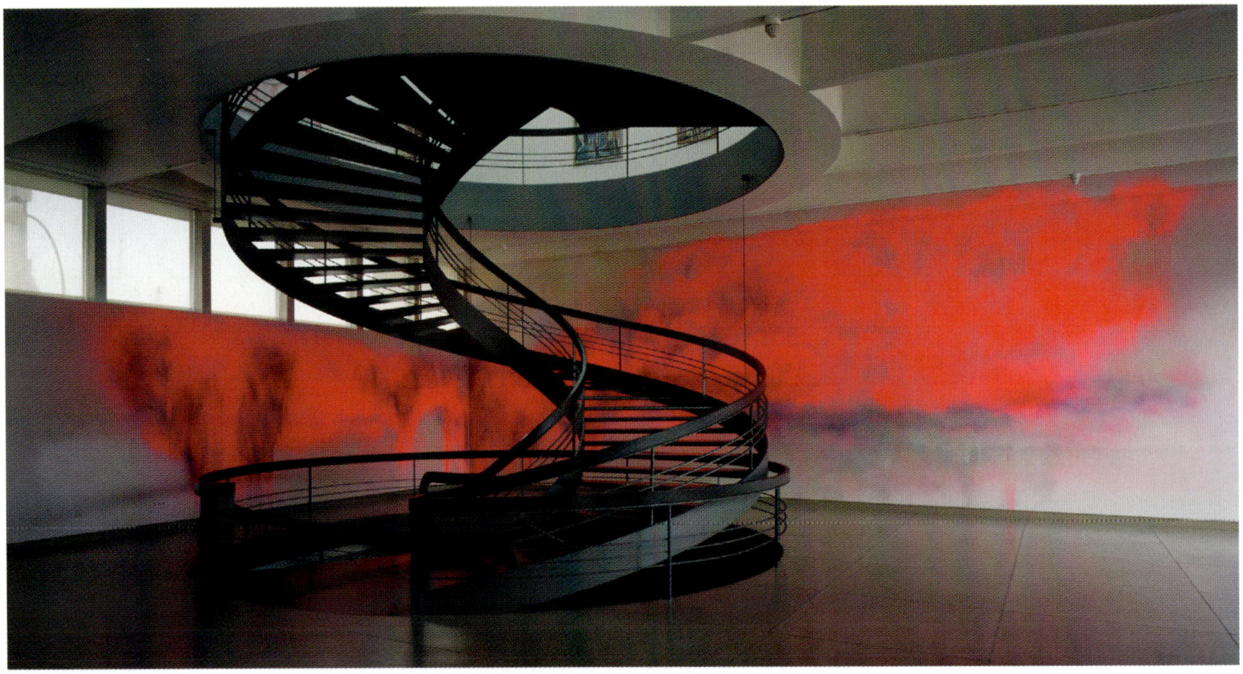

KATHARINA GROSSE, OHNE TITEL, 2000, Acryl auf Wand, 533 x 1566 x 1245 cm, «Das Gedächtnis der Malerei», Aargauer Kunsthaus Aarau / UNTITLED, acrylic on wall, 17 1/2 x 51 3/8 x 40 7/8 ft, "The Memory of Painting," Aarau, Switzerland. (PHOTO: MICHAEL FONTANA)

down into a vortex of hermetic, narcissistic self-reflection but up and out into new painterly possibilities and perspectives. Indeed, the "gaze into the mirror" serves to heighten painting's distance and detachment from itself. Similarly, we might look at the mirror not only for purposes of self-recognition but, more importantly, to see ourselves at a distance, to check ourselves out with the eyes of another, thereby discovering that identity does not admit closure, that it is a relational game, an inquiry that depends on external contexts—like the mirror itself. Katharina Grosse's work centers on the study and visualization of painting itself only as a means of permanently calling the very enterprise of self-reference into question. This approach to painting resembles the discussion of language as reflection that is nourished by skepticism towards naïve, conceptually realistic notions of identity.

Just as words and concepts are superimposed on referents without being identical with them, one might say that painting in Grosse's case falls like a colorful play of shadows on all kinds of subject matters and objects, joining them in a conjunction that in turn becomes the point of departure for a differentiated understanding of the self. "The fact that one and the same word ['painting'] can refer both to the picture support and the outcome of the painting process is worthy of note. It is a question of the connections between what might be called the 'operation' of the picture with its external form, its 'exterior,' and its substratum, its actual substance." [1] Hubert Damisch's remarks about the word "painting" might also be applied to its referent. A study of painting as the exploration of its "connections," that is, the definition of painting as a function of "connections" or relational games. These aspects not only allow the interpretation of Katharina Grosse's work; they also allow an understanding of her painting as itself being the interpretation of such aspects.

Applying the same painting techniques and structures of color and form to different surfaces and supports is one of the interpretive techniques Grosse

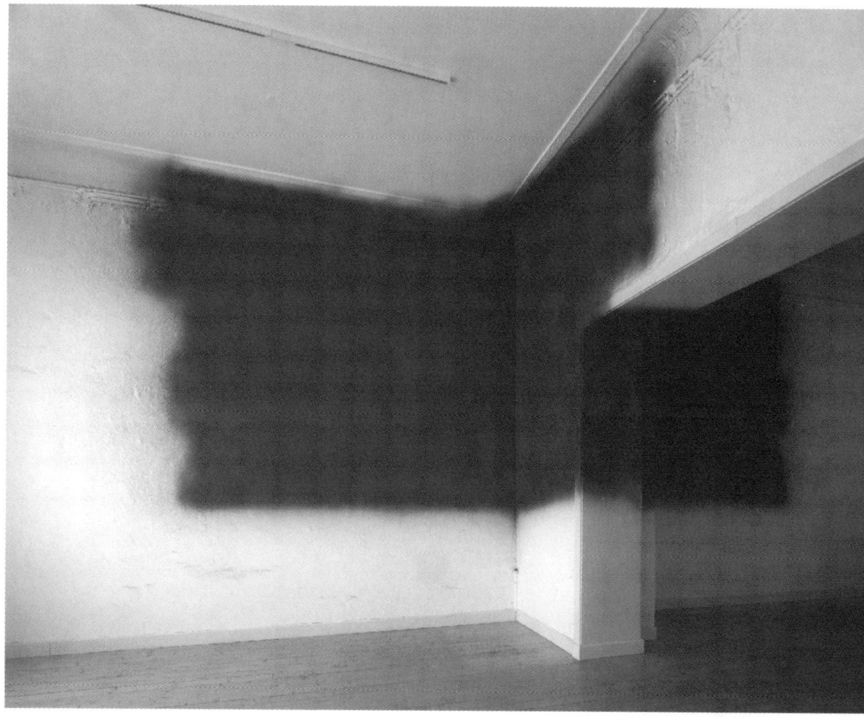

KATHARINA GROSSE, OHNE TITEL, 1999, Acryl auf Wand, 400 x 1380 cm, Galerie Conrads, Düsseldorf / UNTITLED, acrylic on wall, 13 1/8 x 45 1/4 ft. (PHOTO: NIC TENWIGGENHORN)

applies in her study of painting through painting. The structural principle in her earlier works of superimposing fields of color, making transparent the superimposition itself, also features in the artist's room-related works. Walls are covered with strips of paper to which transparent modulations of color have been applied in vertical strokes of the brush. The strips are not affixed like wallpaper but loosely hung so that they remain mobile and portable—like paintings. Some of these works have been transferred to other exhibitions, so that the spaces originally reserved for windows or ceiling beams look like the incised edges of pictures in the new venue, as if the skepticism towards the definitive attachment and unity of painting and room, implied by the loose hanging, had been pursued to its logical conclusion through the explicit move of the painting to another location. The fact that one and the same painting can be viewed both as a wall piece and as a self-contained, delimited picture provides telling clues to Grosse's approach to certainties vis-à-vis painting. Just as divergent meanings of one and the same concept emerge in different syntactical frameworks and actually reveal its basically open structure, the factual shift of the painting from one space to another also signals its quality as a semantically floating phenomenon.

The strategy of displacement comes to the fore not only through this manner of presenting the same works in different spaces and at different times; it is also manifest in fields spray-painted directly onto the walls of exhibition spaces. In the latter Grosse does not simply respond to architectural givens; she counteracts them with clusters of color, implants fields of color as counterpoised interventions in space, or specifically deploys painting as a means of upsetting clearly defined and rigid conditions. The painted field may run over edges and corners or even from one room to the next. By imposing itself on the architectural order, it unhinges the rooms, depriving them (and us) of the security of their conventional perception.

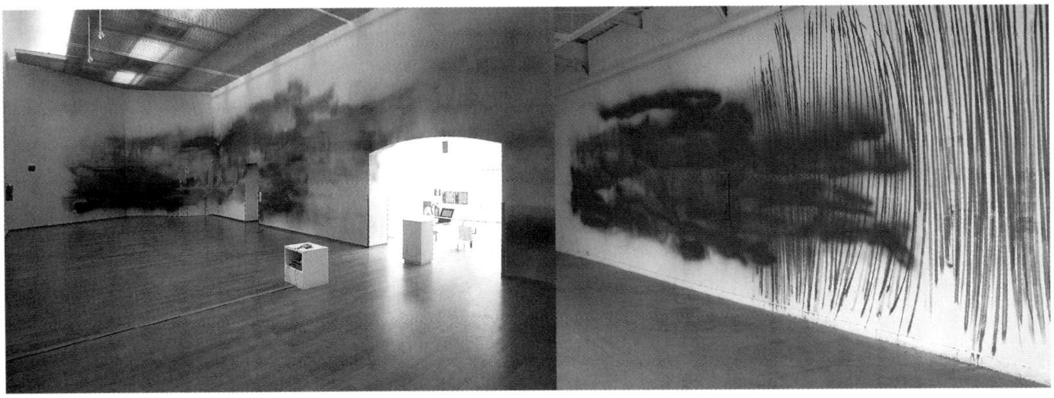

Links / Left: KATHARINA GROSSE, OHNE TITEL, 2001, Acryl auf Wand, «Milano Europa 2000», PAC Padiglione d'Arte Contemporanea, Milano / UNTITLED, acrylic on wall. (PHOTO: SERGIO ANNELLI) Rechts / Right: OHNE TITEL, 2001, Acryl auf Wand, Artsonje Museum, Kyongju, Korea / UNTITLED, acrylic on wall. (PHOTO: WERNER HANNAPPEL)

While paper works transferred to other venues might be said to refer to an absent sculpture, the site-restricted spray-paintings seem to pursue a complementary strategy: they suggest the absence of real, existing architectural facts, by overpainting and concealing them. The spectrum of associations they evoke ranges from shadowed weightiness to radiant lightness, like colorful shadows contaminating the space, or like blossoming mold that seems to be growing out of the walls and threatening their stability. Thoughts of graffiti as a technique of subversive intervention are also evoked. Whatever the case, these paintings always impart a sense of something ephemeral and emblematic, as if to mark their physical presence and their conceptual being and reveal their relational character.

Such painting generates tension between space and color because it opposes spatial coordinates and suggests flatness and homogeneity where three dimensions and spatial distance actually prevail. As if the traditional relationship between painting and illusionism had been reversed by imposing painterly means on orthogonal surroundings and thus transforming real space back into an imaginary plane.

But just as superimposed colors are held in transparent abeyance in the pictures and painted fields, the superimposition, fading out and blurring in these wall/room pieces also remain visible and conceptually accessible. The painterly overlapping of basic structures merely makes us all the more aware of their presence, as if deliberately covering and concealing long internalized data would actually lead to their renewed exposure. In this respect the painterly markings also act like hinges, for it is only through them that we realize that the individual walls take shape as a room by means of transitions and connections, just as connections are essential to perceiving an ensemble of single rooms as an architectural whole, which is in turn essential to the perception of their function and meaning. Symptomatic of this dialectic of concealment are the edges of this sedimented haze of color, where both zones of condensation and dispersion are formed. There, the otherwise overlooked, delicate relief of the walls also becomes visible; painterly concealment once again proves to draw attention to ordinary and ordinarily overlooked, but self-evident factors.

Addressing and reinterpreting the presence of givens through the act of contextualization applies not only to the motif of painterly occupied pictures and rooms but also to the motif of the painting that occupies them. Such painting interprets the places and rooms of its existence and thereby involves these contexts as interpretive arenas for itself. They are mutual determinants, just as the words and concepts of a text play ball with their meanings.

(Translation: Catherine Schelbert)

1) Hubert Damisch, "Die List des Bildes" in *Das Bild nach dem letzten Bild*, ed. by Peter Weibel and Christian Meyer (Vienna: Galerie Metropol/Verlag Buchhandlung Walther König, 1991), pp. 73–77.

This Text Is a Work of Art

ADRIAN DANNATT

THE THREE are three female fashion models who live and work together in London as what might be described as a conceptual art team. They dress in a similar austere manner of plain white or black T-shirts and jeans. They do not reveal their individual names or details about their backgrounds, aims, or intentions. In fact they are unusually reticent about explaining their work, even by the standards of conceptual practitioners.

Despite refusing to give out their names, ages, or activities, a certain amount of information has already been gleaned by assumption. All three met when working for the London modeling agency Z, where the artist Mariko Mori was then also modeling. They have lived in the usual fashion cities around the world such as New York or Tokyo and are currently based in Britain. Fixtures at art world and fashion events, this immediately striking trio at any occasion naturally solicits discreet inquiries and minor paparazzi.

THE THREE exploit the paradox of being enigmatically mysterious whilst simultaneously being photographed for glossy magazines and gossip pages. As they are professionally photogenic and appear before the public as a tight group, those added elements of secrecy and silence only further the intrigue.

ADRIAN DANNATT is a critic, curator, and artist based in New York, Paris, and London.

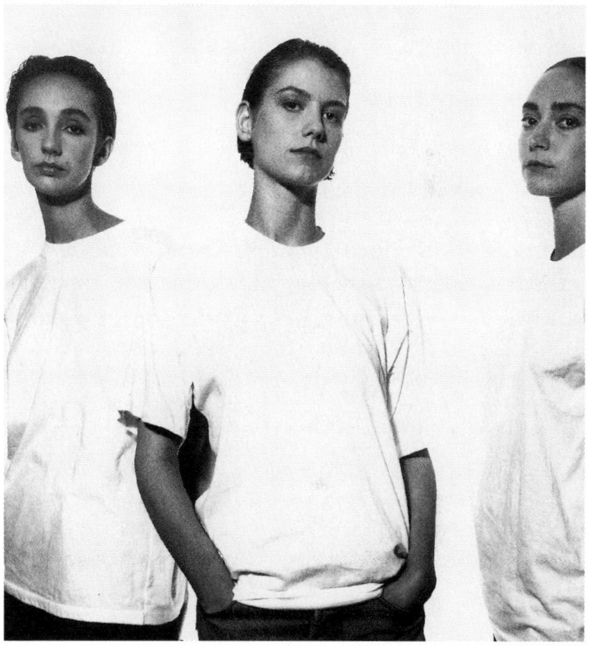

THE THREE / DIE DREI (PHOTO: CONEY/JAY)

Thus THE THREE have appeared in numerous publications, from American journals of art theory such as *Acme* to *The Independent* newspaper in England and even in psychoanalytic reviews. As subject matter THE THREE are equally at home in a tabloid, a glossy fashion magazine, or critical text.

In this respect, THE THREE are typical of many younger British artists who have found widespread

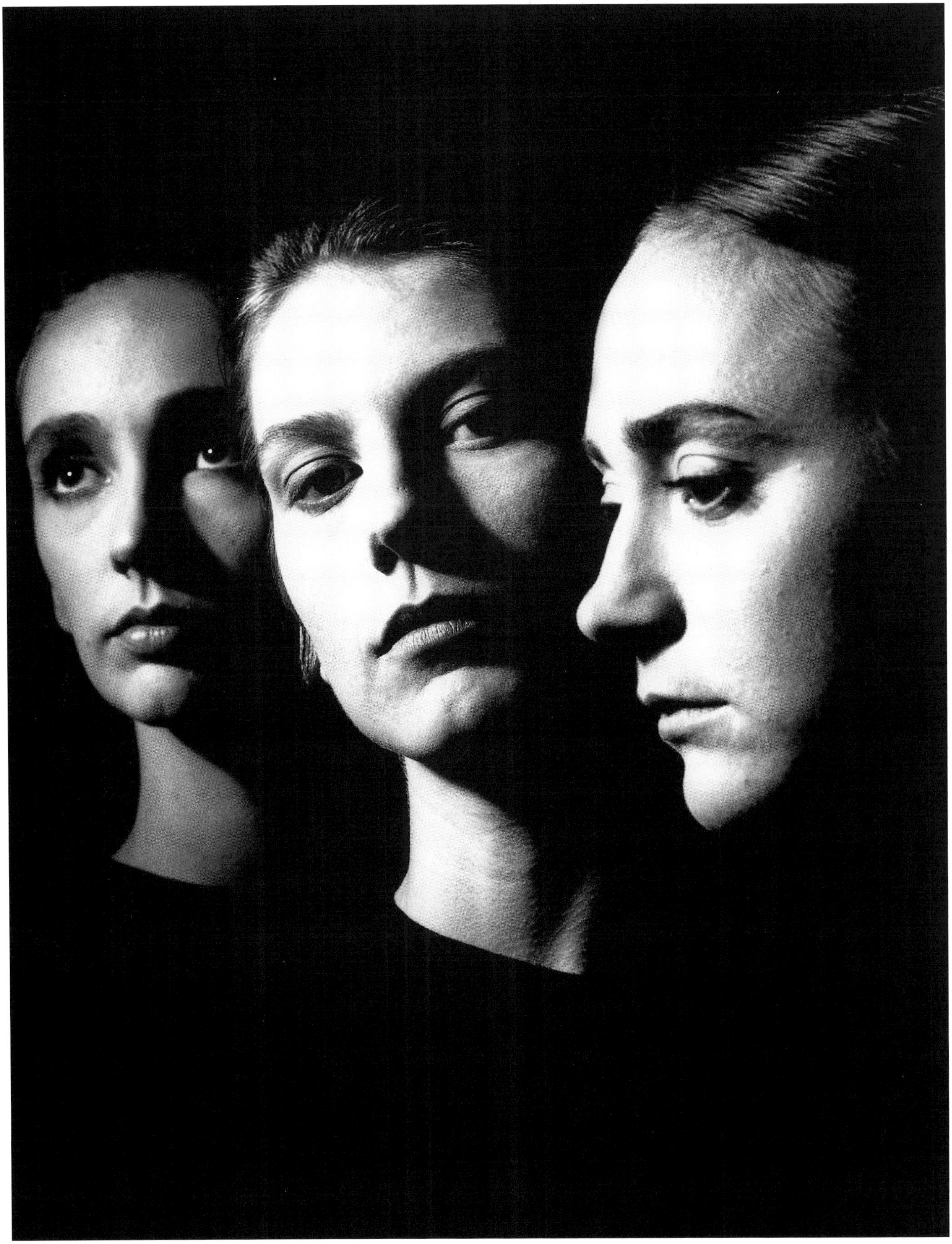

THE THREE / DIE DREI (PHOTO: CONEY/JAY)

success at home due to the attention of the UK media, all looking for 'stories' about art, providing they have a suitable element of, indeed, sensation. For there is more press coverage in Britain, far more newspapers, magazines, and journals, than in any other country. A successful artist in Manhattan could only expect to be written-up by one serious newspaper, *The New York Times*. In Britain there are five broad-sheet newspapers equivalent to the *New York Times*, all of them hungry for topical arts coverage, the more outlandish the better. That is not even counting the equally numerous tabloid papers or Sunday editions published. Thus in Britain artists can have a strange degree of fame bestowed upon them by this glut of journalism, this surfeit of newspapers and magazines.

This fundamental difference in the sheer number of media outlets is crucial to understanding the gap between London artists and those of, say, Los Angeles or Paris. The momentum of the rolling media-machine makes certain local artists household names in Britain, by now famous for being famous, quite aside from the secondary issue of what they might actually exhibit as art. THE THREE have taken such conditions as the core of their conceptual practice, realizing that in this media age the making of art objects is of less interest than the key importance of press coverage.

But what do THE THREE actually exhibit in a commercial gallery as artists? What is the content of their exhibition in London at the Percy Miller Gallery last December? What is on the walls? Nothing but the media coverage about them, all the gossip items, profiles, society page photos, art journal essays, catalogue analyses, and theoretical texts. THE THREE breed media about themselves and that is their art: everything which has been written or broadcast about them. So all reviews of the show while it is in the gallery, any further mention in the press, all additional coverage is then added in turn, a veritable snowball effect. And in the tradition of classic conceptual art, the original article is offered for sale, along with a stamped and signed certificate. THE THREE exist only as coverage, they have no life other than their representation through the media, perfect symbols of our age in which column-inches replace talent. Is there any precedent for this in modern art?

Curiously the title THE THREE has already been used, for paintings by Paul Nash, Malevich, and Philip Guston. It was even the title of one of Chagall's earliest shows in Russia. But in terms of the history of conceptual art nobody before THE THREE entirely abolishes art-making for the sake of pure media, untouched by the artist's hand. James Lee Byars stated, "The content of this exhibition is publicity," but he was still showing sculptures. There are numerous cases of media inserts: Dan Graham's magazine project FIGURATIVE published in *Harper's Bazaar* in March 1968, Koons's print-ad campaigns then shown as work-for-sale, Lynda Benglis's notorious *Artforum* advert of 1974, or that of Robert Morris in S&M chains. But these were paid advertisements that did not really partake in the media-chain, they existed in isolation as art projects. Likewise, John Knight's *Journal Series* beginning in 1978 was really about conditions of magazine publishing, not about being featured in them for free. In 1969, Gilbert & George created their MAGAZINE SCULPTURE by appearing in the pages of an obscure journal and Sarah Charlesworth's THE ARC OF TOTAL ECLIPSE (1979) reprinted a set of newspaper front pages. Perhaps the closest comparison is Sylvia Kolbowski exhibiting all reviews of her previous exhibitions as a show at Postmasters, or Lucy Lippard writing a review of a show by Robert Barry as the show itself.

As French critic-curator Nicolas Bourriaud wrote about THE THREE in *Flash Art* (no. 155, 1990): "The game is the structure. In this way, THE THREE, through their more or less declared inactivity, play out a game whereby they fight against the distribution of their image—a thoroughly orchestrated paradox. THE THREE take the extreme stance of non-artistic production, refusing to make anything whatsoever. Communication has a commonplace role at the bottom line of existence."

THE THREE turn anyone who writes anything about them into exhibited artists and so the more pertinent question becomes how much gallery wall-space someone like Bourriaud will take up with his text compared to someone like myself, here.

zu reden. Dank diesem journalistischen Überangebot, dieser wahren Zeitungs- und Zeitschriftenschwemme kann ein britischer Künstler zu erstaunlicher Berühmtheit gelangen.

Dieser fundamentale Unterschied, allein was die Zahl der Printmedien angeht, erklärt auch die Kluft zwischen den Künstlern in London und denen in Städten wie Los Angeles oder Paris. Die ungeheure Dynamik des stets rotierenden Medienapparates macht, dass lokale Kunstgrössen plötzlich in aller Munde sind, bis sie schliesslich dafür berühmt sind, berühmt zu sein, unabhängig von der eher zweitrangigen Frage, was sie als Kunst präsentieren. THE THREE haben diesen Umstand zum Herzstück ihrer Konzeptkunst gemacht, im vollen Bewusstsein, dass die präsentierte Kunst selbst im Zeitalter der Massenmedien weit weniger bedeutend ist als die Präsenz in der Presse.

Aber was stellen THE THREE eigentlich in Kunstgalerien aus? Was bekommt man im Dezember in der Londoner Percy Miller Gallery zu sehen? Was hängt an den Wänden? Nichts ausser Presseberichten über sie, all die Klatschgeschichten, Porträts, Gesellschaftsphotos, Beiträge in Kunstzeitschriften, Katalogtexte und kunsttheoretische Texte. THE THREE bringen ihre eigene Presse hervor, und das ist ihre Kunst: alles, was je über sie geschrieben oder ausgestrahlt wurde. Und während die Ausstellung läuft, kommen laufend Ausstellungsrezensionen, sonstige Erwähnungen in der Presse, einfach alles, was über sie erscheint, hinzu, ein echter Schneeballeffekt. Und wie in der klassischen Konzeptkunst ist der Originalartikel zusammen mit einem gestempelten und signierten Zertifikat käuflich zu erwerben. THE THREE sind ein reines Produkt der Medien, sie existieren gar nicht ausserhalb der Re-Präsentation durch die Medien; damit sind sie ein perfektes Symbol unserer Zeit, in der anstelle des Talents die Präsenz in der Presse zählt. Hat es das in der modernen Kunst schon einmal gegeben?

Seltsamerweise kommt der Werktitel THE THREE bereits bei Paul Nash, Malewitsch und Philip Guston vor. Sogar eine der ersten Chagall-Ausstellungen in Russland trug diesen Titel. Doch vor THE THREE ist es in der Geschichte der Konzeptkunst noch nie vorgekommen, dass jemand die eigene Arbeit völlig aufgab zugunsten eines reinen, nie von der Hand des Künstlers berührten Medienprodukts. Schon James Lee Byars meinte: «Der Inhalt dieser Ausstellung ist Werbung.» Er zeigte aber immer noch Skulpturen. Es gibt auch Fälle, in denen von den Medien Gebrauch gemacht wurde, etwa Dan Grahams Insert FIGURATIVE, das im März 1968 in Harper's Bazaar erschien, Jeff Koons' Anzeigenkampagnen, die anschliessend als Kunstwerke zum Verkauf angeboten wurden, Lynda Benglis' berühmt-berüchtigte *Artforum*-Anzeige von 1974, oder jene von Robert Morris in S-M-Ketten. Doch handelte es sich dabei um bezahlte Anzeigen, es waren immer noch unabhängige Kunstprojekte und keine reinen Medienprodukte. Auch in John Knights 1978 gestarteter *Journal Series* ging es eigentlich um eine Untersuchung des Magazinjournalismus und nicht darum, sich selbst kostenlos in die Medien zu bringen. 1969 schufen Gilbert & George ihre MAGAZINE SCULPTURE, indem sie auf den Seiten eines völlig unbekannten Journals erschienen, und Sarah Charlesworths THE ARC OF TOTAL ECLIPSE (1979) druckte eine Reihe bereits bestehender Titelseiten als Reprint. Am nächsten kommt dem Phänomen vielleicht Sylvia Kolbowski, die sämtliche Rezensionen ihrer vorhergehenden Ausstellung bei Postmasters ausstellte, oder Lucy Lippard, die das Schreiben einer Rezension über eine Ausstellung von Robert Barry als eigene Schau präsentierte.

Der französische Kritiker und Kurator Nicolas Bourriaud schrieb in *Flash Art* (155/1990) über THE THREE: «Das Spiel ist die Struktur. So spielen THE THREE durch ihre mehr oder weniger ausdrückliche Passivität ein Spiel, in welchem sie sich gegen die Verbreitung ihres Bildes wehren – ein sorgfältig orchestriertes Paradoxon. THE THREE vertreten die extreme Position einer nicht-künstlerischen Produktion, indem sie sich weigern irgendetwas hervorzubringen. Und die Kommunikation spielt ihre ganz normale, alles entscheidende Rolle.»

THE THREE verwandeln jeden, der über sie schreibt, in einen Künstler, der ausgestellt wird, und damit kommen wir zu der viel wichtigeren Frage, wie viel Platz Bourriaud oder sonst jemand mit seinem Text im Vergleich zu mir, dem Verfasser dieser Zeilen, an der Galeriewand beansprucht.

(Übersetzung: Uta Goridis)

INSERT

JEREMY BLAKE

THE SLICK RHOADES STORY

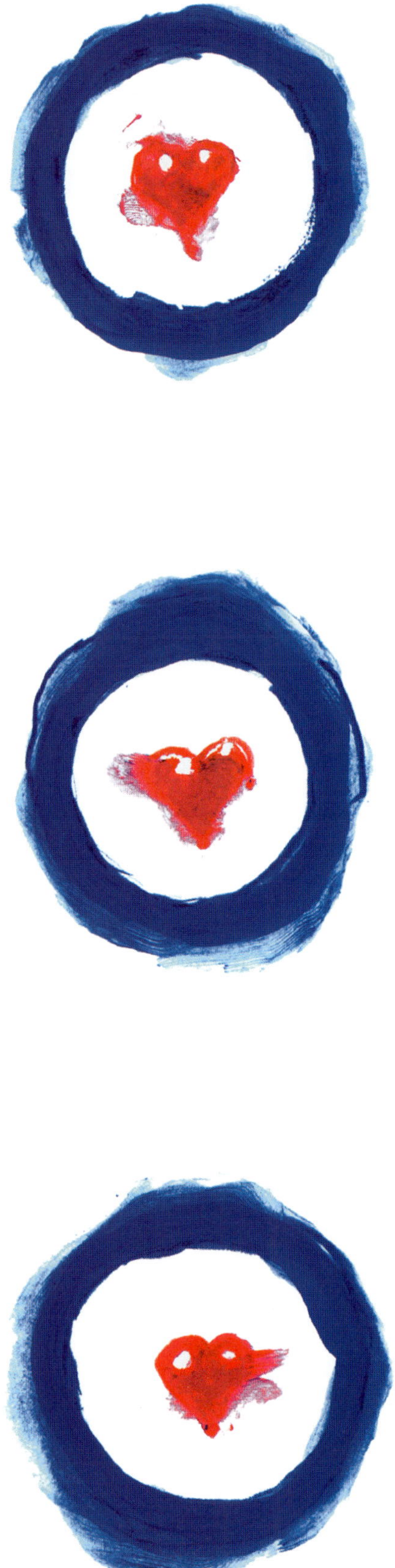

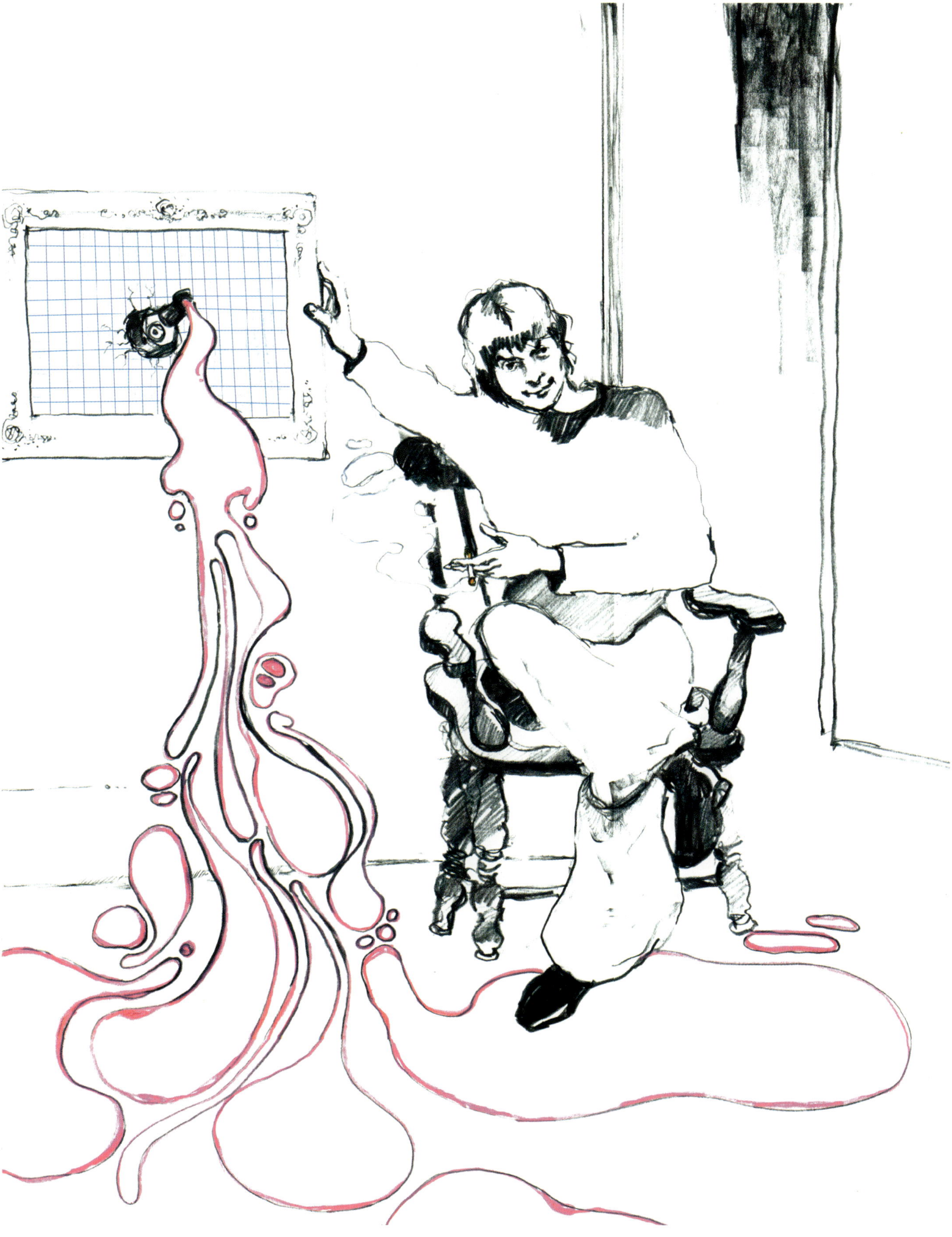

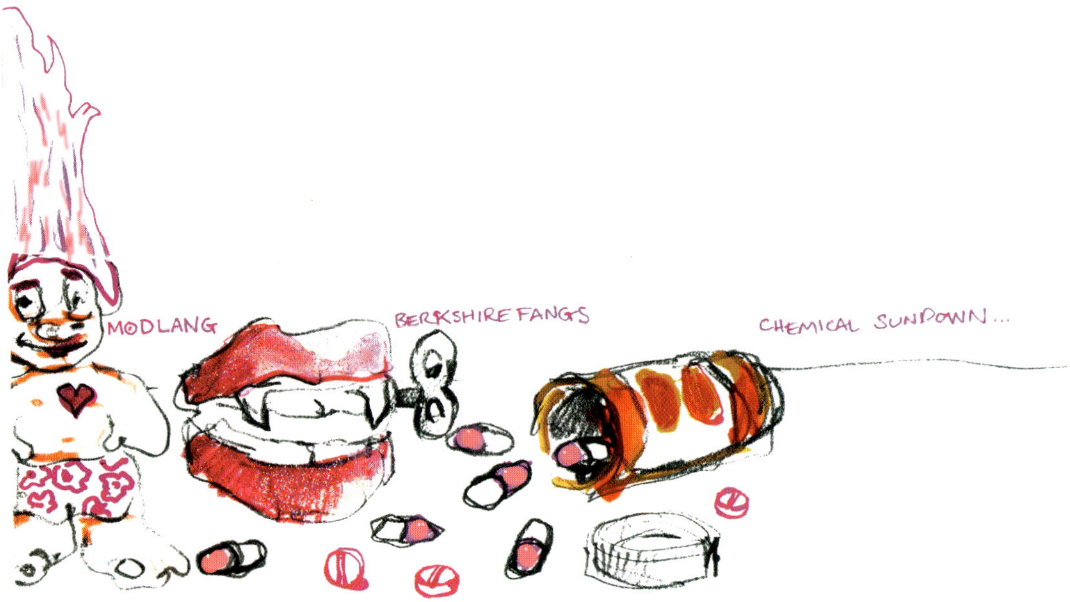
MODLANG
BERKSHIRE FANGS
CHEMICAL SUNDOWN...

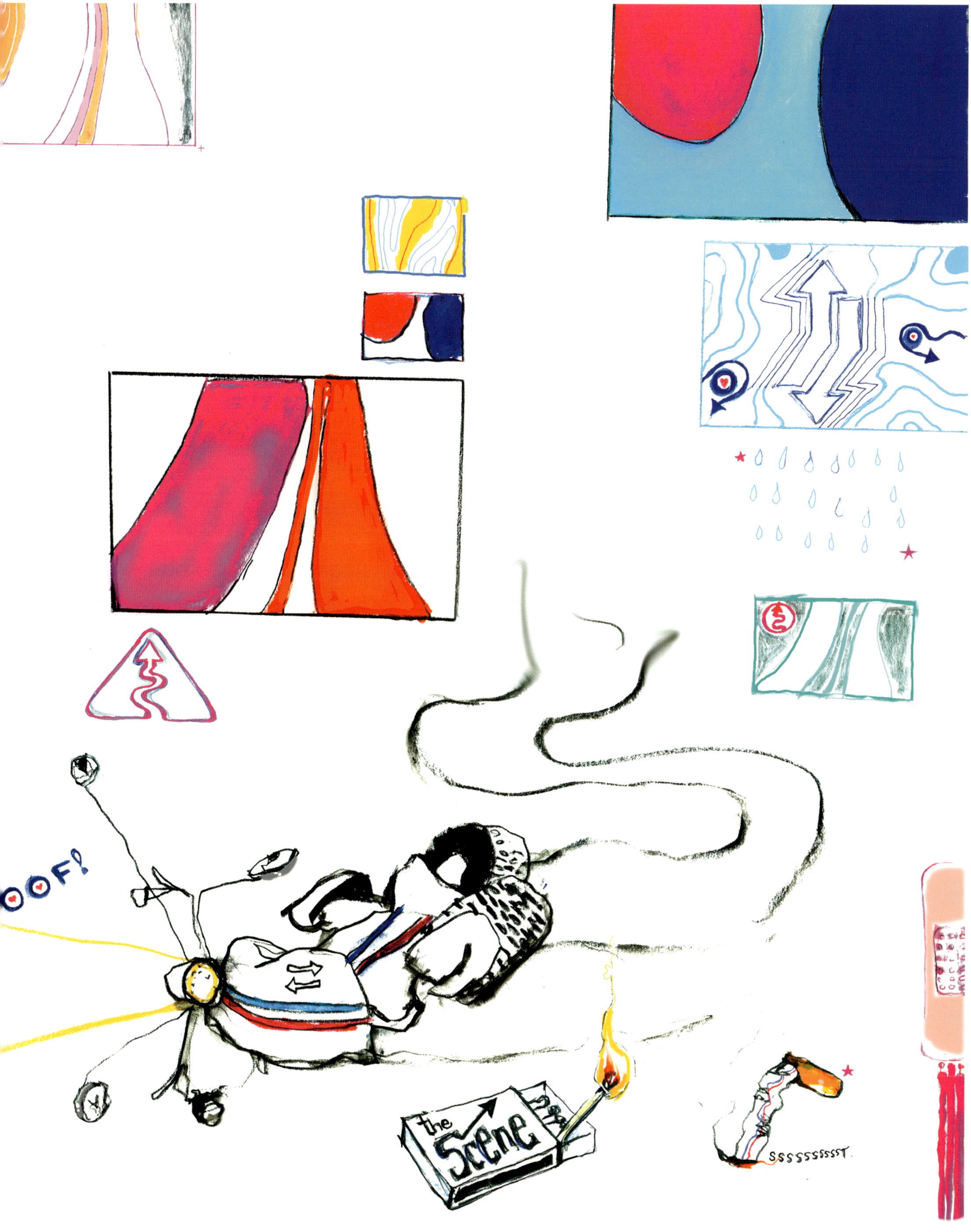
OOF!
the Scene
SSSSSSSSSST.

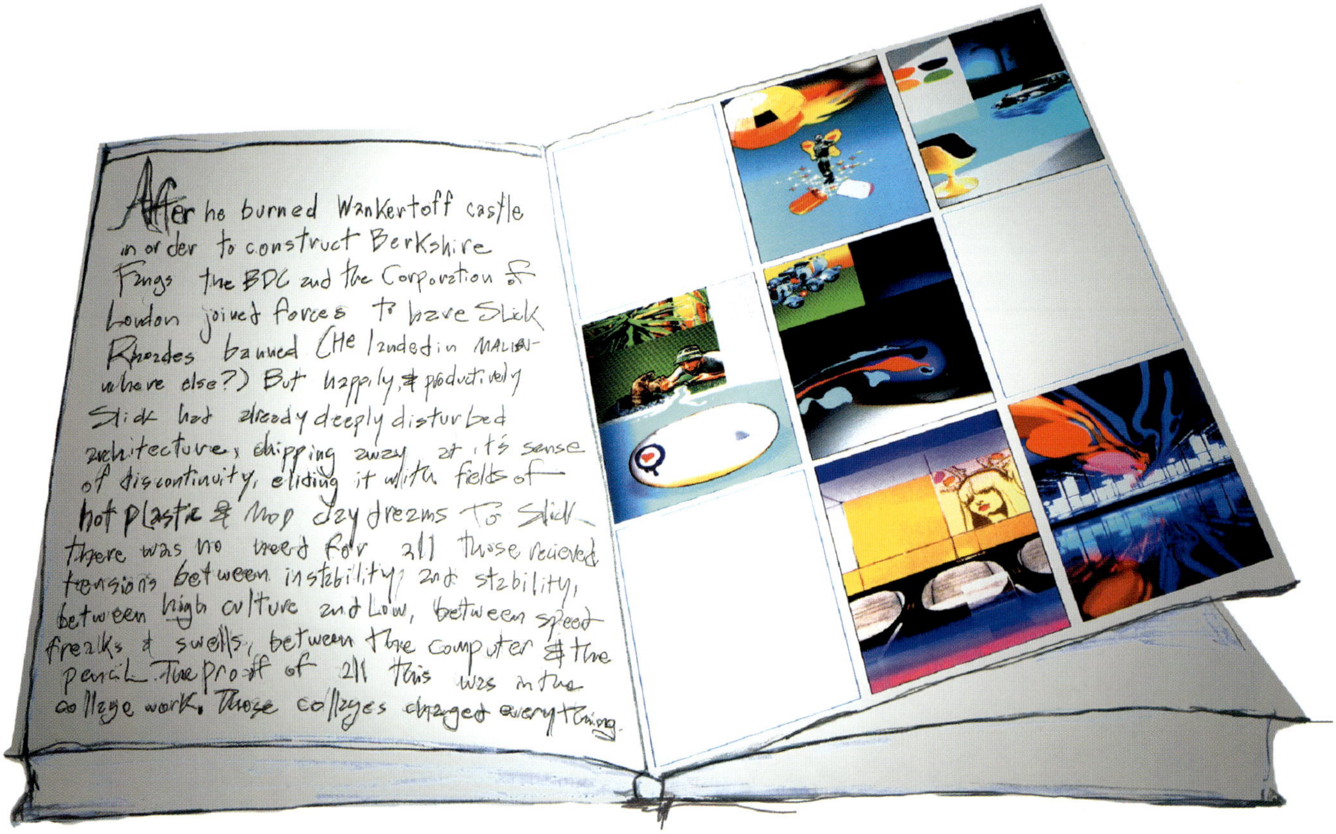
After he burned Wankertoff castle
in order to construct Berkshire
Fangs the BDC and the Corporation of
London joined forces to have Slick
Rhodes banned (He landed in MALIBU-
where else?) But happily & productively
Slick had already deeply disturbed
architecture, chipping away at it's sense
of discontinuity, eliding it with fields of
hot plastic & Mop day dreams To Slick
there was no need for all those recieved
tensions between instability and stability,
between high culture and Low, between speed
freaks & swells, between the computer & the
pencil. The proof of all this was in the
collage work. Those collages changed everything.

The architect is a modernist. Mod for short. Short for pill popping, scooter trashing, fast ticket.

The architect presents his plan for Mod Lang. Working title: Champers Community Centre.

The architect prefers found objects over models when presenting to clients. Slick's unorthodox approach has a tendency to alienate, and as a result he is often left to finance his own projects with the pretty green he earns selling Leapers.

The architect, born Keith Rhoades, earns the nickname 'Slick' after crashing his Vespa on the way home from The Scene one rainy London evening. The accident is rumored to have damaged his brain. (Mod Lang is often cited as the clearest evidence.)

The architect's revolutionary collage work—as reproduced in the critical writings of Lord Toby Dammit.

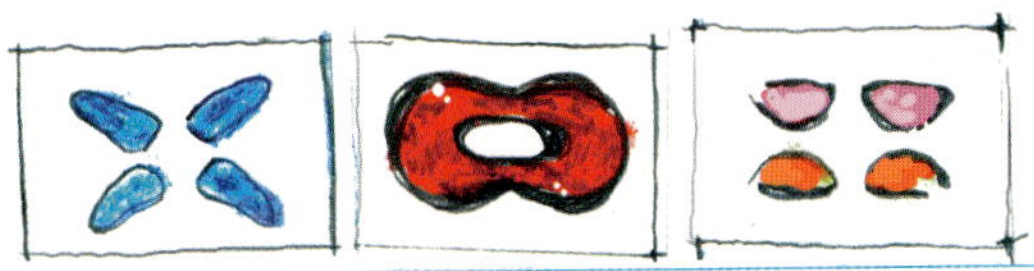

The architect is cited as a public menace after he torches an historic castle in order to construct Berkshire Fangs—a residence for stylish vampires. Slick is considered by many as "not a good fit" in English society. Wishing to avoid persecution, Slick departs for the colonies.

The architect is thrilled to be free of "England—that mental slum!" Slick relocates to Trancas, Malibu's most exclusive area, where he builds Chemical Sundown—his luxurious private residence. The structure is situated high on a hilltop "far away from everyone—for their sake!!!"

The architect encounters Clara Fogg running up his road one evening. Her make up is smeared and her clothing is torn. She explains that she is "on the run from a sordid local popularity contest."

The architect falls in love on the spot—as does Clara. Slick invites her to stay at Chemical Sundown "for as long as possible." She accepts. Together they try all the latest special effects.

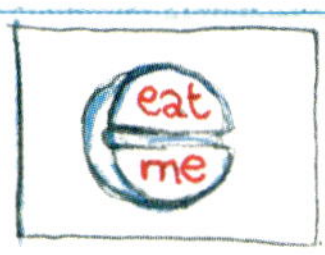

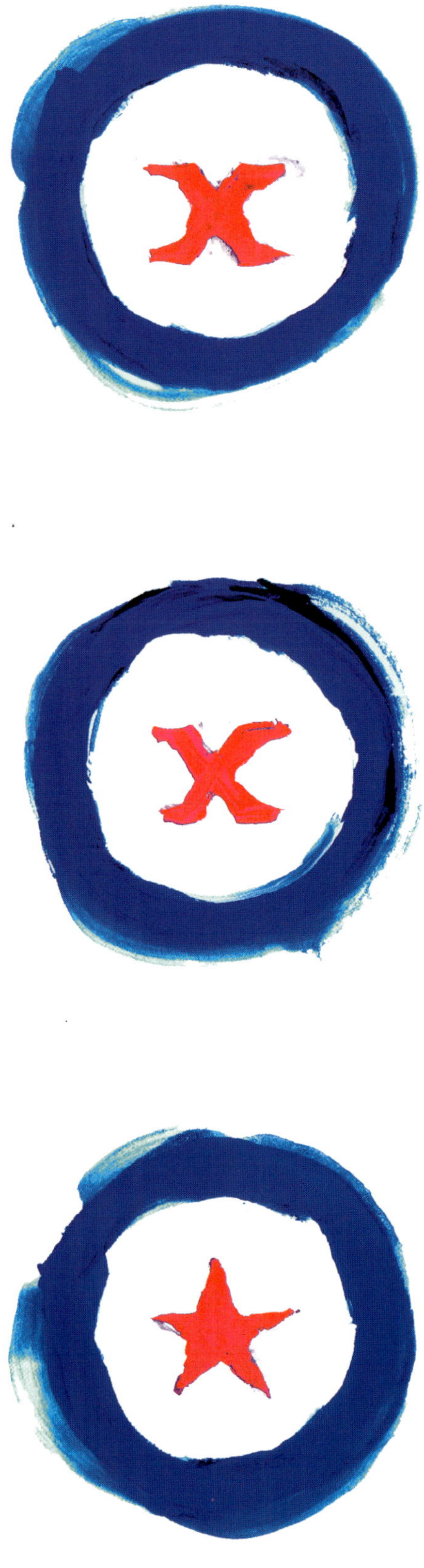

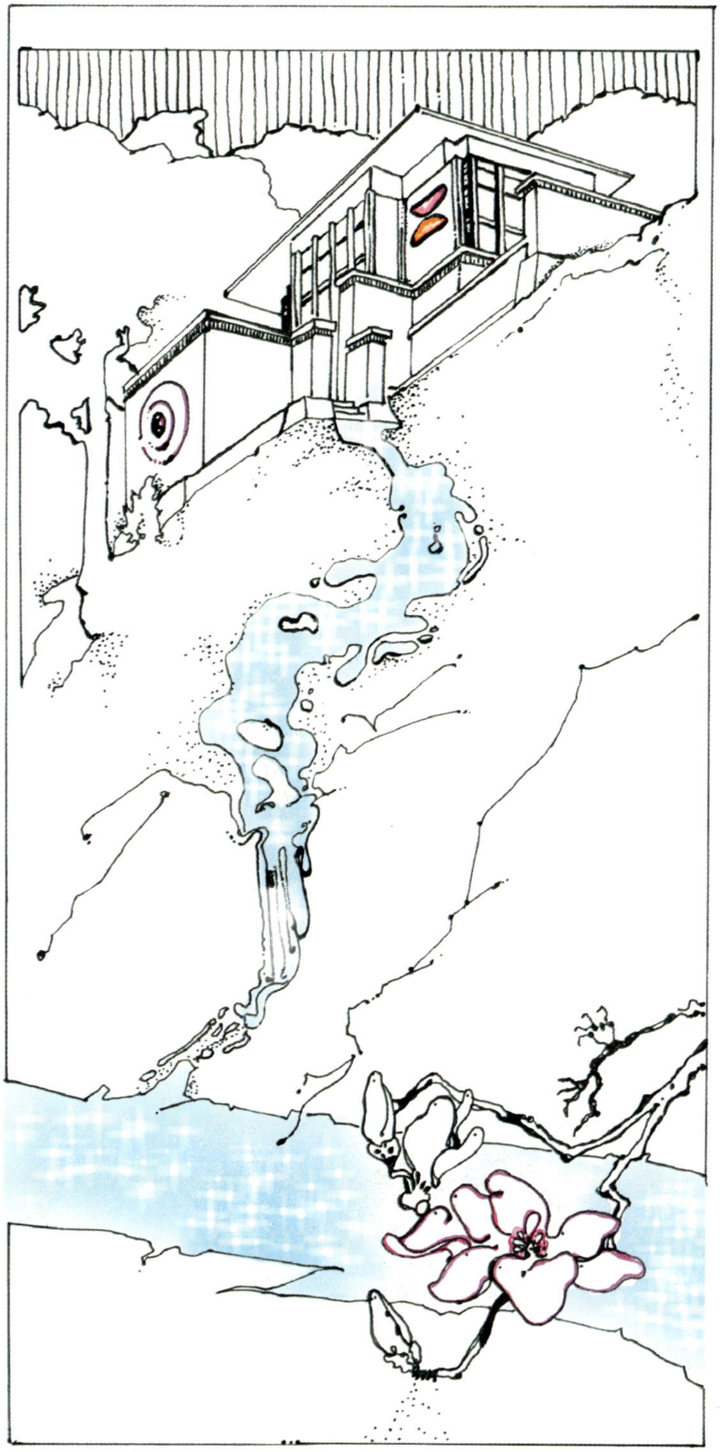

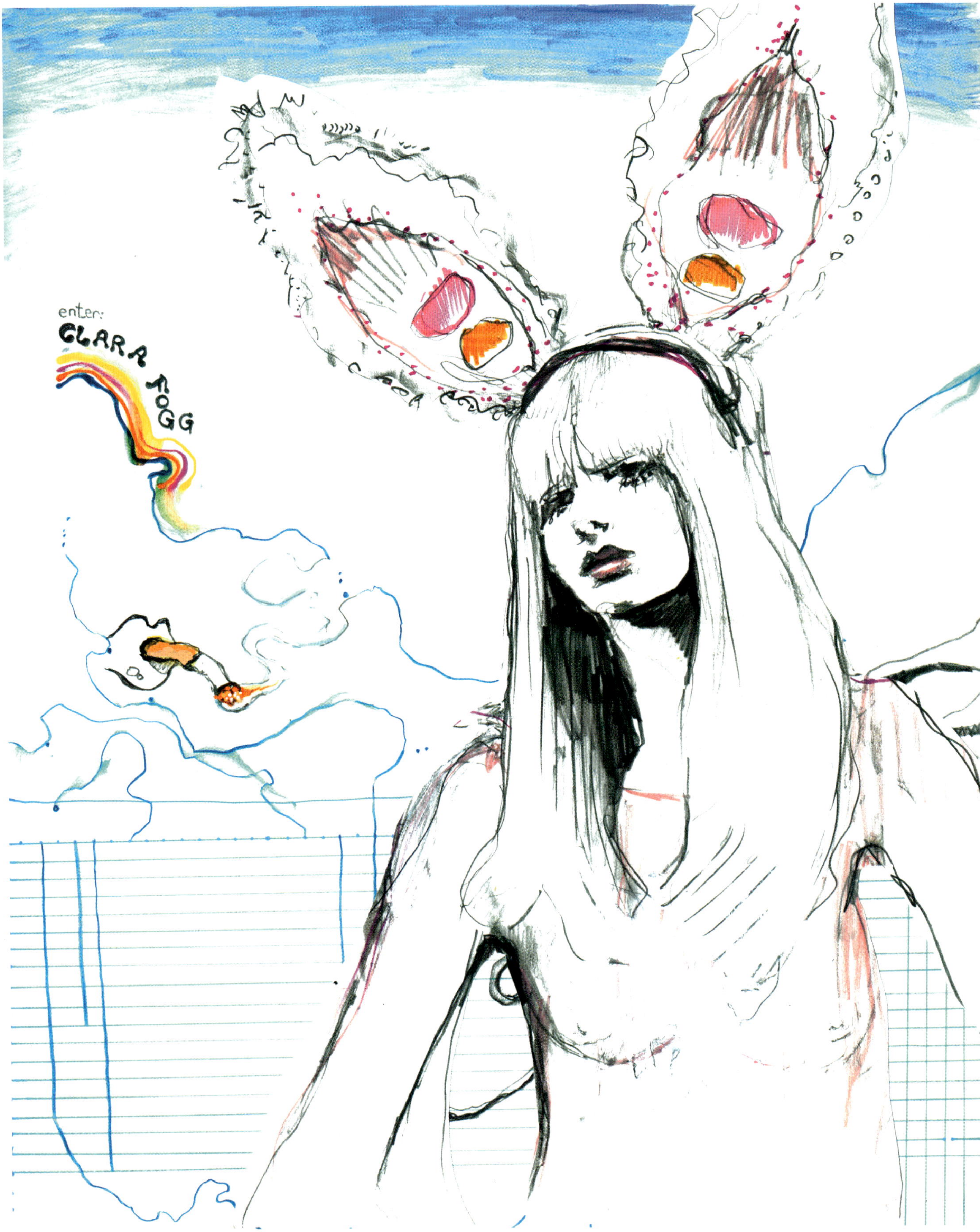
enter:
CLARA FOGG

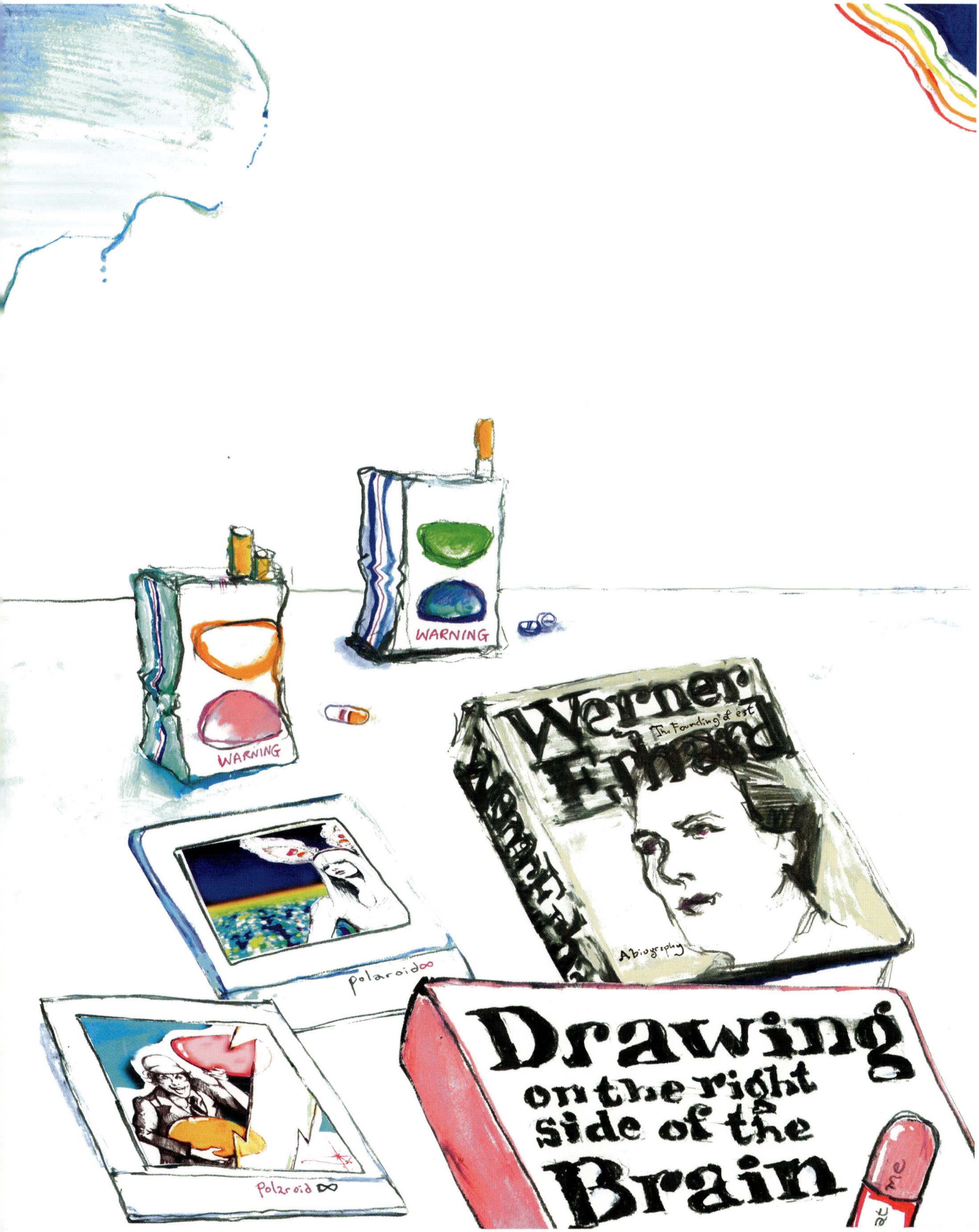
WARNING
WARNING
Werner Erhard
The Founding of est
A biography
polaroid
Polaroid
Drawing on the right side of the Brain

Deutsche Übersetzung der handschriftlichen Texte in der Mitte des Inserts:
Linke Seite (Buch):
Nachdem er Wankertoff Castle niedergebrannt hatte, um Berkshire Fangs zu bauen, sorgten BDC und Londoner Architektenvereinigung mit vereinten Kräften für Slick Rhoades Ächtung. (Er landete in Malibu, wo sonst?) Zum Glück hatte Slick die Architektur bereits produktiv in Aufruhr versetzt, indem er ihren Sinn für Diskontinuität unterhöhlt und mit heissen Plastikflächen und Mod-Tagträumen umschifft hatte. Slick war nicht angewiesen auf all die wohlfeilen Spannungen: zwischen Instabilität und Stabilität, «hoher» und «niederer» Kultur, zwischen Speed-Freaks und feinen Leuten, zwischen Computer und Bleistift. Den Beweis dafür lieferten seine Collagen. Mit diesen Collagen wurde alles anders.

Rechte Seite (von oben nach unten):
Der Architekt ist ein Modernist, kurz: Mod. Kurz für Pillenschlucken, Scooterverschleiss, Schnellzug.

Der Architekt stellt sein Projekt Mod Lang vor (vgl. 4. Seite). Arbeitstitel: Champers Community Center.

Bei Kundenpräsentationen verwendet der Architekt lieber Fundgegenstände als Modelle. Slicks unorthodoxes Vorgehen wirkt gern etwas befremdend und deshalb muss er seine Projekte häufig selbst finanzieren mit den hübschen grünen Scheinen, die er durch den Verkauf von Speed einnimmt.

Der unter dem Namen Keith Rhoades geborene Architekt erwirbt den Übernamen Slick, als er auf dem Heimweg vom The Scene an einem Londoner Regenabend seine Vespa zu Bruch fährt. Es geht das Gerücht, er habe dabei einen Hirnschaden erlitten. (Als sicherstes Indiz wird oft Mod Lang angeführt.)

Die revolutionären Collagen des Architekten, wie sie in den kritischen Schriften von Lord Toby Dammit abgebildet sind.

Der Architekt wird als Gefahr für die Öffentlichkeit bezeichnet, nachdem er ein historisches Schloss niedergebrannt hat, um Berkshire Fangs (vgl. 4. Seite) zu bauen, eine Residenz für modebewusste Vampire. In der englischen Gesellschaft wird Slick von vielen als «nicht passender Umgang» betrachtet. Um sich der Verfolgung zu entziehen, bricht Slick in die Kolonien auf.

Der Architekt ist froh, aus England «diesem geistigen Slum!» rauszukommen. Slick zieht nach Trancas, Malibus exklusivstem Winkel, und baut dort Chemical Sundown (4. Seite) – seinen luxuriösen Privatwohnsitz. Das Gebäude liegt weit oben auf einer Hügelkuppe «weit weg von allen – zu ihrem eigenen Besten!!!»

Der Architekt begegnet Clara Fogg, die eines Abends die Strasse zu seinem Haus hinaufrennt. Ihr Makeup ist verschmiert und ihre Kleider sind zerrissen. Sie erklärt, dass sie «auf der Flucht vor einem lausigen lokalen Popularitätswettbewerb» ist.

Der Architekt verliebt sich auf den ersten Blick – genau wie Clara. Slick lädt sie ein, «so lange wie möglich» auf Chemical Sundown zu bleiben. Sie nimmt an. Zusammen testen sie all die neusten «special effects».

INSERT FOR PARKETT No. 63, 2001

CUMULUS

From America

IN EVERY EDITION OF PARKETT, TWO CUMULUS CLOUDS, ONE FROM AMERICA, THE OTHER FROM EUROPE, FLOAT OUT TO AN INTERESTED PUBLIC. THEY CONVEY INDIVIDUAL OPINIONS, ASSESSMENTS, AND MEMORABLE ENCOUNTERS—AS ENTIRELY PERSONAL PRESENTATIONS OF PROFESSIONAL ISSUES.

OUR CONTRIBUTORS TO THIS ISSUE ARE CHRISTIAN RATTEMEYER, A CURATOR AND WRITER BASED IN BERLIN AND NEW YORK, CURRENTLY WORKING FOR THE DOCUMENTA XI IN KASSEL, AND DANIEL BIRNBAUM, DIRECTOR OF THE STÄDELSCHULE AND OF THE PORTIKUS, FRANKFURT.

CHRISTIAN RATTEMEYER

Method Masking

Ever since "Documenta IX" in 1992, where Jan Hoet expanded the associative field of art by including Jazz, Baseball and Boxing as the surrounding events of the exhibition, I have been puzzled by the proclaimed immediacy sports was assigned to signify. Sitting next to the ring of the German Championship Fights that "Documenta IX" hosted in 1992, helping the number girls in and out of the quadrilateral, and getting wet from blood and sweat spraying down from the progressing matches, I was told by the ecstatic exhibition curator how boxing retained that human drama often missing from contemporary art. "This is erotics," he said, "if you don't understand this, you don't understand art." Boxing, in this instance, was to renew a connection to the fundamental forces of life that art had abandoned in favor of a more symbolic relation to them, a connection already well established in the interest of some Dada poets, preeminently Arthur Cravan, or of Bertolt Brecht for boxing.

Recently, the work of Mexican-born and Amsterdam-resident artist Carlos Amorales has introduced another popular sport into the frame of reference of contemporary art, in his case the Mexican version of wrestling, *lucha libre.* Equally located at the margins of Western mass appeal, wrestling shares with boxing or bullfights certain primordial ethics, characterized by the staged encounter of good and evil forces. Unlike boxing, however, wrestling does not unfold as an open-ended drama, but rather as a cathartic enactment of this drama, as a sequence of legible signs. Roland Barthes, in his classic study on wrestling, has defined the difference as the following: "A boxing-match is a story which is constructed before the eyes of the spectator: in wrestling, on the contrary, it is each moment which is intelligible, not the passage of time. The spectator is not interested in the rise and fall of for-

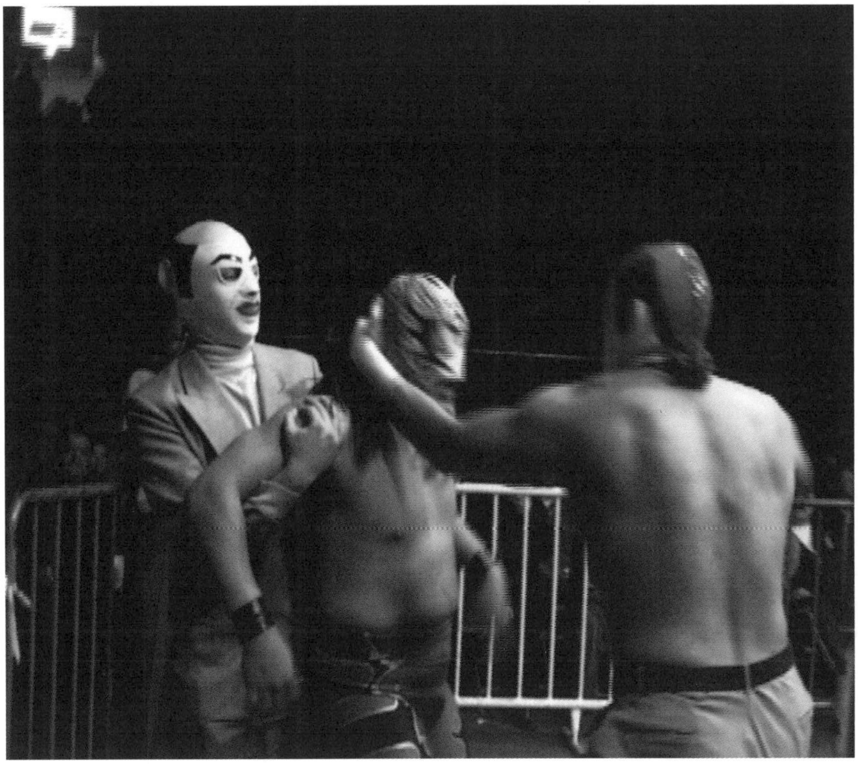

CARLOS AMORALES, MY WAY, Auditorio de Tijuana, 19.1.01, video still.

tunes; he expects the transient image of certain passions. Wrestling therefore demands an immediate reading of the juxtaposed meanings, (...) while on the contrary a boxing-match always implies a science of the future."[1]

Carlos Amorales' long-spanning engagement with *lucha libre*, the Mexican variety of wrestling, might be rendered in similar terms. *Lucha libre* is a wildly popular sport in Mexico, held in grand arenas, shabby back rooms and tiny market squares alike. Unlike the Olympic discipline, it thrives on a great variety of styles and regulations,[2] and unlike the American version, it escapes thorough commodification and manages to retain social and political relevance. More importantly, however, it is structured around the simple encounter of characters defined by their style of wrestling (usually a rude wrestler, who does not obey the rules, a *rudo*, and a fair playing "good guy," a *técnico*), characters elaborately created through a technique of staging, defined by a name, a costume, and a mask that provide total anonymity to the performing athlete. While the French version of wrestling Barthes writes about is defined by the absolute legibility of the facial expressions and physiological appearances of the athletes reminiscent of both Le Brun's seventeenth-century treatise on the "expressions of passions," and Bataille's concept of the abject and the formless, *lucha libre* is constructed around an understanding of signification that is grounded in the symbolizing power of the characters, and not the personalities of the athletes. The total anonymity of the athlete thus provides the condition for the character to appear as the carrier of meaning, an operation in which the signifier (the athlete) is eradicated in favor of the signified (the construction of the character). This anonymity is the central aspect of Mexican wrestling, as it distinguishes the wrestling character, or persona, from the impersonating athlete and secures a life for the character on its own terms. The unmasking of an athlete, then, signifies the death of the character, and in order to continue participation, the athlete has to find a new character to impersonate.

In his first performance leading to the wrestling project "—LOS AMORALES" in 1996, Carlos Amorales invited a group of people to an "anonymous group party," where each of the guests was to wear a mask, hiding his or her features for the duration of the

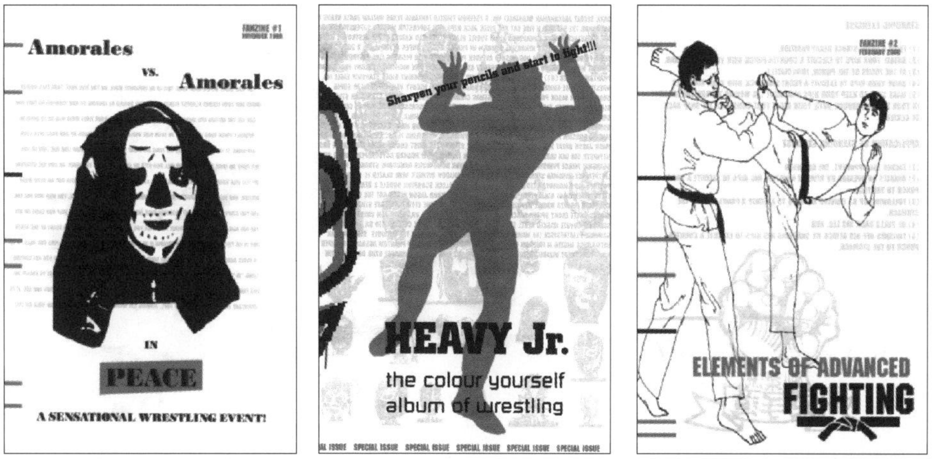

From left to right / Von links nach rechts: "Fanzine" covers, No. 1, Nov. 1999, AMORALES VS. AMORALES IN PEACE; Special Issue, Nov. 1999; No. 2, Feb. 2000.

meeting. Stained by red wine provided by the artist, the masks acquired individual features specific to the drinking habits of the guests, but distinct from their personal identities. A video of Amorales, trying on the individual masks, without ever showing his face to the camera, was later presented to the invited guests, mirroring and recalling their appearances as individualized characters distinct from, but related to themselves. The process of staining, then, can be understood as a performative act to create individualized masks, the most important carriers of the traits of a character, which later can act as stand-ins for their creators. In search of a tool that would allow Amorales to connect his "private life with his work, but at the same time avoid showing his personal life in public," and that could be used as an "interface between the performer and the public,"[3] he commissioned a mask of his own likeness to be produced by one of the most respected mask-makers of the Mexican wrestling world, Ray Rosas, and completed the costume with a gray business suit. The character "Amorales," modeled after the likeness of the artist but not identical with him, thus became the protagonist of a series of events and performances, staged wrestling instruction lessons, a table-dance party where the lap dancers were to wear the mask of "Amorales," and public discussions all held in the institutional contexts of contemporary art. In one instance, Amorales invited to an open panel discussion in a Rotterdam gallery one of Mexico's most popular political activists, a character known as "Super Barrio," whose appearance as a wrestling character not only accounts for his broad popularity, but also secures anonymity to the person behind "Super Barrio" and thus saves him from political persecution. Only after this series of insertions of the "Amorales" character into the expanded realm of performative practices did the artist reconnect the character with the world of *lucha libre,* and staged fights of professional Mexican wrestlers wearing their own as well as the "Amorales" masks, in art contexts (Zurich and Paris) as well as professional wrestling contexts (Tijuana and San Diego). In 2001, Amorales began offering the character to the official Mexican wrestling federation to take it under contractual guidance. The responsibility for "Amorales" would then fully rest with the professional athlete who chooses him as his character.

To adequately understand Amorales' engagement in the world of *lucha libre,* it is important to observe the similar symbolic operations pertinent to Mexican wrestling, which make it accessible to the practices of contemporary art. It is not the proclaimed proximity to a more "authentic" or "immediate" reality, that wrestling allows for, but the access to another significatory system in contact with the social and political realities of life.

1) Roland Barthes, "The World of Wrestling" in *Mythologies,* trans. Annette Lavers (Noonday Press: New York, 1972), p. 16.
2) cf. the "Lucha Libre Dictionary" in Carlos Amorales: *—los Amorales* (Amsterdam: Artimo, 2001).
3) Ibid.

CHRISTIAN RATTEMEYER

Maskierte Methode

Seit der «Documenta IX» im Jahr 1992, als Jan Hoet das Assoziationsfeld der Kunst erweiterte, indem er Jazz, Boxen und Baseball in das Begleitprogramm der Ausstellung integrierte, wundere ich mich über die angebliche Unmittelbarkeit, die dem Sport zugeschrieben wurde. Während ich neben dem Ring der deutschen Meisterschaftskämpfe sass, die die «Documenta IX», 1992, ausrichtete, und in dem Regen aus Blut und Schweiss, der von den Kämpfen über mir heruntersprühte, meinem Auftrag nachkam, den Nummerngirls in den und aus dem Ring zu helfen, erklärte mir ein ekstatischer Ausstellungskurator, wie Boxen jenes menschliche Drama bewahre, das so oft in der bildenden Kunst vergeblich gesucht werde. «Das ist Erotik», sagte er, «wenn du das nicht verstehst, verstehst du die Kunst nicht.» Boxen stand in diesem Falle für eine Verbindung mit den grundlegenden Mächten des Lebens, welche die Kunst längst zugunsten einer rein symbolischen Beziehung aufgegeben hat, eine Verbindung, die bereits von einigen Dadaisten, allen voran aber von Arthur Cravan oder auch von Bertolt Brecht festgestellt worden war.

Der mexikanische, in Amsterdam lebende Künstler Carlos Amorales hat nun einen anderen populären Sport in den Kontext der bildenden Kunst eingeführt, nämlich die mexikanische Version des Ringens, *lucha libre.* Ebenso an den Rändern des westlichen Massengeschmacks angesiedelt, teilt das Ringen mit dem Boxen oder dem Stierkampf eine gewisse ursprüngliche Ethik, die von der inszenierten Begegnung guter und böser Kräfte gekennzeichnet ist. Im Gegensatz zum Boxen verläuft das Ringen jedoch nicht als offenes Drama, sondern eher als kathartische Darstellung dieses Dramas, als eine Folge lesbarer Zeichen. Roland Barthes hat in seiner klassischen Studie über das Ringen den Unterschied wie folgt beschrieben: «Ein Boxkampf ist eine Geschichte, die sich vor den Augen der Zuschauer abspielt: Beim Ringen dagegen ist jeder einzelne Moment erfassbar, nicht der zeitliche Ablauf. Den Zuschauer interessiert nicht das allmähliche Erringen des Sieges: Vielmehr erwartet er momenthafte Bilder als Ausdruck bestimmter Leidenschaften. Der Ringkampf verlangt daher das unmittelbare Erfassen voneinander unabhängiger Bedeutungen (...), während der Boxkampf, im Gegenteil, immer ein Wissen um Zukünftiges mit einschliesst.»[1]

Carlos Amorales' langjährige Auseinandersetzung mit *lucha libre,* der mexikanischen Variante des Ringens, liesse sich in ähnlichen Worten wiedergeben. *Lucha libre* ist in Mexiko ein äusserst populärer Sport, der in grossen Arenen ebenso wie in schäbigen Hinterzimmern und auf winzigen Marktplätzen ausgetragen wird. Anders als die olympische Disziplin kennt diese Variante eine Vielzahl an Stilen und Regeln[2] und ist, im Gegensatz zur amerikanischen Version, nicht der totalen Vermarktung erlegen, sondern konnte ihre gesellschaftliche und politische Relevanz bewahren. Noch wichtiger ist wohl, dass es im *lucha libre* um die einfache Begegnung von Charakteren geht, die sich im Stil voneinander unterscheiden: Gewöhnlich trifft ein rauher Ringer, der die Regeln missachtet, ein *rudo,* auf einen fairen Ringer, einen *técnico,* der den Guten mimt. Diese Charaktere wurden mittels einer raffinierten Technik der Inszenierung entwickelt und sind durch einen Namen, ein Kostüm und eine Maske definiert, die dem jeweiligen Athleten völlige Anonymität gewähren. Während sich die von Barthes beschriebene, französische Version des Ringens durch die absolute Lesbarkeit der Mimik und der körperlichen Erscheinung der Athleten auszeichnet und an Le Bruns Traktat über den Ausdruck der Leidenschaften in der Mimik (*Méthode pour apprendre à dessiner les passions...*) aus dem 17. Jahrhundert erinnert, oder an Batailles Begriff des Abscheulichen und Formlosen, wird *lucha libre*

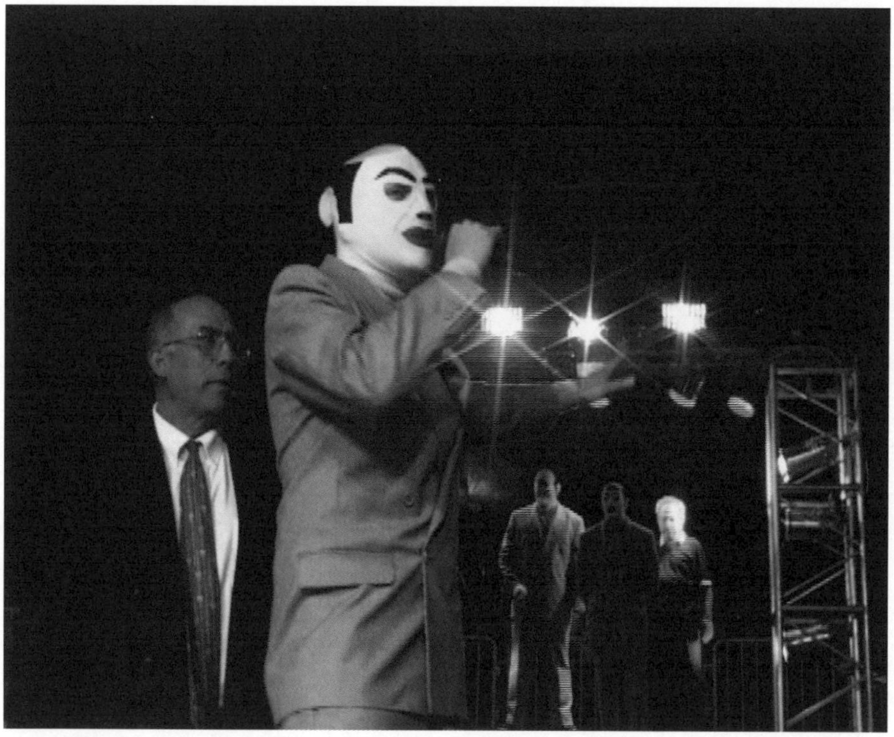

CARLOS AMORALES, MY WAY, Auditorio de Tijuana, 19.1.01, video still.

vom Konzept einer Bedeutungsproduktion getragen, die auf der symbolischen Kraft der Charaktere beruht und nicht auf der Persönlichkeit der Athleten. Die Anonymität des Athleten ist also Voraussetzung dafür, dass der Charakter als Bedeutungsträger auftreten kann, ein Vorgang, bei dem der Signifikant (der Athlet) zugunsten des Signifikats (dem konstruierten Charakter) ausgelöscht wird. Diese Anonymität ist der zentrale Aspekt des mexikanischen Ringens, da es den Charakter, oder die Persona, vom Athleten, der ihn/sie verkörpert, unterscheidet und so das Eigenleben des Charakters gewährleistet. Die Demaskierung des Athleten bedeutet denn auch den Tod des Charakters, und danach muss ein Athlet, will er weiter am Kampf teilnehmen, sich einen neuen Charakter suchen.

In seiner ersten Performance, die schliesslich zum Ringerprojekt «—LOS AMORALES» führte, lud der Künstler 1996 eine Gruppe von Leuten zu einer «anonymen Gruppenparty» ein, bei der jeder Gast eine Maske zu tragen hatte und so für die Dauer des Treffens die eigenen Gesichtszüge verbarg. Allmählich befleckte der vom Künstler spendierte Rotwein die Masken und verlieh ihnen individuelle Züge, die zwar den Trinkgewohnheiten der Gäste entsprachen, aber nichts mit ihrer persönlichen Identität zu tun hatten. Ein Video, das Amorales beim Anprobieren der Masken zeigt, ohne dass sein Gesicht je sichtbar wird, wurde den Gästen später vorgeführt; es wirkte wie ein Spiegel ihrer Auftritte als individuelle Charaktere, die sich von der jeweiligen realen Person unterscheiden und doch in einem Verhältnis zu ihr stehen. Der Vorgang des Befleckens kann somit als performativer Akt zur Schaffung der individuellen Masken verstanden werden, jenen äusserst wichtigen Charaktermerkmal-Trägern, die später als Stellvertreter ihrer Schöpfer auftreten können. Auf der Suche nach einem Werkzeug, das Amorales erlaubte, «sein Privatleben mit der Arbeit zu verbinden ohne dadurch sein persönliches Leben öffentlich werden zu lassen», und das auch als «Vermittler zwischen Künstler und Publikum»[3] fungieren könnte, gab er eine Maske mit seinen Gesichtszügen bei einem der angesehensten Maskenmacher der mexikanischen Ringerwelt, Ray Rosas, in Auftrag und komplettierte diese Kostümierung mit einem grauen Geschäftsanzug. Der Charakter «Amorales», der den Zügen des Künstlers nachempfunden, aber mit diesem

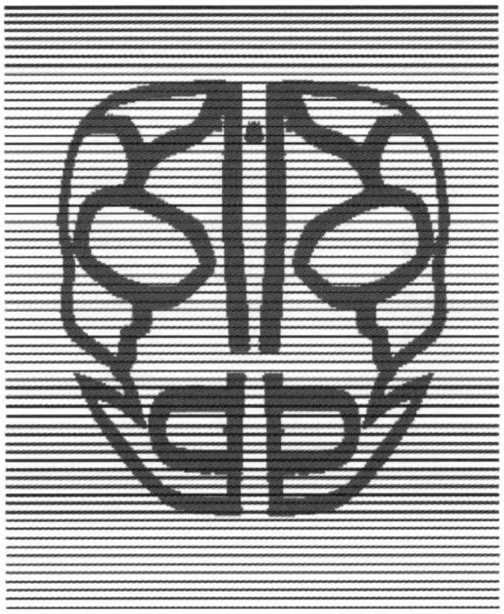
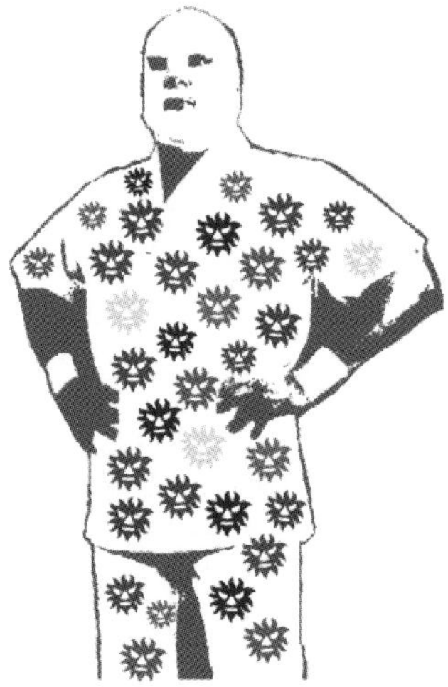
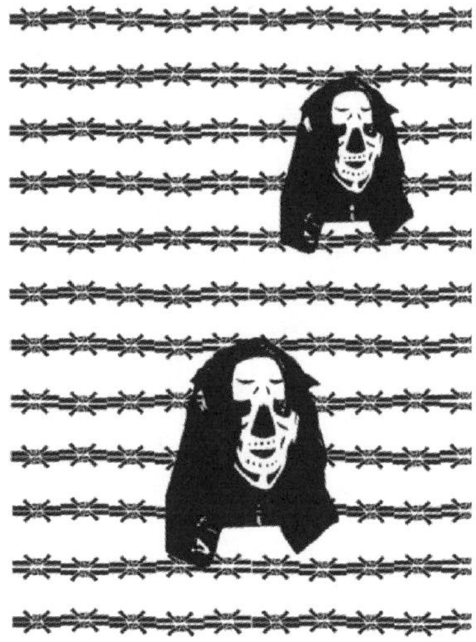

From left to right / Von links nach rechts: CARLOS AMORALES, CIBERNETICO; DR HAWAI; BARB-WIRE, all 2000, computer drawings, 55 1/8 x 70 7/8" each / Computerzeichnungen, je 140 x 180 cm.

nicht identisch ist, wurde so zum Protagonisten einer Reihe von Ereignissen und Performances, etwa inszenierten Unterrichtsstunden im Ringen, einer Tischtanzparty, bei der die Tänzerinnen die Amorales-Maske trugen, oder öffentlichen Diskussionen, die alle im institutionellen Kontext der zeitgenössischen Kunst stattfanden. In einem dieser Fälle lud Amorales einen der bekanntesten politischen Aktivisten Mexikos zu einer öffentlichen Diskussion in eine Rotterdamer Galerie, ein Charakter, der unter dem Namen «Super Barrio» bekannt ist und dessen Auftritt als Ringerfigur nicht nur für seine grosse Popularität spricht, sondern auch für jene Anonymität sorgt, welche die Person hinter «Super Barrio» vor politischer Verfolgung schützt. Erst nach dieser Serie von Einfügungen des «Amorales»-Charakters in den erweiterten Raum performativer Praktiken brachte der Künstler den Charakter wieder mit der Welt des *lucha libre* in Kontakt und inszenierte Kämpfe professioneller mexikanischer Ringer, die ebenso ihre eigene wie die «Amorales»-Maske trugen, und dies sowohl im Kunstkontext (Zürich und Paris) als auch im Kontext professioneller Ringkämpfe (Tijuana und San Diego). Im Jahr 2001 bot Amorales der mexikanischen Ringer-Föderation an, seinen Charakter unter Vertrag zu nehmen. Die Verantwortung für den «Amorales»-Charakter fiele dann auf den professionellen Athleten, der ihn für sich auswählte.

Um Amorales' Verbindung mit der Welt des *lucha libre* adäquat zu verstehen, ist es wichtig, die symbolischen Operationen zu kennen, die dem mexikanischen Ringen eigen sind und dieses für die Praktiken der zeitgenössischen Kunst zugänglich machen. Und es ist nicht die viel beschworene Nähe zu einer «authentischeren» oder «unmittelbareren» Wirklichkeit, die das Ringen hier leistet, sondern vielmehr der Zugang zu einem anderen bedeutungserzeugenden Zeichensystem, das mit den sozialen und politischen Realitäten des Lebens in Kontakt steht.

1) «Le Monde où l'on catche», in: Roland Barthes, *Mythologies,* in: *Œuvres complètes,* vol. 1, Editions du Seuil, Paris, S. 569–70: «Le match de boxe est une histoire qui se construit sous les yeux du spectateur; au catch, bien au contraire, c'est chaque moment qui est intelligible, non la durée. Le spectateur ne s'intéresse pas à la montée d'une fortune, il attend l'image momentanée de certaines passions. Le catch exige donc une lecture immédiate des sens juxtaposés (...), alors qu'au contraire un match de boxe implique toujours une science du futur.»
2) Vgl. «Lucha Libre Dictionary», in Carlos Amorales: *–los Amorales,* Artimo, Amsterdam 2001.
3) Ebenda.

CUMULUS

Aus Europa

IN JEDER AUSGABE VON PARKETT PEILT EINE CUMULUS-WOLKE AUS AMERIKA UND EINE AUS EUROPA DIE INTERESSIERTEN KUNSTFREUNDE AN. SIE TRÄGT PERSÖNLICHE RÜCKBLICKE, BEURTEILUNGEN UND DENKWÜRDIGE BEGEGNUNGEN MIT SICH – ALS JEWEILS GANZ EIGENE DARSTELLUNG EINER BERUFLICHEN AUSEINANDERSETZUNG.

IN DIESEM BAND ÄUSSERN SICH DANIEL BIRNBAUM, DIREKTOR DER STÄDELSCHULE UND DES PORTIKUS IN FRANKFURT, SOWIE CHRISTIAN RATTEMEYER, KURATOR UND PUBLIZIST IN BERLIN UND NEW YORK, ZURZEIT FÜR DIE DOCUMENTA XI IN KASSEL TÄTIG.

DANIEL BIRNBAUM

Vom White Cube bis Super-Houston

Fünf Ausstellungen im Frankfurter Portikus

Diese Verknüpfung (...) hat zur Folge, dass jede einfache Substanz Beziehungen enthält, welche die Gesamtheit der anderen zum Ausdruck bringen, und dass sie infolgedessen ein lebendiger, immerwährender Spiegel des Universums ist.

– Gottfried Wilhelm Leibniz, *Monadologie*, Prop. 56.

Sehr oft zieht die Organisation einer Ausstellung viele weitere Ausstellungen innerhalb dieser Ausstellung nach sich, fast wie bei einer russischen Matruschka-Puppe. Jede Ausstellung kann eine weitere Ausstellung (vorübergehend autonome Zonen) in sich bergen.

– Hans-Ulrich Obrist, *Connective Possibilities*

Über die Monade, die einfache Substanz, wie sie in der leibnizischen Philosophie definiert ist, schreibt Gilles Deleuze: «Die Monade ist eine Zelle, eher eine Sakristei als ein Atom: ein Raum ohne Türen noch Fenster, worin alle Tätigkeiten innerliche sind.»[1)] Ist die Monade eine Galerie, welche die globalste aller Ausstellungen überhaupt zeigt? «Die Monade ist die Autonomie des Inneren, eines Inneren ohne Aussen», sagt Deleuze. Und doch widerspiegelt sich in der Monade die Welt als Ganzes, mit ihrer Zukunft und ihrer Vergangenheit. Sie ist ein unendlich einfaches und zugleich unermesslich kompliziertes Gebilde. Ein Raum, der von der Welt abgeschlossen ist und

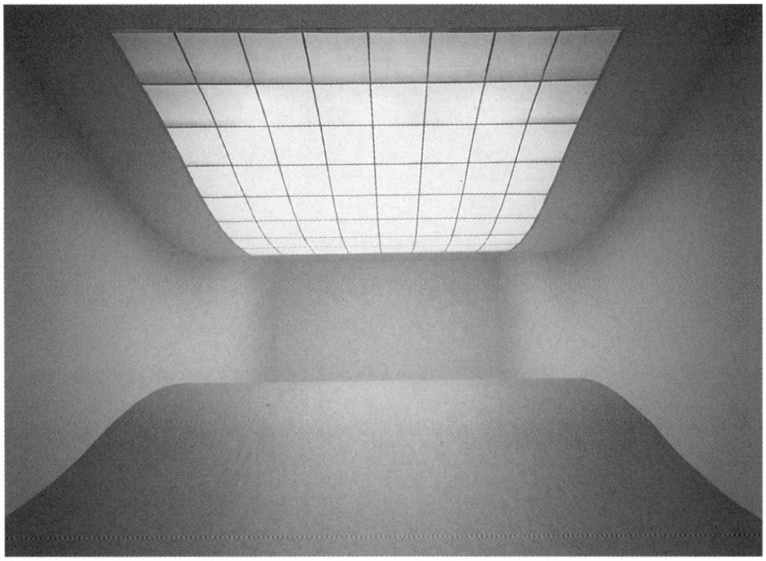

MICHAEL ELMGREEN & INGAR DRAGSET, POWERLESS STRUCTURES, FIG. 111,
Portikus Frankfurt, 3.2.01–18.3.01.
(ALL PHOTOS: WOLFGANG GÜNZEL, OFFENBACH)

doch alles umfasst: ein «immerwährender Spiegel des Universums».

Vergleichen wir dies nun mit Brian O'Dohertys klassischer Beschreibung der White-Cube-Galerie: «Eine Galerie wird nach Gesetzen errichtet, die so streng sind wie diejenigen, die für eine mittelalterliche Kirche galten. Die äussere Welt darf nicht hereingelassen werden, deswegen werden Fenster normalerweise verdunkelt. Die Wände sind weiss getüncht. Die Decke wird zur Lichtquelle.»[2] Thomas McEvilley hat die traditionelle Auffassung der White-Cube-Ideologie perfekt auf den Punkt gebracht: «In klassischen modernen Galerien spricht man wie in Kirchen nicht in normaler Lautstärke; man lacht nicht, isst nicht, trinkt nicht, legt sich nicht hin und schläft nicht; man wird nicht krank oder verrückt; man singt nicht, tanzt nicht und macht nicht Liebe.»[3] Kurz, der White Cube ist eine ausschliessende Struktur.

Mit einer fünfteiligen Ausstellungsreihe im Portikus – dem Frankfurter Super-White-Cube – haben Jochen Volz und ich versucht das Gegenteil zu beweisen: Die Galerie kann auch als integrierende Struktur verstanden werden. Es handelt sich dabei um eine Expansionsstrategie, durch die der Cube sich schrittweise all das zu eigen macht, was er nach traditionellem Verständnis ausschliesst: den Körper, das gesellschaftliche Leben, die Stadt, die Medienlandschaft, die Halluzinationen des «Superurbanen». Unser Weg zur vollständigen Integration besteht aus den folgenden fünf Stadien:

1. *Elastizität.* In ihrem Projekt POWERLESS STRUCTURES, FIG. 111 (Machtlose Strukturen, Fig. 111) lassen Michael Elmgreen & Ingar Dragset den Cube elastisch werden und lenken so die Aufmerksamkeit des Betrachters auf den Raum selbst. Indem sie mit baulichen Massnahmen dafür sorgen, dass sich der Boden und die Lichtdecke der Galerie einander stark entgegenwölben, rufen sie uns die strengen Konventionen des White Cube in Erinnerung, während sie sich gleichzeitig über die Tradition der angeblichen Neutralität lustig machen. Der White Cube «fördert den Mythos, dass wir uns vor allem als geistige Wesen dort aufhalten – das Auge ist das *Auge der Seele*»,[4] meint McEvilley. Wenn wir durch Elmgreen & Dragsets deformierten Raum klettern, werden wir daran erinnert, dass unsere Augen ganz eindeutig Teil eines Organismus sind, eines Körpers mit ganz eigenen räumlichen und kinästhetischen Koordinaten.

2. *Gastfreundschaft.* Rirkrit Tiravanija lässt Elmgreen & Dragsets deformierten Raum unverändert bestehen und baut zusätzlich eine Bühne für verschiedene Aktivitäten ein. UNTITLED, 2001 (DEMO STATION NO. 1) stellt eine Ausstellung in der Ausstellung dar. Die Elastizität des Raums wird um einen weiteren Schritt gesteigert, so dass der White Cube vollkommen durchlässig wird. Sechs Wochen lang ist die Galerie von nahezu hysterischer Aktivität erfüllt: Kochen, Musik, Tanz, Mode, Literatur. Kurz gesagt: Alles, was die Machtstruktur der weissen Wände gewöhnlich ausschliesst, hat hier wieder Eingang gefunden.

3. *Kino und Stadt.* Dominique Gonzalez-Foersters Installation verwandelt den Portikus in ein Kino in elementarster Form: ein dunkelblauer Raum, der von «Sternen» erleuchtet wird, eine Leinwand, rote Sitze. Der White Cube wird zu einer Blackbox, die eine andere Dialektik zwischen Ausschluss

und Expansion verkörpert: jene der Phantasie des Kinos – in diesem Fall eine Art urbanes Träumen. Es werden zwei 35-mm-Filme vorgeführt, *Riyo* und *Central,* die je zehn Minuten dauern. Sie zeigen asiatische Stadtlandschaften: die Ufer des Kamo-Flusses in Kyoto, die Bucht von Hongkong. In beiden Filmen bilden die Städte den Hintergrund für sehr persönliche Erzählungen und melancholische Stimmungen.

4. *Perfekter Prozess.* Jason Rhoades' extrem dichte Installation THE COSTNER COMPLEX (PERFECT PROCESS) führt uns von der Ebene der individuellen Phantasie ins überlebensgrosse Reich von Schauspieler-Drehbuchautor-Produzent-Regisseur Kevin Costner. Die Essenz von Kevin Costners Filmen wird von einem Produktionsteam aufbereitet und als «Gardeniera alla Potpourri» in Einmachgläser abgefüllt. Dazu gehören folgende Zutaten: Essig, Olivenöl, Zwiebeln, Knoblauch, Karotten, rote Paprika, Kürbis, Kartoffeln, Petersilie, Salz, Konservierungsmittel, Œuvre de Costner und Portikus-Wasser. Noch wichtiger als das konkrete Produkt (1000 volle Einmachgläser) ist die Erfahrung eines perfekten Arbeitsprozesses, den Rhoades als einen Moment beschreibt, «in dem alle in perfekter Harmonie arbeiten, ihre Aufgaben reibungslos und effizient erfüllen und völlig der bestehenden Aufgabe ergeben sind.»[5]

5. *Super-Houston.* Wenn Jason Rhoades uns ein Erlebnis ermöglicht, das über die Erfahrung des einzelnen Menschen hinausgeht, so führt uns die komplexe Installation HIDDEN CITY (Verborgene Stadt) des visionären Architekten Peter Cook über die einzelne Stadt hinaus auf eine Art meta-urbane Ebene. Cooks Ausstellung, eine Gegenüberstellung von Texten und Collagen, läuft auf eine labyrinthische Reise durch Städte, Gebäude, Parks und Verkehrsnetze hinaus. Wir reisen von Houston über eine «Verkettung von Inspirationen» zum Italian Hill, nach London, Los Angeles und wieder zurück in eine Stadt, die zwar Houston ist, aber zugleich viel grösser, tiefer und weiter. *Eine Art «Super-Houston».*[6]

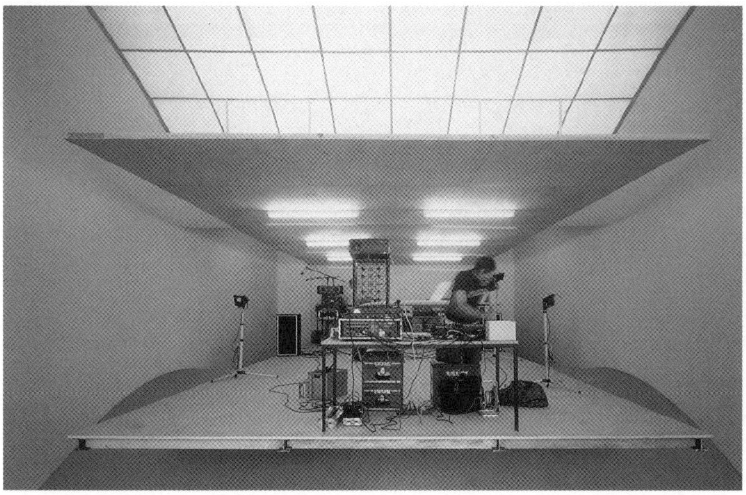

RIRKRIT TIRAVANIJA, UNTITLED, 2001 (DEMO STATION NO. 1), Portikus Frankfurt, 7.4.01–20.5.01.

Frankfurt am Main – mit seinem riesigen Flughafen, dem Bahnhof und unzähligen Banken – ist ein Ort, den man auf der Durchreise passiert, auf dem Weg anderswohin. Es ist ein Ort, den das internationale Kapital passiert, auf dem Weg anderswohin. Es ist ein Ort, den die Kunst passiert – auf ihrem Weg anderswohin. Und es ist ein Ort, der sich ausnehmend gut für Gespräche über Globalisierung und Lokalisierung eignet. Die fünf Ausstellungen im Portikus führen uns von einem kleinen weissen Raum im Osten Frankfurts rund um die Welt und wieder zurück. Aber nachdem er diese «Verkettung von Inspirationen» durchlaufen hat, ist der White Cube kein White Cube mehr. Er ist jetzt etwas, was Peter Cook als *Super-White-Cube* bezeichnen würde – ein Ort, der zugleich lokal und global ist. In einem Gespräch mit Stuart Hall erklärte Sarat Maharaj: «Man geht davon aus, dass das Globale irgendwie schlecht ist, und dann ist da noch dieses ursprüngliche Gute oder Lokale, an dem wir irgendwie festhalten müssen, um Widerstand leisten zu können. Man übersieht dabei oft, dass das Lokale selbst auch durch globale Prozesse entsteht und das Verhältnis zwischen dem Lokalen und dem Globalen, über das wir nachdenken müssen, daher weit komplizierter und heikler ist.»[7] Der Portikus war schon immer ein Ort, der sich allen romantischen Vorstellungen über lokale Kultur entzog. Eigentlich ist er schon immer ein Super-White-Cube gewesen.

Einer der ambitioniertesten Versuche, die Beziehung zwischen dem Lokalen und dem Globalen systematisch zu durchleuchten, findet sich in Michael Hardts und Antonio Negris kürzlich

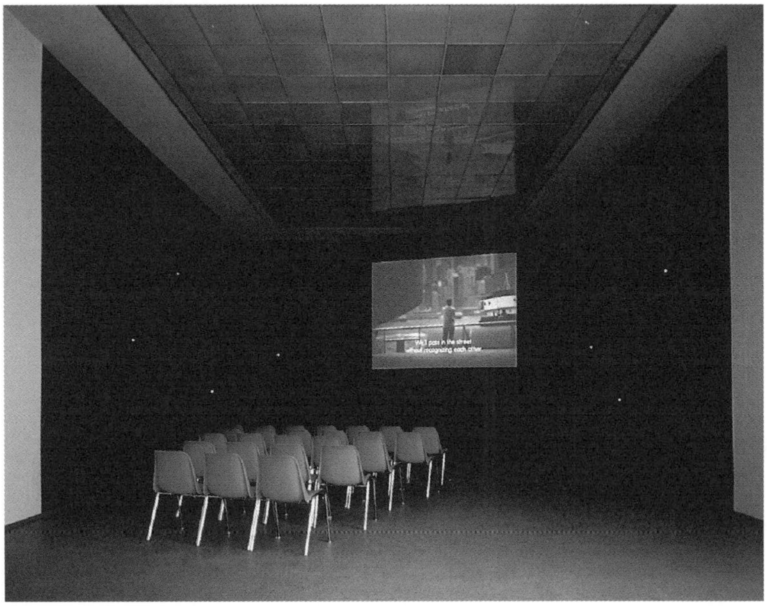

DOMINIQUE GONZALEZ-FOERSTER, cinema installation,
Portikus Frankfurt, 1.6.01–15.7.01.

erschienener Studie *Empire,* die auf intelligente Art die naiven Vorbehalte gegenüber der Globalisierung kritisiert: «Zur Sprache gebracht werden muss vielmehr die *Erzeugung von Lokalität,* also jene gesellschaftlichen Mechanismen, welche die als lokal geltenden Identitäten und Differenzen erzeugen und umgestalten.»[8] Auf die globale Nivellierung kultureller Unterschiede wird oft mit einer ziemlich naiven Verteidigung alles Lokalen reagiert. Wie Hardt und Negri ausführen, kann diese Sichtweise «leicht in eine Art Ursprünglichkeitskult übergehen, der gesellschaftliche Beziehungen und Identitäten starr festlegt und romantisiert».

Die Idee der Verknüpfung von Lokalem und Globalem kommt nirgends so deutlich zum Ausdruck wie in Leibniz' *Monadologie* (Prop. 83), wo es heisst, dass «die Seelen (...) lebendige Spiegel oder Abbilder des Universums» seien. – Das würde bedeuten, dass die lokalste aller Denkweisen, jene des einzelnen Menschen, das gesamte Universum in sich birgt. Man stelle sich eine Art leibnizisches Kuratieren vor, eine Ausstellungsgestaltung, die den Galerieraum zum Spiegel des Universums macht, und zwar nicht, indem der Raum mit Objekten voll gestopft wird, sondern indem gezeigt wird, dass tatsächlich alles immer schon da war, verborgen in den Falten eines unendlich verschlungenen labyrinthischen Raums. Natürlich sind die fünf geschilderten Ausstellungen nur eine Anhäufung von Material in einem kleinen Raum. Dennoch hofften wir, dass sie auch etwas anderes zeigen würden. Nämlich, dass unser kleiner weisser Raum keine ausschliessende, sondern eine grenzenlos integrierende Struktur ist. Er sieht vielleicht genauso aus wie irgendein anderer weisser Raum, aber in Wirklichkeit ist er ein Labyrinth. Die Art Labyrinth, die Jorge Luis Borges, der überraschendste aller modernen Leibniz-Jünger, sich erträumte: «Unter englischen Bäumen sann ich über dieses verlorene Labyrinth nach: Ich stellte es mir unversehrt vor und vollkommen, auf dem geheimen Gipfel eines Berges; ich stellte es mir von Reisfeldern überschwemmt vor oder unter Wasser; ich stellte es mir unendlich vor, nicht aus achteckigen Lauben und wiederkehrenden Pfaden, sondern aus Strömen, Provinzen und Reichen... Ich dachte an ein Labyrinth aus Labyrinthen, an ein gewunden wucherndes Labyrinth, das die Vergangenheit umfasste und die Zukunft, und das auch die Sterne irgendwie mit einbezog.»[9]

(Übersetzung: Irene Aeberli)

1) Gilles Deleuze, *Die Falte. Leibniz und der Barock,* übers. v. U.J. Schneider, Suhrkamp, Frankfurt am Main 1995, S. 50.
2) Brian O'Doherty, *In der weissen Zelle / Inside the White Cube,* übers. v. Ellen und Wolfgang Kemp, Merve Verlag, Berlin 1996, S. 10.
3) In der Einleitung zur erweiterten amerikanischen Ausgabe von Brian O'Doherty, *Inside the White Cube. The Ideology of the Gallery Space,* University of California Press, Berkeley, Los Angeles, London 1999, S. 10. (Zitatübersetzung: I. Aeberli)
4) Ebenda.
5) Jason Rhoades, *The Costner Complex (Perfect Process),* Portikus, Frankfurt am Main 2001, S. 14.
6) Zitiert aus den Texttafeln in Peter Cooks Ausstellung HIDDEN CITY, Portikus 2001.
7) Stuart Hall und Sarat Maharaj, *Modernity and Difference, Annotations 6,* INIVA, London 2001, S. 52. (Zitatübersetzung: Redaktion)
8) Michael Hardt und Antonio Negri, *Empire,* Harvard University Press, Cambridge 2000, S. 45.
9) Jorge Luis Borges, «Der Garten der Pfade, die sich verzweigen», in: Borges, *Fiktionen,* Fischer Taschenbuch Verlag, Frankfurt am Main 1992, S. 81–82.

DANIEL BIRNBAUM

From the White Cube to Super Houston

Five Shows in the Portikus

Now the interconnection means that each simple substance has relationships which express all others, and that it is therefore a perpetual living mirror of the universe.

– G. W. Leibniz, *Monadology*, prop. 56.

Very often organizing an exhibition is to invite many shows within the shows, almost like a kind of Russian Matryoshka doll. Every exhibition can hide another exhibition (temporary autonomous zones).

– Hans-Ulrich Obrist, *Connective Possibilities*

About the monad, the simple substance, in Leibniz's philosophy, Gilles Deleuze writes: "The monad is a cell. It resembles a sacristy more than an atom: a room with neither doors nor windows, where all activity takes place on the inside."[1] Is the monad a gallery showing the most global of exhibitions? "The monad is the autonomy of the inside, an inside without an outside," says Deleuze. And yet the world in its entirety is being reflected inside the monad, the future as well as the past. It's an infinitely simple and at the same time endlessly complicated structure. A space closed from the world, yet containing everything: a perpetual mirror of the universe.

Now compare this to Brian O'Doherty's classical description of the white cube gallery: "A gallery is constructed along laws as rigorous as those for building a medieval church. The outside world must not come in, so windows are usually sealed off. Walls are painted white. The ceiling becomes the only source of light."[2] The traditional understanding of the ideology of the white cube is phrased perfectly by Thomas McEvilley: "In classical modernist galleries, as in churches, one does not speak in a normal voice; one does not laugh, eat, drink, lie down, or sleep; one does not get ill, go mad, sing, dance, or make love."[3] In short, the white cube is a structure of exclusion.

In a series of five exhibitions in the Portikus—the Frankfurt super white

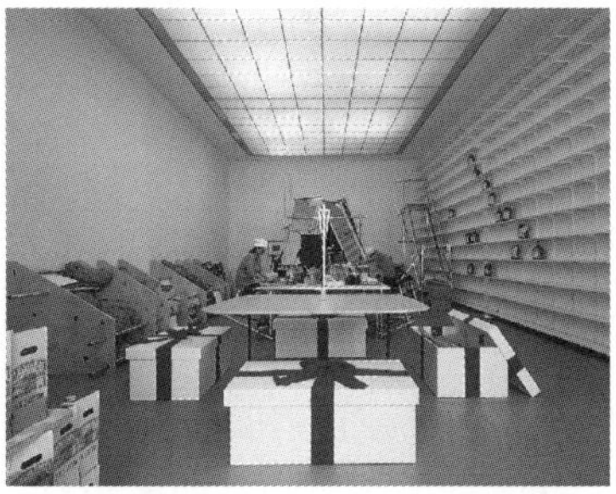

JASON RHOADES, THE COSTNER COMPLEX (PERFECT PROCESS),
Portikus Frankfurt, 28.7.01–16.9.01.

cube—Jochen Volz and myself have tried to demonstrate the opposite: the gallery can be seen as a structure of inclusion. This is a strategy of expansion which, step by step, lets the cube appropriate everything it traditionally is meant to exclude: the body, social life, the city, the media landscape, the hallucinations of the 'super urban.' Our

DANIEL BIRNBAUM is a writer and curator based in Frankfurt and Nice. He is the director of the Städelschule and of the Portikus in Frankfurt and a contributing editor of *Artforum*.

route to complete incorporation consists of the following five stages:

1. *Elasticity*. With the project POWERLESS STRUCTURES, FIG. 111, Michael Elmgreen & Ingar Dragset make the cube elastic and thus turn the viewer's attention to the space itself. Arching the gallery's floor and skylight to each other in a drastic way via construction measures, they remind us of the strict conventions of the white cube while simultaneously poking fun at the tradition of alleged neutrality. The white cube "promotes the myth that we are there essentially as spiritual beings—the Eye is the Eye of the Soul," says McEvilley.[4] Climbing through Elmgreen & Dragset's deformed space, we're reminded that our eyes are very much part of an organism. A body with its own spatial and kinesthetic coordinates.

2. *Hospitality*. While leaving Elmgreen & Dragset's deformed space unaltered, Rirkrit Tiravanija inserted a platform for various activities into the Portikus. His UNTITLED, 2001 (DEMO STATION NO. 1) represents an exhibition in the exhibition. The elasticity of the space is pushed one step further so as to make the white cube completely permeable. For six weeks the gallery is filled with almost hysterical activity: cooking, music, dancing, fashion, literature. In short, everything that normally is excluded by the power structure of the white walls is again present.

3. *Cinema and the City*. Dominique Gonzalez-Foerster's installation turns the Portikus into a cinema in the most reduced sense: a dark-blue space lighted by 'stars,' a screen, red seats. The white cube is transformed into a black box which represents another dialectic between exclusion and expansion: that of cinematic imagination—in this case a kind of urban dreaming. Two films, *Riyo* and *Central* are screened, both ten minutes long and projected in 35 mm. They show Asian urban landscapes: the banks of the Kamo River in Kyoto, the bay of Hong Kong. In both films the cities form the backdrop for deeply personal narratives and melancholy moods.

4. *Perfect Process*. Jason Rhoades's high-density installation THE COSTNER COMPLEX (PERFECT PROCESS) takes us from the level of individual imagination to the larger-than-life realm of artist-writer-producer-director Kevin Costner. A production team prepares and bottles the essence of Kevin Costner's films in jugs of *Gardeniera alla Potpourri*, which consists of the following ingredients: vinegar, olive oil, onions, garlic, carrots, red paprika, pumpkin, potatoes, parsley, salt, preservative, oeuvre de Costner, and Portikus water. Even more important than the actual product (1000 jugs) is the experience of a perfect process, described by Rhoades as "a moment when everyone worked in perfect harmony, performing their tasks smoothly and efficiently, having surrendered to the task at hand."[5]

5. *Super Houston*. If Jason Rhoades pushes us beyond the experience of the individual person's experience, visionary architect Peter Cook's intricate installation HIDDEN CITY takes us beyond the individual city to a kind of meta-urban level. A juxtaposition of statements and collages, Cook's exhibition represents a mazelike route through cities, buildings, parks, and traffic networks. We travel from Houston via an "inspirational chain"—the Italian Hill, London, Los Angeles—back to something which is Houston but also beyond and more than Houston. *A sort of "Super Houston."*[6]

Frankfurt—with its huge airport, railway station, and innumerable banks—is a place where people pass through, on their way to somewhere else. It's a place where global capital passes through, on its way to somewhere else. It's a place where art passes through—on its way to somewhere else. It's a place well suited for discussions about globalization and localization. These five shows take us around the world—from a small white space in the eastern parts of Frankfurt am Main and back again. But after passing through this inspirational chain, the white cube is no longer a white cube. It's now what Peter Cook would refer to as a *Super White Cube*—a place at once local and global. In a discussion with Stuart Hall, Sarat Maharaj claims: "[T]here is the assumption that somehow the global is bad and then there is this primordial good called the local that we must somehow hold on to as the point of resistance. It is often overlooked that the local is as much produced by the processes of the global and therefore we have a far more complicated, tricky relationship between the local and global to think through."[7] The Portikus has always been a place that avoids all romantic ideas about the local culture. In fact, it has always been a super white cube.

One of the most ambitious attempts to think through the relationship between the local and global in a more systematic fashion can be found in Michael Hardt and Antonio Negri's recent study *Empire* which intelligently criticizes all naive skepticism towards globalization: "What needs to be addressed, instead, is precisely the production of locality, that is, the social

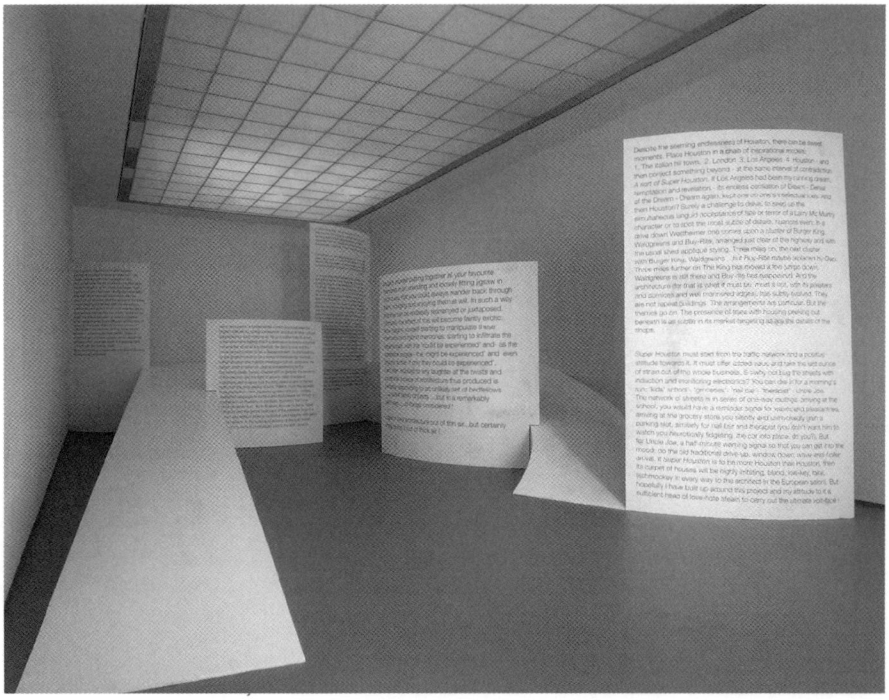

PETER COOK, HIDDEN CITY, Portikus Frankfurt, 13.10.01–25.11.01.
(ALL PHOTOS: WOLFGANG GÜNZEL, OFFENBACH)

machines that create and recreate the identities and differences that are understood as local."[8] As a reaction to the global leveling of cultural differences, one often finds a rather naïve defense of everything local. As Hardt and Negri point out, "This view can easily devolve into a kind of primordialism that fixes and romanticizes social relations and identities."

The idea that the global and the local are intimately intertwined has never been more clearly emphasized than in Leibniz's *Monadology* (prop. 83): "Souls are living mirrors or images of the universe."—That is, the most local of perspectives, that of the single mind, contains the universe in its entirety. One can imagine a kind of Leibnizian curating, a staging of shows that lets the gallery space mirror the all, not by stuffing the space full of objects, but rather by showing that everything was actually already there, folded into an infinitely complicated labyrinthine space. Of course these five shows are nothing but an amassment of stuff in a small room. And yet we were hoping that they would also show something else. That they would show that our small white box is not a structure of exclusion but one of infinite inclusion. It may look just like any other white box, but in fact it's a labyrinth. The kind of maze that the most incredible of Leibniz's modern disciples, Jorge Luis Borges, was dreaming of: "I meditated on that lost maze: I imagined it inviolate and perfect at a secret crest of a mountain; I imagined it erased by rice fields or beneath the water; I imagined it infinite, no longer composed of octagonal kiosks and returning paths, but of rivers and provinces and kingdoms... I thought of a labyrinth of labyrinths, of one sinuous spreading labyrinth that would encompass the past and the future and in some way involve the stars..."[9]

1) Gilles Deleuze, *The Fold. Leibniz and the Baroque*, transl. by Tom Conley (Minneapolis: University of Minnesota Press, 1993), p. 28.
2) Brian O'Doherty, *Inside the White Cube. The Ideology of the Gallery Space*, expanded edition (Berkeley, Los Angeles, London: University of California Press, 1999), p. 15.
3) Thomas McEvilley, "Introduction" in: ibid., p. 10.
4) Ibid.
5) Jason Rhoades in *The Costner Complex (Perfect Process)*, ex. cat. (Frankfurt am Main: Portikus, 2001), p. 14.
6) Cited from the text panels in Peter Cook's exhibition "Hidden City," Portikus, Frankfurt am Main, 2001.
7) Stuart Hall and Sarat Maharaj, *Modernity and Difference: Annotations 6* (London: INIVA, 2001), p. 52.
8) Michael Hardt and Antonio Negri, *Empire* (Cambridge: University Press, 2000), p. 45.
9) Jorge Luis Borges, *Labyrinths* (London: Penguin Books, 1970), p. 48.

BALKON

Robert Powell
Zeichnung als *visuelle Anthropologie*

MICHAEL OPPITZ

Die himalajischen Zeichnungen von Robert Powell stammen aus einem Zeitraum von 25 Jahren und kreisen geographisch ein breites Feld ein. Wir finden Sujets aus Nordwest-Pakistan: aus Swat; von den Kalash an der afghanischen Grenze; aus Nordwest-Indien: Ladakh in Kaschmir; aus Nepal, insbesondere dem Kathmandutal, wo er seit über zwanzig Jahren ansässig ist; aus der tibetischen Enklave des alten Königreiches Mustang; aus dem Dhaulagiri-Gebiet, wo die Magar leben; und aus dem sino-tibetischen Grenzland.

MICHAEL OPPITZ ist Professor für Soziale Anthropologie an der Universität Zürich, Direktor des Völkerkundemuseums in Zürich und Herausgeber des Bandes *Robert Powell, Himalayan Drawings*, Völkerkundemuseum Zürich, 2001.

All diese Gebiete hat Powell selbst bereist, zeichnend und malend.

Obwohl die entstandenen Blätter vordergründig Architekturansichten darstellen, sind es keine reinen Architekturzeichnungen. Fronten und Wände von Gebäuden werden bei ihm zu einer Art Leinwand, auf der geschichtliche Ablagerungen und das Arbeiten der Zeit am Stein ihre Spuren hinterlassen. Es ist vor allem die lokale Religionsgeschichte, die sich in die Architekturzeichnungen von Robert Powell eingeschrieben hat: Zeugnisse des Buddhismus, des Islam und des Hinduismus als Vertreter der grossen Traditionen, vor allem aber auch Belege von den alten Religionen kleiner Völker, der Bon-Religion und der schamanistischen Tradition. Aus dieser Verbindung, der Akzentuierung von Architektur als Spiegel der Religionsgeschichte, begründet sich ein direkter Zusammenhang zur Ethnologie.

Die Darstellungen von Objekten an den Häuserfronten in den Zeichnungen von Powell erinnern an Rituale und Glaubensvorstellungen: an Abwehrzauber gegen böse Geister, an Ahnenkulte und Heilrituale. Ein Motiv kehrt bei ihm auffallend häufig wieder: das der «Erdtür, Himmelstür» (sago namgo). Es handelt sich dabei um die Wiedergabe eines in ein Strohquadrat gebetteten Widderkopfes und eines von einem Strohdreieck eingerahmten Hundekopfes. Diese Tierschädel sollen schädlichen Geistern den Zutritt an den irdischen und himmlischen Toren versagen. Fadenkreuze und Holzbildchen von Vorfahren sollen helfen, diese Wirkung zu verstärken.

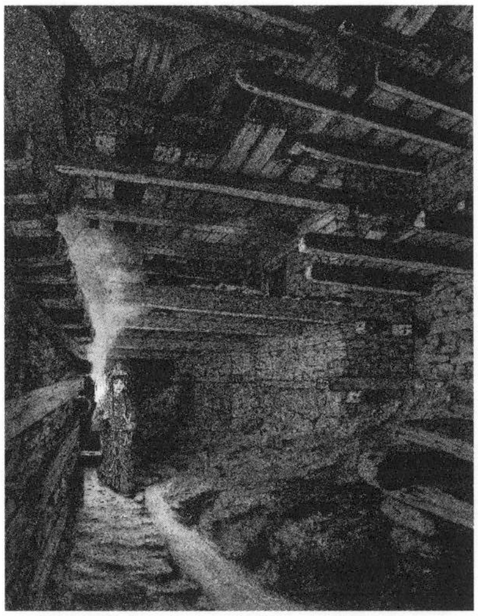

ROBERT POWELL, NIGHT SCENE, BRUN, 1986, ink and watercolor on paper, 13 3/8 x 11 7/16" / NÄCHTLICHE SZENE, BRUN, Tusche und Aquarell auf Papier, 34 x 29 cm.

Doch auch die Landschaft spielt ihre spezifische Rolle in diesen Zeichnungen. Meteorologie, Geologie und Geographie gehen in die örtliche Architektur mittels Formen, Farben, Materialien ein. Die Landschaft, auch wenn sie in den meisten Zeichnungen ausgespart bleibt, ist präsent in der Beschreibung der Bauweise. Es ist ein Bauen mit der Natur, in der Natur und oftmals gegen die Natur. Ein schmaler Bewässerungskanal, der kilometerweit einem schroffen Felsen entlang verläuft, zeigt die Schwierigkeiten, mit denen die Landwirtschaft in kahlen Bergregionen wie Ladakh konfrontiert ist.

Das Werk von Powell, dem in Zürich die erste Gesamtschau weltweit zuteil wurde, stellt auf zurückhaltende Weise nicht nur grundlegende Fragen zur Malerei allgemein, sondern speziell solche zur visuellen Anthropologie. Sein Werk, auf den allgemeinsten Nenner gebracht, basiert auf der Tradition von Ähnlichkeit zwischen Modell und Abbild, also auf Wiedererkennbarkeit. Es ist in seiner Natur dokumentarisch, ohne veristisch zu sein. Damit eröffnet es aufs Neue die lange Zeit verstummte Diskussion um das Verhältnis von Zeichnung und Photographie in der ethnographischen Illustration – im erweiterten Sinne der bildlichen Darstellung in den Wissenschaften. Im Verlauf der letzten hundert Jahre hat die Photographie in ethnologischen Werken einen derartigen Siegeszug angetreten, dass die Zeichnung fast vollständig in den Hintergrund gedrängt wurde. Powell zeigt uns aber, dass die Zeichnung der Photographie in mancherlei Hinsicht und manchen Situationen überlegen sein kann.

In seinen Ansichten sind es vor allem drei Kunstgriffe, derer er sich zu Gewinn und Nutzen des Betrachters bedient: des fiktiven Standortes; der kumulativen Sichtweise; der Auslassung: Methoden, welche der herkömmlichen Photographie nicht zur Verfügung stehen. Einen fiktiven Standort wählt Powell dann, wenn die natürliche Bewegungsfreiheit des Betrachters eingeschränkt ist und den Blick auf vorhandene, aber verdeckte Details verhindert. Dies ist oft bei Innenansichten der Fall. So hat er zum Beispiel eine Zeremonialkammer für hoch stehende religiöse Gäste in einem newarischen[1)] Wohnhaus aus einer Perspektive gezeichnet, die in Wirklichkeit niemand einnehmen kann: jenseits der realen Begrenzungsmauer des Raumes. Mit dem Weglassen der Zimmerwand gelingt es ihm, möglichst viele Details der an allen Seiten bemalten Wände der Zeremonialkammer einzufangen.

Für die Innenansicht eines buddhistischen Tempels in Mustang hat er gleich mehrere fiktive Standorte gewählt und in einem synoptischen Bild zusammengefügt. Um dieses Bild malen zu können, dessen Ausführung allein vier Monate in Anspruch nahm, hat Powell vor Ort umfangreiche Forschungen zur Rekonstruktion betrieben: Er hat von allen Wänden und Ecken des Tempelinneren aus Vorzeichnungen angefertigt; er hat die Raumverhältnisse nachgemessen und in Form von Grund- und Aufrissen festgehalten; er hat die Lichtverhältnisse

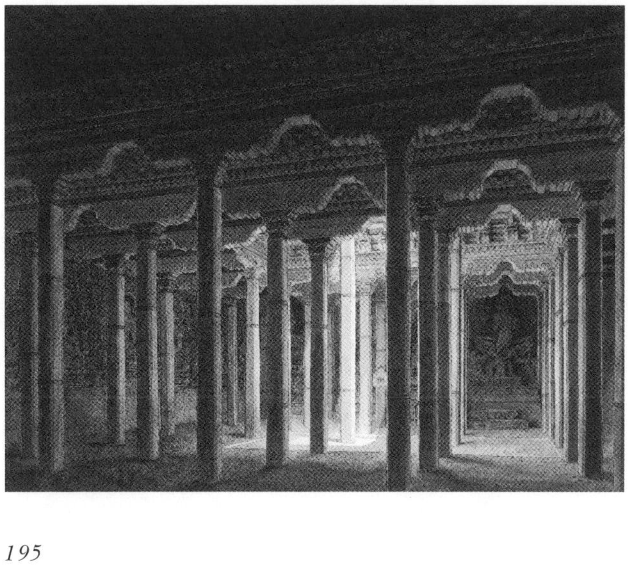

ROBERT POWELL, THUBCHEN LHAKHANG, 1997, watercolor on paper, 24 1/2 x 33 5/8" / Aquarell auf Papier, 62 x 85,5 cm.

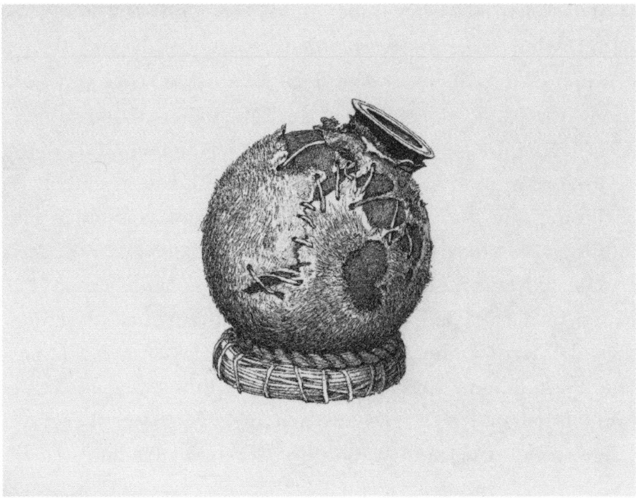

ROBERT POWELL, BEER VESSEL, 1988, pen and ink on paper, $5^{11}/_{16}$ x $7^{1}/_{2}$" / BIERKRUG, Feder und Tusche auf Papier, 14,5 x 19 cm.

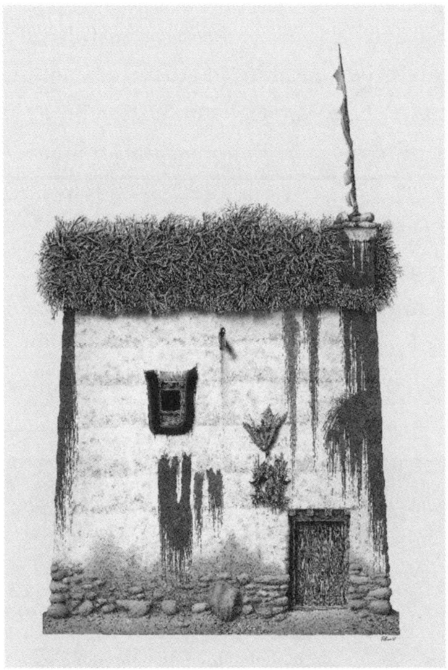

ROBERT POWELL, HOUSE WITH SAGO NAMGO (EARTH DOOR, SKY DOOR), LO MONTHANG, 2000, watercolor on paper, $37^{5}/_{8}$ x $26^{3}/_{4}$" / HAUS MIT SAGO NAMGO (ERDTÜR, HIMMELSTÜR), LO MONTHANG, Aquarell auf Papier, 95,5 x 68 cm.

genau studiert und zum Teil mit Photos dokumentiert; und er hat die Position der Säulen zueinander aus verschiedenen Perspektiven aufgenommen. Im Endprodukt, dem Aquarell, hat er alle diese Masse und Eindrücke addiert und mit einer vom Betrachter nicht bemerkten Verschiebung von Säulen und Durchblicken eine kumulative Sichtweise geschaffen, die den höchsten Ansprüchen der Vedutenmalerei etwa eines Piranesi durchaus gewachsen wäre.

Den dritten Kunstgriff, die Weglassung, hat Powell nicht nur an den von ihm bevorzugten Sujets der Architektur praktiziert, sondern auch an Gegenständen der materialisierten Kultur. So hat er etwa in einer Serie von Objektzeichnungen zur Lokalkultur der Magar in Nordwest-Nepal zwei Eisenplättchen, die mit einer kleinen Eisenkette verbunden sind, in einer Tuschzeichnung festgehalten. Beide Plättchen sind mit simplen Punktornamenten versehen. Das runde und gezackte Plättchen repräsentiert eine Sonne, das sichelförmige einen Mond. Neun solcher Sonnen und Monde hängen an der Rüstung der örtlichen Schamanen herab und verursachen, wenn dieser tanzt, einen höllischen Lärm, der dazu beiträgt, feindliche Kräfte zu vertreiben. Indem nun Powell die beiden Eisenplättchen von der Umgebung anderer schamanischer Paraphernalien isoliert, die zum Rüstzeug des Glaubensheilers gehören, fokussiert er die Aufmerksamkeit des Betrachters: Materialität, Machart und Funktion der abgebildeten Dinge treten besonders hervor. Sie bekommen einen emblematischen Zug. Genau das aber war ihr Zweck in der Publikation, für die sie angefertigt wurden: Die beiden Eisenplättchen sollten wie gegenständliche Zeichen einen Mythos illustrieren, der vom Ursprung des ersten Schamanen handelt, in apokalyptischer Vorzeit, als neun Sonnen und neun Monde das Leben auf Erden gefährdeten.

Ein Photo der rasselnden Eisengehänge der Magar-Schamanen wäre für diesen Zweck zu realistisch gewesen; ausserdem hätte in jedem Fall ein störender Bildkontext in Kauf genommen werden müssen, der den Betrachter in andere Dimensionen der religiösen Praxis entführt hätte. Ein Photo des Tempelinnern des Thubchen Lhakhang in Mustang hätte weder die räumliche Staffelung der Tempelsäulen noch die malerischen Details an den Wänden in einer Weise zur Geltung gebracht, wie dies mit Powells Aquarell möglich wurde. Und ein Photo des bemalten Raumes im Pilgerhospiz von Kuthu Math in Bhaktapur hätte sich, selbst bei bestem Weitwinkelobjektiv, auf die räumliche Begrenztheit der örtlichen Verhältnisse einlassen müssen.

Nun bekundet die Photographie gemessen an den powellschen Zeichnungen nicht nur ihre gelegentliche Unterlegenheit, sie entäussert sich mitunter auch als Hilfsmittel des Zeichners. Es wurde bereits darauf hingewiesen, dass die Zeichnungen von Powell auf Vorarbeiten unterschiedlicher Art zurückgreifen können: auf Grundrisse, Aufrisse, Lagepläne, topographische Skizzen, Detailzeichnungen, Notizen und Vermerke in Tagebüchern – alle vom Zeichner selbst recherchiert. Dazu kommt nun auch die Photographie. Zu vielen seiner Zeichnungen hat Powell umfangreiche photographische Dokumentationen jener realen Modelle angelegt, die ihn als Sujets anziehen. Niemals jedoch erhält das Photo bei ihm eine eigenständige Position. All seine Photos dienen als Hilfsmittel für die Zeichnungen. Dies erklärt auch, weshalb die Photos ästhetisch unattraktiv sind. Man mag sie eher als Erinnerungsstützen bezeichnen – mnemotechnische Schnappschüsse. So hat er beispielsweise zehn Jahre, nachdem er sich bei den Kalash in Nordwest-Pakistan aufgehalten hatte, das Bild einer nächtlichen Szene als Aquarell gezeichnet. Die nächtliche Stimmung einer mit einer Harzfackel in eine dunkle Dorfgasse hinaustretenden Frau war für Powell der Anlass dieses Bild zu malen. Was in seinem Gedächtnis haften geblieben war, war einzig diese ätherische Emotion, nichts weiter. Mit Hilfe eines Photos, das er damals geschossen hatte, konnte er nun die dörfliche und architektonische Umgebung nachkonstruieren. Bezeichnenderweise gibt das die Erinnerung stützende Photo die Szene bei Tag und ohne menschliche Präsenz wieder, während das Aquarell eine Einheimische mit Fackel in sternenklarer Nacht zeigt.

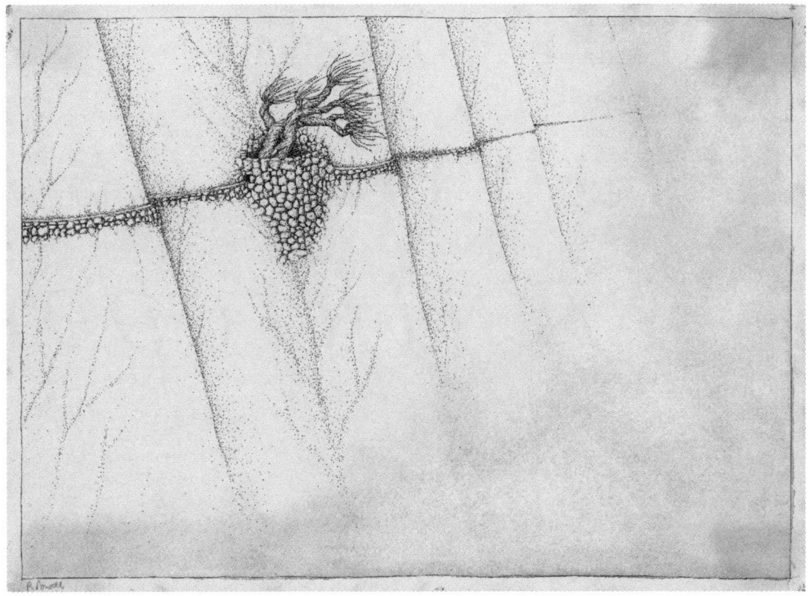

ROBERT POWELL, IRRIGATION CANAL, 1977, ink on paper, 10 x 14" / BEWÄSSERUNGSKANAL, Tusche auf Papier, 25,5 x 35,5 cm.

Dieses Bild wirft auch die Frage auf, wie Powell als Dokumentarist natürlicher Umgebungen einzustufen ist: als *Plein-air*-Zeichner oder als Studiokünstler. Er ist beides. Zu Beginn, in den späten 70er Jahren, war er wohl eher aus praktischen Gründen ein *Plein-air*-Zeichner. Ohne festen Wohnsitz musste er entweder auf der Stelle vor Ort zeichnen oder anschliessend in irgendwelchen Unterkünften, Hotels oder in Nachtlagern bei Eingeborenen seine Zeichnungen fertig stellen. In dieser Periode der nomadischen Mobilität waren die Formate naturgemäss klein, selten grösser als die Notizbücher des Feldforschers. Später, als er sich in Kathmandu niedergelassen hatte und ein eigenes Atelier besass, konnte er seine Bilder aufgrund zuvor gesammelter Daten und Eindrücke in aller Ruhe daheim vollenden. Die Ateliersituation erlaubte es ihm überdies, auf grössere Formate überzugehen. In allen Fällen ist jedoch festzuhalten, dass seine Zeichnungen auf die eigene Anschauung zurückgehen: Was er zeichnet, hat er mit eigenen Augen gesehen.

Der direkte Bezug zu einer den Sinnen sich darbietenden Realität ist bei Powell grundlegend, die dokumentarische Absicht bleibt Ausgangspunkt seines Schaffens; und die von ihm eingesetzten Kunstgriffe, auch wenn sie das realistische Abbilden hinter sich lassen, unterstreichen die Intention, in den himalajischen Werken einer «Architektur ohne Architekten» Zeugnis von der Intelligenz und dem ästhetischen Bewusstsein der dort lebenden, kleinen Gesellschaften ohne Staat abzulegen.

1) Newar: altes buddhistisches Kulturvolk Nepals; heute grösste ethnische Gruppe im Kathmandutal.

Robert Powell
Drawing as *Visual Anthropology*

MICHAEL OPPITZ

Robert Powell's Himalayan drawings span 25 years and cover an extensive geographical area. We find motifs from northwestern Pakistan: from Swat; from the Kalash on the Afghan border; from northwestern India: Ladakh in Kashmir; from Nepal, especially the Kathmandu valley, his home for the past twenty years; from the Tibetan enclave of the ancient kingdom of Mustang; from the Dhaulagiri area where the Magar live; and from the Sino-Tibetan border. Powell has traveled through all of these regions, drawing and painting.

Although the results would seem to be architectural drafts, they are not purely architectural drawings. He turns the fronts and walls of buildings into a kind of canvas on which we see traces of historical sedimentation and the inroads time has made on the stone.

MICHAEL OPPITZ teaches Social Anthropology at the University of Zurich and is director of the Ethnographic Museum Zurich. He is the editor of *Robert Powell: Himalayan Drawings,* Völkerkundemuseum der Universität Zürich, 2001.

Above all, Robert Powell inscribes local religious history into these architectural drawings: testimonials to Buddhism, Islam, and Hinduism as representatives of the great traditions but primarily evidence of the ancient religions of small peoples, of the Bon religion and the shamanist tradition. This association—the accentuation of architecture as a mirror of religious history—establishes a direct link with ethnology.

The objects pictured on the façades in Powell's drawings recall rituals and rites of faith: charms against evil spirits, ancestor worship or ritual healing. One motif appears with conspicuous frequency, the "earth door, sky door" (Sago Namgo), representations of the head of a ram embedded in a square of straw and the head of a dog framed by a triangle of straw. These animal skulls prevent harmful spirits from entering the earth and sky doors. Their powers are reinforced by thread crosses and small wooden images of ancestors.

The landscape also has a specific role to play in Powell's drawings. Meteorology, geology, and geography are incorporated in the local architecture through forms, colors, and materials. Even though the landscape is not explicitly visible in most of the drawings, it is present in the description of the building style. Building takes place with nature, in nature, and often against nature. A narrow irrigation ditch, following the course of a steep cliff for miles, demonstrates the hardships that confront farmers in such barren regions as Ladakh.

The work of Powell, to whom Zurich has devoted the first overview worldwide, subtly raises questions not only about fundamental issues of painting but specifically about those of visual anthropology. Reduced to its lowest common denominator, his oeuvre is based on the tradition of similarity between model and representation, that is, on recognition. It is by nature documentarist without being veristic. Powell's art thus reopens the long slumbering debate on the relationship between drawing and photography in ethnographical illustration—and in scientific illustration in general. Over the past one hundred years, photography has risen to such overwhelming dominance that drawings have been almost entirely eclipsed. Powell shows us that the medium of drawing can be superior to photography in many respects and many situations.

The artist makes use of three devices in particular that enhance the viewer's understanding and appreciation of his pictures: the fictional vantage point, a cumulative view, and omission—all methods which cannot be applied in photography. Powell chooses a fictional vantage point if the viewer's natural freedom of movement is restricted, making it impossible to see certain existing but hidden details. This is frequently the case in views of interiors. For example, the ceremonial chamber for high-ranking religious guests in a Newar[1)] home is drawn from a perspective, which cannot actually be seen in reality, beyond the real wall that delimits the room. By eliminating the wall of the room, he is able to capture a maximum of detail on all sides of the painted walls in the ceremonial chamber.

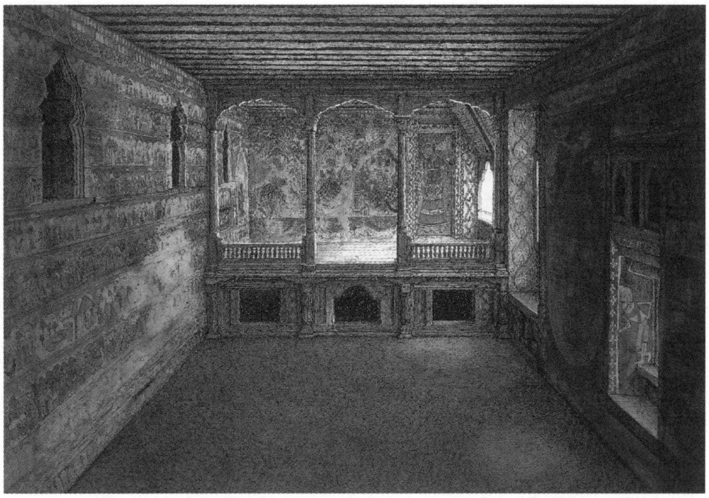

ROBERT POWELL, PAINTED ROOM, KUTHU MATH, 1981, ink and watercolor on paper, 22 x 25 3/16" / AUSGEMALTER RAUM, KUTHU MATH, Tusche und Aquarell auf Papier, 56 x 64 cm.

For the interior view of a Buddhist temple in Mustang, he chose several fictional angles of vision and joined them in a synoptic view. In order to paint this picture, which took him four months, Powell conducted extensive on-site research to implement its reconstruction: he made preliminary sketches from the vantage point of every wall, from every corner of the interior; he measured the spatial proportions inside the temple and kept a record of them in the form of floor plans and elevations; he studied the lighting with meticulous care, partially documenting it in photographs; and he sketched the position of the columns in relation to each other from several perspectives. All these measurements and impressions become the source material that goes into the making of a cumulative overview. The final product, the watercolor, with its imperceptibly modified placement of columns and vistas, easily satisfies the exacting demands of veduta painting, comparable, for instance, to the work of Piranesi.

Powell has employed the third device, omission, not only for his preferred subject of architecture but also for objects of materialized culture. In one of a series of drawings, showing objects from the local Magar culture in northwestern Nepal, we see two small iron slabs connected by a small iron chain. Both slabs in this pen-and-ink drawing are embellished with simple ornamental dots. One, round and pointed, represents the sun; the other, crescent-shaped, the moon. Nine of these suns and moons dangle from the attire of the local shamans and make a hellish racket when they dance in order to drive away evil spirits. By isolating the two little slabs of iron from other shamanist paraphernalia that belong to the faith healer's practice, Powell focuses our attention on the materials, the making, and the function of the objects he chooses to represent. They acquire emblematic import. That, precisely, was their objective in the publication for which the drawing was made: as material signs, the two little pieces of iron were meant to illustrate a myth of the first shaman's origins in apocalyptic, prehistoric times when nine suns and nine moons threatened life on earth.

A photograph of the rattling, dangling pieces of iron worn by the Magar shamans would have been too realistic for this purpose. Furthermore, the disruptive visual surroundings, inevitable in photography, would have distracted viewers by imposing additional dimensions of religious practice on their field of vision. A photograph of the interior of the Thubchen Lhakhang temple in

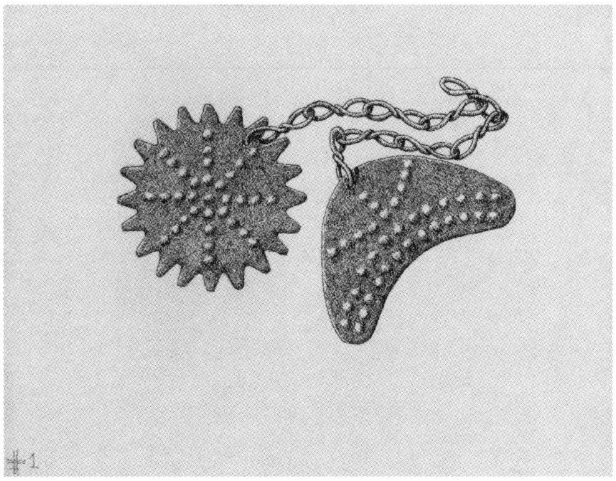

ROBERT POWELL, IRON SUN AND MOON, 1988, pen and ink on paper, $5^{11}/_{16}$ x $7^{1}/_{2}$" / EISERNE SONNE UND MOND, Feder und Tusche auf Papier, 14,5 x 19 cm.

Mustang could never have rendered the staggered spatial effect of the columns or the painted details on the walls as effectively as Powell's watercolor has done. And even with the very best wide-angle lens, a photograph of the painted room in the pilgrims' hospice of Kuthu Math in Bhaktapur cannot adapt to the physical limitations of the conditions there as can be done in drawing or painting.

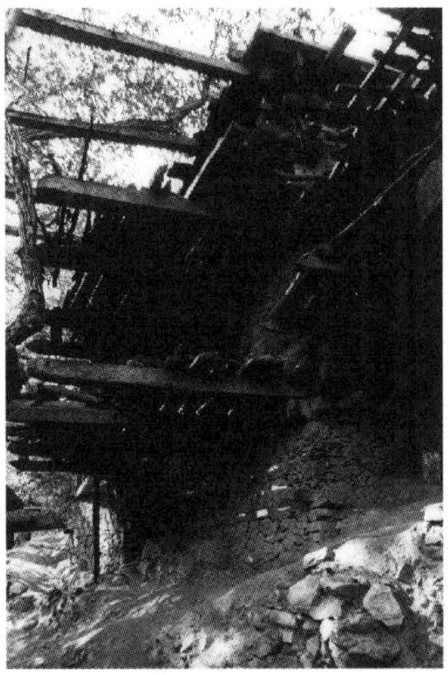

Photograph of a passage in Brun village used as environmental setting for the night scene on p. 195 / Photo einer Gasse in Brun, die als Vorlage für die nächtliche Szene auf S. 195 diente.

Measured against Powell's drawings, photography not only proves on occasion to be inadequate to the task, but also to be an aid to the artist. As already indicated, Powell does a great deal of preliminary work—ground plans, elevations, situational plans, topographical sketches, drawings of details, notes and comments in diaries—before actually producing his drawings. Photography is another of his preliminary tools. For many of his drawings, he first documented the real model, his subject matter, in photographs. But these photographs never acquire independent status; they serve only as aids to drawing. This also explains why they do not have much aesthetic appeal. They are rather aids to memory, mnemonic snapshots. A case in point: ten years after he had spent time with the Kalash in northwestern Pakistan, he painted a scene in watercolors, inspired by the nocturnal atmosphere of a woman coming out of a dark village street, carrying a torch of burning resin. He had retained in his memory only the ethereal emotion of the scene, nothing more. With the help of a photograph that he took at the time, he was able to reconstruct the architectural and village surroundings. Significantly, the photograph he used was a deserted scene shot by day, while the painting shows a local woman with a torch against clear starlit skies.

This picture also raises the question of how to define Powell as a documentarist of natural environs. Is he a *plein air* draftsman or a studio artist? He is both. At first, in the late seventies, he probably did more *plein-air* work, simply for practical reasons. Without a fixed domicile, he either had to make his drawings on the spot or complete them later wherever he was staying, in hotels or camping with the natives. During this period of nomadic mobility, his formats were necessarily small, rarely larger than a field researcher's notebook. Later when he settled in Kathmandu and had a studio of his own, he had the time to finish his work at leisure on the basis of previously collected data and impressions. Having a studio also gave him the opportunity to produce larger formats. But whatever the case, his drawings always rest on his own visual experience: he draws only what he has seen with his own eyes.

Direct contact with the reality that presents itself to one of the human senses is essential to Powell's endeavors. Documentary intent was and is his point of departure; and the artistic devices to which he resorts, though deviating from realistic depiction, heighten his intention to bear witness, in the Himalayan works on "architecture without architects," to the intelligence and aesthetic sensibility of the small societies living there without a state.

(Translation: Catherine Schelbert)

1) Newar: an ancient Buddhist people of Nepal, and chief ethnic group in the Kathmandu valley.

Wiederbegegnung mit Werken nach dem 11. September 2001

Diese Bilder erklären nichts, sie sind keine Trostspender. Doch sie öffnen Horizonte. Sie zeigen wie reich die Künstler mit dem Stoff dieser Welt arbeiten und wie Relevanz sich bildet: Aus der sich stets verändernden Wahrnehmung der Betrachter, ihrem Lebenshintergrund, ihren Emotionen, ihren Wünschen – auch jenen nach Auseinandersetzung.
Als transatlantische Publikation geben wir unserer tiefen Betroffenheit über die Ereignisse des 11. September und deren Folgen Ausdruck. BC

Some Artworks Revisited after September 11, 2001

These pictures do not explain nor do they console. But they do open vistas. They show how fertile is the work of artists in dealing with the stuff of this world and how relevance emerges through the changing perceptions of beholders, through their life circumstances, their emotions, their desires—and also the need to understand and to confront.
As a Transatlantic publication, we give voice to our deep distress over the devastating events of September 11, and their aftermath. BC

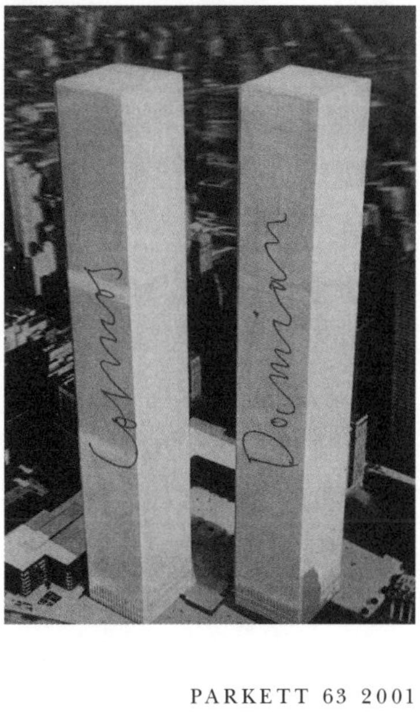

Beuys verwandelte auf einer 3-D-Postkarte die Gestalt des WTC in Fett-Türme und schrieb von Hand «Cosmos und Damian» darauf, nach den Wunderheilern Kosmas und Damianus (die Veränderung des einen Namens ins «Kosmische» zielte auf die globale Bedeutung des «World Trade»), antike Heilige, die im Kleinasien des 3. Jahrhunderts durch ihre aussergewöhnlichen Heilkräfte und unentgeltliche Behandlung viele Heiden zum Christentum bekehrten.

On a 3-D postcard Beuys turned the shape of the WTC into towers of lard and wrote "Cosmos und Damian" on it by hand, after the healers Cosmas and Damian (the change from 'a' to 'o' in the first name targets the global significance of "World Trade"). These two saints from Asia Minor brought about the conversion of many heathens in the third century through their unusual healing powers.

JOSEPH BEUYS, COSMOS & DAMIAN (WORLD TRADE CENTER), NEW YORK, 1976, farbige Postkarte / color postcard. (PHOTO: PRO LITTERIS)

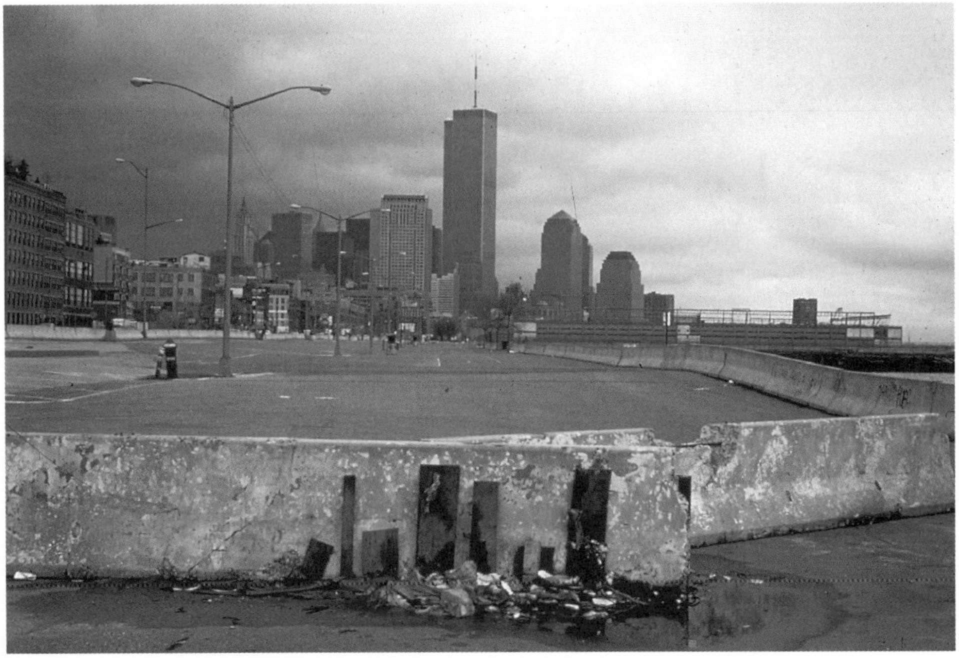

GABRIEL OROZCO, ISLAND INTO THE ISLAND, 1993,
cibachrome, $12^1/_2$ x $18^3/_4$" /
INSEL IN DIE INSEL HINEIN,
Cibachrome, 31,8 x 47,6 cm.

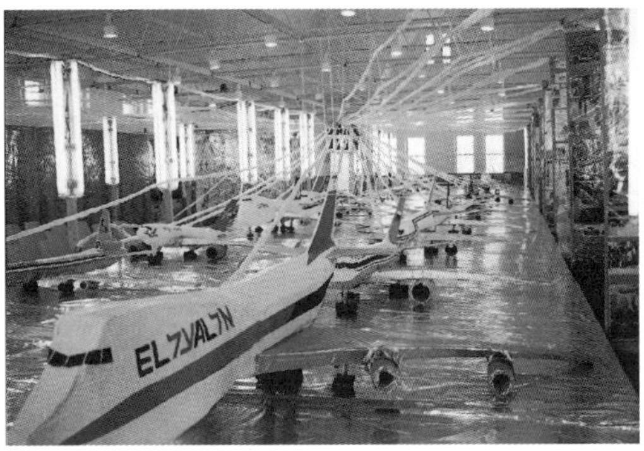

THOMAS HIRSCHHORN,
FLUGHAFEN WELT, 1999, Biennale Venedig /
WORLD AIRPORT, Venice Biennale.

Die mythische Figur des Hermes Trismegistos gilt als Begründer der Alchemie. Im alten Ägypten angesiedelt, verbindet sich diese «Gnostische Wissenschaft» auch mit der Entstehung der drei Welt-Religionen, Judentum, Christentum und Islam. Polke verwendet in einer Gruppe von vier Bildern ein Motiv aus einem Bodenmosaik der Kathedrale von Siena. Es zeigt Hermes Trismegistos, wie er den Ägyptern das Geschenk des Schreibens und der Rechtslehre übereignet.

The mythical figure, Hermes Trismegistos, is held to be the founding father of alchemy. Practiced in ancient Egypt, this "gnostic science" is related to the birth of three world religions: Judaism, Christianity and Islam. In a group of four pictures, Polke uses a motif taken from a floor mosaic in the cathedral of Siena. It shows Hermes Trismegistos, bestowing the gift of writing and jurisprudence upon the Egyptians.

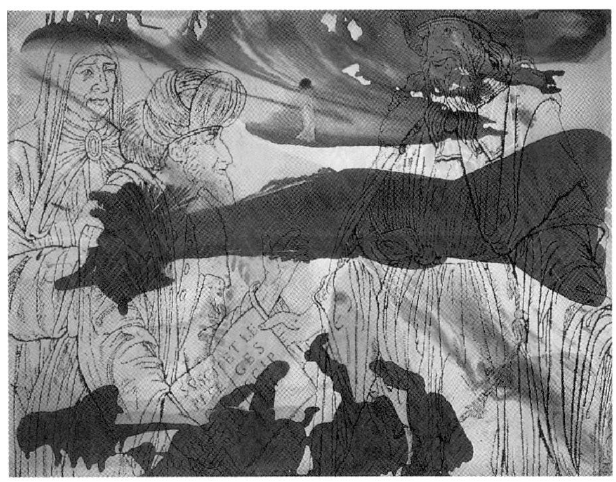

SIGMAR POLKE, HERMES TRISMEGISTOS III, 1995,
Kunstharz und Lack auf Polyestergewebe, 202 x 192 cm /
synthetic resin and lacquer on polyester fabric, $79^1/_2$ x $75^5/_8$".

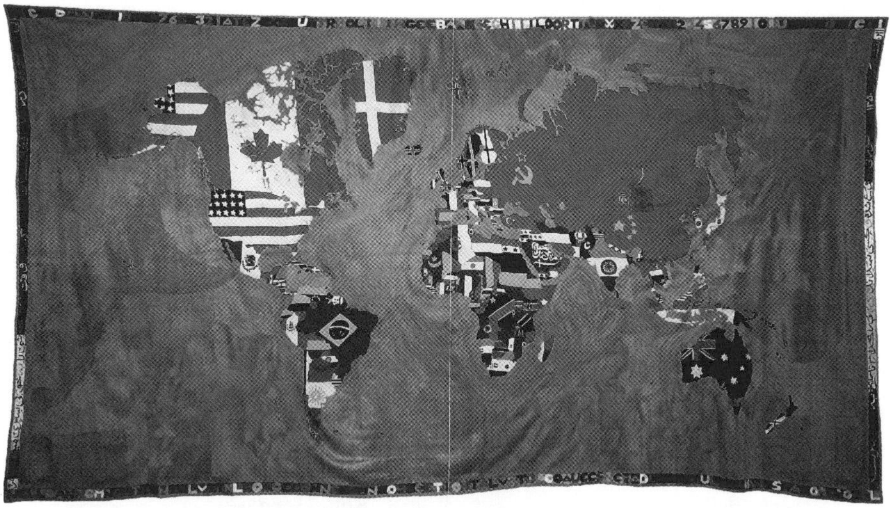

ALIGHIERO BOETTI, MAPPA / LANDKARTE, 1971–72, Stickerei auf Leinen, 200 x 360 cm / MAP, embroidery on linen, $78^3/_4$ x $141^3/_4$".

1971/72 entstand die erste einer Serie von genähten und gestickten Landkarten, die Boetti in Afghanistan machen liess und die er bis zu seinem Tode im Jahre 1994 fortsetzte. Diese «Landkarten» dokumentieren nicht nur den Zerfall und die Neuentstehung von Staaten, sondern auch den Umzug der Stickerinnen von Kabul nach Peschawar nach dem Einmarsch der Roten Armee, 1979.

In 1971/72 Boetti had the first series of sewn and embroidered maps produced in Afghanistan, a project he pursued until his death in 1994. These maps not only record the rise and fall of political states but also the journey of the embroiderers from Kabul to Peschawar after the Sowjet invasion in 1979.

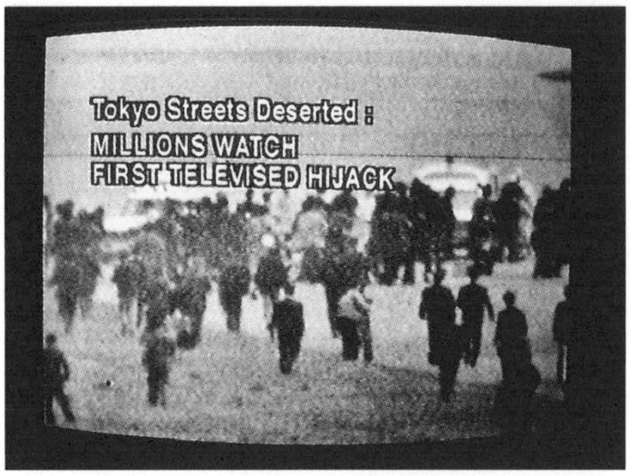

JOHAN GRIMONPREZ, Dial H-I-S-T-O-R-Y, 1997, video still. (PHOTO: RONY VISSERS, COURTESY OF INCIDENT VZW, BRUSSELS)

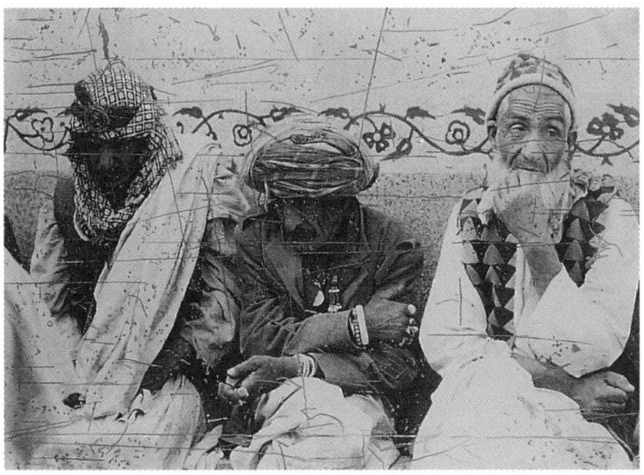

SIGMAR POLKE, OHNE TITEL, 1974/78, Photo mit Silberfarbe überzeichnet, 84 x 118 cm / UNTITLED, photograph and silver paint, 33 x $46^1/_2$".

JEFF WALL, DEAD TROOPS TALK (A VISION AFTER AN AMBUSH OF A RED ARMY PATROL, NEAR MOQOR, AFGHANISTAN, WINTER 1986), 1991–92, transparency in lightbox, $90^1/_8$ x $164^1/_8$" / TOTE SOLDATEN SPRECHEN (VISION NACH DEM ÜBERFALL DURCH EINE PATROUILLE DER ROTEN ARMEE BEI MOQOR, AFGHANISTAN, WINTER 1996), Diapositiv in Leuchtbox, 229 x 417 cm.

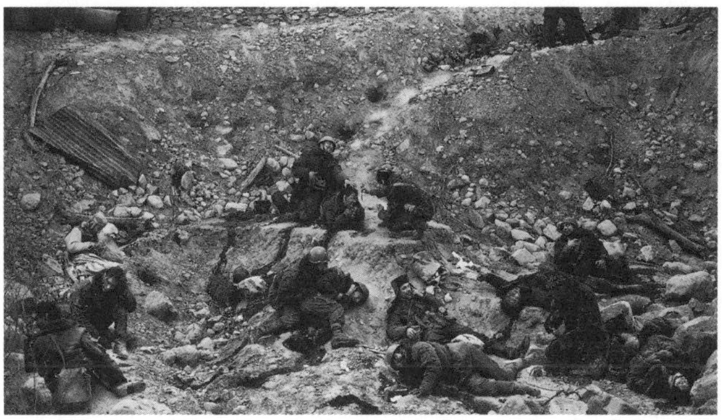

It's a man's, man's man's world...

PARKETT

ARTISTS' MONOGRAPHS & EDITIONS / KÜNSTLERMONOGRAPHIEN & EDITIONEN

FOR AVAILABILITY SEE NEXT PAGE / LIEFERBARKEIT SIEHE FOLGENDE SEITE

Doug Aitken, vol. 57
Laurie Anderson, vol. 49
John Armleder, vol. 50/51
Richard Artschwager, vol. 23, vol. 46
John Baldessari, vol. 29
Stephan Balkenhol, vol. 36
Matthew Barney, vol. 45
Georg Baselitz, vol. 11
Vanessa Beecroft, vol. 56
Ross Bleckner, vol. 38
Alighiero e Boetti, vol. 24
Christian Boltanski, vol. 22
Louise Bourgeois, vol. 27
Sophie Calle, vol. 36
Maurizio Cattelan, vol. 59
Vija Celmins, vol. 44
Francesco Clemente, vol. 9 & 40/41
Chuck Close, vol. 60
Enzo Cucchi, vol. 1
Tacita Dean, vol. 62
Thomas Demand, vol. 62
Martin Disler, vol. 3
Marlene Dumas, vol. 38
Olafur Eliasson, vol. 64
Tracey Emin, vol. 63
Eric Fischl, vol. 5
Peter Fischli/David Weiss, vol.17, 40/41
Sylvie Fleury, vol. 58
Günther Förg, vol. 26 & 40/41
Tom Friedman, vol. 64
Katharina Fritsch, vol. 25
Liam Gillick, vol. 61
Franz Gertsch, vol. 28
Gilbert & George, vol. 14
Robert Gober, vol. 27
Nan Goldin, vol. 57
Felix Gonzalez-Torres, vol. 39
Douglas Gordon, vol. 49
Rodney Graham, vol. 64
Andreas Gursky, vol. 44
David Hammons, vol. 31
Thomas Hirschhorn, vol. 57
Damien Hirst, vol. 40/41
Jenny Holzer, vol. 40/41
Rebecca Horn, vol. 13 & 40/41
Roni Horn, vol. 54
Gary Hume, vol. 48
Ilya Kabakov, vol. 34
Alex Katz, vol. 21
Mike Kelley, vol. 31
Ellsworth Kelly, vol. 56
William Kentridge, vol. 63
Karen Kilimnik, vol. 52
Martin Kippenberger, vol. 19
Imi Knoebel, vol. 32
Jeff Koons, vol. 19, 50/51
Jannis Kounellis, vol. 6
Yayoi Kusama, vol. 59
Wolfgang Laib, vol. 39
Sherrie Levine, vol. 32
Sarah Lucas, vol. 45
Brice Marden, vol. 7
Mario Merz, vol. 15
Tracey Moffatt, vol. 53
Mariko Mori, vol. 54
Malcolm Morley, vol. 52
Sarah Morris, vol. 61
Juan Muñoz, vol. 43
Jean-Luc Mylayne, vol. 50/51
Bruce Nauman, vol. 10
Cady Noland, vol. 46
Meret Oppenheim, vol. 4
Gabriel Orozco, vol. 48
Tony Oursler, vol. 47
Jorge Pardo, vol. 56
Raymond Pettibon, vol. 47
Elizabeth Peyton, vol. 53
Sigmar Polke, vol. 2, 30 & 40/41
Richard Prince, vol. 34
Markus Raetz, vol. 8
Charles Ray, vol. 37
Jason Rhoades, vol. 58
Gerhard Richter, vol. 35
Bridget Riley, vol. 61
Pipilotti Rist, vol. 48
Matthew Ritchie, vol. 61
Tim Rollins & K.O.S., vol. 20
Ugo Rondinone, vol. 52
James Rosenquist, vol. 58
Susan Rothenberg, vol. 43
Thomas Ruff, vol. 28
Edward Ruscha, vol. 18 & 55
Gregor Schneider, vol. 63
Thomas Schütte, vol. 47
Cindy Sherman, vol. 29
Roman Signer, vol. 45
Andreas Slominski, vol. 55
Beat Streuli, vol. 54
Thomas Struth, vol. 50/51
Hiroshi Sugimoto, vol. 46
Philip Taaffe, vol. 26
Sam Taylor-Wood, vol. 55
Diana Thater, vol. 60
Wolfgang Tillmans, vol. 53
Rirkrit Tiravanija, vol. 44
Rosemarie Trockel, vol. 33
James Turrell, vol. 25
Luc Tuymans, vol. 60
Kara Walker, vol. 59
Jeff Wall, vol. 22 & 49
Andy Warhol, vol. 12
Lawrence Weiner, vol. 42
John Wesley, vol. 62
Franz West, vol. 37
Rachel Whiteread, vol. 42
Sue Williams, vol 50/51
Robert Wilson, vol. 16
Christopher Wool, vol. 33

ARTISTS' EDITIONS FOR PARKETT SUBSCRIBERS
WWW.PARKETTART.COM

63

The PARKETT Series is created in collaboration with artists, who contribute an original work available exclusively to the subscribers in the form of a signed limited SPECIAL EDITION. The available works are also reproduced in each PARKETT issue.

Each SPECIAL EDITION is available by order from any one of our offices in New York or Zurich. Just fill in the details below and send this card to the office nearest you. Once your order has been processed, you will be issued with an invoice and your personal edition number. Upon receipt of payment, you will receive the SPECIAL EDITION. (Please note that supply is subject to availability. PARKETT does not assume responsibility for any delays in production of SPECIAL EDITIONS. Postage is not included.)

☐ As a subscriber to PARKETT, I would like to order the following Special Edition(s), signed and numbered by the artist.

PARKETT No.	ARTIST	NAME:
PARKETT No.	ARTIST	ADDRESS:
PARKETT No.	ARTIST	CITY:
PARKETT No.	ARTIST	STATE/ZIP:
PARKETT No.	ARTIST	COUNTRY:
PARKETT No.	ARTIST	PHONE:

☐ I have indicated my way of payment on the reverse side of this form.

Send this form to the PARKETT office nearest you:

PARKETT PUBLISHERS 155 AV. OF THE AMERICAS NEW YORK, NY 10013 PHONE (212) 673-2660 FAX (212) 271-0704

PARKETT VERLAG QUELLENSTRASSE 27 CH-8031 ZÜRICH TELEFON +41-1-271 81 40 FAX +41-1-272 43 01

PARKETT VERLAG TANNENWALDALLEE 17 D-61348 BAD HOMBURG FAX 06172-937 444 www.parkettart.com

KÜNSTLEREDITIONEN FÜR PARKETT-ABONNENTEN
WWW.PARKETTART.COM

63

Die PARKETT-Buchreihe entsteht in Zusammenarbeit mit Künstlern, die eigens für die Abonnenten einen Originalbeitrag in Form einer limitierten und signierten EDITION gestalten. Diese Editionen sind auch in der Zeitschrift abgebildet und können mit dieser Bestellkarte in jedem unserer Büros in Zürich, Frankfurt oder New York bestellt werden. Sie erhalten dann Ihre persönliche Editionsnummer und eine Rechnung. Sobald wir Ihre Zahlung erhalten haben, schicken wir Ihnen Ihre Edition(en). Lieferung solange Vorrat. PARKETT übernimmt keine Verantwortung für allfällige Verzögerungen bei der Herstellung der Vorzugsausgaben. Versandkosten und MwSt (Schweiz) nicht inbegriffen.

☐ Ich bin PARKETT-Abonnent(in) und bestelle folgende EDITION(EN), nummeriert und vom Künstler signiert:

PARKETT Nr.	KÜNSTLER/IN	NAME:
PARKETT Nr.	KÜNSTLER/IN	STRASSE:
PARKETT Nr.	KÜNSTLER/IN	PLZ/STADT:
PARKETT Nr.	KÜNSTLER/IN	LAND:
PARKETT Nr.	KÜNSTLER/IN	TEL.:

☐ Meine Zahlungsweise habe ich auf der Rückseite angegeben.

Senden Sie die Bestellkarte an das PARKETT-Büro in Ihrer Nähe:

PARKETT VERLAG QUELLENSTRASSE 27 CH-8031 ZÜRICH TELEFON +41-1-271 81 40 FAX +41-1-272 43 01

PARKETT VERLAG TANNENWALDALLEE 17 D-61348 BAD HOMBURG FAX 06172-937 444 www.parkettart.com

PARKETT PUBLISHERS 155 AV. OF THE AMERICAS NEW YORK, NY 10013 PHONE (212) 673-2660 FAX (212) 271-0704

PARKETT

SUBSCRIBE, COMPLETE OR SEND A GIFT SUBSCRIPTION TO THE BEST BOOK SERIES ON CONTEMPORARY ARTISTS – WWW.PARKETTART.COM

63

☐ I wish to subscribe to the PARKETT Series, starting with issue no. ______

☐ I wish to send a gift subscription, starting with issue no.______ (a gift card in my name will be sent to the recipient):

- ☐ for 1 year (3 issues) at US $ 80 (USA/Canada), € 82 (Europe), € 98 (Rest of the World)
- ☐ for 2 years (6 issues) at US $ 145 (USA/Canada), € 150 (Europe), € 188 (Rest of the World)
- ☐ for 3 years (9 issues) at US $ 205 (USA/Canada), € 212 (Europe), € 278 (Rest of the World)
- ☐ for 1 year (3 issues) at the special student discount (US $ 65 for USA/Canada, € 67 for Europe). A copy of my student ID is enclosed.

Postage included. All prices subject to change.

☐ I wish to complete my PARKETT library and order the following issue(s):

No. ______

at € 30 each (up to no. 43: € 20; no. 44–48: € 28), postage not included. Within the USA & Canada $ 32 (up to no. 43: $ 22.50; no. 44–48: $ 29), add postage: $ 5 (USA), $ 10 (Canada). (Sold out: No. 1–10, 12, 13, 16, 17, 19, 22, 26, 27, 29–31, 35, 36, 38).

☐ I wish to order ________ copies of the new catalogue raisonné of all PARKETT Artists' Editions since 1984 (346 pages, 140 in color, published on the occasion of the PARKETT exhibition at MoMA, New York) for € 22 (USA: $ 20) excl. postage.

☐ I wish to order ________ copies of the new set of 120 postcards featuring PARKETT Artists' Editions for € 27 (USA: $ 25) per set, excl. postage.

NAME:

ADDRESS:

CITY:

STATE/ZIP/COUNTRY:

TEL.: FAX:

E-MAIL:

GIFT RECIPIENT:

ADDRESS:

CITY:

STATE/ZIP:

COUNTRY:

☐ Charge my Visa Card ☐ Mastercard ☐ AMEX

Card No. ________________ Expiration date ______

☐ Payment enclosed (US check or money order) ☐ Bill me

DATE

SIGNATURE

Send this form to the PARKETT office nearest you:

PARKETT PUBLISHERS 155 AV. OF THE AMERICAS NEW YORK, NY 10013 PHONE (212) 673-2660 FAX (212) 271-0704

PARKETT VERLAG QUELLENSTRASSE 27 CH-8031 ZÜRICH TELEFON +41-1-271 81 40 FAX +41-1-272 43 01

PARKETT VERLAG TANNENWALDALLEE 17 D-61348 BAD HOMBURG FAX 06172-937 444 www.parkettart.com

PARKETT

ABONNIEREN, VERVOLLSTÄNDIGEN ODER VERSCHENKEN SIE DIE UMFASSENDSTE BUCHREIHE ÜBER GEGENWARTSKÜNSTLER – WWW.PARKETTART.COM

63

☐ Ich abonniere die PARKETT-Reihe ab Nr. ______

☐ Ich verschenke ein PARKETT-Abonnement ab Nr.______ (Der/die Beschenkte erhält eine Geschenkkarte in meinem Namen)

- ☐ für 1 Jahr (3 Bände) zu: € 78 (Deutschland), CHF 116.– (Schweiz), € 82 (übriges Europa)
- ☐ für 2 Jahre (6 Bände) zu: € 140 (Deutschland), CHF 216.– (Schweiz), € 150 (übriges Europa)
- ☐ für 3 Jahre (9 Bände) zu: € 200 (Deutschland), CHF 312.– (Schweiz), € 212 (übriges Europa)
- ☐ für 1 Jahr (3 Bände) zum Studenten-Sonderpreis (Deutschland: € 65 /Schweiz: CHF 96.– / übriges Europa: € 67). Eine Kopie meines gültigen Studentenausweises lege ich bei.

Preise einschliesslich Versandkosten. Preisänderungen vorbehalten.

☐ Ich möchte meine PARKETT-Bibliothek vervollständigen und bestelle die folgenden noch erhältliche(n) Ausgabe(n):

Nr. ______

zu je € 30 / CHF 45.– (bis Nr. 43: € 20 / CHF 30.–; Nr. 44–48: € 28 / CHF 39.–, zzgl. Versandkosten (vergriffen: Nr. 1–10, 12, 13, 16, 17, 19, 22, 26, 27, 29–31, 35, 36, 38).

☐ Ich bestelle ______ Ex. des neuen Werkverzeichnisses der PARKETT-Künstlereditionen seit 1984 (346 S., 140 farbig, erschienen zur PARKETT-Ausstellung im MoMA, New York) für € 22 / CHF 32.– pro Ex. zzgl. Versandkosten.

☐ Ich bestelle ______ Ex. des neuen Postkarten-Sets mit 120 PARKETT-Künstlereditionen zum Preis von € 27 / CHF 39.– pro Set, zzgl. Versandkosten.

NAME:

STRASSE:

PLZ/STADT:

LAND:

TEL.: FAX:

E-MAIL:

BESCHENKTE(R):

STRASSE:

PLZ/STADT:

LAND:

☐ Ich zahle mit Visa ☐ Eurocard/Mastercard ☐ AMEX

Karten Nr. ________________ Gültig bis ______

☐ Mein Scheck über CHF/€ ________________ liegt bei.

☐ Bitte senden Sie mir eine Rechnung.

DATUM

UNTERSCHRIFT

Senden Sie die Bestellkarte an das PARKETT-Büro in Ihrer Nähe:

PARKETT VERLAG QUELLENSTRASSE 27 CH-8031 ZÜRICH TELEFON +41-1-271 81 40 FAX +41-1-272 43 01

PARKETT VERLAG TANNENWALDALLEE 17 D-61348 BAD HOMBURG FAX 06172-937 444 www.parkettart.com

PARKETT PUBLISHERS 155 AV. OF THE AMERICAS NEW YORK, NY 10013 PHONE (212) 673-2660 FAX (212) 271-0704

vol.	Collaboration		
64	Oliafur Eliasson		
	Tom Friedman		
	Rodney Graham		
63	Tracey Emin	m	e
	William Kentridge	m	e
	Gregor Schneider	m	e
62	Tacita Dean	m	e
	Thomas Demand	m	
	John Wesley	m	e
61	Liam Gillick	m	
	Sarah Morris	m	e
	Bridget Riley	m	e
	Matthew Ritchie	m	e
60	Chuck Close	m	
	Diana Thater	m	e
	Luc Tuymans	m	e
59	Maurizio Cattelan	m	
	Yayoi Kusama	m	e
	Kara Walker	m	
58	Sylvie Fleury	m	e
	Jason Rhoades	m	e
	James Rosenquist	m	e
57	Doug Aitken	m	e
	Nan Goldin	m	
	Thomas Hirschhorn	m	
56	Vanessa Beecroft	m	
	Ellsworth Kelly	m	
	Jorge Pardo	m	e
55	Edward Ruscha	m	
	Andreas Slominski	m	
	Sam Taylor-Wood	m	
54	Roni Horn	m	e
	Mariko Mori	m	
	Beat Streuli	m	e
53	Tracey Moffatt	m	
	Elizabeth Peyton	m	
	Wolfgang Tillmans	m	
52	Karen Kilimnik	m	e
	Malcolm Morley	m	e
	Ugo Rondinone	m	e
50/51	John Armleder	m	
	Jeff Koons	m	e
	Jean-Luc Mylayne	m	
	Thomas Struth	m	
	Sue Williams	m	
49	Laurie Anderson	m	e
	Douglas Gordon	m	
	Jeff Wall	m	
48	Gary Hume	m	
	Gabriel Orozco	m	
	Pipilotti Rist	m	
47	Tony Oursler	m	
	Raymond Pettibon	m	
	Thomas Schütte	m	e
46	Richard Artschwager	m	
	Cady Noland	m	
	Hiroshi Sugimoto	m	
45	Matthew Barney	m	
	Sarah Lucas	m	
	Roman Signer	m	e
44	Vija Celmins	m	
	Andreas Gursky	m	
	Rirkrit Tiravanija	m	e
43	Juan Muñoz	m	e
	Susan Rothenberg	m	e
42	Lawrence Weiner	m	e
	Rachel Whiteread	m	
40/41	Francesco Clemente	m	
	Fischli/Weiss	m	
	Günther Förg	m	
	Damien Hirst	m	
	Jenny Holzer	m	
	Rebecca Horn	m	
	Sigmar Polke	m	
39	Felix Gonzalez-Torres	m	
	Wolfgang Laib	m	
38	Ross Bleckner		
	Marlene Dumas		
37	Charles Ray	m	
	Franz West	m	e
36	Stephan Balkenhol		
	Sophie Calle		
35	Gerhard Richter		
34	Ilya Kabakov	m	
	Richard Prince	m	e
33	Rosemarie Trockel	m	
	Christopher Wool	m	
32	Imi Knoebel	m	
	Sherrie Levine	m	
31	David Hammons		
31	Mike Kelley		
30	Sigmar Polke		
29	John Baldessari		
29	Cindy Sherman		
28	Franz Gertsch	m	
	Thomas Ruff	m	
27	Louise Bourgeois		
	Robert Gober		
26	Günther Förg		
	Philip Taaffe		
25	Katharina Fritsch	m	e
	James Turrell	m	e
24	Alighiero e Boetti	m	e
23	Richard Artschwager	m	
22	Christian Boltanski		
	Jeff Wall		
21	Alex Katz	m	e
20	Tim Rollins + K.O.S.	m	
19	Martin Kippenberger		
	Jeff Koons		
18	Ed Ruscha	m	
17	Fischli/Weiss		
16	Robert Wilson		
15	Mario Merz	m	
14	Gilbert & George	m	
13	Rebecca Horn		
12	Andy Warhol		
11	Georg Baselitz	m	
10	Bruce Nauman		
9	Francesco Clemente		
8	Markus Raetz		
7	Brice Marden		
6	Jannis Kounellis		
5	Eric Fischl		
4	Meret Oppenheim		
3	Martin Disler		
2	Sigmar Polke		
1	Enzo Cucchi		

m = available monograph / erhältliche Monographie, e = available edition / erhältliche Edition
Delivery subject to availability at time of order / Lieferung solange Vorrat

COMPLETE YOUR PARKETT LIBRARY
VERVOLLSTÄNDIGEN SIE IHRE PARKETT-BIBLIOTHEK

OUT OF PRINT / VERGRIFFEN: **NO. 1** ENZO CUCCHI, **2** SIGMAR POLKE, **3** MARTIN DISLER, **4** MERET OPPENHEIM, **5** ERIC FISCHL, **6** JANNIS KOUNELLIS, **7** BRICE MARDEN, **8** MARKUS RAETZ, **9** FRANCESCO CLEMENTE, **10** BRUCE NAUMAN, **12** ANDY WARHOL, **13** REBECCA HORN, **16** ROBERT WILSON, **17** FISCHLI/WEISS, **19** JEFF KOONS, MARTIN KIPPENBERGER, **22** CHRISTIAN BOLTANSKI, JEFF WALL, **25** KATHARINA FRITSCH, **26** GÜNTHER FÖRG, PHILIP TAAFFE, JAMES TURRELL, **27** LOUISE BOURGEOIS, ROBERT GOBER, **29** CINDY SHERMAN, JOHN BALDESSARI, **30** SIGMAR POLKE, **31** DAVID HAMMONS, MIKE KELLEY, **35** GERHARD RICHTER, **38** ROSS BLECKNER, MARLENE DUMAS

For out-of-print issues you can register your name and address with Parkett and you will be notified, if your issue(s) become(s) available on the secondary market / Für vergriffene Bände nimmt der Verlag gerne Ihren Suchauftrag entgegen und macht Ihnen bei allfälliger Verfügbarkeit im Handel ein Angebot.

COLLABORATIONS

OLAFUR ELIASSON
TOM FRIEDMAN
RODNEY GRAHAM

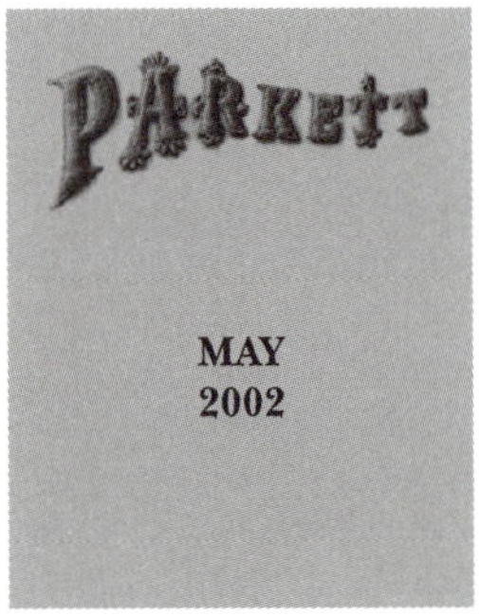

No. 64 - ISBN 3-907582-14-4

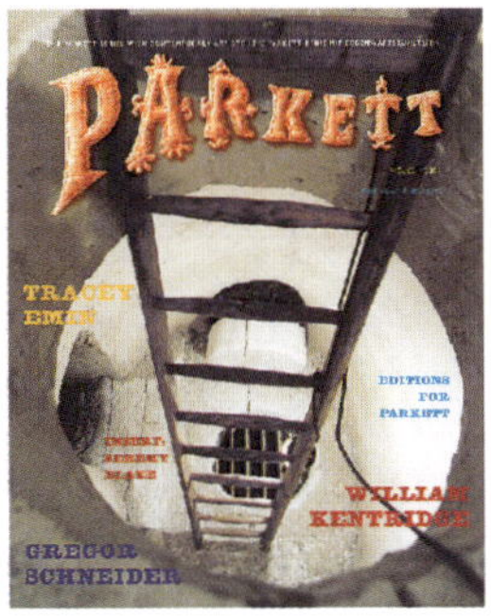

No. 63 - ISBN 3-907582-13-6

TRACEY EMIN
WILLIAM KENTRIDGE
GREGOR SCHNEIDER
BARBER, MUIR, PREECE, GUNNING,
STEWART, GOLDBERG, PUVOGEL, LOOCK
INSERT: **JEREMY BLAKE**
CLAUDIA SPINELLI: **FABRICE GYGI**
RAINER FUCHS: **KATHARINA GROSSE**
ADRIAN DANNATT: **THE THREE**
CUMULUS: CH. RATTEMEYER, D. BIRNBAUM
BALKON: MICHAEL OPPITZ

JOHN WESLEY
TACITA DEAN
THOMAS DEMAND
MILLAR, CARABELL, SCHWARZ
NORDEN, KÖNIG/STOCKEBRAND
HAINLEY, SEARLE, RUBY, HEISER
INSERT: **G. STEINER & J. LENZLINGER**
PHILIP URSPRUNG: **ALLAN KAPROW**
RUSSELL FERGUSON: **GLEN WILSON**
EDWARD A. SCHEER: **MIKE PARR**
LES INFOS: DAVID GREENBERG
CUMULUS: G. CARMINE, S. DIETZ

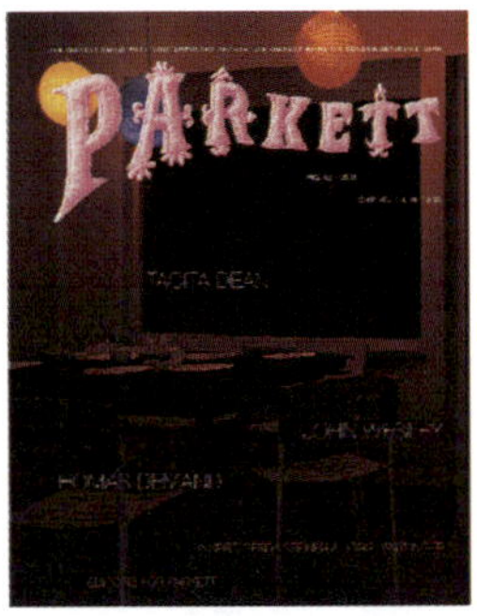

No. 62 - ISBN 3-907582-12-8

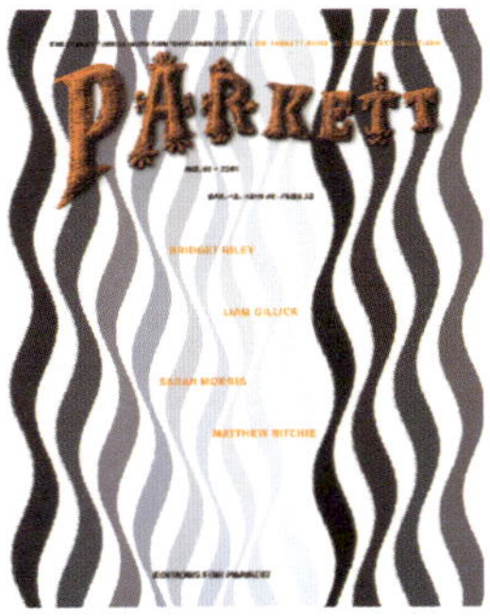

No. 61 - ISBN 3-907582-11-X

BRIDGET RILEY
LIAM GILLICK
SARAH MORRIS
MATTHEW RITCHIE
KUDIELKA, HICKEY
GILLICK, STEMMRICH, WOLLEN
NICHOLS GOODEVE, KLEIN, PRINZHORN
RABINOWITZ, GALISON/JONES, MARCUS
ELISABETH KLEY: **PAUL LINCOLN**
CUMULUS: O. ENWEZOR, M. WARNER
BALKON: STELLA ROLLIG

CHUCK CLOSE
DIANA THATER
LUC TUYMANS
PROSE, CLOSE/PEYTON, SHIFF,
CLOSE/CURIGER
ARRHENIUS, HASLINGER, GILBERT-ROLFE
HOPTMAN, MOSQUERA, REUST
INSERT: **SHIRANA SHAHBAZI**
GREG HILTY: **JEREMY DELLER**
HOWARD SINGERMAN: **DAVID BUNN**
LES INFOS: THIERRY DE DUVE—INTERVIEW
CUMULUS: FRAZER WARD, HANS ULRICH RECK

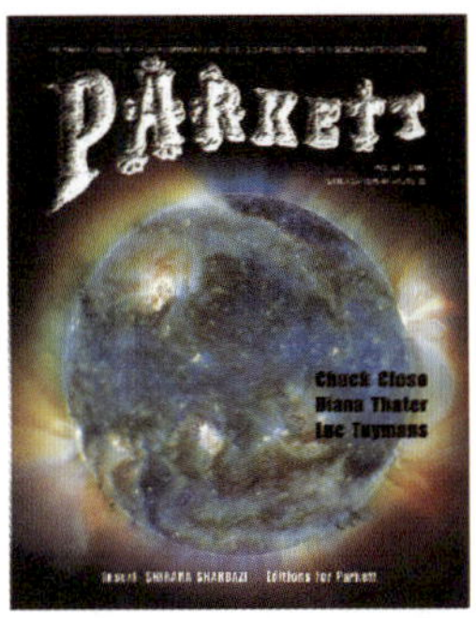

No. 60 - ISBN 3-907582-10-1

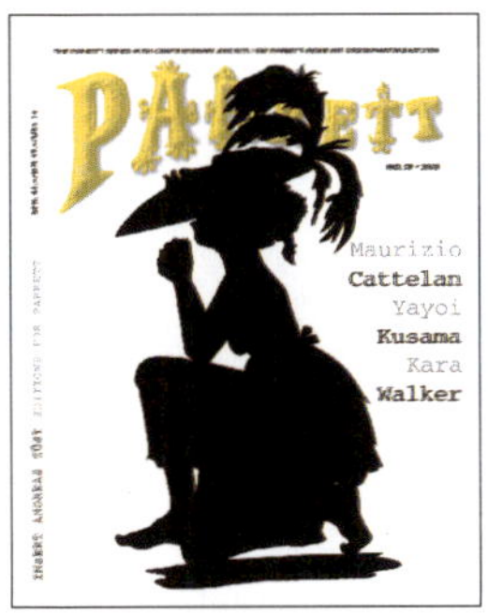

No. 59 - ISBN 3-907582-09-8

MAURIZIO CATTELAN
YAYOI KUSAMA
KARA WALKER
BOURRIAUD, GINGERAS, BONAMI
PANHANS-BÜHLER, MATSUI, POLLOCK
DUBOIS SHAW, JANUS, WALKER
INSERT: **ANDREAS ZÜST**
VINCENT KATZ,
ELISABETH BRONFEN: **ANNETTE MESSAGER**
JAN AVGIKOS: **ANNA GASKELL**
LES INFOS: ALI SUBOTNICK
CUMULUS: M. ROWELL, L. FÖLDENYI
BALKON: MICHELLE NICOL

JAMES ROSENQUIST
SYLVIE FLEURY
JASON RHOADES
SSELL, KOONS/ROSENQUIST, HULTEN, FELIX
GLENN, LOBEL, DANNATT, RUF, KOETHER
RGUSON, ORTH, SCHEIDEMANN/HERMANN
INSERT: **HENRY BOND**
GILDA WILLIAMS: **JANE & LOUISE WILSON**
LAVOJ ZIZEK, PAUL D. MILLER & CHRIS OFILI
LES INFOS: ANNA HELWING
MULUS: DAVID ROBBINS, HILDE TEERLINCK
BALKON: KNUT EBELING

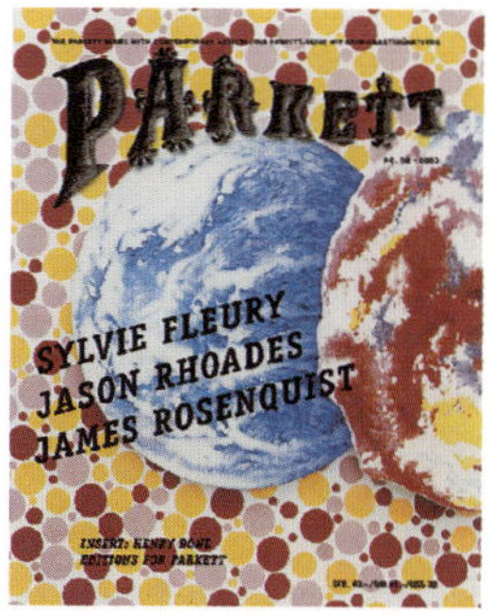

No. 58 - ISBN 3-907582-08-X

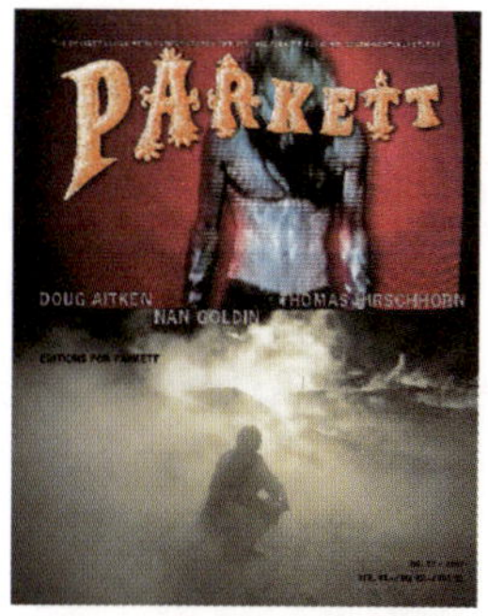

No. 57 - ISBN 3-907582-07-1

DOUG AITKEN
NAN GOLDIN
THOMAS HIRSCHHORN
ROBERTS, BONAMI, VAN ASSCHE, LEBOVICI
DANTO, LIEBMANN, FRIIS-HANSEN, HAKERT,
EISENBERG, FLECK, GINGERAS, VERGNE, STEINWEG
DAVID GREENBERG: **DONALD BAECHLER**
ANDREA KROKSNES: **LOUISE LAWLER**
LIONEL BOVIER: **JOHN MILLER**
LES INFOS: RUDOLF SCHMITZ
CUMULUS: H.U. OBRIST, CONNIE BUTLER
BALKON: JURI STEINER & ANNELISE COSTE

ELLSWORTH KELLY
VANESSA BEECROFT
JORGE PARDO
KELLEIN, FER, MAURER, RIMANELLI
BRYSON, TAZZI, SEWARD, AVGIKOS
FERGUSON, VÉGH, VAN WINKEL
FRANGENBERG, BUSH
GREG HILTY: **CERITH WYN EVANS**
THOMAS Y. LEVIN: **CHRISTIAN MARCLAY**
LYNNE COOKE: **DIANA THATER**
LES INFOS: DIANE LEWIS
CUMULUS: ADRIAN DANNATT, PETR NEDOMA

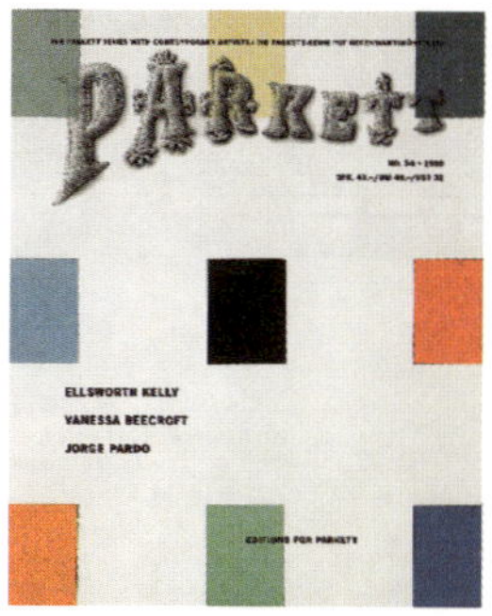

No. 56 - ISBN 3-907582-06-3

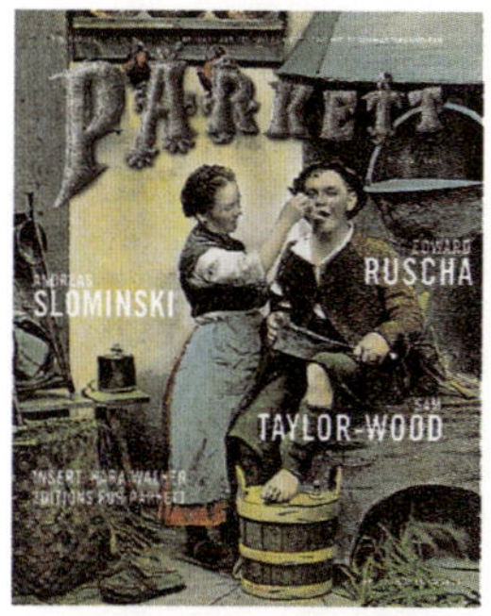

No. 55 - ISBN 3-907582-05-5

EDWARD RUSCHA
ANDREAS SLOMINSKI
SAM TAYLOR-WOOD
PERRONE, HIGGIE, SINGERMAN, SCHENKER
SCANLAN, SPECTOR, FREY, HEYNEN
GROYS/FUNCKE/HOFFMANN, BRONFEN
BONAMI, LAJER-BURCHARTH
INSERT: **KARA WALKER**
BORIS GROYS: **PAVEL PEPPERSTEIN**
RUDOLF SCHMITZ: **ALEXANDER KLUGE**
BEATRIX RUF: **EIJA-LIISA AHTILA**
CUMULUS: MICHELLE NICOL, SUELY ROLNIK

RONI HORN
MARIKO MORI
BEAT STREULI
SCHORR, GUNNARSSON, GOROVOY, LEWIS
SPECTOR, BRYSON, NAKAZAWA, NICHOLS
GOODEVE, STALS, DANTO, AMANO, SMITH
INSERT: **MATTHEW RITCHIE**
VINCENT KATZ: **ALEX KATZ**
HORST BREDEKAMP: **STEPHAN VON HUENE**
PAUL D. MILLER: **SHIRIN NESHAT**
LES INFOS:
OKWUI ENWEZOR & WILLIAM KENTRIDGE
CUMULUS: VALÉRIA PICCOLI, MARIA LIND

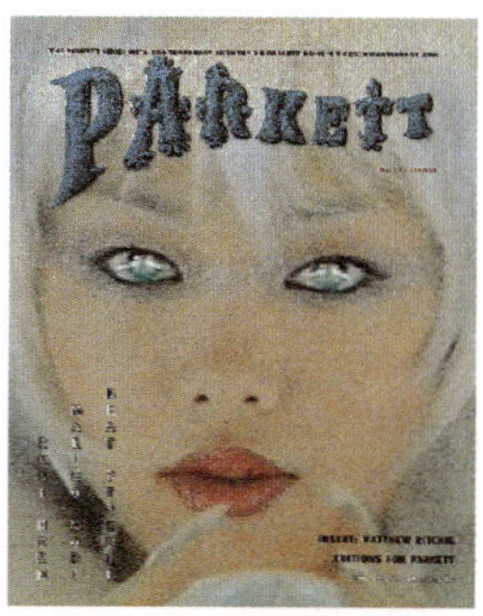

No. 54 - ISBN 3-907582-04-7

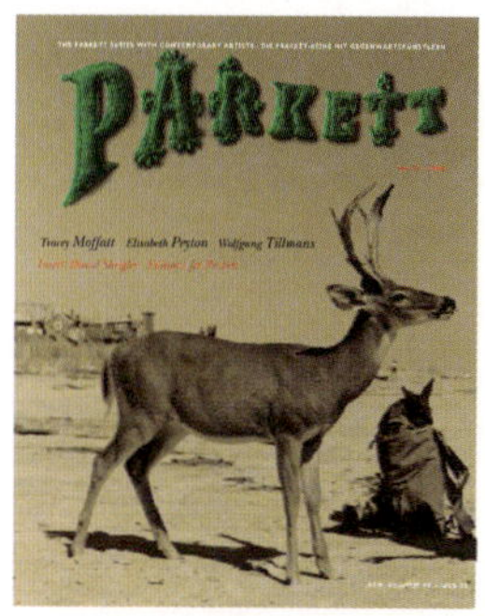

No. 53 - ISBN 3-907582-03-9

TRACEY MOFFATT
ELIZABETH PEYTON
WOLFGANG TILLMANS
MARTIN, LAJER-BURCHARTH, RIMANELLI
PILGRIM, URSPRUNG, LIEBMANN, MATSUI
WAKEFIELD, BUDNEY, NESBITT, ZIEGLER
INSERT: **DAVID SHRIGLEY**
CATHERINE BERNARD: **JOHAN GRIMONPREZ**
BERNARD MARCADÉ: **ROBERT GOBER**
LES INFOS DE L'ENFER: VALERIA LIEBERMANN
CUMULUS: BLESSING, AUPETITALLOT
BALKON: STEINER/MAGNAGUAGNO

KAREN KILIMNIK
MALCOLM MORLEY
UGO RONDINONE
SCHORR, BÜRGI, JUNCOSA, MORLEY,
ENSZTEJN, BONAMI, VERWOERT, HOPTMAN,
INSERT: **THOMAS BAYRLE**
ED WHITE: **JEAN MICHEL OTHONIEL**
NEVILLE WAKEFIELD: **RICHARD SERRA**
GILDA WILLIAMS: **GILLIAN WEARING**
ROBERT GRESKOVIC: **MERCE CUNNINGHAM**
CUMULUS: WALKER, KURZMEYER
BALKON: CECILIA VICUÑA

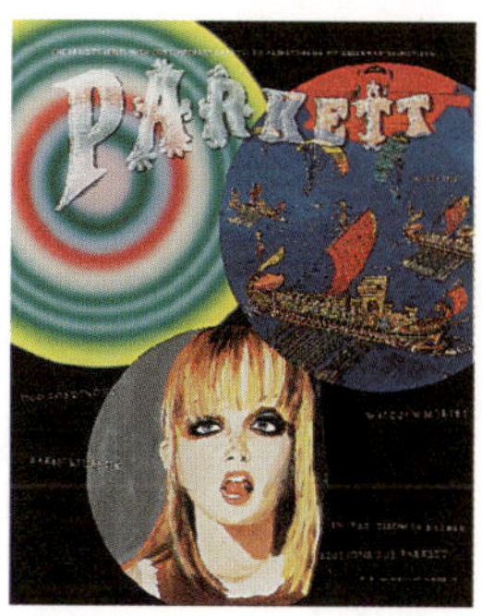

No. 52 - ISBN 3-907582-02-0

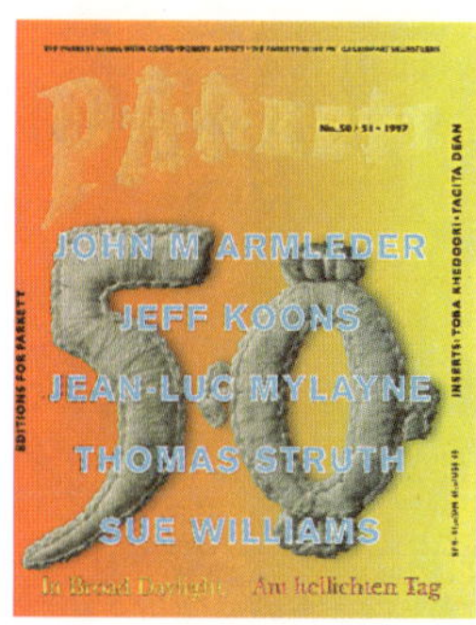

50/51 - ISBN 3-907582-00-4

JOHN M ARMLEDER, JEFF KOONS
JEAN-LUC MYLAYNE
THOMAS STRUTH, SUE WILLIAMS
DI PIETRANTONIO, BOVIER, MUNIZ,
SEWARD, LOERS, NICHOLS GOODEVE,
COOKE, DION, ARNAUDET, MYLAYNE,
CURIGER, LINGWOOD, OKUTSU, BRYSON,
SCHJELDAHL, NESBIT, DANNATT, CAMHI
INSERTS: **TOBA KHEDOORI, TACITA DEAN**
ONFRAY: **HYACINTHE RIGAUD,** NICOL: **SAM SAMORE**
MURPHY, VAN DER WALLE, STEINER,
KURT W. FORSTER: **FRANK GEHRY**
CUMULUS: COLEMAN, BIRNBAUM

LAURIE ANDERSON
DOUGLAS GORDON
JEFF WALL
FLOOD, BEZZOLA, FERGUSON
GILLICK/GORDON, BRYSON, PONTBRIAND
SCHORR, ANDERSON, BURCKHARDT, BUDNEY
INSERT: **SILVIA BÄCHLI**
COLIN DE LAND: **JOHN WATERS**
ROBERT STORR: **SEYDOU KEITA**
DANIELA SALVIONI: **CLEGG & GUTTMANN**
CUMULUS: KITTELMANN, MEYER

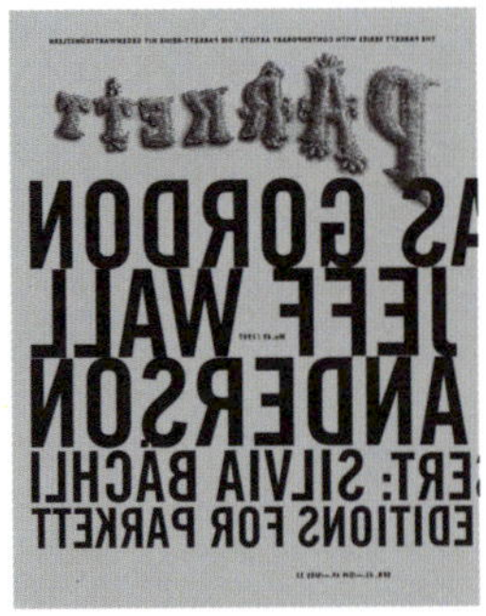

No. 49 - ISBN 3-907509-99-4

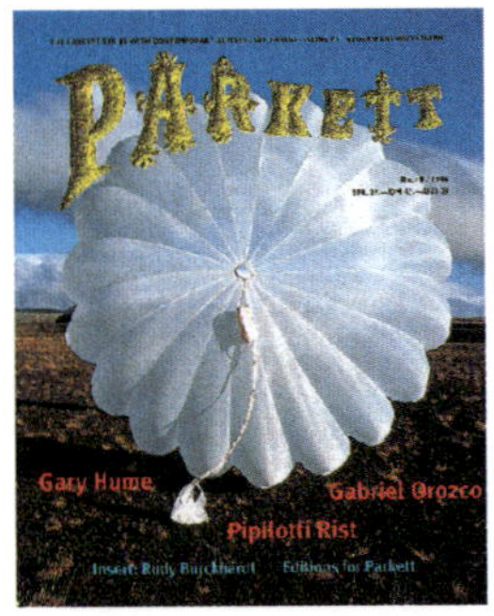

No. 48 - ISBN 3-907509-98-6

GARY HUME
GABRIEL OROZCO
PIPILOTTI RIST
BOVIER, MUIR, FOGLE, BONAMI
DE ZEGHER, SPECTOR, URSPRUNG
BABIAS, COLOMBO, ANDERSON
INSERT: **RUDY BURCKHARDT**
VINCENT KATZ: **RUDY BURCKHARDT**
VAN DER WALLE: **CHARLES LONG & STEREOLAB**
FAYE HIRSCH: **BRUCE CONNER**
CHRISTOPH DOSWALD: **IAN ANÜLL**
CUMULUS: LEGGAT, SCHNEIDER

TONY OURSLER
RAYMOND PETTIBON
THOMAS SCHÜTTE
COOKE, RICHARD, NERI,
LEWIS, GROYS, ALS, RUGOFF,
GOODEVE, SEARLE, MARI, REUST,
WAKEFIELD, LOOCK, JANUS
INSERT: **ZOE LEONARD & CHERYL DUNYE**
JURI STEINER: **EMMA KUNZ**
MAX WECHSLER: **CHRISTOPH RÜTIMANN**
SUSAN MORGAN: **DIANE ARBUS**
CUMULUS: PRINCENTHAL, BOVIER/CHERIX

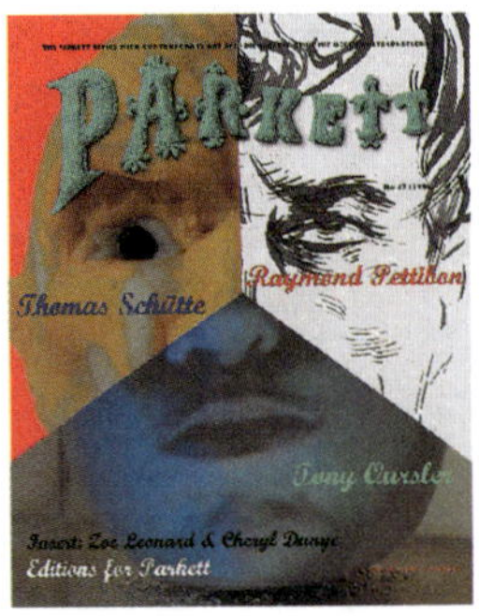

No. 47 - ISBN 3-907509-97-8

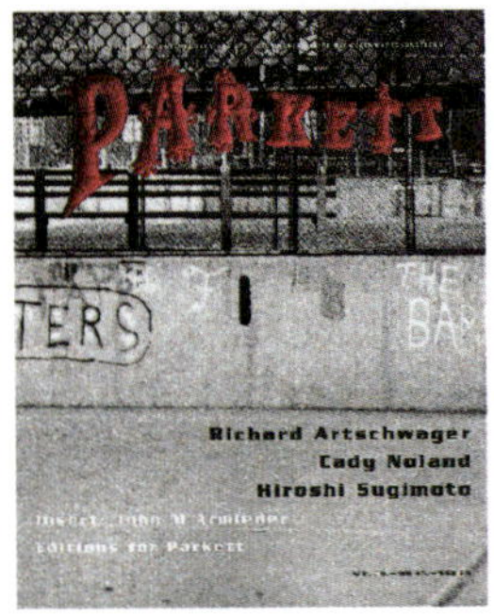

No. 46 - ISBN 3-907509-96-X

RICHARD ARTSCHWAGER
CADY NOLAND
HIROSHI SUGIMOTO
DEITCHER, SCHAFFNER, FORSTER, MUNIZ
ARMSTRONG, RELYEA, BOGDAN, GOODEVE
NICKAS, BRYSON, RUGOFF, DENSON
INSERT: **JOHN M ARMLEDER**
ROLAND WÄSPE: **ERWIN WURM**
DANIEL BIRNBAUM: **ÖYVIND FAHLSTRÖM**
LES INFOS DU PARADIS: ROBERT FLECK
CUMULUS: MILLER, VETTESE
BALKON: MARTIN HELLER

MATTHEW BARNEY
SARAH LUCAS
ROMAN SIGNER
BRYSON, ONFRAY, SEWARD, GOODEVE,
SALTZ, VAN ADRICHEM, SCHORR, FREEDMAN,
JOUANNAIS, BITTERLI, DOSWALD,
VIEWING, WECHSLER, DELAND
INSERT: **ELLIOTT PUCKETTE**
HEIDI GILPIN: **WILLIAM FORSYTHE**
ROBYN McKENZIE: **GEOFF LOWE**
MICHAEL TARANTINO: **CHANTAL AKERMAN**
CUMULUS: McEVILLEY, WAKEFIELD

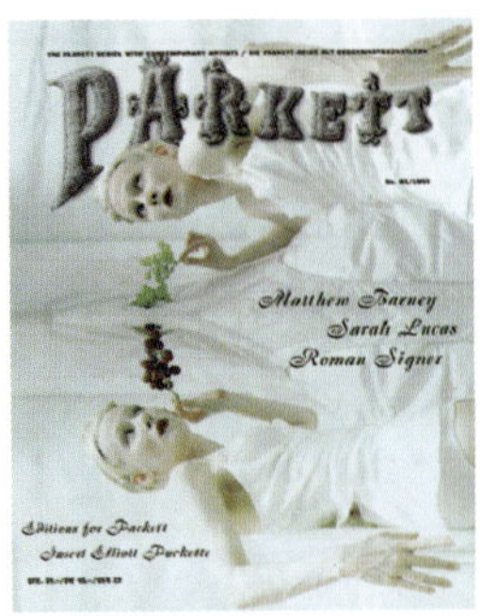

No. 45 - ISBN 3-907509-95-1

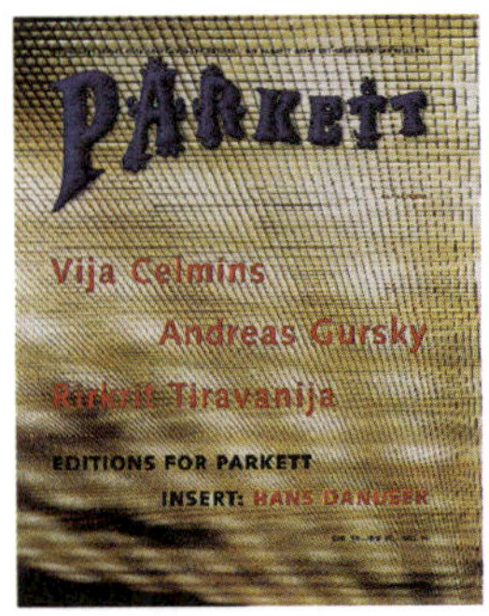

No. 44 - ISBN 3-907509-94-3

VIJA CELMINS
ANDREAS GURSKY
RIRKRIT TIRAVANIJA
PRINCENTHAL, LEWIS, SILVERTHORNE
SHIFF, CRIQUI, BURCKHARDT, WAKEFIELD
SCHORR, MELO, GILLICK, FLOOD, STEINER
INSERT: **HANS DANUSER**
LES INFOS: LIAM GILLICK & DOUGLAS GORDC
LYNNE COOKE, DAVID DEITCHER
DANIEL KURJAKOVIC: **MARIE JOSÉ BURKI**
NAN GOLDIN: **PETER HUJAR**
NOEMI SMOLIK: **ANDREAS SLOMINSKI**
JASON SIMON: **MARK DION**
LUK LAMBRECHT: **MARK LUYTEN**

JUAN MUÑOZ
SUSAN ROTHENBERG
LYNNE COOKE, ALEXANDRE MELO
JAMES LINGWOOD, GAVIN BRYARS
ROBERT CREELEY, INGRID SCHAFFNER
JEAN-CHRISTOPHE AMMANN
MARK STEVENS, JOAN SIMON
INSERT: **ROBERT SMITHSON**
NEVILLE WAKEFIELD
MICHELLE NICOL: **CARSTEN HÖLLER**
HANS-ULRICH OBRIST: **FABRICE HYBERT**

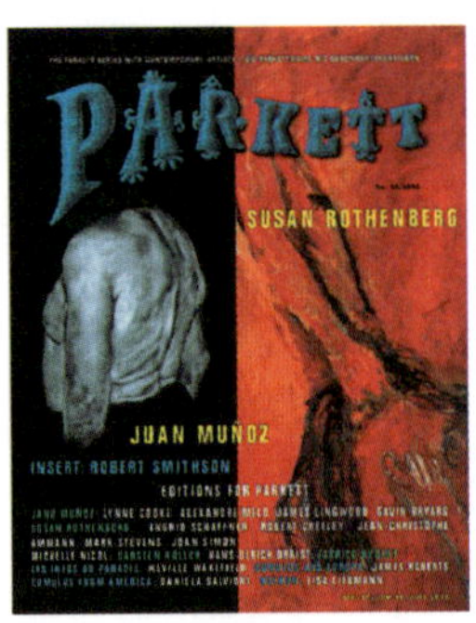

No. 43 - ISBN 3-907509-93-5

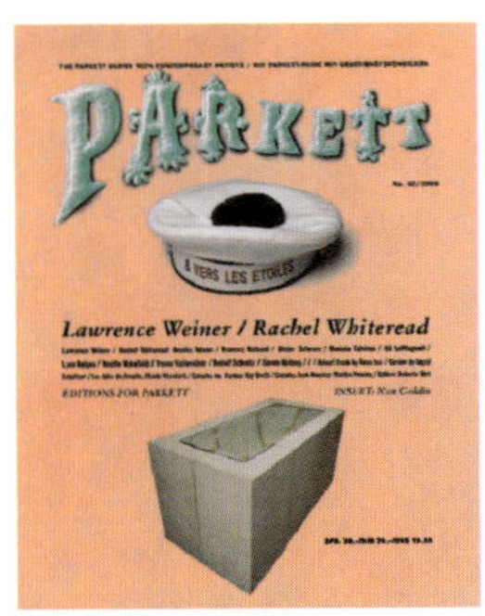

No. 42 - ISBN 3-907509-92-7

LAWRENCE WEINER
RACHEL WHITEREAD
BROOKS ADAMS, FRANCES RICHARD
DIETER SCHWARZ, DANIELA SALVIONI
ED LEFFINGWELL, LANE RELYEA
NEVILLE WAKEFIELD, RUDOLF SCHMITZ
TREVOR FAIRBROTHER, SIMON WATNEY
INSERT: **NAN GOLDIN**
VINCE LEO: **ROBERT FRANK**
CLAUDE RITSCHARD: **MARKUS RAETZ**

FRANCESCO CLEMENTE
GÜNTHER FÖRG
PETER FISCHLI/DAVID WEISS
DAMIEN HIRST
JENNY HOLZER
REBECCA HORN
SIGMAR POLKE
HOLLAND COTTER, BORIS GROYS
MAX WECHSLER, DAVID RIMANELLI
JOAN SIMON, GORDON BURN
GILBERT LASCAULT, WERNER SPIES
BICE CURIGER, JEFF PERRONE
G. ROGER DENSON, VIK MUNIZ
DAVE HICKEY

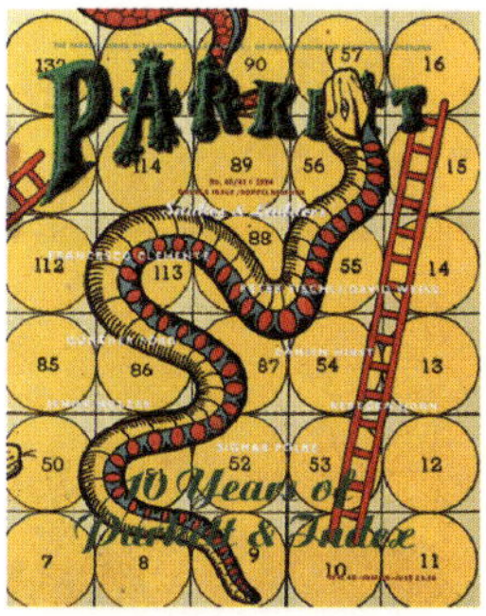

40/41 - ISBN 3-907509-90-0

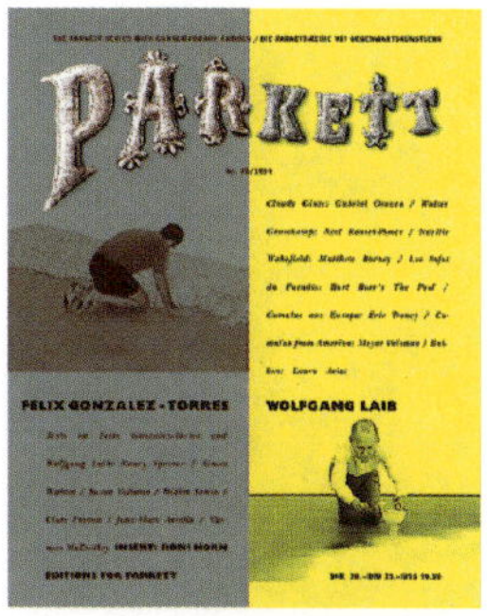

No. 39 - ISBN 3-907509-89-7

FELIX GONZALEZ-TORRES
WOLFGANG LAIB
NANCY SPECTOR, SIMON WATNEY,
SUSAN TALLMAN, DIDIER SEMIN,
CLARE FARROW, JEAN-MARC AVRILLA,
THOMAS McEVILLEY
CLAUDE GINTZ: **GABRIEL OROZCO**
WALTER GRASSKAMP: **AXEL KASSEBÖHMER**
NEVILLE WAKEFIELD: **MATTHEW BARNEY**
INSERT: **RONI HORN**
LES INFOS DU PARADIS: **BURT BARR**
CUMULUS: **MEYER VAISMAN**

CHARLES RAY
FRANZ WEST
KLAUS KERTESS, CHRISTOPHER KNIGHT
PETER SCHJELDAHL, ROBERT STORR
JAN AVGIKOS, AXEL HUBER
MARTIN PRINZHORN, ELISABETH
SCHLEBRÜGGE, HARALD SZEEMANN,
DENYS ZACHAROPOULOS
INSERT: **PIPILOTTI RIST**
JEAN BAUDRILLARD
HANS RUDOLF REUST: **LUC TUYMANS**
PARKETT INQUIRY:
CHERCHEZ LA FEMME PEINTRE!

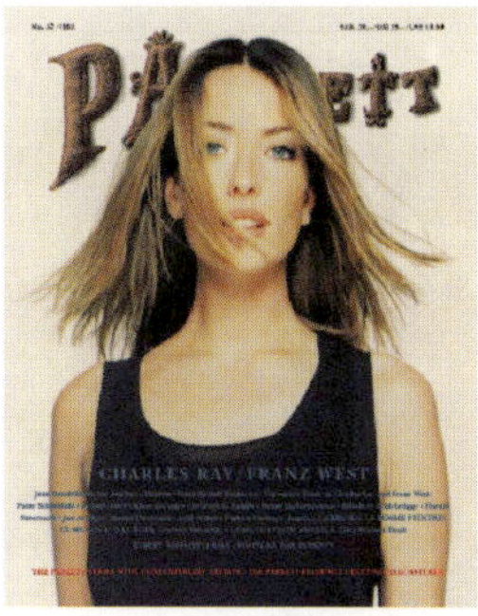

No. 37 - ISBN 3-907509-87-0

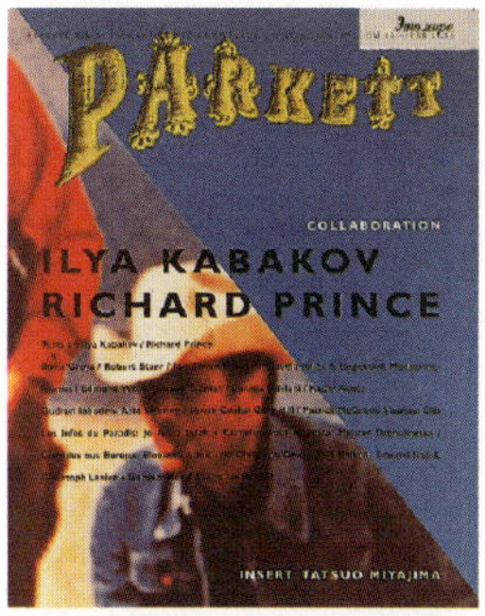

No. 34 - ISBN 3-907509-84-6

ILYA KABAKOV
RICHARD PRINCE
BORIS GROYS, ROBERT STORR
JAN THORN-PRIKKER
CLAUDIA JOLLES, EDMUND WHITE
SUSAN TALLMAN, DANIELA
SALVIONI, KATHY ACKER
INSERT: **TATSUO MIYAJIMA**
GUDRUN INBODEN: **ASTA GRÖTING**
LYNNE COOKE: **GARY HILL**
PATRICK McGRATH: **STEPHEN ELLIS**

ROSEMARIE TROCKEL
CHRISTOPHER WOOL
VERONIQUE BACCHETTA,
BARRETT WATTEN,
ANNE WAGNER, JIM LEWIS,
GREIL MARCUS, JEFF PERRONE,
DIEDRICH DIEDERICHSEN
INSERT: **ADRIAN SCHIESS**
MARINA WARNER: **PENIS PLENTY**
G. ROGER DENSON:
DENNIS OPPENHEIM
CAMIEL VAN WINKEL

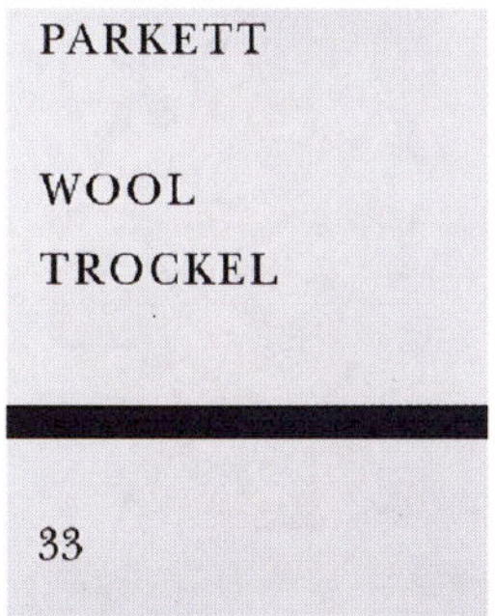

No. 33 - ISBN 3-907509-83-3

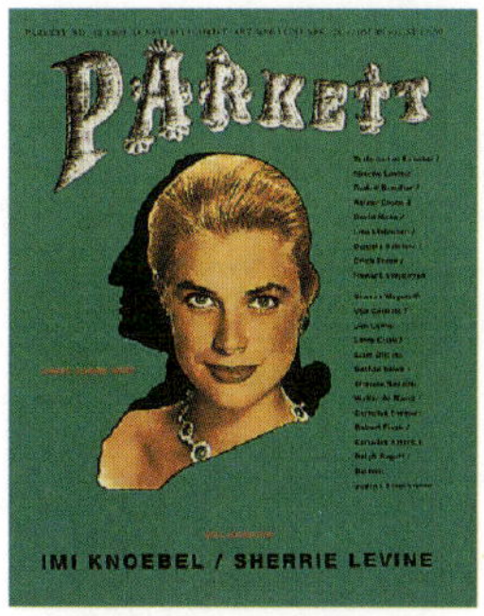

No. 32 - ISBN 3-907509-82-X

IMI KNOEBEL
SHERRIE LEVINE
RUDOLF BUMILLER
RAINER CRONE/DAVID MOOS
LISA LIEBMANN, DANIELA SALVIONI
ERICH FRANZ, HOWARD SINGERMANN
INSERT: **DAMIEN HIRST**
SHEENA WAGSTAFF: **VIJA CELMINS**
JIM LEWIS: **LARRY CLARK**
LIAM GILLICK: **BETHAN HUWS**
THOMAS KELLEIN: **WALTER DE MARIA**

FRANZ GERTSCH
THOMAS RUFF
HELMUT FRIEDEL, ULRICH LOOCK
I. MICHAEL DANOFF, AMEI WALLACH
RAINER MICHAEL MASON
MARC FREIDUS, JÖRG JOHNEN
TREVOR FAIRBROTHER/NORMAN BRYSON
INSERT: **LIZ LARNER**
JAMES LEWIS: **RICHARD PRINCE**
DAVID HICKEY:
THE INVISIBLE DRAGON/
DER UNSICHTBARE DRACHEN
PAUL TAYLOR: **JAMES ROSENQUIST**

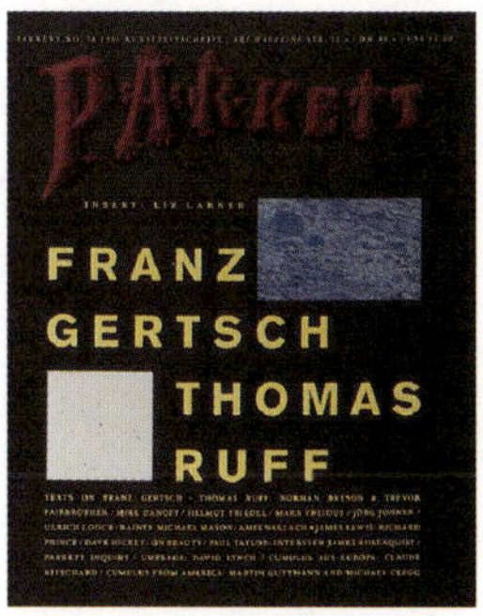

No. 28 - ISBN 3-907509-78-1

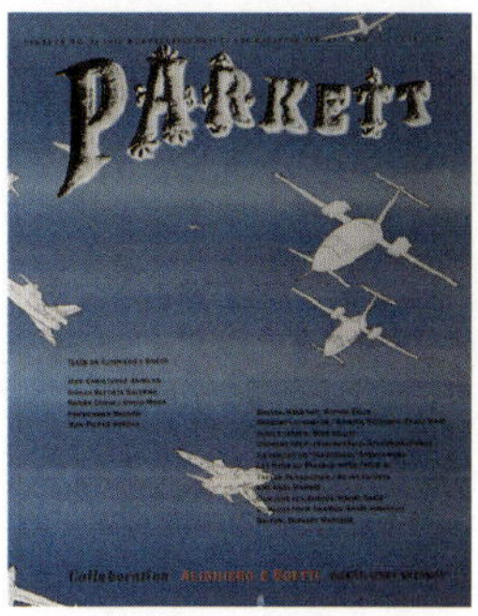

No. 24 - ISBN 3-907509-74-9

ALIGHIERO E BOETTI
JEAN-CHRISTOPHE AMMANN
GIOVAN BATTISTA SALERNO
RAINER CRONE & DAVID MOOS
FRIEDEMANN MALSCH
JEAN-PIERRE BORDAZ
ALAIN CUEFF
INSERT: **CINDY SHERMAN**
SHEENA WAGSTAFF:
SOPHIE CALLE
HERBERT LACHMEYER/
BRIGITTE FELDERER: **FRANZ WEST**
JUTTA KOETHER: **MIKE KELLEY**

RICHARD ARTSCHWAGER
ARTHUR C. DANTO, GEORG KOHLER, MARIO A. ORLANDO, JOYCE CAROL OATES, WERNER OECHSLIN, ALAN LIGHTMAN, PATRICK McGRATH, DANIEL SOUTIF, LASZLO F. FÖLDENYI, JEAN STROUSE
INSERT: **DAVID BYRNE**
RENATE PUVOGEL: **ANDRÉ THOMKINS**
ULRICH LOOCK: **THOMAS STRUTH**
NANCY SPECTOR: **MEREDITH MONK**

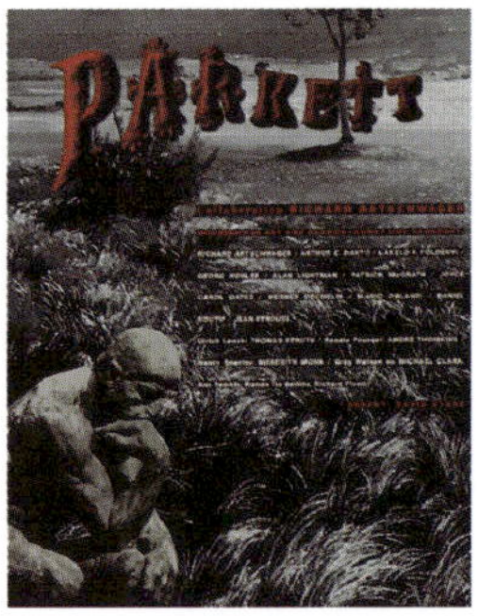

No. 23 - ISBN 3-907509-73-0

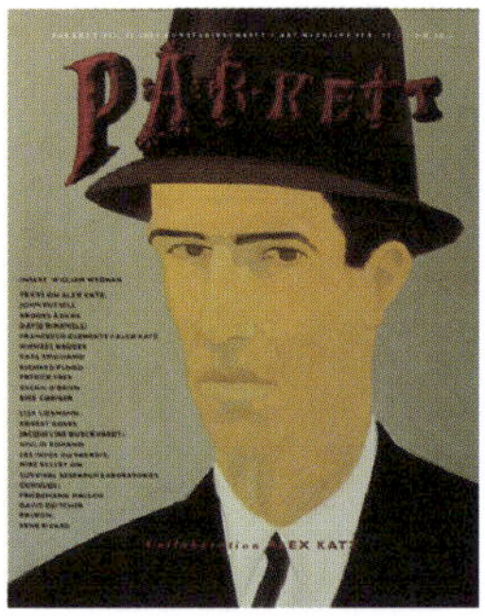

No. 21 - ISBN 3-907509-71-4

ALEX KATZ
JOHN RUSSELL, BROOKS ADAMS, DAVID RIMANELLI, FRANCESCO CLEMENTE, MICHAEL KRÜGER, RICHARD FLOOD, PATRICK FREY, CARL STIGLIANO, BICE CURIGER, GLENN O'BRIEN
INSERT: **WILLIAM WEGMAN**
LISA LIEBMAN: **ROBERT GOBER**
JACQUELINE BURCKHARDT: **GIULIO ROMANO**

TIM ROLLINS + K.O.S.
MARSHALL BERMAN
TREVOR FAIRBROTHER
STATEMENTS, DIALOGUE 5
INSERT: **ANDREAS GURSKY**
MICHAEL NASH: **BILL VIOLA**
STEPHEN ELLIS: **ROSS BLECKNER**
KLAUS KERTESS: **TRISHA BROWN**

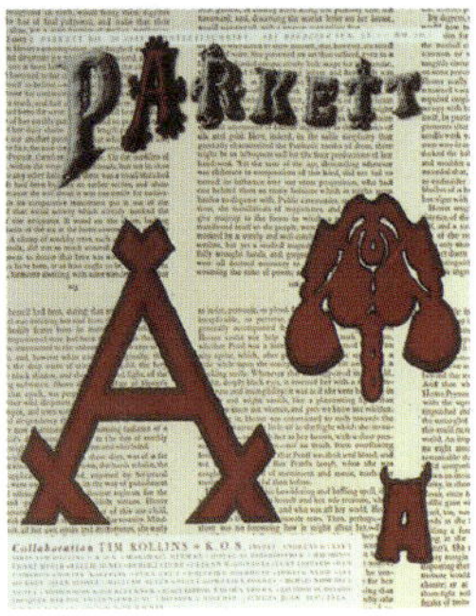

No. 20 - ISBN 3-907509-70-6

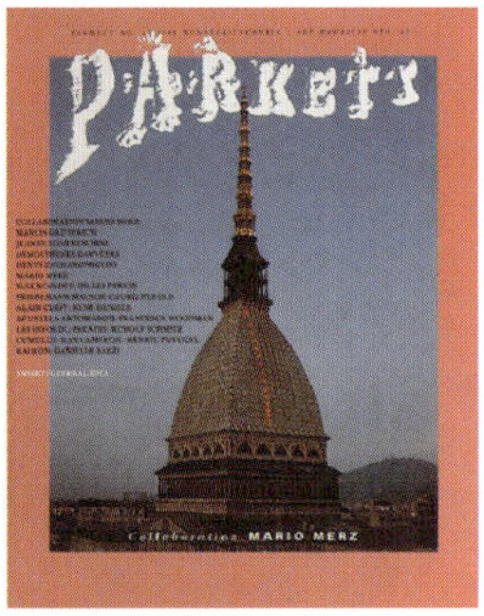

No. 15 - ISBN 3-907509-65-X

MARIO MERZ
MARLIS GRÜTERICH, JEANNE SILVERTHORNE, DEMOSTHENES DAVVETAS, HARALD SZEEMANN, DENYS ZACHAROPOULOS
INSERT: **GENERAL IDEA**
MAX KOZLOFF: **GILLES PERESS**
FRIEDEMANN MALSCH: **GEORG HEROLD**
BRUNELLA ANTOMARINI: **FRANCESCA WOODMAN**

GILBERT & GEORGE
DUNCAN FALLOWELL, MARIO CODOGNATO, JEREMY COOPER, DEMOSTHENES DAVVETAS, WOLF JAHN
INSERT: **ROSEMARIE TROCKEL**
ROBERT STORR: **NANCY SPERO**
HAIM STEINBACH: **MANIFESTO**
JÖRG ZUTTER: **THOMAS HUBER**

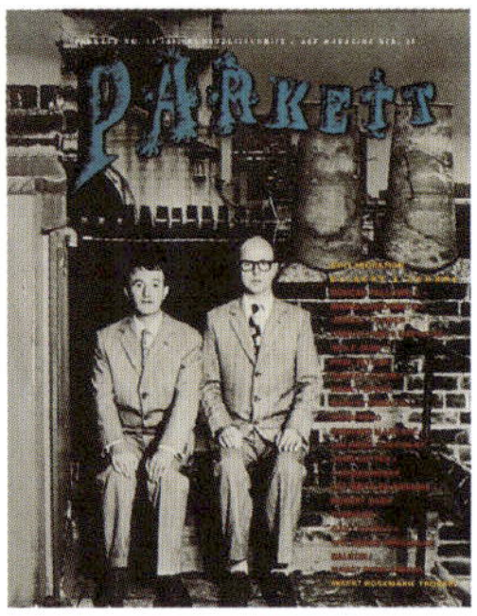

No. 14 - ISBN 3-907509-64-1

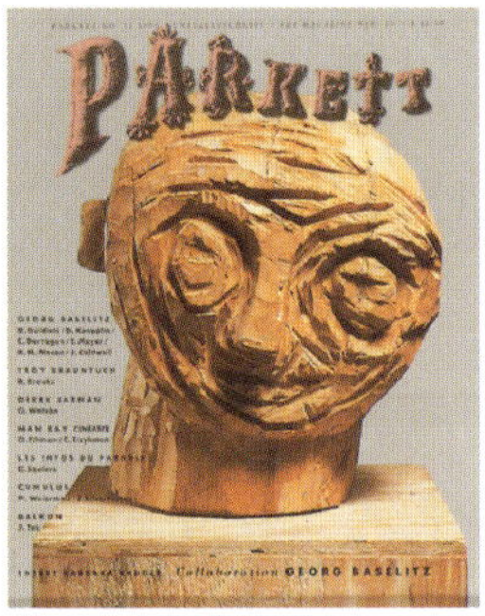

No. 11 - ISBN 3-907509-61-7

GEORG BASELITZ
REMO GUIDIERI, DIETER KOEPPLIN, ERIC DARRAGON, RAINER MICHAEL MASON, FRANZ MEYER, JOHN CALDWELL
INSERT: **BARBARA KRUGER**
GRAY WATSON: **DEREK JARMAN**
CAROL SQUIERS: **PHOTO OPPORTUNITY**
ROSETTA BROOKS: **TROY BRAUNTUCH**

Each volume of PARKETT is created in collaboration with artists, who contribute an original work specially made for the readers of PARKETT. The works are available in a signed and numbered Special Edition. Prices are subject to change. Postage is not included.

EDITIONS FOR PARKETT

Jeder PARKETT-Band entsteht in Collaboration mit Künstlern, die eigens für die Leser von PARKETT Originalbeiträge gestalten. Diese Vorzugsausgaben sind als nummerierte und signierte Editionen erhältlich. Preisänderungen vorbehalten. Versandkosten und MwSt. (Schweiz) nicht inbegriffen.

Tracey, eighty times: the faces and facettes of unqualified candor.

Achtzig mal Tracey: achtzig Facetten von ungebändigter Offenheit.

PARKETT 63

TRACEY EMIN

SELF-PORTRAIT, 12.11.01

Unique color print from original Polaroid; all images taken on the same day.

Image size 7⅞ x 7⅞ ", paper size 15¾ x 15¾".

Edition of 80, signed and numbered, **$ 900 / € 990**

SELBSTPORTRÄT, 12.11.01

Abzug einer Polaroidaufnahme, Unikat; alle Aufnahmen entstanden am gleichen Tag.

Bildgrösse 20 x 20 cm, Papierformat 40 x 40 cm.

Auflage: 80, signiert und nummeriert, **CHF 1400.–**

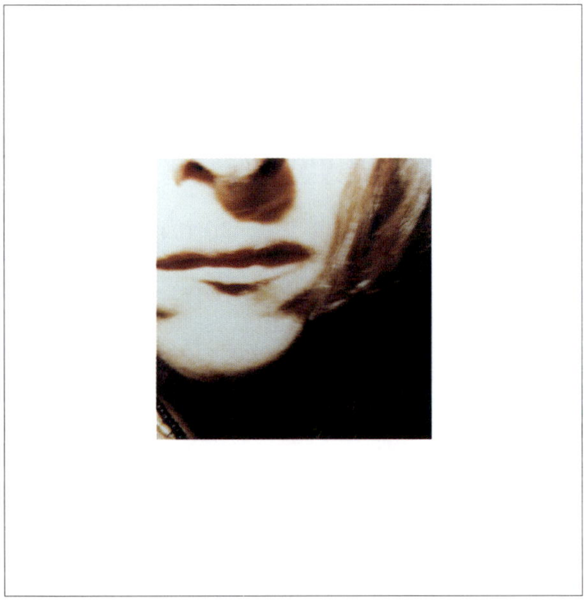

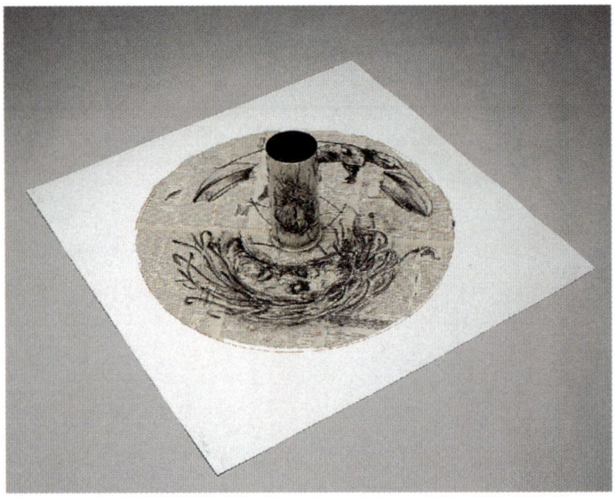

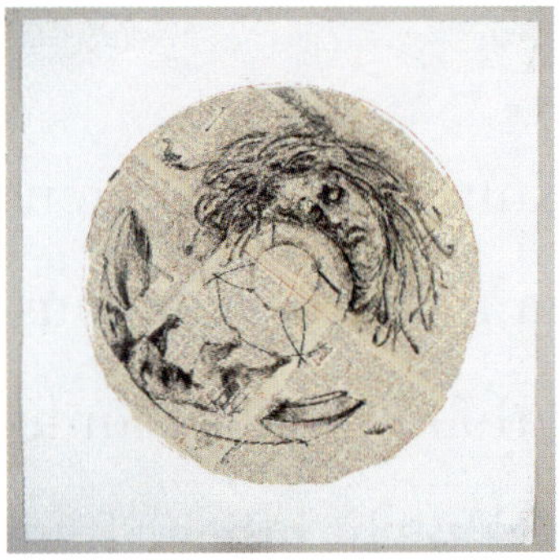

PARKETT 63

WILLIAM KENTRIDGE

MEDUSA, 2001

Anamorphic lithograph on chine collé, printed on 6 different pages from the 1906 French Larousse Encyclopedia.

Image diameter 24⅘", paper size 30 11/16",

printed by The Artists' Press, Johannesburg.

Mirror-finish steel cylinder; diameter 3½", height 5", weight 2 lbs.

Edition of 60, signed and numbered, **$ 1400 / € 1500**

Anamorphotische Lithographie auf Chine collé, auf jeweils 6 verschiedenen Seiten der Larousse-Enzyklopädie aus dem Jahr 1906.

Bilddurchmesser 63 cm, Papierformat 78 x 78 cm,

gedruckt bei The Artists' Press, Johannesburg.

Spiegelglanz-Stahlzylinder; Durchmesser 9 cm, Höhe 12,7 cm, Gewicht 750 g.

Auflage: 60, signiert und nummeriert, **CHF 2200.–**

Mystery solved in mirrored captivity: the gorgon's head with serpents entwined and the painstaking efforts of the water bearer.

Im Spiegel entzerrt und gebannt: das schlangenumzüngelte Gorgonenhaupt und der mühselige Gang des Wasserträgers.

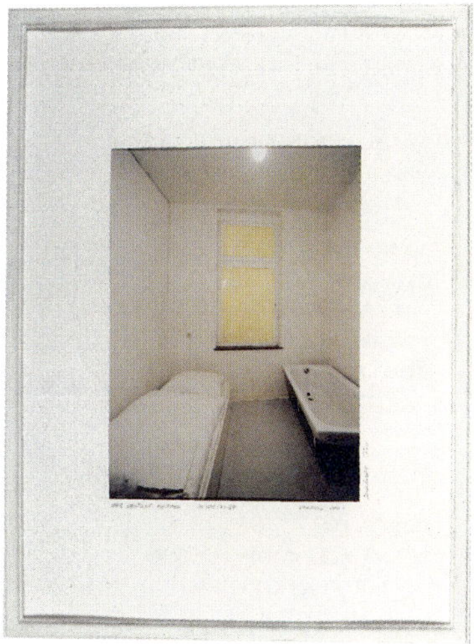

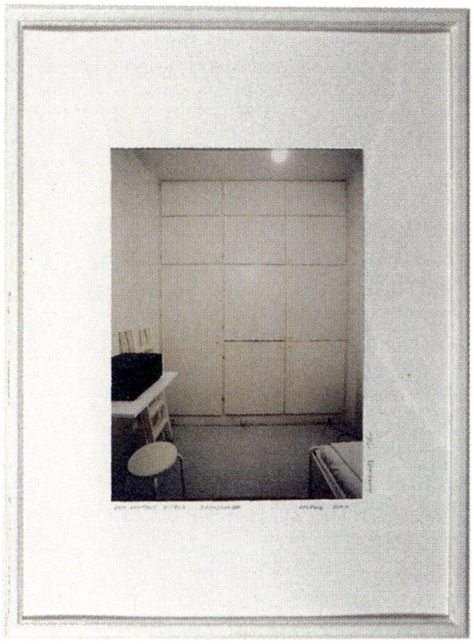

PARKETT 63

GREGOR SCHNEIDER

DER DEUTSCHE BETTAG, LIEBESLAUBE, VENEDIG, 2001

Zwei Farbphotographien in handbemalten Holzrahmen mit vom Künstler gefertigten Passepartouts.
Bildformat 24 x 17,3 cm, Rahmen 41,8 x 31,8 cm.
Auflage: 60, signiert und nummeriert, **CHF 2200.–**

GERMAN DAY OF PRAYER, BOWER, VENICE, 2001

Two color photographs in handpainted frames with passe-partouts made by the artist.
Image size 9½ x 6⅘", frames 16½ x 12½".
Edition of 60, signed and numbered. **$ 1400 / € 1500**

Archäologie des Alltagslebens. Lauschige Liebeslaube als Resonanzraum mit doppeltem Boden.

The Archaeology of the everyday. There may be more not only under the floor or between the walls but overhead as well.

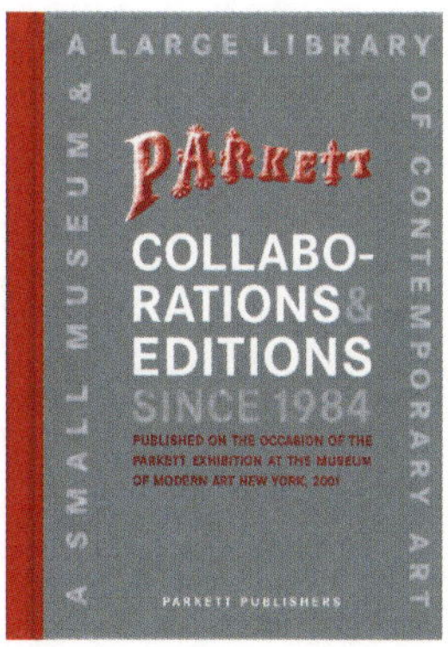

PARKETT COLLABORATIONS & EDITIONS SINCE 1984
CATALOGUE RAISONNÉ OF ALL ARTISTS' EDITIONS
from No. 1 – 61, hardcover, 6 x 4¼", 346 pages, 120 full-page color reproductions, 60 color reproductions of all Parkett covers, authors' index.

WERKVERZEICHNIS ALLER PARKETT-KÜNSTLER-EDITIONEN
von Nr. 1 – 61 in englischer Sprache, Hardcover, 15 x 11 cm, 346 Seiten, 120 ganzseitige Farbabbildungen, 60 farbige Abbildungen aller Parkett-Cover, Autorenindex.

CHF 32.– / $ 20 / € 22
ISBN 3-907582-22-5

NEW PARKETT POSTCARD SET
featuring 120 artists' editions made for Parkett

DAS NEUE PARKETT-POSTKARTEN-SET
mit 120 Editionen, die von Künstlern für Parkett geschaffen wurden.

CHF 39.– / $ 25 / € 27
ISBN 3-907582-21-7

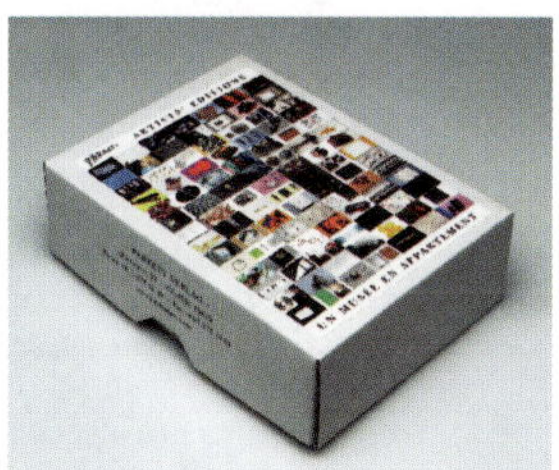

PARKETT IN BOOKSHOPS (Selection)

PARKETT IS AVAILABLE IN 500 LEADING ART BOOKSHOPS AROUND THE WORLD. FOR FURTHER INFORMATION CONTACT:

PARKETT GIBT ES IN 500 FÜHRENDEN KUNSTBUCHHANDLUNGEN AUF DER GANZEN WELT. FÜR WEITERE INFORMATIONEN WENDEN SIE SICH BITTE AN:

PARKETT VERLAG, QUELLENSTRASSE 27, CH-8031 ZÜRICH, TEL. +41-1 271 81 40, FAX 272 43 01, WWW.PARKETTART.COM;

PARKETT, *155, AVENUE OF THE AMERICAS, 2ND FLOOR, NEW YORK, N.Y. 10013, PHONE +1 (212) 673-2660, FAX 271-0704, WWW.PARKETTART.COM*

NORTH & SOUTH AMERICA, ASIA, AUSTRALIA

DISTRIBUTOR / VERTRIEB
D.A.P. (DISTRIBUTED ART PUBLISHERS)
155 AVENUE OF THE AMERICAS, 2ND FLOOR,
NEW YORK, NY 10013

USA

AUSTIN, TX
BOOK PEOPLE
603 N. LAMAR

BERKELEY, CA
BERKELEY ART MUSEUM
2625 DURANT AVENUE
CODY'S BOOKS
2454 TELEGRAPHE AVENUE

BEVERLY HILLS, CA
RIZZOLI
9501 WILSHIRE BOULEVARD

BOSTON, MA
INSTITUTE OF CONTEMPORARY ART
955 BOYLSTON STREET
TRIDENT BOOKSELLERS
338 NEWBURY STREET

BUFFALO, NY
TALKING LEAVES
3158 MAIN STREET

CAMBRIDGE, MA
MIT PRESS BOOKSTORE
292 MAIN STREET

CHICAGO, IL
ART INSTITUTE OF CHICAGO
104 S. MICHIGAN
MUSEUM OF CONTEMPORARY ART
220 EAST CHICAGO AVENUE
QUIMBY'S
1854 W. NORTH AVENUE
SMART MUSEUM OF ART
5550 S. GREENWOOD AVENUE

CINCINNATI, OH
CONTEMPORARY ARTS CENTER
115 E. 5TH STREET

COLUMBUS, OH
COLUMBUS MUSEUM OF ART
372 COMMONS MALL
WEXNER CENTER BOOKSTORE
30 W. 15TH STREET

CORAL GABLES, FL
BOOKS & BOOKS
296 ARAGON ROAD

HOUSTON, TX
BRAZOS BOOKSTORE
2421 BISSONNET
CONTEMPORARY ARTS MUSEUM
5216 MONTROSE BOULEVARD
MENIL COLLECTION
1520 SUL ROSS

HUNTINGTON, WV
HUNTINGTON MUSEUM OF ART
2033 MCCOY ROAD

LOS ANGELES, CA
BOOKSOUP
8818 SUNSET BOULEVARD
MUSEUM OF CONTEMPORARY ART
250, S. GRAND
UCLA / ARMAND HAMMER MUSEUM OF ART
10899 WILSHIRE BOULEVARD

MIAMI, FL
BOOKS & BOOKS
296 ARAGON AVENUE, CORAL GABLES
MUSEUM OF CONTEMPORARY ART
770 N.E. 125TH STREET NORTH MIAMI

MINNEAPOLIS, MN
THE WALKER ART CENTER BOOKSTORE
VINELAND PLACE

NEW YORK, NY
GUGGENHEIM DOWNTOWN MUSEUM
575 BROADWAY
MUSEUM OF MODERN ART
11 W. 53RD STREET
NEW MUSEUM OF CONTEMPORARY ART
583 BROADWAY
RIZZOLI
454 WEST BROADWAY
SAINT MARK'S BOOKSTORE
31 3RD AVENUE

OAKLAND, CA
DIESEL, A BOOKSTORE
5433 COLLEGE AVENUE

OAK PARK, MI
BOOK BEAT LTD.
26010 GREENFIELD

OMAHA, NE
JOSLYN ART MUSEUM
2200 DODGE STREET

PHILADELPHIA, PA
AVRIL 50
3406 SANSOM STREET
WATERSTONE BOOKSELLERS
2191 HORNIG ROAD

PITTSBURGH, PA
CARNEGIE INSTITUTE
4400 FORBES AVENUE

PORTLAND, OR
POWELL'S BOOKS
7 NW 9TH STREET

PROVIDENCE, NY
ACCIDENT OR DESIGN
128 N. MAIN STREET
RHODE ISLAND SCHOOL OF DESIGN
2 COLLEGE STREET, 1765

SAN ANTONIO, TX
SLOAN / HALL SAN ANTONIO
5930 BROADWAY

SAN FRANCISCO, CA
A CLEAN WELL LIGHTED PLACE
601 VAN NESS AVENUE
CITY LIGHTS BOOKSHOP
261 COLUMBUS AVENUE
SAN FRANCISCO MUSEUM OF MODERN ART,
MUSEUMBOOKS
151 3RD STREET, 1ST FLOOR

ST. LOUIS, MO
LEFT BANK BOOKS
399 NORTH EUCLID

SANTA MONICA, CA
ARCANA
1229 3RD STREET PROMENADE
HENNESSEY & INGALLS BOOKS
1254 3RD STREET PROMENADE

ST. PAUL, MN
HUNGRY MIND BOOKSTORE
1648 GRAND AVENUE

SEATTLE, WA
UNIVERSITY BOOKSTORE
4326 UNIVERSITY WAY

WASHINGTON D.C.
NATIONAL GALLERY OF ART
6TH STREET & CONSTITUTION AVENUE, NW

CANADA / KANADA

CALGARY
TREPANIER BAER GALLERY
105 999 8TH STREET SW

MONTREAL
ARTEXTE
3575 STREET LAURENT
OLIVIERI LIBRAIRIE BOOKSTORE
185 STREET CATHERINE WEST

TORONTO
ART GALLERY OF ONTARIO
317 DUNDAS STREET WEST
ART METROPOLE
788 KING STREET WEST
DAVID MIRVISH BOOKS ON ART
596 MARKHAM STREET

VANCOUVER
VANCOUVER ART GALLERY
750 HORNBY STREET

AUSTRALIA / AUSTRALIEN

DARLINGHURST
EAST SYDNEY BOOKSTORE
THE DOME, THE ELAN BUILDING
1 KINGS CROSS ROAD

SYDNEY
MUSEUM OF CONTEMPORARY ART
140 GEORGE STREET, CIRCULAR QUAY NORTH
GLEE BOOKS
191 GLEBE POINT ROAD, GLEBE

NEW ZEALAND / NEUSEELAND
AUCKLAND
PROPAGANDA
2 CARR ROAD, MT ROSKILL

ASIA / ASIEN

JAPAN

TOKYO
AOYAMA BOOK CENTRE, SHIBUYA-KU
COSMOS AOYAMA GARDEN FLOOR B2F
5-53-97, JINGUMAE
ART & BOOKS
2-1-13-307
TAKANAWA, MINATO-KU
WATARI MUSEUM OF CONTEMPORARY ART,
ON SUNDAYS BOOKSHOP
376 JINGUMAE SHIBUYA-KU

SINGAPORE / SINGAPUR
PAGE ONE BOOKSTORE
20 KAKI BUKIT VIEW TECHPARK

GREAT BRITAIN / GROSSBRITANNIEN

DISTRIBUTOR / VERTRIEB
CENTRAL BOOKS
99, WALLIS ROAD
LONDON E9 5LN

BRISTOL
ARNOLFINI BOOKSHOP
16 NARROW QUAY

LONDON
BORDERS BOOKSHOP
120 CHARING CROSS ROAD

BORDERS BOOKSHOP
203–207 OXFORD STREET
CAMDEN ARTS CENTRE
ARKWRIGHT ROAD
HAYWARD GALLERY
SOUTH BANK
IAN SHIPLEY BOOKSHOP
70 CHARING CROSS ROAD
INSTITUTE OF CONTEMPORARY ARTS
12 CARLTON HOUSE TERRACE
THE MALL
SERPENTINE GALLERY
KENSINGTON GARDENS
TATE MODERN
BANKSIDE
ZWEMMER LTD. ART BOOKS
24 LITCHFIELD STREET

IRELAND / IRLAND

DUBLIN
DOUGLAS HYDE GALLERY
TRINITY COLLEGE

GERMANY / DEUTSCHLAND

DISTRIBUTOR / VERTRIEB
GVA VERLAGSSERVICE GÖTTINGEN
PF 2021
D-37010 GÖTTINGEN

BERLIN
BÜCHERBOGEN AM SAVIGNYPLATZ
STADTBAHNBOGEN 593
GALERIE 2000 KUNSTBUCHHANDLUNG
KNESEBECKSTRASSE 56/58
WALTHER KÖNIG BUCHHANDLUNG, MUSEUM FÜR GEGENWARTSKUNST
IM HAMBURGER BAHNHOF INVALIDENSTRASSE 50–51
WIENS LADEN & VERLAG
LINIENSTRASSE 158 (HOF)
WASMUTH GMBH & CO.
PFALZBURGERSTRASSE 43–44

BREMEN
BEIM STEINERNEN KREUZ GMBH
BEIM STEINERNEN KREUZ 1

DÜSSELDORF
LITERATUR BEI RUDOLF MÜLLER
NEUSTRASSE 38
WALTHER KÖNIG BUCHHANDLUNG
HEINRICH-HEINE-ALLEE 15

FRANKFURT
KUNST-BUCH, KUNSTHALLE SCHIRN
RÖMERBERG 7
WALTHER KÖNIG BUCHHANDLUNG
DOMSTRASSE 6

HAMBURG
HELMUT VON DER HÖH BUCHHANDLUNG
GROSSE BLEICHEN 21
SAUTTER + LACKMANN BUCHHANDLUNG
ADMIRALITÄTSTRASSE 71/72

HANNOVER
MERZ KUNSTBUCHHANDLUNG
KURT-SCHWITTERS-PLATZ

KARLSRUHE
HANS MENDE BUCHHANDLUNG
KARLSTRASSE 76

KÖLN
SCHADEN.COM BUCHHANDEL
BURGMAUER 10
WALTHER KÖNIG BUCHHANDLUNG
EHRENSTRASSE 4
KIOSK-BUCH-EVENT GMBH
IM MEDIAPARK 7

MÜNCHEN
HANS GOLTZ BUCHHANDLUNG FÜR BILDENDE KUNST
TÜRKENSTRASSE 54
ILKA KÖNIG BUCHHANDLUNG
MAXIMILIANSTRASSE 35
L. WERNER BUCHHANDLUNG
RESIDENZSTRASSE 18

NÜRNBERG
WALTHER KÖNIG BUCHHANDLUNG
LUITPOLDSTRASSE 5

STUTTGART
LIMACHER BUCHHANDLUNG
KÖNIGSTRASSE 28 / KÖNIGSBAU

SPAIN / SPANIEN

BARCELONA
1+1 LLIBRES D'ART-ART BOOKS
PASSEIG DE SANT JOAN, 108
LAIETANA DE LLIBRETERIA
PAU CLARIS 85

MADRID
MUSEO NACIONAL REINA SOFIA
C/ SANTA ISABEL, 52

FRANCE / FRANKREICH

PARIS
COLETTE
213, RUE SAINT-HONORÉ
CENTRE POMPIDOU, FLAMMARION 4
26, RUE JACOB
GALERIE NATIONALE DU JEU DE PAUME
1, PLACE DE LA CONCORDE
LIBRAIRIE DU MUSÉE D'ART MODERNE
9, RUE GASTON DE SAINT-PAUL

ITALY / ITALIEN

MILANO
A&M BOOKSTORE
30, VIA TADINO

ROMA
GALLERIA NAZIONALE D'ARTE MODERNA
131, VIA DELLE BELLE ARTI
GALLERIA PRIMO PIANO
203, VIA PANISPERNA

NORWAY / NORWEGEN

OSLO
THE NATIONAL MUSEUM OF CONTEMPORARY ART
BANKPLASSEN 4 / SKATTEFOG

PORTUGAL

LISBOA
MODULO CENTRO DIFUSOR DE ARTE
CALÇADA DOS MESTRES 34 A–B

PORTO
MODULO CENTRO DIFUSOR DE ARTE
AV. BOAVISTA 854

SWEDEN / SCHWEDEN

STOCKHOLM
KULTURHUSET KONSTIG
MEDIA & KONSTBOKHANDEL
SERGELS TORG 3
MODERNA MUSEET
SKEPPSHOLMEN

TURKEY / TÜRKEI

ISTANBUL
ROBINSON CRUSOE BOOKS PUSULA PRODUCTIONS
389 ISTIKAL CADDESI BEYOGLU

NETHERLANDS, BELGIUM AND LUXEMBURG

DISTRIBUTOR / VERTRIEB
IDEA BOOKS
NIEUWE HERENGRACHT 11
NL-1011 RK AMSTERDAM

NETHERLANDS / NIEDERLANDE

AMSTERDAM
ART BOOK
VAN BAERLESTRAAT 126
ATHENAEUM NIEUWSCENTRUM
SPUI 14–16
ROBERT PREMSELA BOOKSHOP
VAN BAERLESTRAAT 78

GRONINGEN
SCHOLTENS / WRISTERS BOOKSHOP
FULDENSTRAAT 20

ROTTERDAM
DONNER BOOKSHOP
LIJNBAAN 150

BELGIUM / BELGIEN

ANTWERPEN
F.N.A.C.
GROENPLAATS

BRUXELLES
TROPISMES LIBRAIRIES
GALERIE DES PRINCES 11

GENT
COPYRIGHT BOOKSHOP
JACOBIJNENSTRAAT 8

LUXEMBOURG / LUXEMBURG

LUXEMBOURG
CASINO LUXEMBOURG
41, RUE NOTRE-DAME

SWITZERLAND / SCHWEIZ

DISTRIBUTOR / VERTRIEB
B+I BUCH + INFORMATION
OBERFELDERSTRASSE 35
CH-8910 AFFOLTERN A. A.

BASEL
FONDATION BEYELER
BASELSTRASSE 77, RIEHEN
GALERIE STAMPA
SPALENBERG 2
JÄGGI BUCHHANDLUNG
FREIE STRASSE 32
KUNSTHALLE BASEL
KLOSTERGASSE 5

BERN
HANS HUBER AG BUCHHANDLUNG
MARKTGASSE 59
STAUFFACHER BUCHHANDLUNG
IM KUNSTMUSEUM
HODLERSTRASSE 12

LUZERN
RÄBER BÜCHER AG
FRANKENSTRASSE 7-9

GENÈVE
LIBRAIRIE PAYOT
5, RUE DE CHANTEPOULET

MENDRISIO
GABRIELE CAPELLI LIBRERIA ARCHITETTURA
4, VIA NOBILI BOSIA

ST. GALLEN
RÖSSLITOR BÜCHER
WEBERGASSE 5

ZÜRICH
CALLIGRAMME BUCHHANDLUNG
HÄRINGSTRASSE 4
HOWEG BUCHHANDLUNG
WAFFENPLATZ 1
KUNSTGRIFF BUCHHANDLUNG
LIMMATSTRASSE 270
KUNSTHAUS ZÜRICH
HEIMPLATZ 1
KUNSTKIOSK
LIMMATQUAI 31
ORELL FÜSSLI KRAUTHAMMER
MARKTGASSE 12
ORELL FÜSSLI BUCHHANDLUNG
FÜSSLISTRASSE 4
SCALO BOOKS & LOOKS
WEINBERGSTRASSE 22 A
SEC 52 BUCHHANDLUNG
JOSEFSTRASSE 52

E X H I B I T I O N S

ZÜRICH

ARS FUTURA	Bleicherweg 45 8002 Zürich Tel. 01 201 88 10 www.arsfutura.ch arsfutura@bluewin.ch	gelatin – "grand marquis" The Armory Show	**11.1.–28.3.2002** **22.2.–25.2.2002**
BOB VAN ORSOUW	Limmatstrasse 270 8005 Zürich Tel. 01 273 11 00 bobvanorsouw@access.ch	KARIN KNEFFEL new paintings and watercolors FRANK THIEL / BERNARD VOÏTA	 **24.11.–12.1.2002** **19.1.–9.3.2002**
BOB GYSIN	Ausstellungsstrasse 24 8005 Zürich Tel. 01 278 40 60 www.bg-galerie.ch info@bg-galerie.ch	JEAN-LUC BLANC	**11.1.–2.3.2002**
ELISABETH KAUFMANN	Müllerstrasse 57 8004 Zürich Tel. 01 322 01 15 elkauf@yahoo.com	JAMES HYDE WALTER DAHN SILVIE DEFRAOUI	**12.1.–23.2.2002** **2.3.–13.4.2002** **ab 27.4.2002**
GALERIE LELONG	Utoquai 31 8008 Zürich Tel. 01 251 11 20 galerie.lelong@dplanet.ch	ANTONI TAPIES – New Paintings KAREL APPEL The Japanese Landscape	**until 23.2.2002** **23.3.–May 2002**
MAI 36 GALERIE	Rämistrasse 37 8001 Zürich Tel. 01 261 68 80 www.artgalleries/mai36 mai36@artgalleries.ch	MANFRED PERNICE in collaboration with Annemarie Verna Gallery, Zurich	**25.1.–2.3.2002**
MARK MÜLLER	Gessnerallee 36 8001 Zürich Tel. 01 211 81 55 www.markmueller.ch mark.muller@dplanet.ch	MONIKA BRANDMEIER – Drawings im Guestroom: JAMES HYDE in collaboration with Elisabeth Kaufmann Gallery, Zurich PATRICK ROHNER – Paintings im Guestroom: SURPRISE	**12.1.–23.2.2002** **2.3.–13.4.2002**
SEMINA RERUM IRÈNE PREISWERK	Cäcilienstrasse 3 8032 Zürich Tel. 01 251 26 39 www.seminarerum.ch ipreiswerk@bluewin.ch	ANNELIS STRBA SIMONE KAPPELER FLAVIO MICHELI – Fotografie, Malerei REGULA AMACHER – Fotografie	 **2.12.–26.1.2002** **3.2.–16.3.2002** **22.3.–11.5.2002**

E X H I B I T I O N S

GALERIE SCHEDLER	Josefstrasse 53 8005 Zürich Tel. 01 440 61 20 www.schedler.ch zurich@schedler.ch	ELIANE RUTISHAUSER – Schläferin / Sleeper	**25.1.–23.2.2002**
		ANDREA MUHEIM – Paintings	**2.3.–30.3.2002**
		KARLHEINZ WEINBERGER – Retrospective	**5.4.–4.5.2002**
		ATTILA RICHARD LUKACS, Recent works	**8.5.–1.6.2002**
ANNEMARIE VERNA	Neptunstrasse 45 8032 Zürich Tel. 01 262 38 20 office@annemarie-verna.ch	ROBERT MANGOLD – Recent Paintings and Works on paper	**2.10.2001–19.1.2002**
		MANFRED PERNICE in collaboration with Mai 36 Gallery	**24.1.–16.3.2002**
		ANDREAS CHRISTEN	**21.3.–11.5.2002**
JAMILEH WEBER	Waldmannstrasse 6 8001 Zürich Tel. 01 252 10 66 www.jamilehweber.com jamilehweber@access.ch	selected works, a collection	**Jan.–March 2002**
BRIGITTE WEISS	Müllerstrasse 67 8004 Zürich Tel. 01 241 83 35 brigitteweiss@bluewin.ch www.likeyou.com/brigitteweiss	PREVIEW III – Gallery programs	**11.1.–28.2.2002**
		IRÈNE STEHLI – photography	**March/April 2002**
		BASEL	
NICOLAS KRUPP	Erlenstr. 15 4058 Basel Tel. 061 683 32 65 www.nicolaskrupp.com nic@nicolaskrupp.com	JÜRG STÄUBLE	**10.1.–2.3.2002**
		SERGEJ JENSEN	**7.3.–27.4.2002**
		ST. GALLEN	
WILMA LOCK	Schmiedgasse 15 9000 St. Gallen Tel. 071 222 62 52 wilmalock@freesurf.ch	LUISA LAMBRI – Photos	**16.2.–30.3.2002**
		KELLY WOOD – Year Four of the Continuous Garbage Project	**6.4.–18.5.2002**
SUSANNA KULLI	Davidstrasse 40 9000 St. Gallen Tel. 071 223 59 58 www.susannakulli.ch	CHRISTOPH BÜCHEL	**5.1.–2.3.2002**
		JOHN M. ARMLEDER	

WILLIAM KENTRIDGE

MUSEUM OF CONTEMPORARY ART CHICAGO

OCTOBER 16 2001 – JANUARY 20 2002

CONTEMPORARY ARTS MUSEUM HOUSTON

MARCH 1 – MAY 5 2002

THE LOS ANGELES COUNTY MUSEUM OF ART

JULY 21 – OCTOBER 6 2002

MARIAN GOODMAN GALLERY

24 WEST 57TH STREET NEW YORK NY 10019 TEL 212 977-7160

FAX 212 581-5187 GOODMAN@MARIANGOODMAN.COM

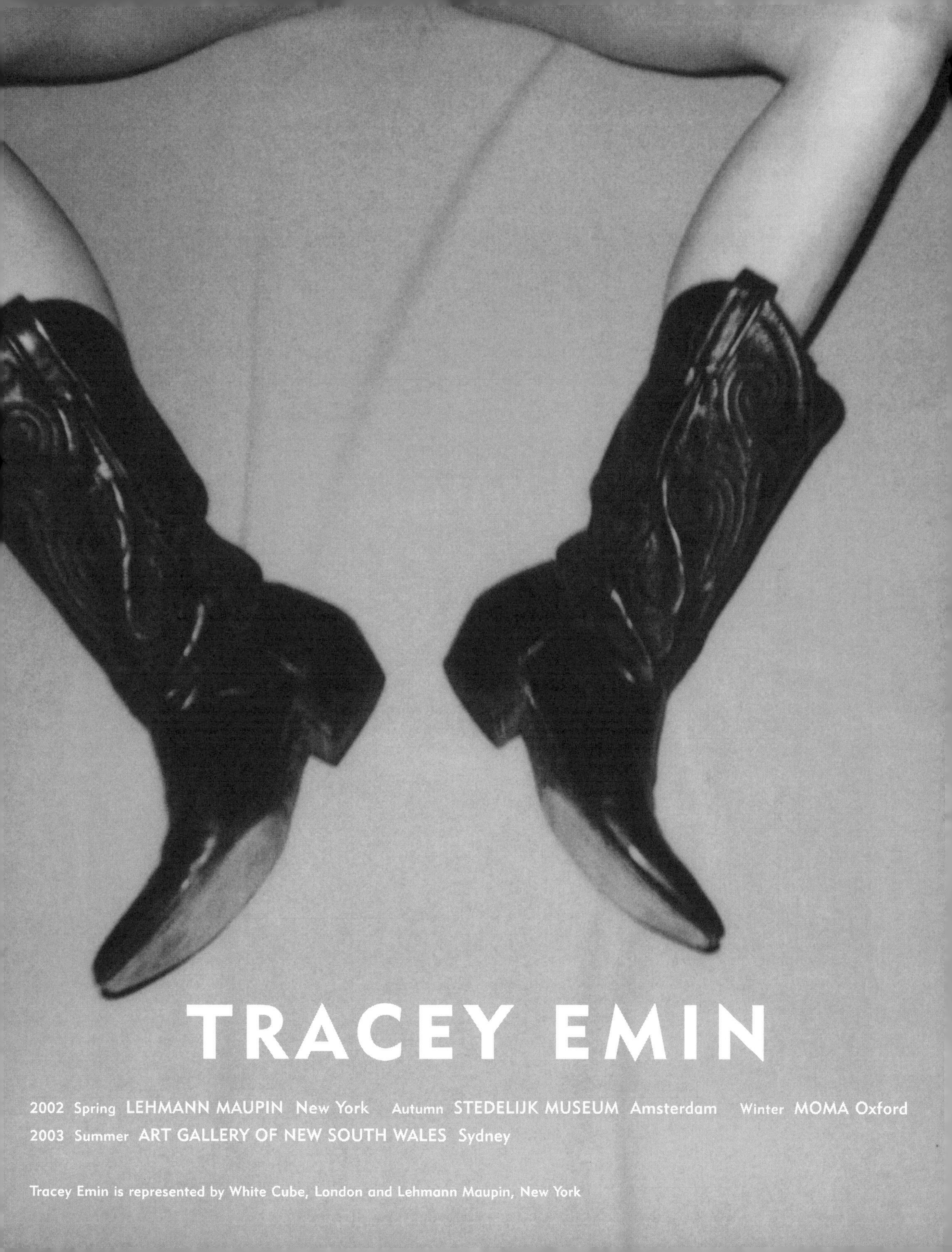
TRACEY EMIN
2002 Spring LEHMANN MAUPIN New York Autumn STEDELIJK MUSEUM Amsterdam Winter MOMA Oxford
2003 Summer ART GALLERY OF NEW SOUTH WALES Sydney
Tracey Emin is represented by White Cube, London and Lehmann Maupin, New York

Vito Acconci
Miroslaw Balka
Stephan Balkenhol
Matthew Barney
Jan Dibbets
Luciano Fabro
Gary Hill
Thomas Hirschhorn
Craigie Horsfield
Huang Yong Ping
Anish Kapoor
Kcho
Sharon Lockhart
Sarah Lucas
Mario Merz
Marisa Merz
Jean-Luc Mylayne
Shirin Neshat
Walter Pichler
Lari Pittman
Richard Prince
Gregor Schneider
Rosemarie Trockel

BARBARA GLADSTONE GALLERY

515 West 24th Street
New York, New York 10011
Telephone 212 206 9300
Fax 212 206 9301
www.gladstonegallery.com

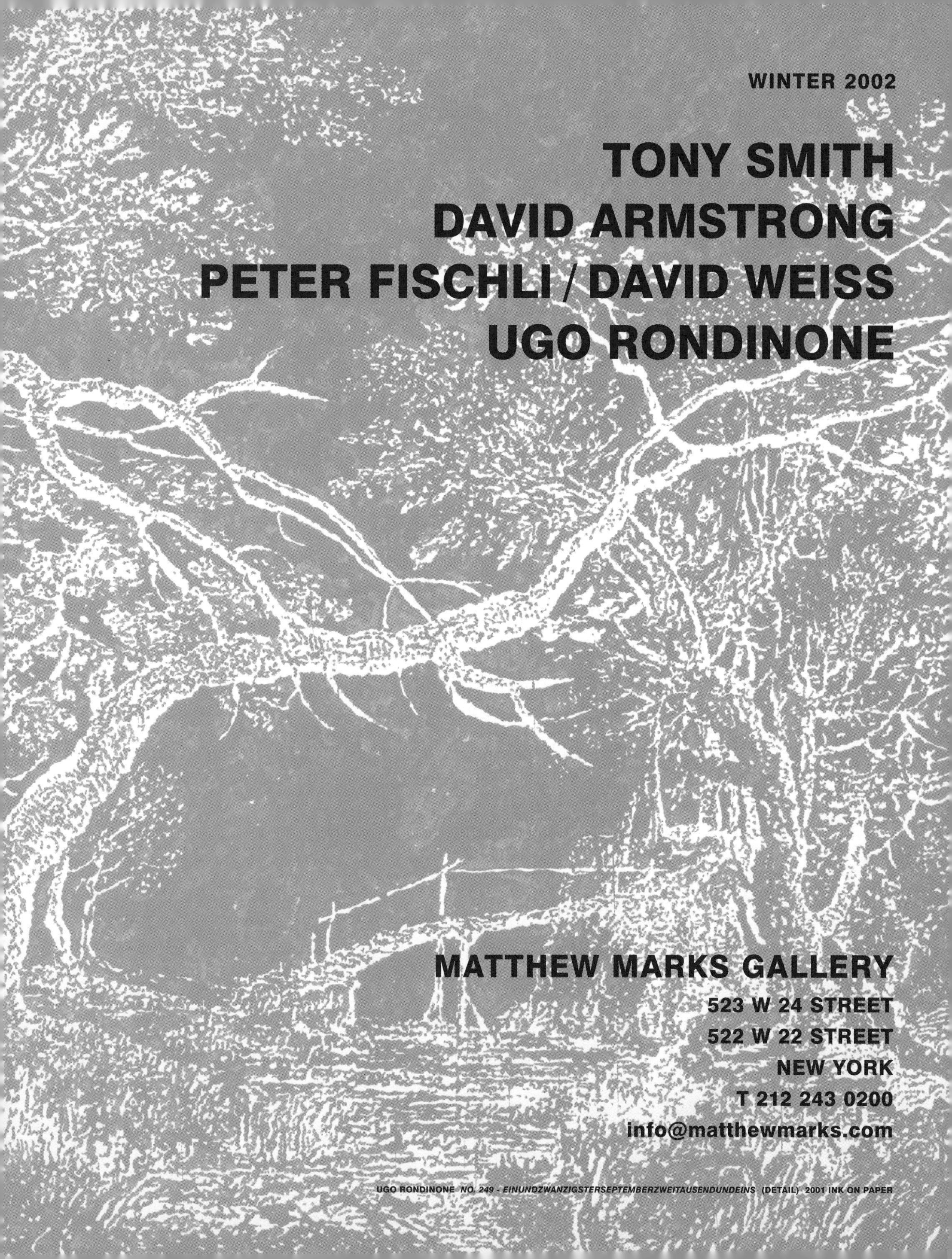

UGO RONDINONE *NO. 249 - EINUNDZWANZIGSTERSEPTEMBERZWEITAUSENDUNDEINS* (DETAIL) 2001 INK ON PAPER

6 September – 13 October	Burgoyne Diller *Drawings & Collages, 1960-63*
6 September – 13 October	Carl Andre, Sol LeWitt, Joel Shapiro *Sculpture*
10 October – 17 November	Céleste Boursier-Mougenot *Videodrones*
19 October – 24 November	Wayne Gonzales *New Paintings*
28 November – 26 January	Carl Andre *Poems*
8 January – 9 February	7 Grays *organized by Dan Walsh*
2 February – 2 March	Rudolf Stingel
14 February – 16 March	Claes Oldenburg/Coosje van Bruggen *Drawings, 1959-99*
16 March – 20 April	From the Observatory *organized by Robert Nickas*
20 March – 20 April	New Arts Program *Fourth Biennial Video Festival*
May	Mark Di Suvero
2001/2002	PAULA COOPER GALLERY 534 WEST 21ST STREET NEW YORK NY 10011 TEL 212.255.1105 FAX 212.255.5156

19. JANUAR BIS 2. MÄRZ 2002

TEN YEARS GALERIE HAUSER & WIRTH

16. MÄRZ BIS 11. MAI 2002

ANRI SALA

LOUISE BOURGEOIS – DAN GRAHAM – MARY HEILMANN – THE ESTATE OF EVA HESSE – RICHARD JACKSON – ON KAWARA RACHEL KHEDOORI – GUILLERMO KUITCA – PAUL MCCARTHY – JOHN MCCRACKEN RAYMOND PETTIBON – JASON RHOADES – PIPILOTTI RIST – ANRI SALA – ROMAN SIGNER – DIANA THATER

GALERIE HAUSER & WIRTH

Limmatstrasse 270, 8005 Zürich / Tel: +41 1 446 80 50, Fax: +41 1 446 80 55 / www.ghw.ch / Öffnungszeiten: Di-Fr 12-18, Sa 11-16 Uhr

15. JANUAR BIS 14. FEBRUAR 2002

MARIA EICHHORN

16. MÄRZ BIS 11. MAI 2002

KAREN KILIMNIK

DOUG AITKEN – EMMANUELLE ANTILLE – ANGELA BULLOCH – MARIA EICHHORN – URS FISCHER – PETER FISCHLI/DAVID WEISS SYLVIE FLEURY – LIAM GILLICK – CANDIDA HÖFER – RONI HORN – KAREN KILIMNIK – GERWALD ROCKENSCHAUB – UGO RONDINONE DIETER ROTH – JEAN-FRÉDÉRIC SCHNYDER – BEAT STREULI – FRANZ WEST – SUE WILLIAMS

GALERIE HAUSER & WIRTH & PRESENHUBER

Limmatstrasse 270, 8005 Zürich / Tel: +41 1 446 80 60, Fax: +41 1 446 80 65 / www.ghwp.ch / Öffnungszeiten: Di-Fr 12-18, Sa 11-16 Uhr

MAI 36 GALERIE

VITO ACCONCI
FRANZ ACKERMANN
IAN ANÜLL
JOHN BALDESSARI
MATTHEW BENEDICT
STEPHAN BALKENHOL
TROY BRAUNTUCH
ANKE DOBERAUER
PIA FRIES
ANDREAS GURSKY
ANDREA KNOBLOCH
RITA MCBRIDE
HARALD F. MÜLLER
MATT MULLICAN
MANFRED PERNICE
CHRISTOPH RÜTIMANN
THOMAS RUFF
JÖRG SASSE
PAUL THEK
LAWRENCE WEINER
RÉMY ZAUGG

MANFRED PERNICE

January 25 – March 2, 2002

In collaboration with
Annemarie Verna Galerie, Zurich

Rämistrasse 37, CH-8001 Zürich, Tel. 01 261 68 80, Fax 01 261 68 81

WORKS AVAILABLE BY:

Josef Albers
Richard Artschwager
Louise Bourgeois
Jean-Marc Bustamante
Alexander Calder
John Chamberlain
Lili Dujourie
William Eggleston
Barry Flanagan
Lucio Fontana
Adam Fuss
Antony Gormley
Dianne Hagen
Roni Horn
Donald Judd
Robert Mapplethorpe
Allan McCollum
Jürgen Meyer
Malcolm Morley
Bruce Nauman
Yves Oppenheim
Michelangelo Pistoletto
Peter Rogiers
Robert Ryman
Julião Sarmento
Ettore Spalletti
Frank Stella
Mitja Tušek
Cy Twombly
Patrick Vanden Eynde
Jan Vercruysse
Gert Verhoeven
Didier Vermeiren
Andy Warhol
James Welling
Stephen Wilks

Xavier Hufkens

Sint-Jorisstraat 6–8 rue Saint-Georges

Brussel 1050 Bruxelles

TEL. 32 (0)2 639 67 30 – FAX 32 (0)2 639 67 38

info@xavierhufkens.com
http://www.xavierhufkens.com

Open Tuesday to Saturday, noon to 6 pm

GALERIE MEERT RIHOUX

CARLA ACCARDI
ROBERT ADAMS
MARIO AIRÒ > FEB. - MAR.
JOHN BALDESSARI
ROBERT BARRY
ENRICO CASTELLANI
HANNE DARBOVEN
MARIA ANNA DEWES
PAUL DRISSEN
SYLVIE EYBERG
ISA GENZKEN
JEF GEYS
MIMMO JODICE > APR. - MAY.
PETER JOSEPH
DONALD JUDD
BRANDT JUNCEAU
LOUISE LAWLER
SOL LEWITT
KEN LUM
ROBERT MANGOLD
EVA MARISALDI
LILIANA MORO
FRED SANDBACK > MAY. - JUN.
THOMAS STRUTH
GRAZIA TODERI
RICHARD TUTTLE
MICHAEL VENEZIA
IAN WALLACE
JEFF WALL

RUE DU CANAL 13
1000 BRUXELLES
VAARTSTRAAT 13
1000 BRUSSEL
TEL 32(0)2 219 14 22
FAX 32(0)2 219 37 21
GRETA.MEERT@SKYNET.BE

CLAY KETTER

JANUARY · FEBRUARY

vera munro

GALERIE VERA MUNRO

HEILWIGSTRASSE 64

20249 HAMBURG

TELEFON 040 - 47 47 46

TELEFAX 040 - 47 25 50

GALLERY@VERAMUNRO.DE

WWW.VERAMUNRO.DE

GALERIA ■ **HELGA DE ALVEAR**

DR. FOURQUET 12, 28012 MADRID.TEL:(34) 91 468 05 06 FAX:(34) 91 467 51 34
e-mail:galeria@helgadealvear.net www.helgadealvear.net

17 January - 23 February

JAUME PLENSA
"Primary Thoughts"

ELMGREEN & DRAGSET
"Powerless Structures, Fig 229"

14 - 19 February

ARCO 2002

6 April - 18 May

JEAN-MARC BUSTAMANTE
"Recent Works"

JASON RHOADES
"Perfect World"

Bourgeois *Lüpertz*

Klapheck

Chillida *Miró*

Klossowski

Copley *Nitsch*

Kounellis

De Maria *Penck*

Mendieta

Förg *Rainer*

Leroy

Kirkeby *von Rydingsvard*

ANTONI TÀPIES

«New Paintings»

until 23 February 2002

KAREL APPEL

«The Japanese Landscapes»

23 March until May 2002

GALERIE LELONG ZÜRICH

Utoquai 31 • 8008 Zürich • Telefon 01 / 251 11 20

20 • 21

Galerie Edition Kunsthandel GmbH
Meisenburgstraße 169 – 173
45133 Essen
Tel. **+49 (201) 87100-0**
Fax **+49 (201) 87100-10**
Email INFO@2021ART.COM
http://www.2021ART.COM

Di – Fr 14 – 19 · Sa 11 – 16
und nach Vereinbarung:
Sprechen Sie mit Irmgard Schnell.

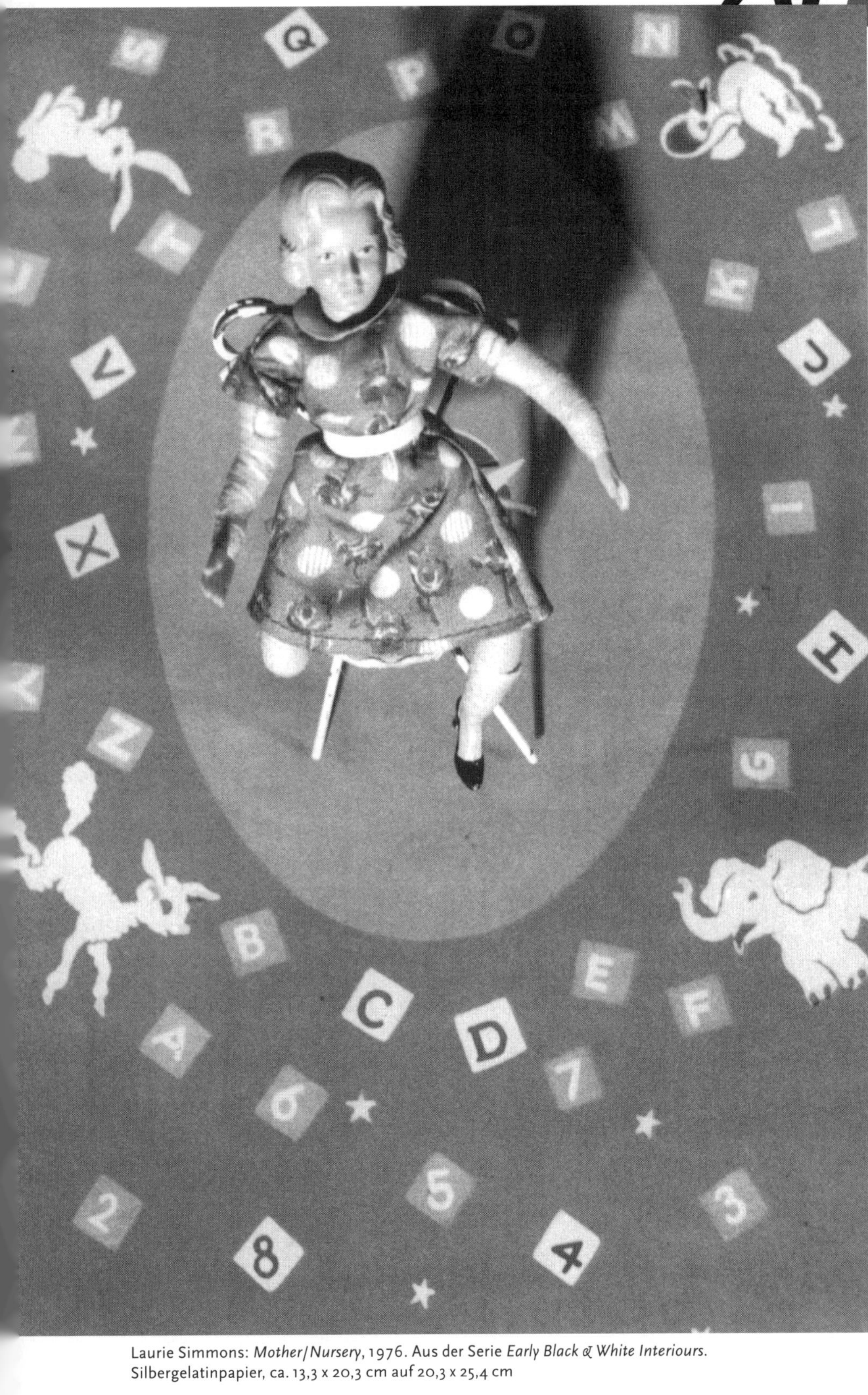

Laurie Simmons: *Mother/Nursery*, 1976. Aus der Serie *Early Black & White Interiours.*
Silbergelatinpapier, ca. 13,3 x 20,3 cm auf 20,3 x 25,4 cm

Laurie Simmons
16|2 – 26|4|2002
bis 9|2|2002 Axel Heil • John Armleder

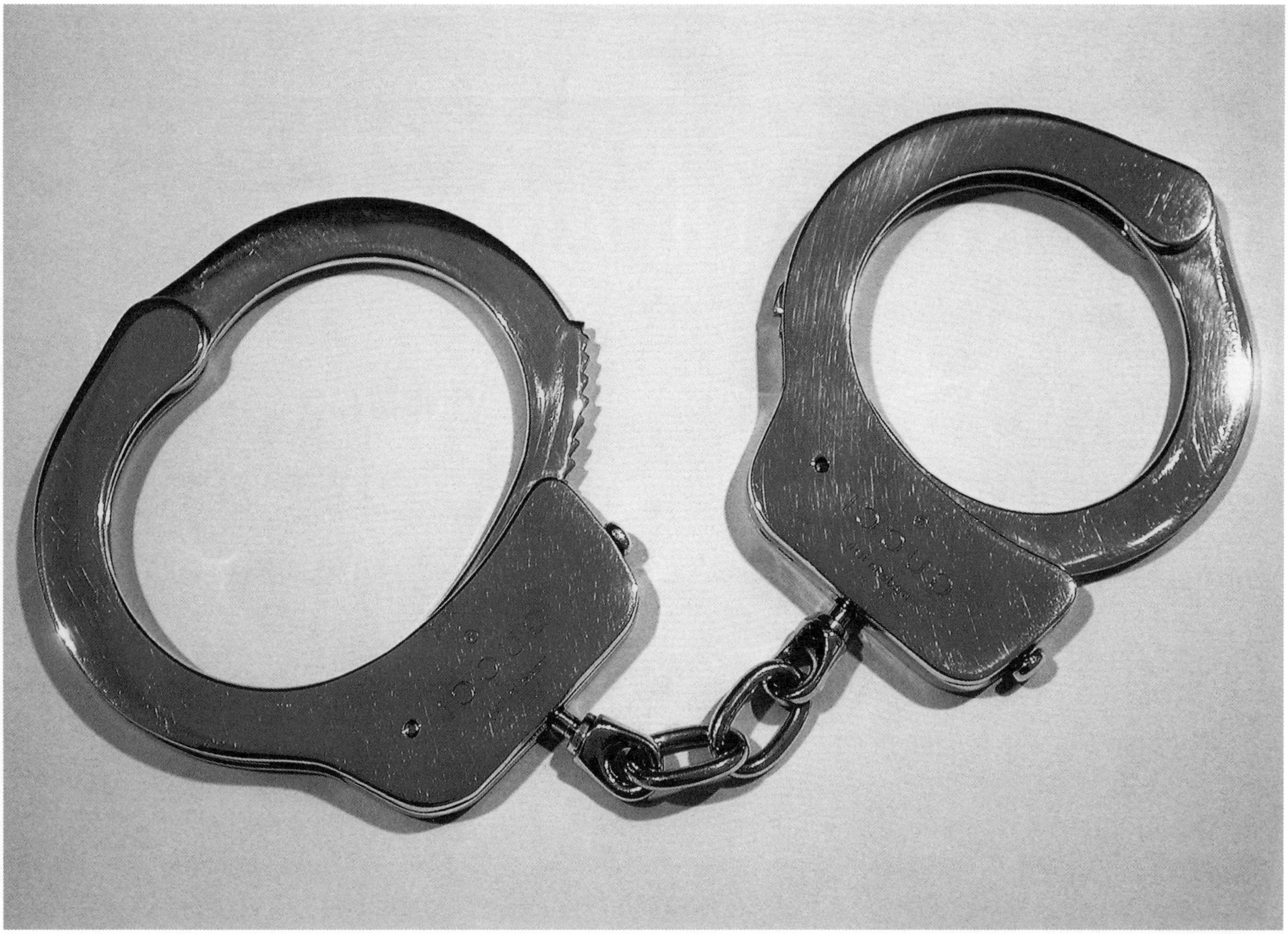

SYLVIE**FLEURY**

JANUARY 12 - FEBRUARY 9, 2001

GALERIE THADDAEUS ROPAC

7 RUE DEBELLEYME, 75003 PARIS TEL: 331 4272 9900 FAX: 331 4272 6166 www.ropac.net

GALERIE PAUL ANDRIESSE

JO BAER

VINCENZO CASTELLA

MARLENE DUMAS

KEITH EDMIER

MARIA EICHHORN

C & I HOHENBUCHLER

BRITTA HUTTENLOCHER

HENRI JACOBS

JOHAN VAN DER KEUKEN

JAN KOSTER

ANN LISLEGAARD

SHARON LOCKHART

PIETER LAURENS MOL

WILLEM OOREBEEK

JAN VAN DE PAVERT

ANTONIETTA PEETERS

GIUSEPPE PENONE

JOHN RIDDY

THOMAS STRUTH

FIONA TAN

LIDWIEN VAN DE VEN

JAMES WELLING

Prinsengracht 116 NL - 1015 EA Amsterdam T: 31 20 6236237 F: 31 20 6390038 E: andriesse@euronet.nl

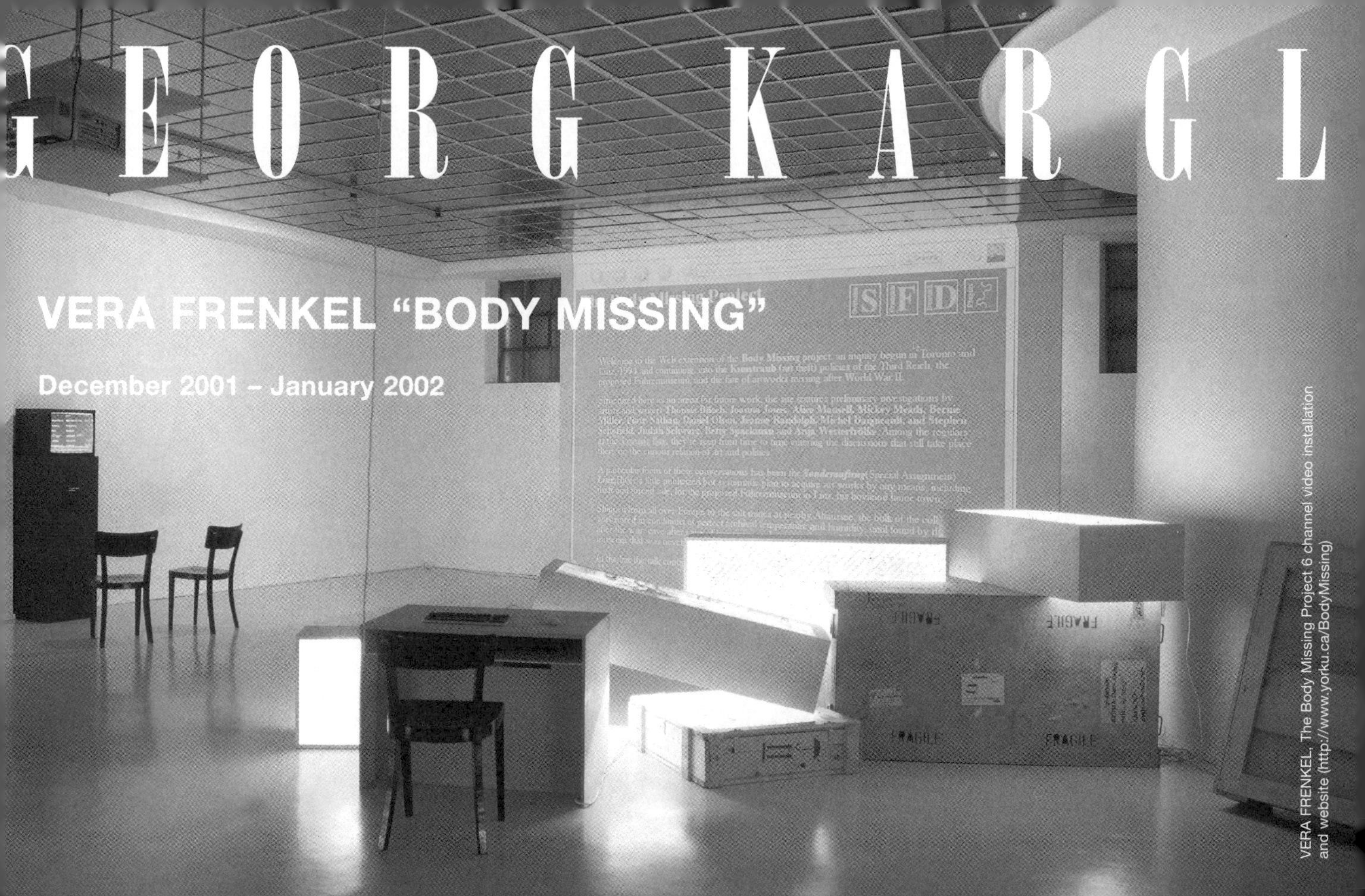

VERA FRENKEL, The Body Missing Project 6 channel video installation and website (http://www.yorku.ca/BodyMissing)

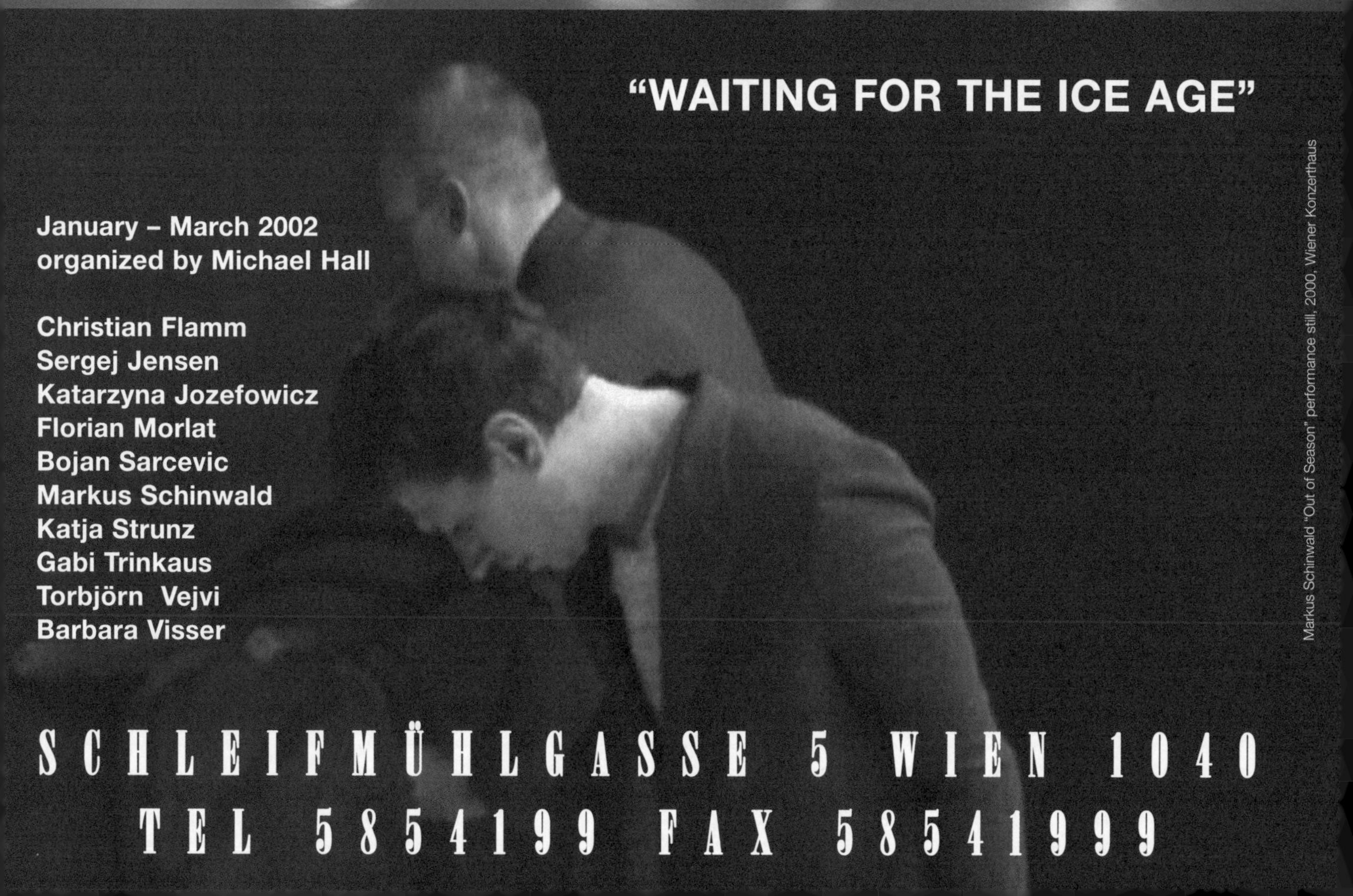

Markus Schinwald "Out of Season" performance still, 2000, Wiener Konzerthaus

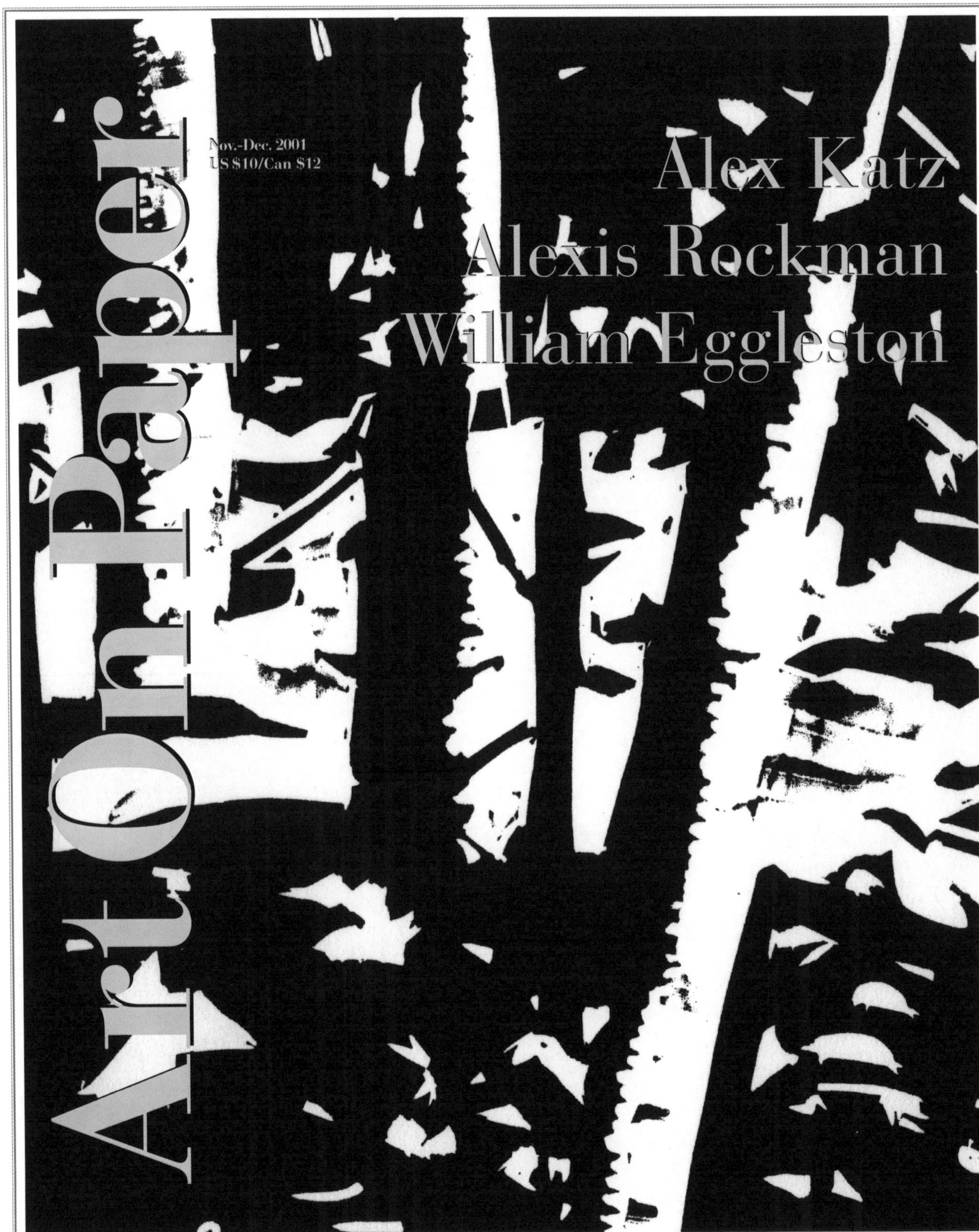

The International Art Magazine Dedicated to Prints, Drawings, and Photography

For Subscriptions & Information call: Tel. (212) 988-5959 • Fax (212) 988-6107 • www.artonpaper.com

GALERIE BOB GYSIN

WWW.BG-GALERIE.CH

AUSSTELLUNGSSTRASSE 24, 8005 ZÜRICH
T 01 278 40 60—F 01 278 40 50—INFO@BG-GALERIE.CH

Jean-Luc Blanc
11. Januar–2. März—Eröffnung: Donnerstag 10. Januar 2002—18–21 Uhr

DI–FR 12–18—SA 11–16

23. DEZEMBER 2001–9. JANUAR 2002 BLEIBT DIE GALERIE GESCHLOSSEN

eyekon

‹on/offline media›

design, kommunikation und technologie
für digitale medien und print

eyekon ag · quellenstrasse 27 · ch 8005 zürich · t: +41 1 440 22 55 · f: +41 1 440 22 56 · www.eyekon.c

SERGE ZIEGLER GALERIE

2002

Christof
January 19th - February 16th

Lawrence
February 23rd - April 27th

Daniel
May 4th - June 1st

Bülent
May 4th - June 1st

Javier
June 7th - July 13th

Minnette
June 7th - July 13th

Carlos
August 24th - October 23

Ruedi
November 2nd - December 21st

Nic
November 2nd - December 21st

ART CHICAGO

LIMMATSTRASSE 275 CH - 8005 ZURICH

+ 41 1 440 42 95 info@zieglergalerie.com F. +41 1 440 42 97

GALERIE LÖHRL MÖNCHENGLADBACH

Gregor Schneider

Stephan Balkenhol • Ulrich Erben • Terry Fox

Jochen Gerz • Richard Long • Gerhard Richter

Ulrich Rückriem • Robert Schad • Serse

Gil Shachar • Thomas Virnich

KAISERSTR. 58 D-41061 MÖNCHENGLADBACH TEL. +49 2161 200762 FAX +49 2161 208661

Schedler
Aktiengesellschaft

Galerie Schedler
Josefstrasse 53
CH 8005 Zürich
T +41 1 440 61 20
F +41 1 440 61 21

Tuesday to Friday 12 - 6 p.m.
Saturday 11 a.m. - 4 p.m.

Galerie und Edition Schedler
Dorfstrasse 56
CH 8532 Warth
T +41 52 747 19 46
F +41 52 747 19 48

by appointment only

mail@schedler.ch
www.schedler.ch
Member of
Association of Swiss Galleries AGS

Max Grüter, EVA II
until 19 January 2002

Eliane Rutishauser, Schläferin / Sleeper
25 January until 23 February

Andrea Muheim, Paintings
2 until 30 March

Karlheinz Weinberger, Retrospective
5 April until 4 May

Attila Richard Lukacs, recent works
8 May until 1 June

Representing: Stephen Barker, Jan Czerwinski, Martin Fivian, Allen Frame, Max Grüter, Dieter Hall, Christoph Hänsli, Attila Richard Lukacs, Margaret Morgan, Andrea Muheim, Richard Müller, Hironori Murai, Walter Pfeiffer, Mauro Restiffe, Eliane Rutishauser, Stefan Saner, James Sheehan, Philipp Späti, Christoph Wachter, Karlheinz Weinberger, Alfred Wirz, Hans Witschi

gallery bob van orsouw limmatstrasse 270 8005 zurich
phone +41-1-273 11 00 fax +41-1-273 11 02 mail@bobvanorsouw.ch

november 24 until january 12, 2002
karin kneffel
new paintings and watercolors

january 19 until march 9, 2002
frank thiel/ bernard voïta

L.A. Galerie – Lothar Albrecht

Domstraße 6, D-60311 Frankfurt, Telefon: (49) 69 - 28 86 87, Fax: (49) 69 - 28 09 12
E-Mail: L.A.Galerie-Frankfurt@t-online.de Home-Page: www.lagalerie.de

Representing:

OLIVER BOBERG Summer
BERNARD FAUCON
ROBERT F. HAMMERSTIEL
JOHN HILLIARD March – April
TRACEY MOFFATT
LUKAS EINSELE
JOAN FONTCUBERTA
NAOYA HATAKEYAMA Summer
KARY KWOK
EDGAR LISSEL January – March
KEN LUM Summer
TAIJI MATSUE
MABEL PALACIN
HIROSHI SUNAIRI
SUSA TEMPLIN
JAVIER VALLHONRAT

ART FAIRS: THE ARMORY SHOW 22–25 FEBRUARY
ART BRUSSELS 3–7 MAY, ART|33|BASEL 12–17 JUNE

ART YEAR

THE INTERNATIONAL EXHIBITION GUIDE

2002

Airò Anselmo Appel Arienti Bagnoli Baj Balkenhol Barclay Beecroft Bernstein Beuys Bianchi Boetti Bonvicini Borrelli Burri Cabrita Reis Calzolari Ceroli Chen Zhen Chia Chiari Clemente Consagra Corneli Corsini Costa Clegg & Guttmann Cucchi De Lorenzo De Maria Dibbets Farina Fabro Ferrara Flavin Fontana Fulton Gastini Gilardi Gorgoni Graetz Grünfeld **hopefulmonster** Icaro Isgrò Katz Kirkeby Kosuth Kounellis Lewitt Lionni Livsic Mainolfi Manzoni Marc Mauri Menzio Merz Messina Mochetti Mondino Monetti Mullican Münch Nannucci Nicolaus Nunzio Oldenburg Ontani Paladino Panamarenko Paolini Parker Pascali Pellizza da Volpedo Penone Pichler Pirri Pistoletto Plessi Poirier Pomodoro Rainer Rockenschaub Rossino Rotella Rückriem Salvadori Scarpitta Schnabel Shine Sonnier Staccioli Streuli Studio Azzurro Tilson Trotta Uncini Vedova Ward Wood Woodman Zorio

from January 2002 visit Artyear on our web site!

www.hopefulmonster.net

hopefulmonster editore via Santa Chiara 30 10122 Torino Italy phone 0039.011.4367197 fx 0039.011.4369025 artyear@hopefulmonster.net

ABONNIEREN SIE EINE GROSSE BIBLIOTHEK UND EIN KLEINES MUSEUM MIT GEGENWARTS-KÜNSTLERN.

SUBSCRIBE TO A LARGE LIBRARY AND A SMALL MUSEUM WITH CONTEMPORARY ARTISTS.

Bitte benützen Sie die Bestellkarte, die diesem Band beiliegt, und schicken Sie diese an folgende Adresse:

Please use the order form enclosed in this issue and send it to the following address:

PARKETT
Quellenstrasse 27
CH-8031 Zürich
Tel. 41-1-271 81 40
Fax 41-1-272 43 01

PARKETT
155 Avenue of the Americas
2nd floor
New York, NY 10013
phone (212) 673 2660
fax (212) 271 0704

PARKETT

THE PARKETT-SERIES WITH CONTEMPORARY ARTISTS · DIE PARKETT REIHE MIT GEGENWARTSKÜNSTLERN

www.parkettart.com

John M Armleder
Christoph Büchel
Thomas Hirschhorn
Jean-Luc Manz
Sylvie Fleury
Gaylen Gerber
Thom Merrick
Rolf Graf
Olivier Mosset
Peter Z. Herzog
Gerwald Rockenschaub
Adrian Schiess
Muntean / Rosenblum

The Armory Show 22.2 – 25.2.2002

Galerie Susanna Kulli

Davidstrasse 40 · CH-9000 St. Gallen · Tel. 071 223 59 58 · Fax 071 223 59 35

www.susannakulli.ch · Offen: Di bis Fr 14–18 · Sa 10–17

AFRIKANISCHE & OZEANISCHE KUNST KLASSISCHE MODERNE PROGRAMMKÜNSTLER

COPA & SORDES BEAT FELLER NAN HOOVER INNOCENTE THOMAS KOHL OTTO LEHMANN PLUMCAKE HOWARD SMITH WALTER ARNOLD STEFFEN MARIANNE WEREFKIN JÜRG ZAHND

GALERIE PATRIK FRÖHLICH

GALERIE PATRIK FRÖHLICH

DIENERSTRASSE 21, 8004 ZÜRICH, FON+FAX: 01 242 89 00
email:patrikfroehlich@access.ch, www.artnet.com/pfroehlich.html

Mittwoch bis Freitag Samstag

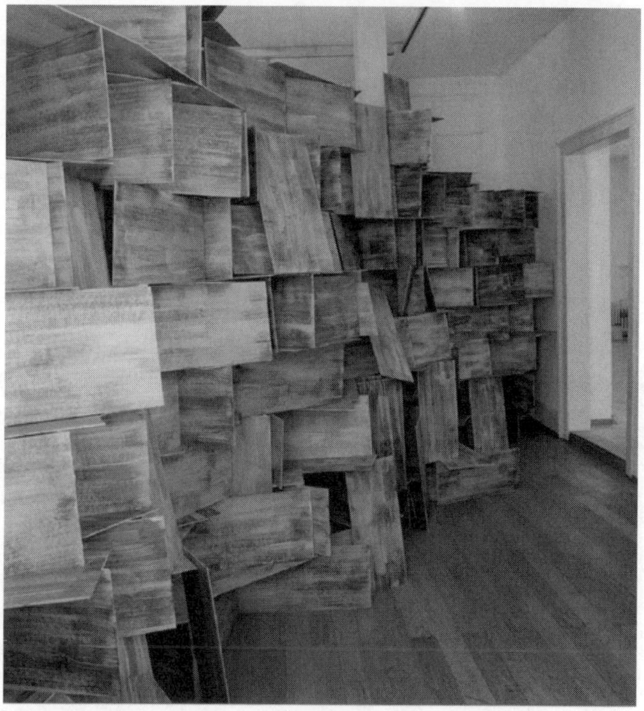

Otto Lehmann, Installation, 2001 (Foto: Andrea Capella)

Brochure/applicationform:
Sarphatistraat 470
1018 GW Amsterdam
The Netherlands
T + 31 (0)20 527 03 00
F + 31 (0)20 527 03 01

www.rijksakademie.nl

Rijksakademie van beeldende kunsten

WORK PERIOD 2003

Application for the period January — December, before April 1, 2002

The Rijksakademie is an international (postgraduate) research centre in the visual arts for 60 young artists from the Netherlands and abroad. Each year 30 studios are available.

Advisors (in 2001):
Hans Aarsman, Abramović Team, Dennis Adams, Ansuya Blom, Marie José Burki, Jean Marc Bustamante, Alain Cueff, Richard Deacon, Stan Douglas, Charles Esche, Michel François, Bernard Frize, Sigurdur Gudmundsson, Hou Hanru, Kees Hin, Els Hoek, Joan Jonas, Anne-Mie van Kerckhoven, Jaroslaw Kozlowski, Nalini Malani, Guy Mees, Aernout Mik, Lisa Milroy, Gerardo Mosquera, Matt Mullican, Avis Newman, Els van Odijk, Michelangelo Pistoletto, Hermann Pitz, Jan Roeland, Janwillem Schrofer, Luc Tuymans, Barbara Vanderlinden, Roy Villevoye, Marijke van Warmerdam, Denys Zacharopoulos

Technical facilities:
metal, stone, ceramics, glass, woodwork, wax/plaster, plastics, paint, graphics, computer and electronic technology, sound, video/film and photography

Other facilities:
library, collections, artists documentation

19.1.-24.3.2002

August Sander

Menschen des 20. Jahrhunderts

6.4.-2.6.2002

Claudio Moser

15.6.-18.8.2002

Chic Clicks

Modefotografie zwischen Auftrag und Kunst

FOTOMUSEUM WINTERTHUR

Grüzenstrasse 44
CH-8400 Winterthur
Tel: 052/233 60 86
www.fotomuseum.ch

Di – Fr 12 – 18 Uhr
Mi 12 – 19.30 Uhr
Sa/So 11 – 17 Uhr

migros museum
Museum für Gegenwartskunst Zürich

The Collective Unconsciousness

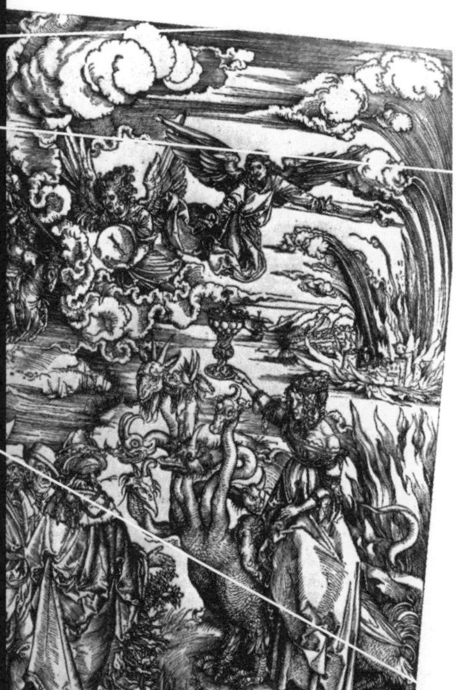

Absalon
Luchezar Boyadjiev
Mathilde ter Heijne
Henrik Olesen
Kerstin Kartscher
Katya Sander
Hanne Darboven
Pawel Althamer

Eröffnung 1. Februar 2002
Ausstellung 2. Februar bis 31. März 2002

migros museum für gegenwartskunst
Limmatstrasse 270
CH-8005 Zürich

Di-Fr 12-18 Uhr Sa, So 11-17 Uhr
www.migrosmuseum.ch

SECESSION

A–1010 Wien, Friedrichstraße 12, Telefon 43–1–587 53 07
Telefax 43–1–587 53 07–34, www.secession.at

AUSGETRÄUMT … 29. 11. 2001 – 3. 2. 2002
kuratiert von Kathrin Rhomberg

DAS EXPERIMENT 7. 3. 2001 – 31. 1. 2002

MANFRED ERJAUTZ 14. 2. – 14. 4. 2002

HIER IST DORT 2 14. 2. – 14. 4. 2002
kuratiert von Anna Meyer

Kunstmuseum Thun

Kunstmuseum Thun
Thunerhof
Hofstettenstrasse 14
CH-3600 Thun
Tel: +41 (0)33 225 84 20
Fax: +41 (0)33 225 89 06
kunstmuseum@thun.ch
www.kunstmuseumthun.ch

Christoph Büchel / Gianni Motti
NB: New York / Berlin, Künstlerateliers der Eidgenossenschaft 00–01
10. Februar – 1. April 2002

Reto Leibundgut
19. April – 12. Mai 2002

Dara Friedman
31. Mai – 4. August 2002

Open: Wed - Sun 10 - 17
Tuesday 10 - 19

Kunsthalle Bern
Helvetiaplatz 1
CH-3005 Bern
Phone +41 31 351 00 31
Fax +41 31 352 53 85
E-mail: kunsthalle@bluewin.ch
www.kunsthallebern.ch

Pascale Marthine Tayou

January 19 - March 3, 2002

Exhibition
in collaboration with
Palais de Tokyo, Paris

Info raum

Editions of the Kunsthalle Bern

Projekt raum

Sous la terre, il y a le ciel
Curated by
Evelyne Jouanno

NAUMAN KRUGER JAAR

OCTOBER 26, 2001 – MARCH 3, 2002

DAROS

DAROS EXHIBITIONS
Löwenbräu-Areal
Limmatstrasse 268
8005 Zürich, Switzerland
T: +41 1 447 70 00
F: +41 1 447 70 10
www.daros.ch

OPENING HOURS
Thursday and Friday 4 p.m. to 7 p.m.
New: Saturday 2 p.m. to 5 p.m.

PREVIEW
Cy Twombly
May 3 – September 7, 2002

Zurich's New Museum presents

James Turrell
until February 17, 2002

Schweiz konkret
September 30, 2001 to May 26, 2002

Wednesday–Friday 12 am–6 pm
Saturday/Sunday 11 am–6 pm
Closed Monday/Tuesday

haus konstruktiv

Haus Konstruktiv
Selnaustrasse 25, CH-8001 Zürich
Phone +41 1 217 70 80, Fax +41 1 217 70 90
info@hauskonstruktiv.ch
www.hauskonstruktiv.ch

VIDEO POOL DISTRIBUTION
REPRESENTING THE VIDEOGRAPHIES OF

Carolee Schneemann

Shawna Dempsey and Lorri Millan
Dame Darcy
David Hoffos
Wendy Geller
The Royal Art Lodge

and an extensive catalogue of video, audio and media art works

www.videopool.org
VIDEO POOL INC.
#300-100 ARTHUR STREET, WINNIPEG, MB
R3B 1H3 CANADA Tel. (204) 949-9134

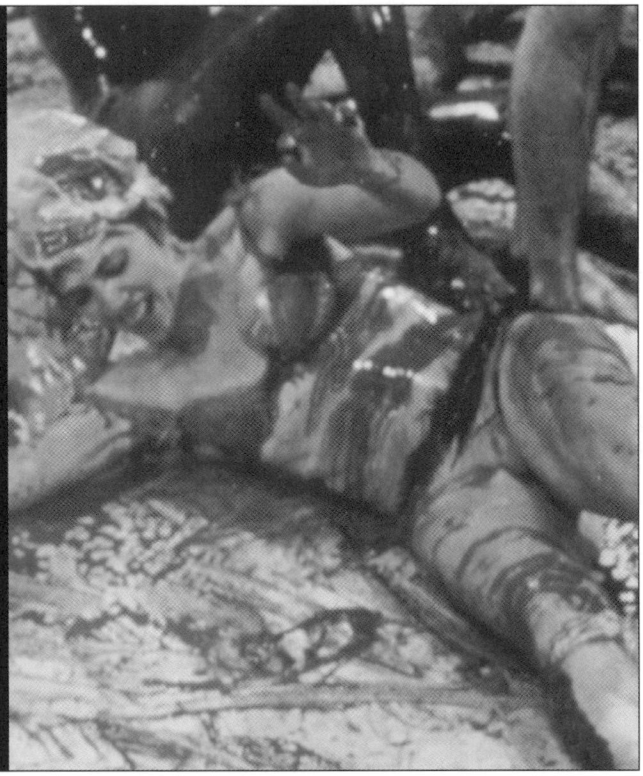

CAROLINA NITSCH CONTEMPORARY ART

WORKS ON PAPER, PHOTOGRAPHY, NEW MEDIA, PRINTS AND MULTIPLES

DAVID BUNN, LOUISE BOURGEOIS, E.V.DAY, INKA ESSENHIGH, ROBERT GOBER, DONALD JUDD, JEFF KOONS, MATT MULLICAN, BRUCE NAUMAN, OLAF NICOLAI, JORGE PARDO, RAYMOND PETTIBON, ELIZABETH PEYTON, MARKUS RAETZ, GERHARD RICHTER, THOMAS RUFF, ED RUSCHA, LAURIE SIMMONS, RICHARD TUTTLE, REMY ZAUGG, ANDY WARHOL, FRANZ WEST AND OTHERS

101 WOOSTER STREET NEW YORK NY 10012 • BY APPOINTMENT
TEL 212 966 4095 • FAX 212 226 0862
WWW.ARTNET.COM/CNITSCH.HTML • ACNITSCH@AOL.COM

INK•TREE

Bibliophile Books & Editions
Contemporary Art

JOHN BALDESSARI / LAWRENCE WEINER (Collaboration)
SOL LEWITT / SACHIKO CHO (Collaboration)
JENNY HOLZER • CHRISTOPHER WOOL
UGO RONDINONE • ADRIAN SCHIESS

In preparation: WOLFGANG LAIB • JEAN-LUC MYLAYNE
SYLVIE FLEURY / JOHN ARMLEDER (Collaboration)

Seestrasse 21 • CH-8700 Küsnacht • T +41 1 910 71 76 • F +41 1 910 67 90
e-mail: inktree@access.ch • www.inktree.ch

HANNAH VILLIGER 1951–1997

Catalogue Raisonné. Scalo Publishers Zürich New York Berlin
Edited by Jolanda Bucher & Eric Hattan. ISBN 3-908247-48-9

Exhibition in collaboration with
Kunsthalle Basel + Bonner Kunstverein, Bonn

THE ESTATE OF HANNAH VILLIGER Directed by Eric Hattan Email: hvnachlass@freesurf.ch

Kunsttransporte in alle Erdteile

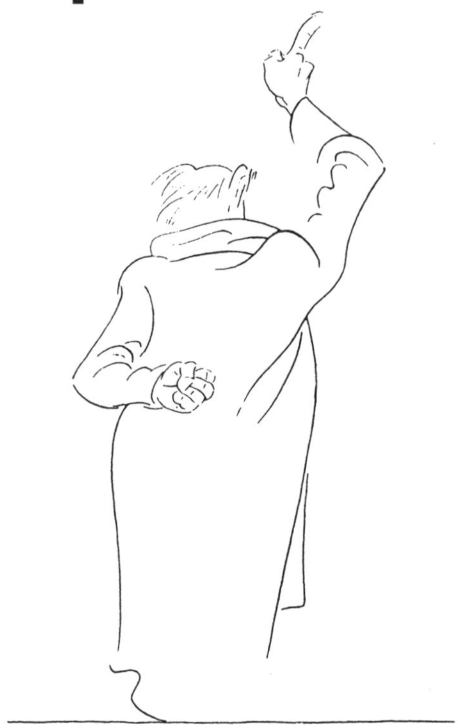

«In den Kunsttransporten, wer nicht das Beste hat,
hat nichts» *(frei nach Olaf Gulbransson)*

**MÖBEL-
TRANSPORT
AG**

**für
sorgfältige
Transporte**

Gaswerkareal
8010 Zürich
Tel. 01 733 51 11
Fax 01 730 88 80

Genuastrasse 14
4142 Münchenstein-Basel
Tel. 061 331 88 55
Fax 061 331 80 47

E-Mail: moebel@moebel-transport-ag.com
http://www.moebel-transport-ag.com

Filialen in Chiasso und Frankfurt Flughafen.

VICTOR RUZO

«offen-Bart» sein neues Museum

Qliquer sur internet
www.ruzo.ch
Biographie
Le drame
Hymne à la vie
1er tableau
Sortir de l'apocalypse
Les aluminium
Encre de Chine
Le tableau taurnant
Affiches
Enfants
Ria sa femme
Les autoportaits
Le musée
Contact / Liens

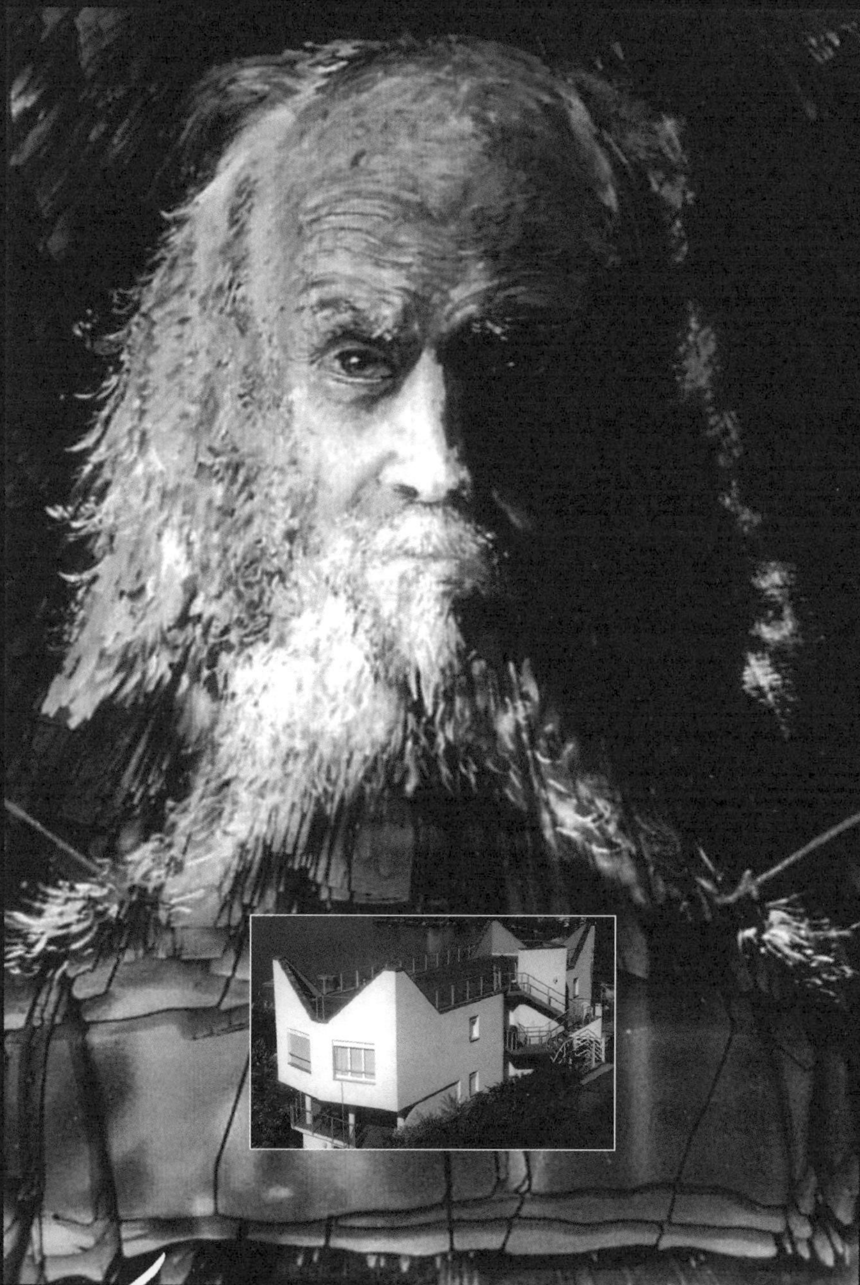

Selbstportrait auf Aluminium, 140 x 100 cm

Expo itinerante
zum 90. Geburstag
des Malers
1003–1004 1. Etape
Voraussichtlich im
Marmor Palast
des russischen
National Museums
in St. Petersburg
Kontakt:
Musée Ruzo
1820 Montreux
Av. de Naye 16–20
Tel. +41 (0)21 963 55 49
Fax +41 (0)21 963 55 59
E-mail info@ruzo.ch

www.ruzo.ch

BARK FRAMEWORKS, INC.

Even what we call *parerga,* i.e. those things which do not belong to the complete representation of the object internally as elements, but only externally as complements, and which augment the satisfaction of taste, do so only by their form; as, for example, the frames of pictures... But if the ornament does not itself consist in beautiful form, and if it is used as a golden frame is used, merely to recommend the painting by its *charm,* it is then called *finery* and injures genuine beauty.

Immanuel Kant, *Critique of Judgment*

270 LAFAYETTE STREET, SUITE 500, NEW YORK, NY 10012 T: 212-431-9080 F: 212-219-9387

21-24 44th AVENUE, LONG ISLAND CITY, NY 11101 T: 718-752-1919 F: 718-392-5546

Zürichsee
Druckereien AG

© by www.sergekreis.ch

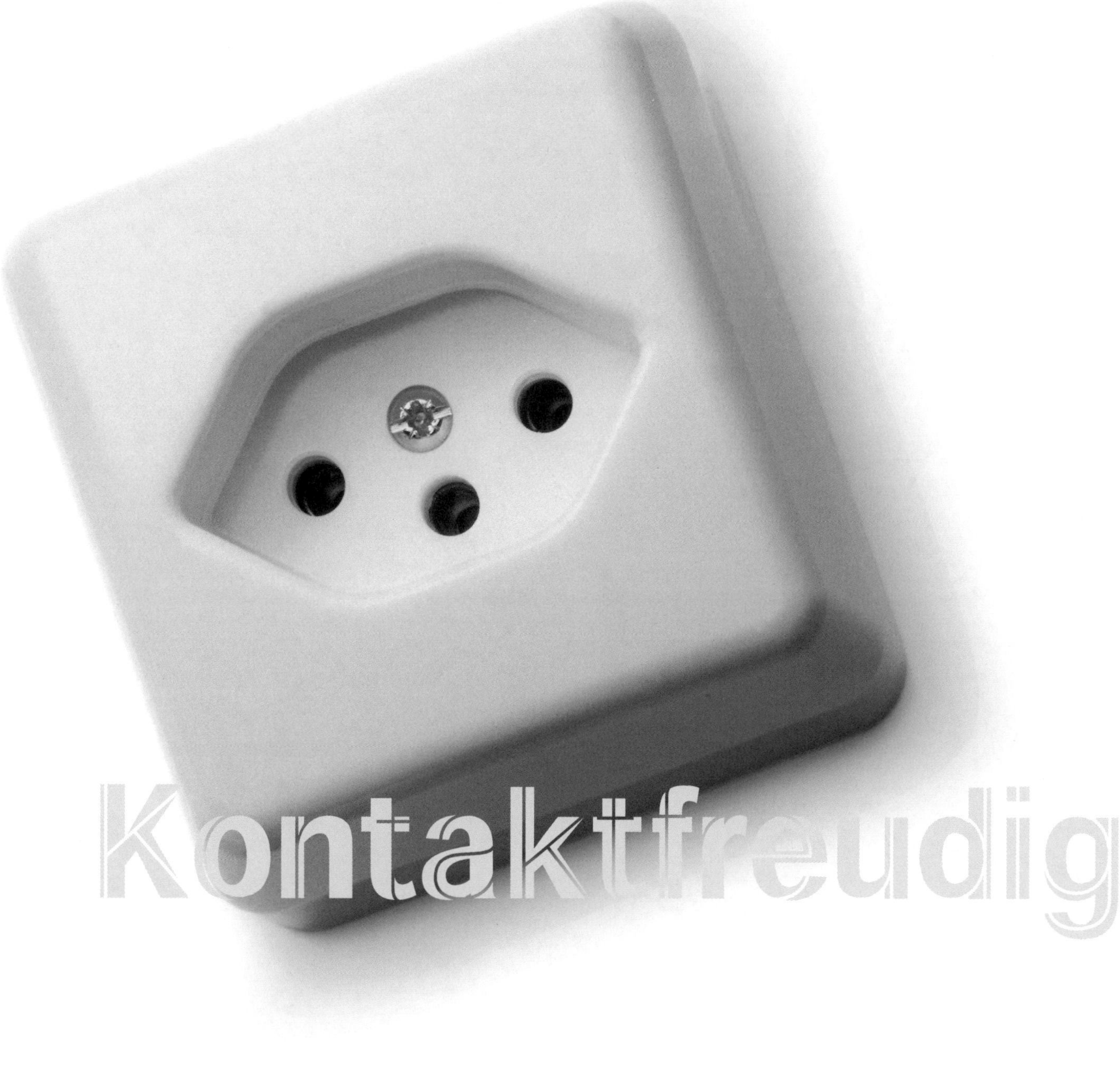

Zürichsee Druckereien AG • Seestrasse 86 • Postfach • 8712 Stäfa • Telefon 01 928 53 03 • Telefax 01 928 53 10 • Internet http://www.zsd.ch

3-7 May 2002
BRUSSELS EXPO - Hall 3 & 4

Art*Brussels*

20th Contemporary Art Fair

Art*Brussels*, the international contemporary art fair in the heart of the European capital, celebrates its 20th anniversary. A selection of 140 international galleries presents the trends for the new millennium to more than 23000 collectors and contemporary art lovers from Belgium and abroad.

Opening hours :
3, 4, 5 May : 12 am - 8 pm
6 May : 12 am - 10 pm
7 May : 12 am - 6 pm

Preview : 2 May

INFO:
+32 (0)2 402 36 66
www.artexis.com
Organised by Artexis

Art | 33 | Basel
The Art Show

Art | 33 | Basel | 12–17 | 6 | 02

The Art Show – Die Kunstmesse – La Foire d'art – La Mostra d'arte
Art Basel, P.O. Box, CH-4021 Basel, Fax +41 58 206 26 86
info@ArtBasel.com, www.ArtBasel.com

mch messe schweiz

UBS Financial Services Group

Kunst

2002

Zürich

8th International Contemporary Art Fair

15–18 March

ABB Hall 550

Zürich-Oerlikon

Phone +41 1 381 00 52

mail@kunstzuerich.ch

www.kunstzuerich.ch

26.–30. Mai 2002

art frankfurt

Die europäische Messe für junge Kunst: New Attitudes, Kunst ab 1960, Editions District, Art Projekte. Für Fachbesucher und Publikum. Messe Frankfurt. **Neu: Halle 3.1.** Infoline +49(0)69 75 75 66 94, www.artfrankfurt.de

buy art!

Messe Frankfurt

Vom 25.5.–25.8. 2002 in Frankfurt: Manifesta 4, Europäische Biennale zeitgenössischer Kunst

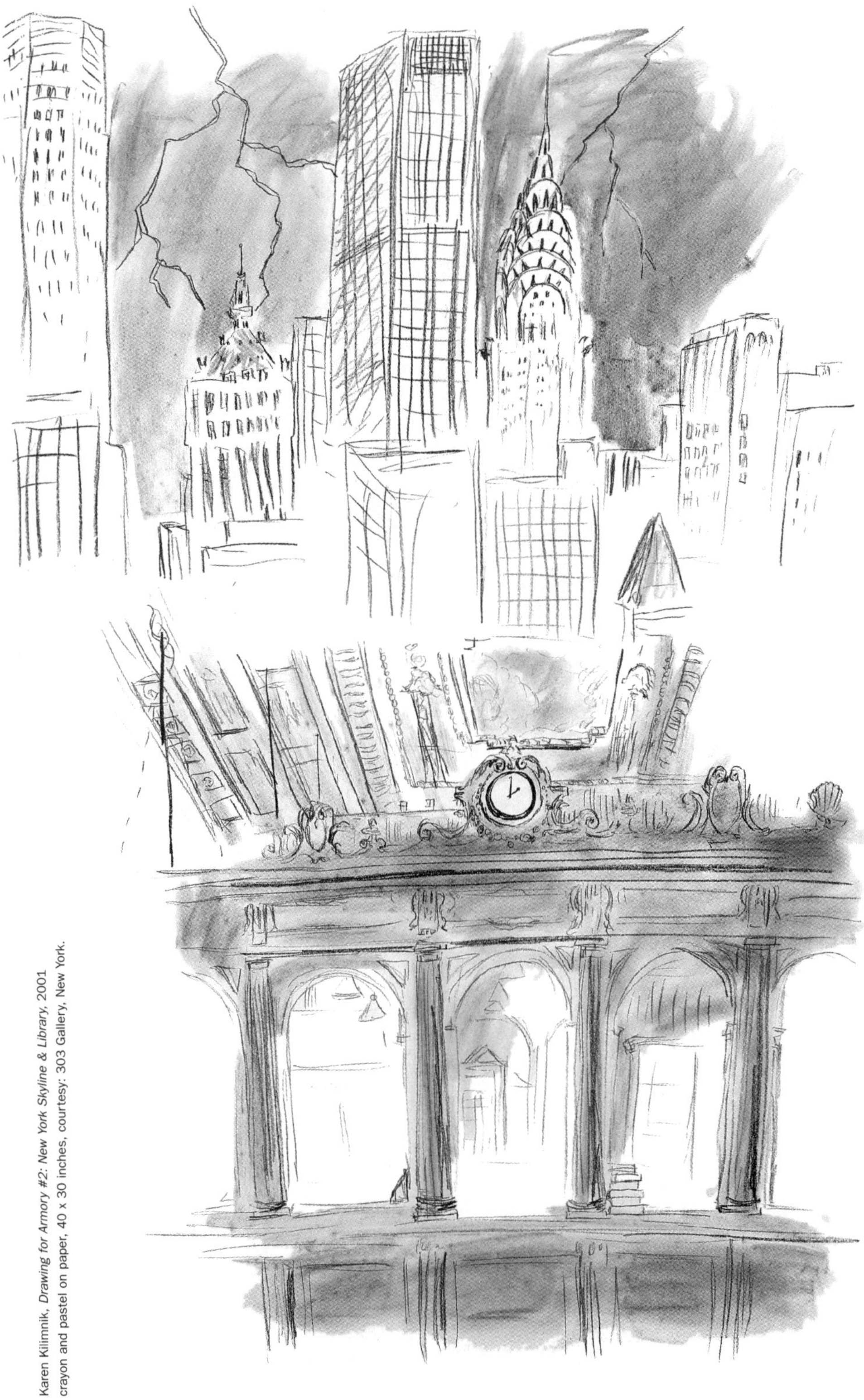

Karen Kilimnik, *Drawing for Armory #2: New York Skyline & Library*, 2001
crayon and pastel on paper, 40 x 30 inches, courtesy: 303 Gallery, New York.

2002 THE ARMORY SHOW

The International Fair of New Art

New York City

February 22-25, 2002

Opening night preview to benefit the Museum of Modern Art, New York Thursday, February 21, 2002

www. thearmoryshow. com

212-645-6440 - tel

For information about the Opening Night Preview Gala, call 212.708.9680 or email specialevents@moma.org

AMSTERDAM Torch Gallery ANTWERP Zeno X Gallery ATHENS Bernier/Eliades • Rebecca Camhi BALTIMORE Goya-Girl Press, Inc. BERKELEY Paulson Press BERLIN Arndt & Partner • Galerie EIGEN + ART • griedervonputtkamer • Galerie Max Hetzler • Galerie Neu • Galerie Nordenhake • Springer & Winckler Galerie • Wohnmaschine BOLOGNA Galleria Marabini BOSTON Barbara Krakow Gallery BROOKLYN Pierogi CHICAGO Carl Hammer Gallery • Rhona Hoffman Gallery COLOGNE Michael Janssen Gallery • Galerie Christian Nagel • Aurel Scheibler COPENHAGEN Galleri Faurschou • Nils Stærk Contemporary Art • Galleri Nicolai Wallner DUBLIN Green On Red Gallery • Kerlin Gallery DURHAM Durham Press, Inc. FRANKFURT L.A. Galerie - Lothar Albrecht GENEVA Art & Public GLASGOW The Modern Institute HAMBURG Produzentengalerie LONDON The Approach • asprey jacques • Sadie Coles HQ • Entwistle • Stephen Friedman Gallery • Gimpel Fils • Jay Jopling / White Cube • Lisson Gallery • Victoria Miro Gallery • Modern Art • Maureen Paley / Interim Art • The Paragon Press • Sprovieri • Anthony Wilkinson Gallery LOS ANGELES ACME. • Cirrus Editions Ltd. • Michael Kohn Gallery MADRID Galería Marta Cervera • Galería Carmen de la Guerra MARSEILLE Galerie Roger Pailhas MEXICO CITY Galería Nina Menocal MILAN Galleria 1000 Eventi • B&D Studio • Monica de Cardenas • Galleria Massimo De Carlo MUNICH Galerie Tanit NEW YORK 303 Gallery • Alexander and Bonin • Brooke Alexander Editions • Mitchell Algus Gallery • American Fine Arts, Co. • Art of this Century • Artemis Greenberg Van Doren Gallery • Galeria Ramis Barquet • Peter Blum • Tanya Bonakdar Gallery • Gavin Brown's Enterprise • Spencer Brownstone Gallery • Cheim & Read • James Cohan Gallery • CRG Gallery • D'Amelio Terras • Deitch Projects • Thomas Erben Gallery • Eyestorm • Feigen Contemporary • Ronald Feldman Fine Arts, Inc. • Fredericks Freiser Gallery • Barbara Gladstone Gallery • Marian Goodman Gallery • Gorney Bravin + Lee • Grant Selwyn Fine Art • Greene Naftali • I-20 Gallery • Susan Inglett • Casey Kaplan • Paul Kasmin Gallery • Sean Kelly Gallery • Anton Kern Gallery • Nicole Klagsbrun Gallery • Leo Koenig, Inc. • Andrew Kreps Gallery • Lehmann Maupin • Galerie Lelong • LiebmanMagnan • Lombard-Freid Fine Arts • Luhring Augustine Gallery • Florence Lynch Gallery • Lawrence Markey • Matthew Marks Gallery • Sara Meltzer Gallery • Robert Miller Gallery • Yossi Milo Gallery • Modern Culture At The Gershwin Hotel • Paul Morris Gallery • Murray Guy • Carolina Nitsch / Michael Steinberg • Nolan / Eckman Gallery • P.P.O.W • Postmasters Gallery • Max Protetch Gallery • Julie Saul Gallery • Jack Shainman Gallery • Brent Sikkema • Silverstein Gallery • Solo Impression, Inc. • Holly Solomon Gallery • Stefan Stux Gallery • Leslie Tonkonow Artworks + Projects • TRANS> Editions • Henry Urbach Architecture • David Zwirner, Inc OSAKA Kodama PARIS Art : Concept • Galerie Eric Dupont • Galerie du Jour agnès b. • Yvon Lambert • Galerie Nelson • Galerie Nathalie Obadia • Galerie Emmanuel Perrotin • Galerie Almine Rech • Galerie Thaddaeus Ropac • Galerie Daniel Templon • Michael Woolworth Publications • Galerie Xippas PRAGUE Galerie Jiří Švestka ROME Gian Enzo Sperone SAINT-PAUL-DE-VENCE Galerie Catherine Issert SAN FRANCISCO Rena Bransten Gallery • Jack Hanley Gallery SAN GIMIGNANO Galleria Continua SANTA MONICA Angles Gallery • Mark Moore Gallery • Patrick Painter, Inc. SÃO PAULO Galeria Fortes Vilaça SEVILLE Galería Pepe Cobo ST. GALLEN Susanna Kulli SYDNEY Roslyn Oxley9 Gallery • Gitte Weise Gallery TEL-AVIV Sommer Contemporary Art TOKYO Taka Ishii Gallery • Tomio Koyama Gallery TORONTO Susan Hobbs Gallery VERONA Studio La Città VIENNA Georg Kargl • Galerie Krinzinger • Galerie nächst St. Stephan Rosemarie Schwarzwälder ZURICH ArsFutura • Hauser & Wirth • Mai 36 Galerie • Parkett Editions • Scalo

Inflatable Balloon Flower (yellow)

Edition for Parkett 50/51
by Jeff Koons

manufactured by

schultes.wien

p.michael schultes, mollardgasse 85A/1/30, A-1060 wien
fon & fax +43-1-596 5961
www.schulteswien.com
schultes@schulteswien.com

STG Schweizerische Treuhandgesellschaft und STG Asset Management AG

Dienstleistungen für Ihr Vermögen

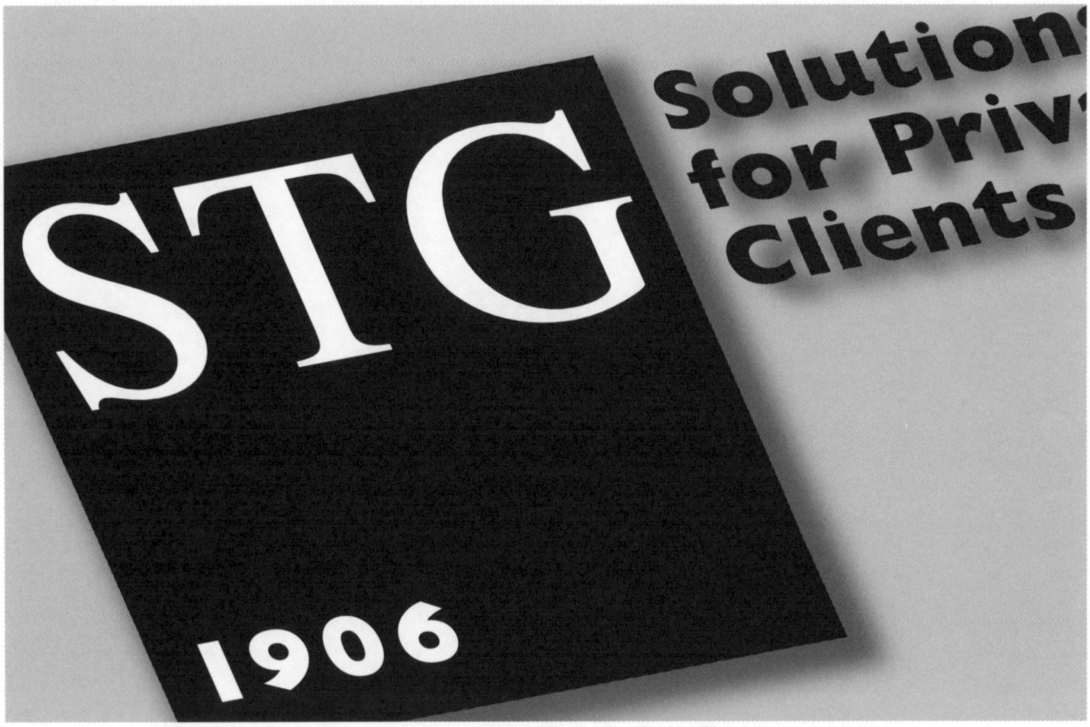

www.stg.ch

- Vermögensberatung und Asset Management
- Buchführungen in Zusammenhang mit der Vermögensbetreuung
- Beratung in Steuer-, Rechts- und Erbschaftsfragen
- Financial Consulting
- Trusts und Stiftungen
- **Fine Art Services**
- Immobiliendienstleistungen

Die Gesellschaft für die individuelle Betreuung aller Ihrer Vermögensangelegenheiten

STG Solutions for Private Clients 1906

Schweizerische Treuhandgesellschaft
Société Fiduciaire Suisse

Basel +41 61 277 55 00, Bern +41 31 326 73 00, Genève +41 22 710 74 00, Lausanne +41 21 728 37 50, Lugano +41 91 913 77 00, Zürich +41 1 219 79 00

1 GET YOUR NEIGHBOR'S PHOTO ALBUM 2 GIVE THE NEIGHBOR YOURS IN EXCHANGE 3 ENLARGE ALL THE PICTURES TO 8 X 10
4 FRAME THEM IN SOME SIMPLE FASHION AND HANG THEM ON THE WALLS OF YOUR APARTMENT
5 YOUR NEIGHBOR SHOULD DO THE SAME WITH YOUR ALBUM

Christian Boltanski

Gewalt ist der Rand aller Dinge

Subjektverhältnisse, politische Militanz und künstlerische Methoden
17. Januar – 21. April 2002

Generali Foundation
Wiedner Hauptstraße 15
1040 Wien, Austria

Tel (+43 1) 504 98 80
Fax (+43 1) 504 98 83

http://foundation.generali.at

Publikation

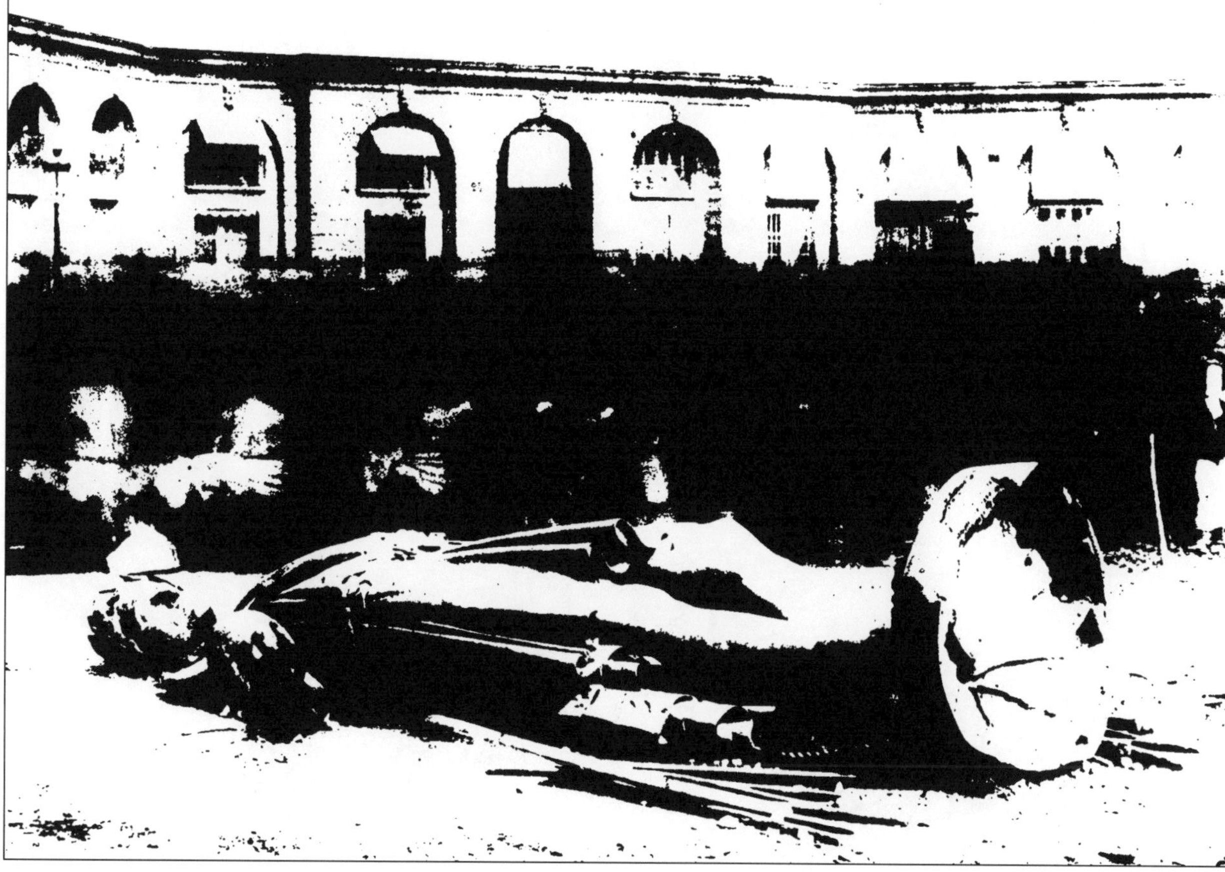

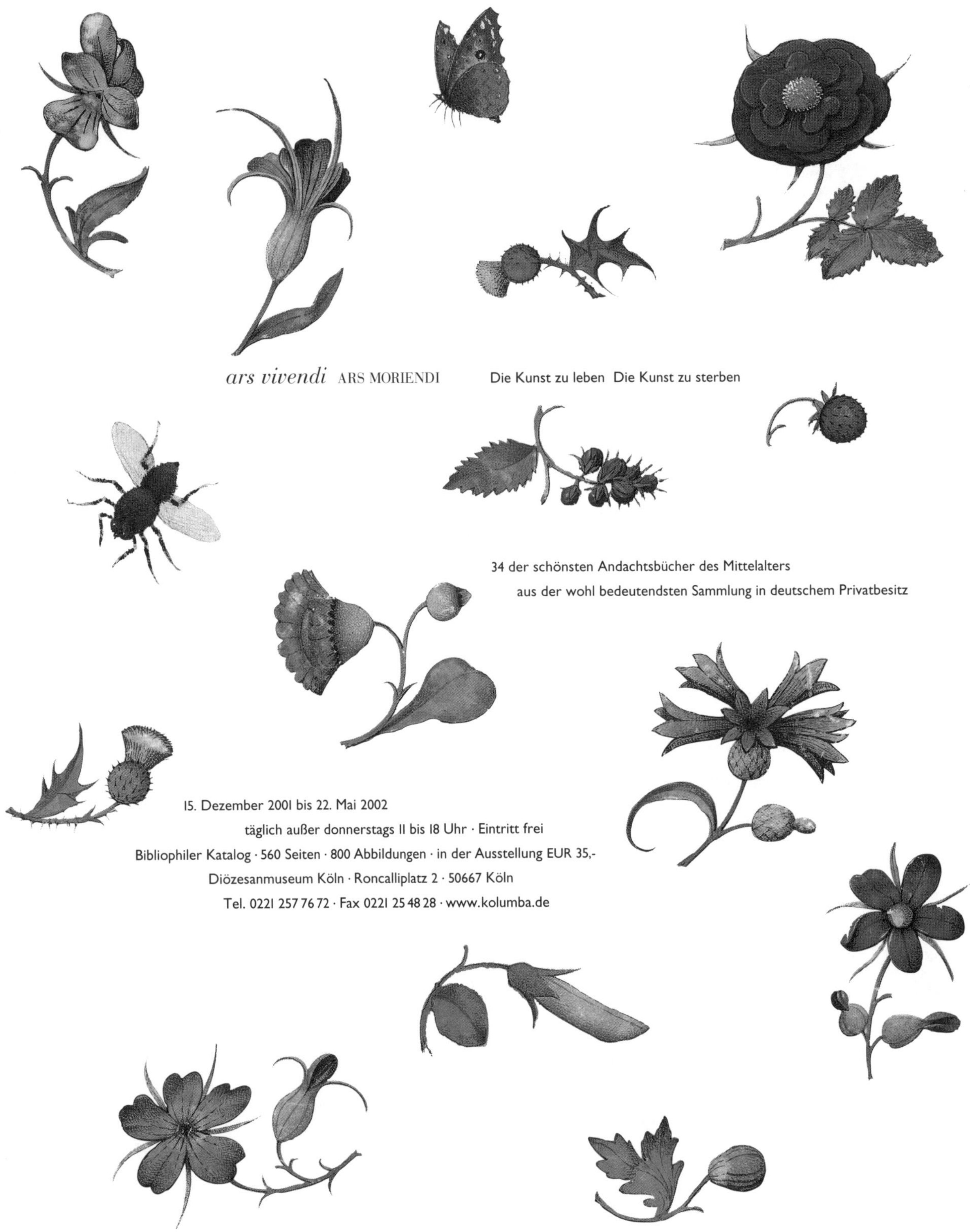
ars vivendi ARS MORIENDI
Die Kunst zu leben Die Kunst zu sterben
34 der schönsten Andachtsbücher des Mittelalters
aus der wohl bedeutendsten Sammlung in deutschem Privatbesitz
15. Dezember 2001 bis 22. Mai 2002
täglich außer donnerstags 11 bis 18 Uhr · Eintritt frei
Bibliophiler Katalog · 560 Seiten · 800 Abbildungen · in der Ausstellung EUR 35,-
Diözesanmuseum Köln · Roncalliplatz 2 · 50667 Köln
Tel. 0221 257 76 72 · Fax 0221 25 48 28 · www.kolumba.de

KUNST- UND AUSSTELLUNGSHALLE
DER BUNDESREPUBLIK DEUTSCHLAND

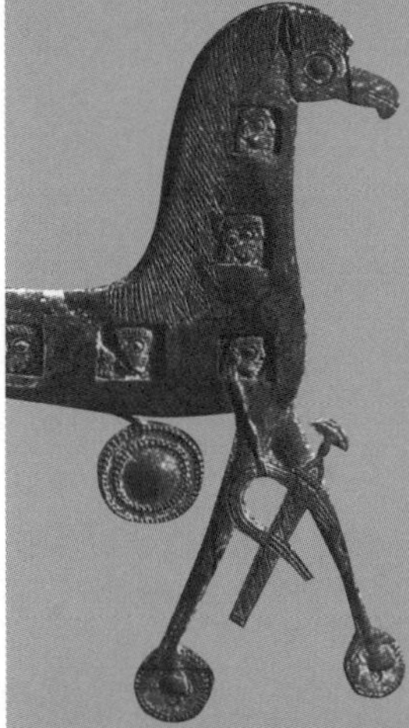

TROIA
TRAUM UND WIRKLICHKEIT

16. NOVEMBER 2001
BIS 17. FEBRUAR 2002

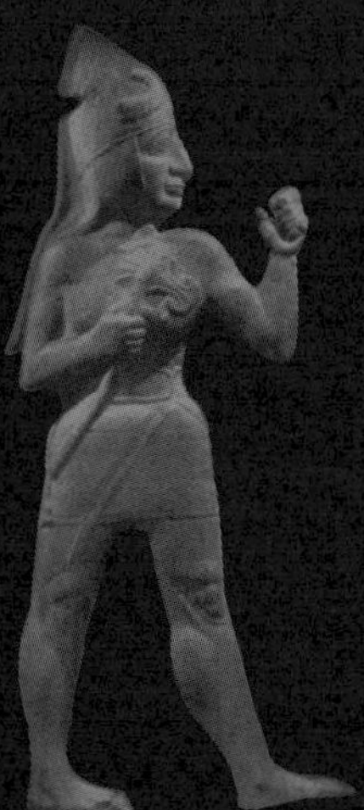

DIE HETHITER
DAS VOLK DER TAUSEND GÖTTER

18. JANUAR BIS 28. APRIL 2002

53113 BONN · MUSEUMSMEILE · FRIEDRICH-EBERT-ALLEE 4 · FON: 0228/9171-0
ÖFFNUNGSZEITEN: DIENSTAG UND MITTWOCH 10 – 21 UHR · DONNERSTAG BIS SONNTAG 10 – 19 UHR · MONTAG GESCHLOSSEN · WWW.BUNDESKUNSTHALLE.DE

27. September 2001 bis 6. Januar 2002

The Architecture of Time

HIROSHI **SUGIMOTO**

19. Januar bis 1. April 2002

DOUGLAS **GORDON**

KUB

Kunsthaus **Bregenz**

A-6900 Bregenz Karl Tizian Platz
Telefon (+43-5574) 485 94-0
Fax (+43-5574) 485 94-8
E-Mail kub@kunsthaus-bregenz.at
Web www.kunsthaus-bregenz.at

Centro Galego de Arte Contemporánea

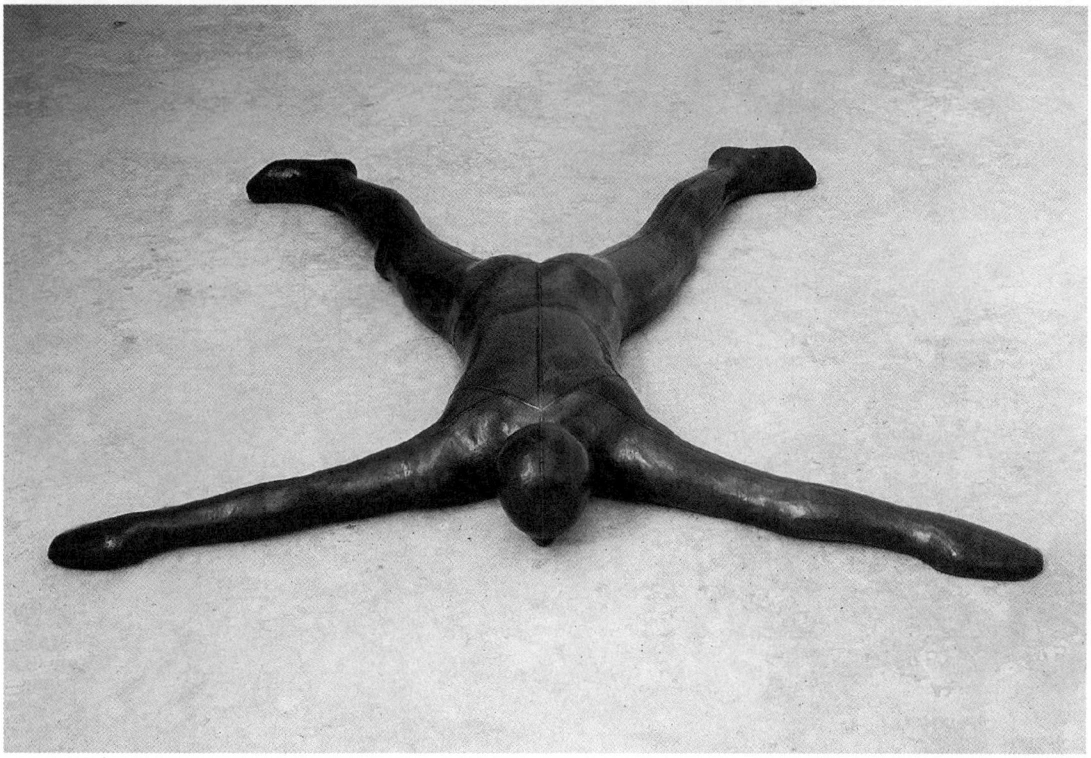

Antony Gormley: *Close I*, 1992. Lead, fiberglass, plaster, air; 25 x 192 x 186 cm. Photo credit: Stephen White. Courtesy of the artist

Exhibition Programme
January - March 2002

Salvador Cidrás
Closing January

Ernesto Neto
Closing January

Marine Hugonnier
Closing January

Latest Acquisitions. CGAC Collection
Closing January

Antony Gormley
January 18 - March 31

Mónica Alonso
January - March

cGAC

The British Council

XUNTA DE GALICIA
Consellería de Cultura, Comunicación Social e Turismo

Rúa Ramón del Valle Inclán s/n • 15704 Santiago de Compostela • Spain • Tel. +34 981 546 619 / Fax +34 981 546 625 • cgac@xunta.es / www.cgac.org

GALLERIA CARDI & CO

CORSO DI P.TA NUOVA, 38 I-20121 MILANO T.+39 02 62690945 FAX +39 02 62694016
WWW.GALLERIACARDI.COM

December

NOT VITAL

December

BERTOZZI & CASONI

February

TOLAND GRINNELL

March

VIK MUNIZ

GALLERIA CARDI

PIAZZA SANT'ERASMO, 3 I-20121 MILANO T.+39 02 29003235 FAX +39 02 29003382
GALLERIA.CARDI@ALL.IT

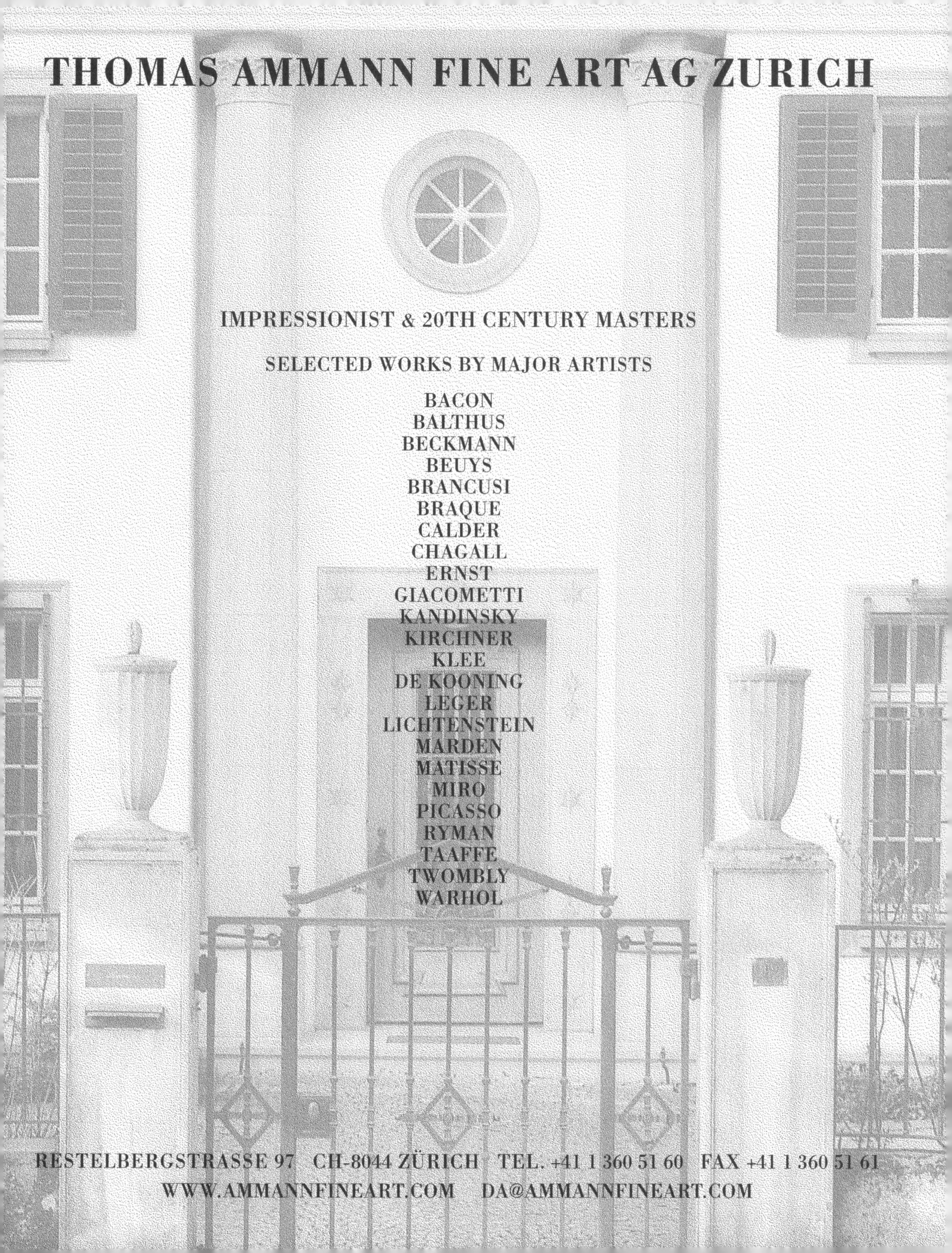
THOMAS AMMANN FINE ART AG ZURICH
IMPRESSIONIST & 20TH CENTURY MASTERS
SELECTED WORKS BY MAJOR ARTISTS
BACON
BALTHUS
BECKMANN
BEUYS
BRANCUSI
BRAQUE
CALDER
CHAGALL
ERNST
GIACOMETTI
KANDINSKY
KIRCHNER
KLEE
DE KOONING
LEGER
LICHTENSTEIN
MARDEN
MATISSE
MIRO
PICASSO
RYMAN
TAAFFE
TWOMBLY
WARHOL
RESTELBERGSTRASSE 97 CH-8044 ZÜRICH TEL. +41 1 360 51 60 FAX +41 1 360 51 61
WWW.AMMANNFINEART.COM DA@AMMANNFINEART.COM

georg baselitz
nicola de maria
gary hill
rebecca horn
jahanguir
donald judd
catherine lee
alois lichtsteiner
robert mangold
brice marden
mimmo paladino
darryl pottorf
robert rauschenberg
sean scully
richard serra
frank stella
bill viola

selected works – a collection

january – march 2002

galerie jamileh weber

waldmannstrasse 6
ch–8001 zurich
telefon +41 1 252 10 66
telefax +41 1 252 11 32
www.jamilehweber.com
jamilehweber@access.ch
tu-fr 11–18h, sa 10–16h